徐铸成作品系列 13

徐铸成日记

◎ 徐铸成 著

徐时霖 整理

生活·读书·新知 三联书店

图书在版编目（ＣＩＰ）数据

徐铸成日记 / 徐铸成著；徐时霖整理. —— 北京：
生活·读书·新知三联书店，2013.5
（徐铸成作品系列）
ISBN 978-7-108-04376-4

Ⅰ．①徐… Ⅱ．①徐… ②徐… Ⅲ．①徐铸成（1907～1991）
－日记 Ⅳ．①K825.42

中国版本图书馆CIP数据核字(2012)第289968号

责任编辑	卫 纯	
封扉设计	蔡立国	崔建华
责任印制	徐 方	
出版发行	生活·讀書·新知 三联书店	
	（北京市东城区美术馆东街22号）	
邮 编	100010	
经 销	新华书店	
网 址	www.sdxjpc.com	
印 刷	北京市松源印刷有限公司	
版 次	2013年5月北京第1版	
	2013年5月北京第1次印刷	
开 本	880毫米×1230毫米 1/32 印张15.5	
字 数	280千字	
印 数	0,001-5,000册	
定 价	44.00元	

（印装查询：01064002715；邮购查询：01084010542）

目　录

前　言

　　徐铸成先生是著名的记者、新闻评论家和新闻学家。他先在国闻通信社和《大公报》工作，从记者、编辑到担任地方版总编辑；其间和后来又主持《文汇报》笔政，实践了自己的办报理念。他青年时期经历内忧外患中的流徙和辛劳；中年被划为"右派"，历经屈辱和磨难；晚年回首前尘，笔耕不辍，有大量著作行世。

　　在《大公报》和《文汇报》期间，徐铸成写下了三百余万言的新闻、通讯、游记、评论等，其中部分文章收入了他的学生贺越明编选的《徐铸成新闻评论选》（1984）、《徐铸成通讯游记选》（1986）和《徐铸成政论选》。与他人合撰了《朝鲜纪行》（1952），还编写了《与教师谈第一个五年计划》（1955）。60年代初为香港《大公报》撰写旧闻掌故，后编为《金陵旧梦》（1963）在香港出版。

　　1978年后，徐铸成陆续撰写了二百余万言的回忆史料、小品掌故、人物传记和新闻学术论著，已出版的有：回忆掌故三种：《报海旧闻》（1981）、《旧闻杂忆》（1982）、《旧闻杂忆续篇》（1983）；新闻学术二种：《新闻丛谈》（1984）、《新闻艺术》（1985）；人物传记三种：《杜月笙正传》（1982）、《哈同外传》（1983）、《报人张季鸾先生传》（1986）；杂感、随笔、游记等合集四种：《海角寄语》（1980）、《旧闻杂忆补篇》（1984）、《风雨故人》（1985）、《锦绣河山》（1987）。

　　徐铸成去世后，其生前完成而因故未能问世的《徐铸成回忆录》（1998）出版，部分旧著重编为《报人六十年》（1999）、《徐铸成传记三种》（1999）和《旧闻杂忆》（2000）印行。除上述著作外，徐铸成遗留的文字，还有日记、讲稿、政治运动中的思想检查和活动交代以及一些未发表的文稿。

在这次编辑徐铸成作品系列的过程中，除将有关新闻学术的著述单独结集，并把收入已出版文集中经他生前认定明显相关的文章重新归类编选之外，其他的则未做变动。这样处理，或可最大限度地保留原貌，使读者易于了解和研究作者的思想脉络、作品成果和发表意图。这既是编者的初衷，也与三联书店的一贯风格相吻合。

徐铸成先生在几十年的新闻工作生涯中，一直有记日记的习惯。由于生活颠沛和工作繁忙，他的日记时断时续。这些日记有的在早年的战乱流离中遗失，有的在政治运动中被查抄而未发还，现在遗存的部分约有七十万字。

日记，或许最接近于一个人当时的真实感受。作者在这里时而踌躇满志，时而失意彷徨；有时意气风发，有时苟且偷生。这里记录的作者那一代知识分子，在那个年代里，不仅仅是被统治者和受害者，也是积极的参与者。在已经发生的那一段历史中，他们也负有自己的责任。

本书从作者现存的日记中选取了 1947 年、1949 年、1951 年、1957 年、1958 年、1965 年、1966 年这七个片段，分别记述了作者在担任上海《文汇报》主笔、参加一届全国政协会议、赴朝鲜慰问志愿军、访问苏联、参加上海"颛桥劳动学习班"和在上海出版文献资料编辑所、上海市政协文史资料办公室工作期间的主要经历。

日记原文均出自作者手迹，不做删改。日记原文中涉及和作者密切相关的人和事，在可能查找的范围内作了注释。

1949 年日记，作者在撰写《徐铸成回忆录》时，曾对其中引用的一部分作了少量删改，此次整理出版全部恢复了原貌。1951 年日记，有相当一部分是和采访笔记、会议记录等混杂在一起，这可能是由于作者从事新闻工作的习惯所致，此次整理时在不违背作者原意的前提下，作了部分文字次序上的调整。

　　日记原文中明显的笔误和错字，整理时径自作了修改，不另说明。原文标点符号不清的，按照现代语法重新作了标点。整理时对原文中的拟改之字用〈　〉标注，拟增之字用(　)标注，衍文用[　]表示，字体调改，与正文区分。

　　整理编辑中的不当之处，敬请批评指正。

编　者
2012 年 10 月 16 日

1947 年

（本册日记扉页上写："1947 年 1 月　徐铸成　上海愚园路 749 弄 15 号"。该地址为当时作者住址。）

作者于 1946 年 5 月起担任《文汇报》总主笔。1947 年 5 月 24 日，《文汇报》被国民政府勒令停刊。这段日记记述了作者和严宝礼等人一起谋划《文汇报》改版、和社会各界交往等过程。作者在回忆录中称这一段时间是《文汇报》和他本人的"黄金时代"。曾虚白所著《中国新闻史》中这样评述这段时间的《文汇报》："该报一向左倾，属附庸党派。大陆'沦陷'后，立刻投靠中共……"

——编者注

今年我四十岁，再过二十天，照阴历算，要算四十一岁了！四十岁月蹉跎易过，而事业迄无根蒂，思之汗颜。

今年这一年，我希望在学问和修养上都能有长足的进步。目前我是在领导一个事业的创造，《文汇报》，无疑在今日的中国是一个很大的试验，她是唯一的民间报，过去一年来，曾遭受很大的困难，但在国内外，特别在文化阶层已起了很大的作用，在我，当然可引以自慰。但迄今为止，她还没有坚强巩固，我的责任很大。去年一年中，国家由抗战胜利，而展开争民主的斗争，内战打了一年，民生已濒绝境。我在这一年中，由彷徨而趋于凝定。退出《大公报》，主持《文汇报》，这在我的生命史上，是一个极大的转变。在个人说，这事业只许成功，不许失败。就国家说，需要这个民间报坚韧努力，守住岗位，发挥其威力。这一点是绝不容犹豫，而必须不顾一切（、全力）以赴的。

过去一年中，我深自反省，觉得在写作上只有退步，原因是事务太忙，同时惰性太大，而看书也没有恒性，吸收的新知识太少。另一方面，对于个人的修养，也毫无进步。负了这么大的责任，实在有些自惭。今日在青年群中，我也许有点虚名，而实际想来，自己实在太空了，应该深自警惕，加紧充实，以免自误误人。今天为一年之始，我应下定决心，痛改过去的生活习惯。

消极方面：

(1) 从此不看无益的书；

(2) 不作无益的消遣；

(3) 对什么事勿存惰性；

(4) 谨慎说话，少指摘别人的过失；

(5) 少作无谓的酬应。

积极方面：

(1) 每天看报要详细，尤其注意国际的新闻发展；

(2) 每天至少要看一点重要、有分量的书；

(3) 每天一定要写作一篇或长或短的东西；

(4) 处理信件，每天清了，应该自己回的立即回，不需自己处理的交人办。政之[1]先生说我性情懒散，没有事务脑筋，实在是深知我的，我应该努力克服此短处，以求事业之成功；

(5) 对于工作，应多花气力。今后这一年，是国家的大关头，也是《文汇报》的大关头，对我一生事业的成败，更是严重的关键，一分精神一分事业。这一年内，尤其要打起精神努力来做，不许有丝毫偷懒的心理。

我太无恒心，自入学读书以来，屡次发愿记日记，而每每维持不长，只有在香港二年余中，未尝间断，太平洋大战既起，仓皇脱难，日记抛失。最近始由王文耀[2]兄带出一册，翻阅一遍，不胜沧桑之感。然细细想来，自入社会以来，进步最速者，厥为在香港之时期，此与日记甚有关系。从今以后，我将永勿

---

〔1〕 政之先生，即胡政之。胡政之(1889—1949)，名霖，字政之，笔名冷观。四川成都人。曾创办国闻通信社和《国闻周报》。1926 年 9 月与吴鼎昌、张季鸾接办《大公报》。后长期担任《大公报》总经理。

〔2〕 王文耀，江苏苏州人，曾任香港《大公报》总务主任，时任上海《大公报》总务科科长。

间断，希望民国三十六年为我新生命之开始，亦为我今后数十年日记之开始，希望从此我的生活能步入正轨。

世乱如麻，不知内战在今年能否停止，建国能否开始，但愿国家能化险为夷，个人德业亦有循序之进展。

古人说四十而不惑，西谚谓，四十岁是人生事业的开始。

勉哉！勉哉！

1947 年元旦深晚记

三十六年一月一日　星期三　晴　F47 度

昨天因为出特刊加张，回家已五时。

今日十二时起身，百瑞[1]夫妇及诚侄[2]已来了。

今明两天，报馆休息，这是抗战以来，十年中仅有的休息，所以特别觉得难能可贵。

饭后与宝兄[3]同至报馆，旋赴虹口访友未遇，五时返家。晚严兄[4]请客，到执中[5]兄等。

今天有几件大事可记。

（1）政府正式颁布宪法，像煞有介事，此宪法将在历史上发生什么作用，时间会给答复。

---

〔1〕 百瑞，即朱百瑞，又名朱景远，作者夫人朱嘉稑之胞弟，作者的中学同学。

〔2〕 诚侄，即朱允诚，作者内侄，朱百瑞之子。

〔3〕 宝兄，即严宝礼。严宝礼（1900—1960），字问聃，号保厘，江苏吴江人。上海《文汇报》主要创办人。时任《文汇报》经理。1949 年后，担任上海《文汇报》副社长兼总经理、管理部主任等职。

〔4〕 严兄，即严宝礼。

〔5〕 执中，即顾执中。顾执中（1898—1995），号效汤，江苏南汇人。时任上海民治新闻专科学校校长。

（2）上海学生游行，为抗议美军暴行（强奸北大女生沈某），北平学生昨日游行，其他各地亦在奋起抗议中。此举对美国今后在华之地位当然要发生影响。

今天没有看什么书，报亦看得不仔细，储祉[1]兄的人名辞典[2]叫我作序言，已搁了半个月了，实在太对不起人，明天正午前后，一定要做好交这个差。

一月二日　星期四　晴　F46 度

今天整天没有出门，正午请编辑部同人来家便饭，到重野[3]、季良[4]、火子[5]、秋江[6]、里平[7]等十余人，打乒乓球，打桥

---

　　〔1〕　储祉(1904—1988)，江苏宜兴人，作者在无锡第三师范的同学，上海东方书店创办人，曾编著大量教育类、历史类普及读物和辞书。1956 年任上海新知识出版社编辑。1957 年被划为右派。

　　〔2〕　人名辞典，即《当代中国名人辞典》，1947 年 12 月上海东方书店出版，任嘉尧编，作者作序。

　　〔3〕　重野，即杨重野。杨重野(1916—2006)，本名杨葵。1945 年至 1947 年任《文汇报》驻东北记者，曾全程报道东北战况。1956 年任《文汇报》驻北京记者，1957 年被划为右派。

　　〔4〕　季良，即马季良。马季良(1914—1988)，原名马继宗、马骥良，笔名唐纳、罗平、蒋旅、安尼等。1946 年任上海《文汇报》编辑部主任。1948 年任香港《文汇报》总编辑。后定居法国。

　　〔5〕　火子，即刘火子。刘火子(1911—1990)，曾用名刘佩生、刘宁。生于香港，原籍广东台山。1946 年 3 月任上海《文汇报》要闻版编辑。后任香港《文汇报》编辑主任、总编辑，上海《文汇报》副总编辑等。

　　〔6〕　秋江，即孟秋江。孟秋江(1910—1967)，原名孟可权，江苏武进人。1937 年至 1938 年任《大公报》记者，1946 年至 1947 年任《文汇报》采访部主任。1948 年任香港《文汇报》采访部主任，1949 年后任天津《进步日报》经理、《大公报》副社长、中共天津市委统战部副部长。1967 年自杀。

　　〔7〕　里平，即徐里平。徐里平，浙江宁波人，抗战时期曾任《民族日报》、《萧山日报》编辑，时任《文汇报》记者，1956 年任上海《文汇报》社务委员会委员，后任资料部主任。1966 年自杀。

牌，至十时始散，季良已醉，文华〔1〕亦七八成矣。

今日休息，仅《中央》和《平等》少数官报照常出版，颇令人有闭聪塞明之慨。

晚，吴国桢市长来电话，谓今日行凶之美人为普通水手而非美兵，且凶手已捕获。我本不知有此消息，聆后反觉愕然，此事正发生在北平女生被强奸案后，中美感情日趋恶劣，如美军再不撤退，在国人心目中，将与昔日之日人等量齐观矣。每遇到这种事，总想起罗斯福，此公如在，世局当不至如此倒退分崩，中国的现状，总也可以好得多。

人名辞典的序仍未做，无论如何，明天出门前总要做好，否则实在太对不起朋友了。

明天应该快去买几本书，把日常生活拉上轨道才好。

昨晚看蒋主席的文告，仿佛只是向青年团广播的。

父亲病了，十分忧心，明天要请医生来诊看。

一月三日　星期五　晴　F47.5 度

今天父亲的病已经减退，量温度，只有三十七度，大约再好好息养几天，就可痊癒〈愈〉了。

下午写成人名辞典序言，了一心愿。

车子六时顷始来，至万福坊〔2〕，在起辛〔3〕处吃饭，遇挺福〔4〕

〔1〕　文华，即刘文华。刘文华，1946 年进入《文汇报》，时任《文汇报》记者，1951 年任上海《文汇报》经理部副经理(实际主持工作)，退休后曾参与《世界经济导报》工作。
〔2〕　万福坊，位于今上海复兴中路 523 号。
〔3〕　起辛，即周启辛，作者表弟。
〔4〕　挺福，即周挺福，周启辛、周启苞之父。

大叔。后又见起苞[1]。

今晚恢复工作，写编者的话，三时半归寓。

光锐[2]讲一四川笑话，说四川人晋京，返后有人问他，看见皇帝没有，他说看见的。怎么样呢？说皇帝挑了一根金扁担，两面的笋里，多装着回锅肉，走一步吃一块。

上海的学生反美运动仍烈，决定促罢市罢工，市府竟说有共党密令在鼓动。什么事都推在中共身上，未免太笨了。

今天是张学良"严加管束"十周年，东北人士要求恢复张氏自由。

昨晚起开始看中国宪政史[3]，希望这本书在半个月内看完，有暇当赴书店选一较有趣味之书以引起读者的兴趣。

写日记时，天阴黑，或者明天要下雪了。

（四时半记）

一月四日　星期六　阴雨　F51 度

今天天气转暖，而晚上出去，穿皮袍，热得不堪。

下午四时，赴彭学沛[4]酒会。在华懋饭店举行。

六时许，偕芳姊[5]乘车赴虹口见文耀[6]兄，参加汤饼宴，遇

---

〔1〕　起苞，即周启苞，1938 年至 1939 年任《文汇报》编辑，作者表弟。

〔2〕　光锐，即程光锐。程光锐（1918—2008），笔名程边、徐流。江苏睢宁人。1946年至 1947 年任上海《文汇报》国际版编辑。

〔3〕　中国宪政史，指李平心著《中国民主宪政运动史》，上海进化书局 1941 年版。

〔4〕　彭学沛（1896—1948），江西安福人。曾任北京大学政治学教授，《中央日报》主笔。1946 年 5 月至 1947 年 8 月任国民党中央宣传部长。

〔5〕　芳姊，即朱嘉稑。朱嘉稑（1905—1993），又名朱秀芳，作者夫人。

〔6〕　文耀，即王文耀。

《大公》诸友，谷冰〔1〕兄亦在，无论如何敷衍，总觉隔膜多了。

因明天要早起，十二时半即归。

正午，福、复两儿〔2〕打兵舰游戏，一旁观看，很有意思，大可训练脑筋也。

一月五日　星期日　阴　F48 度

昨天起得比平时早，本想到万福坊同瑞弟〔3〕去任〔4〕家访聘，因为今天德宝〔5〕娶媳妇，车子不便，只好中止了。

晚上和平心〔6〕兄谈了许多话，觉得很有意思，可以供我对国事对事业的参考。

（1）他希望《文汇报》成为真正读者的报纸，对于同人，应该设法多予进修的机会，浓厚学术的空气；同时应该严密组织，分层负责；

（2）注意技巧，力量有时要分散，不宜太暴露，《生活》的遭受摧残，就是一个前车之鉴；

（3）他也认为大局不可能急速好转，但我们不能不为和平而继续努力，不能对共党的军事力量估计太高，因为美国将坚持其一贯政策；

---

〔1〕　谷冰，即曹谷冰。曹谷冰（1895—1977），上海川沙人。时任《大公报》常务董事、副总经理。1948 年 5 月任代总经理。
〔2〕　福、复两儿，即作者之次子徐福仑、三子徐复仑。
〔3〕　瑞弟，即朱百瑞。
〔4〕　任，即任有七。任有七，作者表兄，中学同学。
〔5〕　德宝，即张德宝，《文汇报》司机。
〔6〕　平心，即李平心。李平心（1907—1966），原名循钺，又名圣悦，笔名李鼎声、邵翰齐等，江西南昌人，历史学家。1946 年至 1947 年和 1949 年至 1952 年间，出任《文汇报》特约主笔，1952 年任华东师范大学历史系教授。后任民进中央理事、上海史学会副会长等职。1966 年自杀。

（4）争民主与争和平为不可分；

（5）共党人才亦缺少，且器度亦不够，缺少自我批判之精神；

（6）有些人感于对时事悲观，走得太前了；

（7）学生运动缺少组织，温度亦不匀整。

下午陈霞飞[1]曾来寓谈工作问题，对孟秋江之领导极不满意。

一月六日　星期一　雨　F46 度

今天正午未出门，候李[2]、胡[3]两君来，商加股事。

近日阅书阅报渐认真，但对于信件，尚无头绪，颇多延搁，尤其对于热情的读者，应该想法多联络，即收即复。

前读邹韬奋回忆，他说生活书店的成功，在于服务精神，对虽在百忙中，对读者来信必详细批复，此种习惯，极应效法。

昨天中航机沪平客机又因气候关系在青岛失事，乘客三十四人全部殉难，内有《大公报》同事张如彦[4]君，及名伶"小梅兰芳"李世芳。

交通部令各线航机暂停一周。

一月七日　星期二　雨　F44 度

起身已一时许，饭后车子来，芳姊先去取大衣。

---

〔1〕　陈霞飞(1921—2003)，女，原名白云，四川成都人。1946 年 3 月任上海《文汇报》记者，负责妇女界和文化界方面的采访。

〔2〕　李，即李澄渔，兴文银行上海分行经理，龙云外甥。

〔3〕　胡，不详。

〔4〕　张如彦(1919—1947)，河北定县人。1945 年任重庆《大公报》驻成都办事处记者，1946 年任重庆《大公报》任外勤记者兼翻译。1946 年 10 月，到上海《大公报》负责编辑国际新闻。

四时前抵报馆，拟将报设计为两张，并拟设法裁员，使将来用人少而可敷每人之生活，唯此举困难仍多，是否能办到，亦是问题也。

晚与宝兄及童致桢[1]、致旋[2]昆仲同至九如吃饭，九时赴报馆，发社评及专论后，十时半即归寓。

盖今天宦兄[3]轮写"编者的话"也。

近来看书报有进步，而处理信件及写作习惯尚未养成，应加紧努力，可见进步之难也。

一月八日　星期三　阴晴　F41 度

今天天气转晴而骤冷。

三时赴万福坊。母亲芳姊同往，旋偕阿嫂[4]同出，在霞飞路购置大衣。

马歇尔今日返国，杜鲁门发表，贝尔纳斯[5]辞职照准，由马歇尔继任国务卿。职业军人任国务卿者，马氏为美开国以来第一人。

近日为孟秋江问题，搅得不安。甚矣，用人之难也。

---

[1]　童致桢，又名童济士，江苏宜兴人，江苏省农民银行总经理，有大量经济学、金融学著作和译著。1946 年至 1947 年间为上海《文汇报》撰稿，1949 年任上海《文汇报》副经理，1951 年因特务案被捕。

[2]　致旋，即童致旋。童致旋，字履吉，江苏宜兴人。曾任江苏省图书馆馆长、江苏省教育厅督学室主任、苏州中学沪校校长。1946 年至 1947 年为上海《文汇报》撰稿。1949 年至 1952 年在上海《文汇报》副刊工作。

[3]　宦乡(1909—1989)，字鑫毅，笔名范慧、范承祥，贵州遵义人。1946 年至 1947 年任上海《文汇报》副总主笔，负责撰写评论。1948 年 7 月参与香港《文汇报》筹备工作。

[4]　即朱百瑞夫人储楠。宜兴地方习惯，弟妹亦有称嫂。

[5]　贝尔纳斯，现译伯恩斯。詹姆斯·伯恩斯(James Byrnes)，1945 年 7 月至 1947 年 1 月任美国国务卿。

一月九日　星期四　阴　F45度

下午三时开座谈会，参加者郭沫若[1]、石啸冲[2]、吴清友[3]等，原拟讨论南洋弱小民族解放问题，因马歇尔调返国，乃改讨论此问题。归纳各人的意见，认为马氏返国，并不能期望美国政策会根本改变，至多可能是方法上的修改。同时，也不是说美国将着重东方，因三月莫斯科会议仍以对德和约为主题也。马氏之声明，固对国共双方均有严厉之指摘，但对美国之政策如何，则只字未加反省，且最后的"民主的宪法"，为团结之指标，实根本煞其一力主持之政协会议。又彼希望国民党开明份〈分〉子及少数党民主分子合作，在蒋主席下参加政府，此亦为一有力之攻势，企图分化共党与民盟之关系。总之，马氏此声明发表后，今后和平攻势可能转剧。

今晚本拟写一文，提高国人警觉，勿以美国改革政策而存幻想，民主应由下而上；不应由上而下、由外而内，从美国输入。根本无此可能也。

据路透社消息，魏德迈可能继司徒任驻华大使，果尔，美对华政策将更右倾矣。

又传政府将派张群、王世杰赴延安，促恢复和谈，或者还是试探的空气。

---

〔1〕　郭沫若1945年夏至1947年冬在上海从事研究和创作,曾为《文汇报》主编复刊并撰稿。
〔2〕　石啸冲(1908—1998),笔名雷丁、莱沙、石挺英、方天曙等,辽宁辽阳人。著名国际问题专家、大夏大学和华东师范大学政治学研究奠基人。1945年至1948年在上海从事研究,曾为《文汇报》撰稿。
〔3〕　吴清友(1907—1965),原名毓梅,笔名白芒、启明、青佑,福建福安人。社会学家、经济学家,对苏联的社会经济政治等方面颇有研究。1946年至1948年在上海从事研究,曾为《文汇报》撰稿。

阅香港的日记。

一月十日　星期五　阴

上午十一时半出门，先在信胜号买些年货，后与宝兄同至北四川路凯福饭店，与郭春涛[1]共餐，席间郭对中国当前问题有独特的看法。他认为今日的社会，是两头小中间大，而党派却是两头大中间小的，这因为国共都拥有武力。两种武力到相等的时候就对销，那时才是中间力量膨胀的时候。目前军事力量尚未平衡，故和谈不能发现新基础，或者三月、半年后，军事打得稍有眉目，那时第三方面可坚强起来，创导真正的民主和平。

孙科提议再开党派圆桌会议。

一月十一日　星期六　阴雨

这两天天气闷热，下午和福儿到报馆，旋偕鸿翔[2]一同趋车至虹口招商北栈码头，参观中兴轮，该轮系自美国买来，将行驶台湾汕头厦门线。船重四千余吨，设备尚好。

一月十二日　星期日　F47 度

饭后，和福、复两儿同上街买南货等物，用去六万多元。

---

〔1〕　郭春涛（1898—1950），湖南炎陵人。1945 年参与发起三民主义同志联合会，任中央常委兼秘书长。1948 年参与组织中国国民党革命委员会，任中央常委。此时在上海致力于反蒋活动并做策反工作。

〔2〕　鸿翔，即余鸿翔。余鸿翔（1911—1989），江苏无锡人。1938 年参与创办《文汇报》，任《文汇报》副经理。1946 年至 1947 年任《文汇报》副总经理。后任香港《文汇报》副社长兼总经理。

四时赴馆，王坪[1]等中途搭车，谈及这两天《大公报》传民盟和张群等有商洽，实系谣言攻势。

照我观察，这次和谈试探，政府还没有什么诚意，目的还在拉拢青年、民社两党，实行所谓改组政府。我看，这和国大开幕前的和谈作用是一样的，上次是以和谈衬托国大的开幕，这次是以和谈掩饰政府的改组。

晚与宝兄同至君匋[2]处吃年夜饭，遇顾颉刚[3]兄，谈通俗周刊事。他认为写通俗历史的人易找，写通俗科学文章的人不易找。

他又说，回顾过去数十年，上海每有一种报纸领导文化界人士。民国以前为《民立报》，民初为《时报》，十年前后为《时事新报》，抗战前为《大公报》，现在则为《文汇报》。这番话，给我很多鼓励，真应再接再厉〈励〉，为中国报界树立一极好的模范，为民间报作出一榜样。

今天一时回家，编者的话未写，找题目难，而疏懒亦一原因，以后当痛改，目前尚未至可以憩手的时候也。

一月十三日　星期一　阴转晴　F44 度

今日又往廉美购物。

四时，偕宝兄同往薛华立路访张君[4]，彼为中将现役军人，而

---

〔1〕　王坪(1911—1962)，又名王正模，贵州遵义人。地下党员，抗战时曾参加救亡活动。1945 年底至 1946 年任上海《大公报》记者，1946 年至 1947 年，任上海《文汇报》社记者。

〔2〕　君匋，即丁君匋。丁君匋(1909—1984)，江苏江阴人。曾任上海生活书店进货科主任，上海《大公报》业务部主任，1942 年在桂林创办文艺刊物《人世间》，后长期在上海从事出版工作。

〔3〕　顾颉刚(1893—1980)，原名诵坤。字铭坚，江苏苏州人。此时在上海任大中国图书局总编辑，主持《民众周刊》，撰写《当代中国史学》等著作。

〔4〕　张君，不详。

对国事极悲观，认为军政均无办法，可见军人情绪之一斑。

香港机吕宋小姐号在吕宋外八十里失事，乘客三十六跳海遇救，余六人失踪，内有李澄渔君，疑系李澄宇[1]君，此君为龙云之甥，上周晤谈甚洽，设有不讳，实为一大损失。

已届阴历二十二，而街头尚无年气，物价亦不如往年之跳，人民生活之苦，购买力之薄弱，可以想见。如内战再不停止，明年过年如何，真不堪设想了。

深晚回家，闻复儿吐泻数次，原因吃杂食太多，幸未发热而面色极难看，以后对小儿饮食更应小心。

近日读书尚勤，宪政史已读了三分之一。

克信[2]兄今日来寓畅谈，传称孙科、张群将任行政院正副院长，张君劢任立法院长，王世杰任教长，吴国桢任外长，吴铁城长沪市，朱家骅任浙主席，不知确否。

和谈空气仍浓，传具体方案将提出。

一月十四日　星期二　晴阴　F44 度

购《北行漫记》一册。

五时赴百瑞处，十时赴报馆，十一时即返家。

一月十九日　星期日　阴雨　F47 度

清晨九时即起，偕三儿赴金门看《战地英雄》，为英国片，事实

---

　　[1]　此处有误。应为李澄渔。
　　[2]　克信，即葛克信。葛克信（1905—1976），江苏如皋人。曾任上海市社会局副局长、国民党上海市党部执行委员、上海市政府简任参事、中央立法院立法委员。1946年支持上海《文汇报》复刊，任《文汇报》董事。后任《文汇报》社委会委员、经理部副主任。1967年，被定为历史反革命，1980年平反。

简单，画面沉闷，殊无足观，事实为英军由邓苟刻[1]失败至突尼斯反对一插[2]，纯为一宣传片，片之恶劣，可谓余自看电影以来最坏者，甚为失败。来去均步行。

无线电修好，费四千。

五时赴报馆，七时半才回家，晚方炳西[3]兄来寓，略谈即去。

一月二十日　星期一　阴雨　F47度

今日又向报馆支一百五十万元，借给夏其言[4]兄三十万元。

今日瑞弟三十九生辰，余及芳姊及三儿均先后往道贺，吃酒太多，回家时已酩酊大醉矣。

一月二十一日　星期二　雨　F48度

今天是旧历大除夕，上午起身甚早，因醉后颇觉不适，十时往理发，费九千元，又至静安商场购碗两套。

四时半赴报馆，瑞弟来馆，旋到安商送给莫敬一[5]先生十万元，又往新城隍庙市场附近购灯一盏，费一万七千元，又购给诚侄衣裳一套，九万五千元。

---

〔1〕　邓苟刻，现译敦克尔克。

〔2〕　原文如此。这里应指1943年3月17日至5月13日，"二战"北非战场上，英美法三国军队针对德意"非洲"集团军群发动的进攻战役。

〔3〕　方炳西，国民党军统少将，河内"刺汪"主要人物。时任国民政府驻比利时武官。

〔4〕　夏其言(1913—2002)，浙江定海人。中共党员，1946年至1947年任上海《文汇报》记者，同时负责中共地下党二线刊物《评论报》。后专职从事中共秘密工作，直至上海解放。

〔5〕　莫敬一，被称为"民国四大票友"之一，余派老生，作者的学戏老师，1949年后居北京。

《大公报》送来一百五十余万元，计两个月退职，此为意外之收入，但收来亦别有感触。余在《大公》有十八年之历史，自出学校以来，即以《大公》为家庭，以其光荣为光荣，而今后，与之完全脱离矣，时代应为前进的，前〈后〉浪推后〈前〉浪，希望以后自己更为努力，发扬《文汇》，使成为新闻界之奇葩，应亦不负季鸾[1]先生在天之灵，及政之先生之爱护焉。

邓初民[2]先生来访，谈甚欢洽。邓先生为有名之学者，对大局有警辟之观察，彼认为大局不致再坏，文化事业应努力把握光明之前途，又说《文汇》目前的水准恰到好处，应循此途径前进。

邓氏又检讨民盟，谓民盟仅有盟员两万，但国内外咸寄予极大的希望，足见其前途之光明。但反观本身，缺点尚多，领导干部显已落在群众之后，对民众运动太不注意。此外，最显著之缺点有三：（一）领导者甚少能以社会科学的眼光来看定时局；（二）战斗的情绪太不够；（三）内部分子不齐，除大部为自由主义分子外，有一部分为马克思观点，亦有一小部分有反共意识。因此，今后民盟亦可能再遭分化，但对民盟之前途，殊无碍也。

今天的报有两大文件，一为民盟政治报告，一为彭学沛发表政府对和谈之声明。比较观之，前者显然义正词严，后者则强词夺理，不能自圆其说。民盟报告，对于一年来政局的分析，将破坏政协的责任，完全归之政府，此点极可注意，无异间接驳斥马歇尔的声明。

记此日记时，已是午夜一时，为元旦日矣，除旧布新，余更应

---

〔1〕 季鸾，即张季鸾。张季鸾（1888—1941），名炽章，笔名一苇、老兵，祖籍陕西榆林，生于山东邹平。曾主编上海《民立报》、《大共和日报》、《民信日报》、《中华新报》等，1926 年 9 月与吴鼎昌、胡政之接办天津《大公报》，任总编辑兼副总经理，主要负责评论工作。

〔2〕 邓初民（1889—1981），又名邓昌权、邓希禹，湖北石首人。社会学家、政治学家，曾参与发起民盟，任民盟中央委员。1946 年到上海主编《唯民周刊》，曾为《文汇报》撰稿。

知所努力矣。

马歇尔已就美国务卿职。

中国宪政史已看毕。

一月二十二日（旧历元旦）　星期三　雨　F46 度

元旦竟日下雨如注，扫兴极矣。

上午赴老舅母及寄母[1]处拜年，旋偕瑞弟及储东明[2]夫妇来家玩一天。

今晨开始看《北行漫记》。

一月二十三日　星期四　阴雨　F45 度

饭后，和宝兄同至李[3]、冯[4]、虞[5]、张[6]及子宽[7]、君匋兄等处拜年，赏钱花了十万，一过年后，法币似乎更不值钱了。

据无线电报告，强奸沈崇之美军已判刑，可能为无期徒刑。

和谈空气，因新年而松弛。

---

〔1〕寄母，作者姑母。

〔2〕储东明，作者亲戚。

〔3〕李，即李济深。李济深（1885—1959），广西苍梧人。此时正从事反蒋活动并筹备成立组织。1948 年出资支持创办香港《文汇报》。

〔4〕冯，即冯百铺，上海 ABC 糖果厂厂长，《文汇报》第三大股东。

〔5〕虞，即虞顺懋，虞洽卿之二子，经营轮船公司，《文汇报》第二大股东。

〔6〕张，即张国淦。张国淦（1876—1959），字乾若、仲嘉，号石公，湖北蒲圻人。曾在北洋政府任职。抗战期间，在上海以写稿、卖书维持生活。期间被严宝礼、任筱珊等人聘为《文汇报》董事长。

〔7〕子宽，即李子宽。李子宽（1898—1982），江苏武进人。1936 年起，历任上海《大公报》副经理、经理。抗战期间，在重庆《大公报》担任董监事联合办事处总书记。1946 年，任《大公报》上海馆经理。

晚与三儿玩牌，芳姊因心痛早睡。过年前后，芳姊健康不佳，或因太忙之故。

自阳历新年以来，常常阴雨，不见晴朗的太阳，将二十天，此种天气，很可以象征今日的时局，但无论如何，天气终必开朗也。

一月二十四日　星期五　阴　F42度

十一时前，偕三儿同赴报馆。归途，购戒指一只十七万，为仑儿[1]购皮夹克一件三十二万元。

今日开始复工，九时前赴馆，二时返，作一社评及编者的话。

一月二十五日　星期六　雨雪

今天下雪，赴闸北西宝兴路唐弢[2]兄家吃饭，座有振铎[3]、巴金[4]、靳以[5]、许广平[6]等。

偕三儿赴大沪看电影未成。

购 Conklin 钢笔一支，四万元。

今天整日未至馆办公。

---

〔1〕　仑儿，徐白仑，作者长子。

〔2〕　唐弢（1913—1992），原名唐端毅，曾用笔名风子、晦庵、韦长、仇如山、桑天等，浙江镇海人。1945年与柯灵合编《周报》。1946年至1947年任《文汇报》"笔会"副刊主编。

〔3〕　振铎，即郑振铎。郑振铎此时在上海担任中华全国文艺界抗敌协会上海分会负责人，并参与发起组织中国民主促进会。还主编《民主》周刊、《文艺复兴》月刊等，同时为《文汇报》撰稿。

〔4〕　巴金，此时在上海从事创作活动，并为《文汇报》撰稿。

〔5〕　靳以，即章靳以，时任复旦大学国文系主任，主编《中国作家》，并为《文汇报》撰稿。

〔6〕　许广平，鲁迅夫人。此时居上海，担任上海妇女联谊会主席，整理鲁迅遗物等，为《文汇报》、《民主》周刊撰稿。

一月二十六日　星期日　晴阴　F38 度

十一时，全家赴万福坊，雪已止，未积。

十二时许，同百瑞夫妇赴虹口任有七家。下午与芳姊同至霞飞路，购衣料两件，十万，皮鞋一双九万五，女手表一只，十八万。至此，《大公》所来之钱，殆已全用罄矣。旧历年关后，物价又涨起约一二成，今后恐仍不能遏止，因万元票成一单位矣。

今天大冷，为今年第一天。

一月二十七日　星期一　阴晴　F40 度

下午偕仑儿赴馆，与宝[1]、宦[2]、虞孙[3]诸兄讨论改版问题，决将各周刊全盘改组。

晚复与平心讨论此事。

一月二十八日　星期二　阴晴　F40 度

今日青年会有盛大之集会，纪念"一·二八"。

全家同至光陆看电影。

---

〔1〕 宝，即严宝礼。

〔2〕 宦，即宦乡。

〔3〕 虞孙，即陈虞孙。陈虞孙(1904—1994)，又名陈椿年，笔名张绍贤、仲亨，江苏江阴人。1946 年 1 月进《文汇报》任副总主笔。1957 年 7 月至 1966 年 6 月任《文汇报》副社长兼总编辑。

一月二十九日　星期三　晴　F43 度

下午未至报馆，与芳姊同至沧州书场听书，六时，一路步行返家。

国府宣布中共拒绝和谈，决改组政府，盼其他党派参加。

美国宣布放弃斡旋，退出军调部，尽速撤退美驻军，至此以美国为中心之和谈工作告一结束，从此将为赤裸裸之内战，一切取决于战场矣。

《北行漫记》[1]读毕。

一月三十日　星期四　晴　F43 度

十二时赴馆，偕宝兄赴钱业公会，原为应储大伦[2]兄之约，久待不至，乃赴一苏州馆吃便饭。

七时，赴杨宅宴会，无锡杨寿枬[3]八十寿，由承季原[4]兄代邀也。稍坐即返。

七时半，在家宴郭沫若、平心等商副刊时〈事〉，报纸拟于下月十五日起改版，改六种周刊，"新思潮"由郭沫若、侯外庐[5]编，

---

〔1〕《北行漫记》，又译《红色中国报道》，泰晤士报记者哈里森·福尔曼著，1946 年北平燕赵社出版。

〔2〕储大伦，作者亲戚。

〔3〕杨寿枬(1881—1948)，号苓泉居士，江苏无锡人。清末举人，曾任商部主事。后任北洋政府监政务总办、总统府顾问兼财政部次长等。1935 年后寓居天津，编修古籍，不问外事。1945 年到上海。

〔4〕季原，江苏无锡人，作者在无锡三师的同学。

〔5〕侯外庐(1903—1987)，原名兆麟，又名玉枢，自号外庐，山西平遥人。1946 年至1947 年，主编上海《文汇报》副刊。1948 年，主编香港《文汇报》副刊。

"新社会"由平心编,"新经济"由张锡昌〔1〕编,"新文艺"拟由叶圣陶〔2〕编,"新科学"、"新家庭"尚无妥人,希望此六周刊,能发动一新的新文化运动。〔3〕

同时,拟将编辑部改成三部分,一为编辑部负新闻编辑责任,一为社评委员会,负言论责任,一为副刊编辑委员会,负副刊编辑责任。

一月三十一日　星期五　F44 度

正午,曹叔痴〔4〕、邓初民等招宴于蜀腴。

三时,偕季琳〔5〕兄访开明叶圣陶等,征求同意,未得结果。

回馆后,邀副刊编辑诸兄谈今后改进事,余希望自下月十五日起,版面一新,为能在短期内增加一万份销数,则基础可渐巩固矣。

晚,储〔6〕家请客。

今日天气明朗,为今年以来最好的天气。

〔1〕 张锡昌(1902—1980),笔名张西超、李作周等,江苏无锡人。经济学家。著有《农村社会调查》等书。1946 年至 1947 年,在上海主持海新公司的经济研究室,兼任上海《文汇报》的社论委员并主编副刊。

〔2〕 叶圣陶,1946 年到上海,任中华全国文艺界协会总务部主任,同时主持开明书店。1946 年至 1947 年,主编上海《文汇报》副刊。

〔3〕 《文汇报》于 1947 年 3 月 1 日推出六种周刊,"新思潮"由侯外庐、杜守素、吴晗编,"新社会"由平心编,"新经济"由张锡昌、秦柳方、寿纪明编,"新文艺"由郭沫若、杨晦、陈白尘编,"新科学"由丁瓒、潘菽编,"新家庭"曾改为"新妇女",最后定名"新教育",由傅彬然、孙起孟、余之介编。

〔4〕 曹叔痴,不详。

〔5〕 季琳,即高季琳。高季琳(1909—2000),笔名柯灵,浙江绍兴人,生于广州。1946 年至 1947 年主编《文汇报》副刊《世纪风》。1948 年,任香港《文汇报》副总编辑。

〔6〕 储,即储东明。

二月一日　星期六　晴　F44 度

三十六年又过了一个月了，大局还是不断恶化；自从政府宣布和谈绝望后，一切取决于战场，内战烽火，正在徐州外围蔓延，这一会战，将决定今年的大局。

米价狂跳至九万五千元。

晚忽接友德[1]兄电话，乃赴都城饭店晤谈，对坚持不屈之《文汇》立场，向其表示。

今天先祖母忌日，寄母及瑞弟等均来，玩了一天。

二月二日　星期日　晴　F42 度

上午十一时，不能超过万福坊。

饭后，与芳姊、仑儿同往霞飞路茂昌配眼镜。

晚在金源钱庄董事长叶先生[2]家便餐，吃到多年未吃的紫菜苔，盖叶为湖北人也。

赴友德处送行，未深谈。

平心兄至馆里谈。

蒋主席赴徐州视察，足见会战之紧张，当日返京。

今天米价涨至十万元。

因时局渐紧，与宝兄及宦兄讨论今后方针，认为除军事消息应特别注意外，其他绝不考虑改变，并应加紧筹备香港版。

---

〔1〕 邓友德(1901—1997)，四川奉节人，邓季惺之兄。复旦大学新闻系毕业。当时任国民党中央宣传部新闻局副局长。1949年去香港，后经日本、巴西辗转定居台湾。

〔2〕 叶先生，即叶先芝。叶先芝，字辅臣，湖北汉口人，上海金元钱庄董事长。

购领带一条。

《新民报》态度大变，盖已受到重大压力矣。

二月三日　星期一　雪　F38 度

今日下雪，迄深晚未停，为今年最大之一场，自抗战转入香港、桂、渝后，已六七年不见此大雪矣，前年胜利之初，未尝下雪也。

今天立春，试验鸡蛋直立。

五时，曾与严、宦诸兄，同访张乾若氏[1]。

二月四日　星期二　阴　F40 度

雪后初晴，天气尚寒。

下午，偕三儿赴商场购零物。

二月五日　星期三　晴　F41 度

中午吃菜粥，旋偕三儿赴大世界，看火车模型，甚为象真，步行不能超过大华路口，乘车归。

今日金价涨至五十万。

政府决定输出奖励办法，出口外汇补贴百分之百，进口加征百分之五十，此为变相之调整外汇。

近日工作情绪不紧张，当力求振作。

---

[1] 张乾若，即张国淦。

二月六日　星期四　晴　F42 度

午后四时抵馆，与季琳兄商副刊事。

中宣部以统制外汇为名，限制各报用纸，本报获准者仅一百吨，此实为变相之扼杀言论自由办法，盖官纸均可另外申请外汇，此项限制，对象仅为民营报也。

为三儿学费，今日支一百二十万元。

今晚未赴报馆，与芳姊及福儿同往平安看电影《幻游南海》，为狄思耐[1]卡通片，画片极热闹，而实无多大意思也。

父亲昨晚不适，今日渐康复。春秋渐高，不宜常出外劳动矣。

二月七日　星期五　晴　F42 度

晚吴湖帆[2]请客，座有黄任之[3]、叶圣陶诸君，吴兄取出其珍藏名书画，多为稀世之宝。

母亲及芳姊等均赴辣斐德路看《和平与女人》。

二月八日　星期六　晴　F44 度

今日着西装天气略暖。

---

〔1〕　狄思耐，即迪斯尼。

〔2〕　吴湖帆（1894—1968），初名翼燕，后更名多万，又名倩、倩庵，字通骏，东庄，别署丑簃，书画署名湖帆，江苏苏州人。著名画家。当时居上海。

〔3〕　黄任之，即黄炎培。黄炎培此时在上海创办比乐中学，探索兼顾升学和就业双重准备的普通中学，从事职业教育活动。

萧岫卿[1]兄与周女士订婚，母亲、芳姊均往参加，请余做证明人。

今日黄金涨至九十五万，白报纸一百万一吨，各报均感无法维持，《大晚报》、《大众夜报》均将停业，经济已临崩溃边缘，如再不停内战，今年这一年，实在不堪设想。

与芳姊周游四公司，并至国际饭店吃咖啡，为诚儿购一帽，同至万福坊小坐一小时。

三师同学吴云章[2]来访。

晚写岳母及三宝[3]信。

仓儿今日已赴苏，家中顿感寂寞，福、复两儿学费亦已交了。

二月九日　星期日

今晨百货业职员举行"爱用国货，抵制美货"运动，地点在南京路劝工大楼，竟遭暴徒殴打，死梁仁达一名，余受伤者数十人。政治又向一大逆流发展，此案较之较场口火案更为明目张胆矣。

报纸大涨，与宝兄及宦、陈、马诸兄在惠中饭店商改版及缩张计划。

二月十日　星期一　雨　F42度

晚在张乾若公馆便餐，谈民初掌故，至十一时始辞出。

---

〔1〕 萧岫卿，江苏吴江人，曾在《大公报》工作，时任《文汇报》广告员，1938年1月，日伪向《文汇报》办公地点投放炸弹时被炸伤。1949年后，一直在《文汇报》工作。

〔2〕 吴云章，江苏宜兴人，时在无锡任教。

〔3〕 三宝，即朱佳穗，作者妻妹，后文也称三小姐。潘照，朱佳穗丈夫，后文也称榴杨。

二月十一日　星期二　阴雨　F43 度

今晚请金源钱庄叶[1]、储[2]诸兄。

大姊[3]偕二甥今日来沪，带来家乡土味甚多，为猪头膏等，已十余年不吃矣。

劝工惨案发生后，当局及官纸极污蔑之能力，新闻道德如此低落，殊可慨叹。

二月十二日　星期三　阴雨

下午访傅雷[4]，谈四小时。

报纸决（定）涨价为五百元，盖白报纸已涨至十三万元一令矣。

金价今日落回。

二月十三日　星期四

今日竟日下雨，气候阴湿，令人窒息。

十时，访李任潮[5]，彼最近将返梧州故乡。此公正义感极丰富，为国内不可多得之人才也。

下午睡两三小时，及醒，已天晚矣。

---

[1]　叶，即叶先芝。

[2]　储，即储大伦。

[3]　大姊，徐德珍，作者胞姐。

[4]　傅雷(1908—1966)，字怒安，号怒庵，笔名疾风、迅雨、移山、风、雷，上海南汇人。此时居上海，从事翻译等活动。为《文汇报》撰写评论。同时为《新语》、《周报》、《观察》等撰稿。

[5]　李任潮，即李济深。

二月十四日　星期五　晴转阴

闻岳母在宜一度昏厥，芳姊及余均极想念。饭后与母亲同至万福坊，与瑞弟商此事。

二月十五日　星期六　晴　F37 度

今日寒冷。

十一时许，吴国桢市长来电话约下午一谈，为《文汇》登载"二九惨案"后援会一文件事。又，谢仁钊[1]亦来电话，谓方治[2]对此亦拟驳覆，余答以民间报对各方负责意见，均公平予以反映，此即为民主的精神。

四时赴市府，与吴氏谈移时，亦发挥此意见。同时，予问吴氏，在任何国家，即使是盗匪，受了伤必先送医院，包扎而证明无碍后，方由警察机关处理。此次惨案警局首将被打受伤者押至警局，打手印后始放出。此是否违法，吴氏支吾，未作圆满答复。

瑞弟夫妇及寄母来家玩一天。

仑儿自苏州来，一家团聚，后日拟同母亲赴苏州，盖五姨母为锡妹[3]做媒也。

---

〔1〕　谢仁钊（1905—1977），安徽祁门人。曾任军事委员会政治部文化工作委员会副主任委员、国民外交协会秘书长等。1945 年 8 月起任上海特别市党部委员兼书记长，并兼任光华、复旦等大学教授。

〔2〕　方治（1896—1989），字希孔，安徽桐城人。曾任国民党中央执行委员会宣传部副部长、安徽省教育厅长、教育部训育委员会主任委员。1945 年 8 月任上海市党部主委暨京沪杭警备总部政务委员会常委兼秘书长。

〔3〕　锡妹，徐德华，作者胞妹。

二月十六日　星期日　晴　F36 度

清晨即起，偕病儿二甥至金门看电影。
傍晚友德兄来访，谈报馆事。

二月十七日　星期一

下午五时，偕张东荪[1]，又访许广平未值。
母亲偕仑儿同往苏州。

二月十八日　星期二

近日天气甚寒，而空气亦日紧，北平军警全体出动大检查，被捕者二千余人。

二月十九日　星期三　F36 度

今日竟日未出门，晚赴报馆，三时归。

三月一日　星期六　晴　F57 度

差不多有十天没有记日记，深恐这样一来，又把这个工作荒疏

---

[1]　张东荪(1886—1973)，原名万田，字东荪，曾用笔名"圣心"，晚年自号"独宜老人"，浙江杭州人。1946年8月，组建中国民主社会党，著文反对蒋介石的独裁统治，宣扬"中间道路"。此时在上海活动。

下去，今天赶快再开头。

政府昨天通知京、沪、渝三地中共人员撤退，和谈的根本都掘掉了。因此对付民主份〈分〉子的谣言今天很盛，《文汇》又遇到一大关头，我细细考量的结果，必须把稳掌，不为此神经战所动摇。今天的《文汇》，不论继续或被迫中断，总可以说是成功了，除非自我毁坏，不能不沉着前进。

今天起，版面又有改革，添了六种新的周刊，阵容一新，内容的确充实得多了。

宝兄今晚赴京。

下午至万福坊闲谈，母亲及芳姊均同去。

天气渐热，已有春气，但嫌太闷，恐日内仍有变化。

三月二日　星期日　晴，大风　F48 度

天气又转冷。十时即起，百瑞夫妇来寓玩一天。

今日空气极紧张，盛传将对民主人士及民间报纸下手。四时，友德兄来访，谈一小时许，据谈政府并不决定将中共撤退与民主人士问题拉成一事，对《文汇》亦未决定要下手。

五时，与《联合晚报》刘[1]、王[2]诸兄晤面。

晚，秋雁[3]、志翰[4]三兄请客。

---

〔1〕　刘，即刘尊棋。刘尊棋(1911—1993)，原籍湖北鄂州，生于浙江宁波。此时在上海任国际新闻社社长，上海《联合日报》、《联合晚报》社长。

〔2〕　王，即王纪华。王纪华，时任《联合晚报》发行人兼总经理。

〔3〕　秋雁，不详。

〔4〕　志翰，不详。

三月三日　星期一　晴

下午一时，访新衡[1]兄，谈一小时许。

晚，英商务参赞海契生请客，在毕勋路，四时半始返寓。

三月四日　星期二　阴雨　F48 度

四时赴报馆。

近日发现同事中有特务嫌疑者两人，当密切注意。余用人尚宽大，对青年之来投效者，向以爱护之眼光待之。或有人竟利用此点，以细胞渗入也。

---

〔1〕　新衡，即王新衡。王新衡(1908—1987)，浙江慈溪人。曾任国民党军事委员会政训研究班指导员、处长，军统香港特别区少将区长，当时任行政院上海市统一委员会秘书长。

1949 年

作者于 1949 年 2 月在中共组织安排下，秘密从香港乘船到北平。5 月随解放军南下到上海担任复刊后的上海《文汇报》总主笔。8 月 27 日，赴北平出席中国人民政治协商会议第一届全体会议。10 月 1 日，应邀登上天安门参加开国大典。这段日记记述了作者出席政协会议的过程和在北京（北平）组建上海《文汇报》北京办事处的过程。

——编者注

一九四九年九月四日

正午，宝兄在家饯送，到克信、虞孙、柯灵、郭根[1]、唐海[2]、柏生[3]诸兄，谈报馆今后计划，今日报仍上涨，已越二万六千份矣。

三时动身，瑞弟送至百老汇。五时由百老汇启程，由旁门登车，六时五十分开车，余与仲华[4]、芸生[5]、超构[6]三兄同室，甚不寂寞，十二时半抵宁。

九月五日

晨八时许过蚌埠，下午四时过徐州，此段因当时军情紧要赶修，

---

〔1〕 郭根(1911—1980)，原名郭良才，笔名焦尾琴、木耳等，山西定襄人。1941年至1944年任香港、桂林、重庆《大公报》、《大公晚报》编辑，1947年任《文汇报》副主编、驻北平特派记者。1949年至1956年间任上海《文汇报》副总编辑。后在山西大学任教。

〔2〕 唐海(1920—2004)，原名唐盛宽，浙江宁波人。1946年加入上海《文汇报》。1948年，参与香港《文汇报》筹办工作，任采访主任。1949年后，历任上海《文汇报》采访主任、编委、副总编辑。

〔3〕 柏生，即何柏生。何柏生，曾在上海《大公报》负责印务工作，1946年加入《文汇报》，时任上海《文汇报》工场部副经理，1956年因历史反革命案入狱。

〔4〕 仲华，即金仲华。金仲华(1907—1968)，笔名孟如、仰山等，浙江桐乡人。曾任《世界知识》主编。1949年至1950年、1957年至1966年任《文汇报》社长。还曾任《新闻日报》社长、中国新闻社社长、上海市副市长等。1968年自杀。此时作为中华全国新闻工作者协会筹备会代表参加第一届全国政协。

〔5〕 芸生，即王芸生。王芸生(1901—1980)，原名德鹏，天津人。1929年加入《大公报》，历任该报天津、上海、重庆等版编辑、主笔、总编辑。1949年带领《大公报》"新生"，任《大公报》社长至1966年。此时作为中华全国新闻工作者协会筹备会代表参加第一届全国政协。

〔6〕 超构，即赵超构。赵超构(1910—1992)，笔名林放，浙江瑞安人。1946年后新民报社总管理处总主笔、《新民报·晚刊》总编辑、社长。后长期担任《新民晚报》总编辑、社长。此时作为中华全国新闻工作者协会筹备会代表参加第一届全国政协。

路基稍差，故车行最慢。

沿途所见，农村情况尚好，车站大半兴修，人民亦渐呈安居乐业，较四个月前南下时，另一番景况矣。

九月六日

清晨五时半过德州，下车购西瓜一个，正午即抵津，二时一刻抵平，全程仅四十四小时，交通之改进，殊足惊人，最可注意者，行车秩序，工作效率，均较以前大不相同，政权改变，劳动态度改变，为基本的原因。大约再过些时候可以恢复至战前三十六小时之速度矣。

在车站欢迎者，有徐冰[1]、黄任之[2]、杨卫玉[3]、俞寰澄[4]、孙起孟[5]诸先生。下车后即赴东四一条休息，盖新闻工作者，文艺、教育、宗教、科学等九单位代表，均住华文学校也。

晚，《大公报》在萃华楼请客。

九月七日

十时半，往教科书编委会访宋云彬[6]、叶圣陶诸兄，下午，赴北

〔1〕 徐冰（1903—1972），原名邢西萍，河北南宫人。1949 年参加和平解放北平的接管谈判工作，担任北平市副市长。此时作为中国共产党候补代表参加第一届全国政协。

〔2〕 黄炎培此时作为民主建国会代表参加第一届全国政协。

〔3〕 杨卫玉（1888—1956），字鄂联，上海嘉定人。教育家，时为中华职业教育社和民主建国会的主要领导人。此时作为民主建国会代表参加第一届全国政协。

〔4〕 俞寰澄（1881—1967），名凤韶，号任庐，浙江德清人。实业家，时为民主建国会的主要领导人。此时作为全国工商界代表参加第一届全国政协。

〔5〕 孙起孟（1911—2010），安徽休宁人。教育家，社会活动家，时为民主建国会的主要领导人。此时作为民主建国会代表参加第一届全国政协。

〔6〕 宋云彬（1897—1979），浙江海宁人。曾任黄埔军校政治部编纂股长、开明书店编辑等。曾编辑《野草》《民主生活》。1949 年任华北人民政府教育部教科书编审委员会委员。1957 年被划为右派。此时作为中国人民救国会代表参加第一届全国政协。

京饭店，分访劭老[1]、龚彬[2]、空了[3]诸兄。三时周恩来先生报告，人民政协筹备经过，一为共同纲领，二为代表产生经过，三为人民政协组织法，四为人民政府组织法，国名大约已决定为中华人民共和国，年号则用西历。

会后，赴琉璃厂、前外等观光一番，购小刀水果等，又赴东安市场，九时许返寓。

会后会见诸友，计有劭老、此生[4]、龚彬、空了、方子[5]、任公[6]、圣陶[7]、伯赞[8]、林砺儒[9]、云彬[10]、建人[11]、乔木[12]、

---

〔1〕劭老，即陈劭先。陈劭先(1886—1967)，原名承志，江西清江(今樟树)人。国民党元老。抗战期间，在桂林主持广西建设研究会和文化供应社。1948 年参与组建民革，曾支持香港《文汇报》的创办。此时作为中国国民党革命委员会代表参加第一届全国政协。

〔2〕龚彬，即梅龚彬。梅龚彬(1901—1975)，又名逸仙，字电龙，笔名龚彬，湖北黄梅人。长期从事情报工作，曾参加北伐、南昌起义等。1947 年受命到香港协助组建民革，曾支持香港《文汇报》的创办。此时作为中国国民党革命委员会代表参加第一届全国政协。

〔3〕空了，即萨空了。萨空了(1907—1988)，笔名了了，蒙古族，内蒙古昭乌达盟人。曾任天津《大公报》艺术半月刊主编，香港《华商报》《光明报》总经理。1949 年 6 月参与创办《光明日报》，任秘书长。此时作为中国人民救国会代表参加第一届全国政协。

〔4〕此生，即陈此生。陈此生(1900—1981)，广西贵县人。早年任教并从事文学创作，1946 年任香港达德学院教务主任。1948 年参与组织民革，曾支持香港《文汇报》的创办，任《文汇报》社论委员会委员。此时作为中国国民党民主促进会代表参加第一届全国政协。

〔5〕方子，即吕集义。吕集义(1909—1979)，字方子，广西陆川人。曾任广西政府咨议、广西通志馆秘书。抗战期间在桂林从事文化活动，1948 年在香港参与组建民革，曾支持香港《文汇报》的创办。此时作为中国国民党革命委员会候补代表参加第一届全国政协。

〔6〕任公，即李济深。此时作为中国国民党革命委员会代表参加第一届全国政协。

〔7〕圣陶，即叶圣陶。

〔8〕伯赞，即翦伯赞。此时作为中华全国社会科学工作者代表会议筹备会代表参加第一届全国政协。

〔9〕林砺儒(1889—1977)，原名林绳直，广东信宜人。教育家。此时作为中华全国教育工作者代表会议筹备委员会代表参加第一届全国政协。

〔10〕云彬，即宋云彬。

〔11〕建人，即周建人。此时作为中国民主促进会代表参加第一届全国政协。

〔12〕乔木，即乔冠华。此时作为华南解放区代表参加第一届全国政协。

尊棋[1]、外庐[2]、丁瓒[3]、志远[4]、彬然[5]、伯钧[6]、振铎[7]、徐迈进[8]、鑫毅[9]、茅盾[10]、起孟[11]诸兄。

参加人民政协代表，今天所知者有萨镇冰，今九十二岁，最小者为学生代表，廿二岁。周公谓是四代同堂。此外，邀请代表中，有孙夫人、邵力子、钱昌照、吴奇伟、程潜、张治中等。

九月八日

上午往找钟豪[12]，未遇，饭后彼来，谈半小时。

一时半，与超构同游北海，旋访尊棋未晤，访邵尚文[13]亦未晤。晚与芸生兄同往长安看戏。

---

〔1〕 尊棋，即刘尊棋。此时作为中华全国新闻工作者协会筹备会代表参加第一届全国政协。

〔2〕 外庐，即侯外庐。此时作为中华全国社会科学工作者代表会议筹备会代表参加第一届全国政协。

〔3〕 丁瓒(1910—1968)，字慰慈，又名丁达四，江苏南通人。心理学家。此时作为中华全国第一次自然科学工作者代表大会筹备委员会代表参加第一届全国政协。

〔4〕 志远，即沈志远。沈志远(1902—1965)，浙江萧山人，经济学家。1949年6月参与起草《共同纲领》。后任华东军政委员会参事室主任、文教委副主任，上海社科院研究员。1957年被划为右派，1965年自杀。此时作为中国人民救国会代表参加第一届全国政协。

〔5〕 彬然，即傅彬然。傅彬然(1899—1978)，又名冰然，浙江萧山人。早年从事革命活动。1931年后长期担任上海开明书店编辑，《中学生》编辑。后任中华书局副总编辑。

〔6〕 伯钧，即章伯钧。此时作为中国民主同盟代表参加第一届全国政协。

〔7〕 振铎，指郑振铎。此时作为中华全国文学艺术界联合会代表参加第一届全国政协。

〔8〕 徐迈进(1907—1987)，原名徐文源，江苏吴县人。曾任重庆《新华日报》编辑部副主任，"青记"常务理事，延安《解放日报》副总编辑。时任新华通讯社总社社委，中共中央广播事业管理处管委会委员。此时作为中华全国新闻工作者协会筹备会代表参加第一届全国政协。

〔9〕 鑫毅，即宦乡。此时作为自由职业界民主人士代表参加第一届全国政协。

〔10〕 沈雁冰此时作为中华全国文学艺术界联合会代表参加第一届全国政协。

〔11〕 起孟，即孙起孟。

〔12〕 钟豪，不详。

〔13〕 邵尚文，上海联合书店经理，上海《文汇报》在北平的代理发行商。

今日殆为最清闲之一日矣。

寄家及宝兄两信。

今晚月色甚皎洁，天安门大树均拔去，大概准备改建广场，以备新政府成立庆祝大会之用也。

九月九日

上午十时，赴军管会开座谈会，到廿九人，由华北公安部长罗瑞卿为主席，讨论《共同纲领》，历十二小时，至晚十时半始与觉农[1]兄同返华文。

九月十日

晨九时始起，邵尚文来访，谈北平推广分销事，唐海来电话，知其已于昨日抵平，现住《光明日报》。

午后，浦熙修[2]来，同往朝阳胡同三号看办事处的房子，并交浦君六万元，房子有大小八间，足够用矣。

九月十一日

接宝兄及郭根兄函，知报已涨至二万八千份，甚慰。午后，访侯外庐兄，谈甚久，访李任公，未遇，与李乙尊[3]兄谈甚久。

〔1〕 觉农，即吴觉农。吴觉农(1897—1989)，浙江上虞人。农学家、茶叶专家。此时作为中华全国社会科学工作者代表会议筹备会代表参加第一届全国政协。

〔2〕 浦熙修(1910—1970)，字静涵，上海嘉定人。1936 年加入南京《新民报》，1948 年加入香港《文汇报》，1949 年后任上海《文汇报》副总编辑兼北京办事处主任。1957 年被划为右派。后从事文史工作。此时作为自由职业界民主人士代表参加第一届全国政协。

〔3〕 李乙尊，广东梅县人。社会活动家，京剧演员李世济之父，时任李济深秘书。

晚饭后，往访郭根夫人，致安慰意，旋至兴华街南访陈君[1]，数月不见，丰采依然，因友人往访者多，不及细谈，九时归寓。

今日天气骤冷，俨然深秋光景矣。

九月十二日

乘电车至宣武门，经西河沿大沟沿西南园至琉璃厂，此一带为余旧游之地，然大沟沿公寓已不存在矣，匆匆二十二年，恰当过去一生之半。

至大中国访君匋[2]。

购梨园史料一部。

九月十三日

晚云彬兄请饮酒，所住宿舍，为周佛海旧寓。

与云彬、圣陶、彬然诸兄谈，此数君气质最相近，殆知识分子中之有最高修养者也。

方子兄约看李桂云之《蝴蝶杯》，此戏在童时曾在家乡一见，印象仿佛如昨，廿年前在太原曾看到《藏舟》一段，李桂云年当在四十以上，而妆相作工均好，闻洪深极赏之。

九月十四日

上午，参观苏联展览会，二次大战后，苏联即实行新的五年计

---

[1] 陈君，不详。
[2] 即丁君匋。

划，各种建设突飞猛进，看到他们工人生活的舒适，保婴事业之注意，印象甚深，在题词簿题"我们应坚决向这个方向前进"。

下午，赴北京饭店开座谈会，谈《共同纲领》，晤马寅初[1]等。

会后在振铎兄房内坐多时，承殷勤招待，并晤曹禺[2]夫妇。

访熙修，商工作计划，又访沙武曾[3]，九时半归寓，看到孟秋江。

九月十五日

终日下雨，闷人得很。上午，没有到故宫去，写了三封信，并一短稿。

下午，赴西单商场及琉璃厂闲游，并在东安市场吃晚饭，购烟嘴等数事。

代表证发下。

访徐凌霄[4]。

九月十六日

嘉尧[5]由沪来平，协助推广，闻报已涨至三万八，甚喜，带来家书一封，及严、郭两兄函。

---

〔1〕 马寅初此时作为无党派民主人士代表参加第一届全国政协。

〔2〕 曹禺此时作为中华全国民主青年联合总会代表参加第一届全国政协。

〔3〕 沙武曾，即沙彦楷。沙彦楷（1875—1970），字武曾，又作伯躬，晚年更名客。江苏宜兴人。回族，穆斯林。法学家、社会活动家。此时作为特别邀请人士代表参加第一届全国政协。

〔4〕 徐凌霄（1882—1961），原名仁锦，字云甫，号简斋。笔名彬彬、凌霄汉阁主。江苏宜兴人。著名记者，戏剧评论家，《京报》创始人。在《新闻报》、《京报》、《时报》、《大公报》等副刊上发表大量文章。

〔5〕 嘉尧，即任尧。任嘉尧，1915年生人，上海川沙人，严宝礼外甥、女婿。时任《文汇报》编辑、记者。

晤绍澍[1]兄，晚在吉祥看戏。

九月十七日

新闻工作者小组开会，讨论政协组织法及政府组织法，自晨八时半至下午四时始毕。

晚会在中南海会场举行，程砚秋《红拂传》、李少春《野猪林》故甚精彩。

今日筹备会开全体会，结束筹备工作。

九月十八日

吴绍澍兄约同往访李任潮先生于西总布胡同。

晚，北平市府，华北政府等廿单位欢宴全体政协代表，地点在北京饭店，济济一堂，甚为热闹。由董必武、聂荣臻等先后致欢迎词，郭沫若代表来宾致词，今日恰为"九一八"，郭氏提出十八年前与今日对照，甚有意义。

与云彬兄同至侯外庐兄处闲谈，至十时半始步归，近因大会开会在即，而北平特务依然活跃，故军令戒备甚严，尤其东单与东四间，党派首领住宅大部在此区内，故警戒尤森严。

九月十九日

晚，北平各新闻团体联合欢宴政协同业代表，及塔斯社罗果夫、

---

[1] 绍澍，即吴绍澍。吴绍澍(1906—1976)，字雨生，上海金山人。抗战胜利后，任上海市副市长等职。1946 年在上海创办《正言报》。1947 年，曾与作者同游台湾。1949年，策动守军起义，促进上海解放。1949 年后任交通部参事、全国政协委员。1957 年被划为右派。

意大利《团结报》代表，及北韩中央社代表，共到七十余人，胡乔木、廖承志等先后致词。

访云彬、劭老等，并晤及司马文森[1]，知港馆内部纠纷甚多，稚琴[2]气量小，将来整理殊费事。

九月廿日

晨九时，即与超构兄同游雍和宫及孔庙国子监，雍和宫实无甚可观，欢喜佛亦徒有其名，少数喇嘛藉〈借〉此骗钱，以维持其残生，亦可怜矣。

国子监两旁有石碑一二百座，满刻五经四书。

十时许至师大母校参观移时，较廿年前多添一二座建筑，余仍旧观。

又至琉璃厂购书两部共二千八百元。

晚饭后至东单饮茶，旋至三元庵胡同访友，匆促谈毕即返。

杨刚[3]报告今日各小组联络代表开会情形，大会决定明天开幕，预定开七次大会，月底前必结束，又谓大会期内，代表必须谨慎，因北平特务甚猖獗，中南海发现反动标语，并在墙根获一手枪。

---

[1]　司马文森(1916—1968)，福建泉州人。作家，时任中共港澳工委委员，香港《文汇报》总主笔，作为中国国民党民主促进会代表参加第一届全国政协。

[2]　稚琴，即张稚琴。张稚琴(1907—1992)，安徽无为人。曾任湖南邵阳和桂林《力报》总经理、重庆《客观》发行人。1948年参加香港《文汇报》，时任香港《文汇报》总经理。

[3]　杨刚(1905—1957)，原名杨季征、扬缤。湖北沔阳人。作家，曾任桂林和香港《大公报》副刊《文艺》主编，在《国闻周报》、《文汇报·世纪风》等报刊发表短篇小说、诗歌、散文和文艺评论。时任天津《进步日报》副总编辑。此时作为中华全国新闻工作者协会筹备会代表参加第一届全国政协。

九月廿一日

人民政协于今日下午七时廿分在中南海怀仁堂开幕，六时半即各在华文学校各代表同车往参加，会场布置甚好，中悬中山先生及毛主席像，每三人有一扩音器，以便说话。先由周恩来报告筹备经过，并选出主席团八十九人，林伯渠为秘书长。

朱德主席，先由毛主席致开会词，接着刘少奇、宋庆龄、何香凝、张澜等讲话。

至十一时开会，开会后，忽大雷雨，然散会后，又满天星斗矣。

杨杰于十九日在港被国民党特务暗杀，会场一致静默致哀。

九月廿二日　星期四

接宝兄来函，知报已逾四万，闻之甚喜。

中午，在厚德福约同人便饭，到熙修、唐海、嘉尧等。

二时许赴中南海，三时，开二次大会，由林祖涵、谭平山、董必武、周恩来等报告，七时毕会。

晚，赴吉祥看小翠花之《坐楼杀惜》。

九月廿三日　星期五

接父亲信，知道家中均安好，仑儿所考各校均未取，足见平时功课均不踏实，而东吴中学亦殊平常。

上午九时，赴六国饭店开小组会，商国都、国旗、年号等问题。关于国都，一致主张北平，年号则主张用公历，均无异议。国旗应征者二千九百余件，经筹委会小组选出卅五种供大会采择，一般意见，均倾向用第三第四号，第三号全红地，左上角黄是三分之一处一黄条；第四号为三分之二红地，上面三分之一黄地，左角缀以红星，盖红色代表革命，黄色象征和平，红星则代表中共的领导。余亦赞成第四号，以其简单、庄严、美丽，而又无须详细说明也。余不赞成一般所称黄色为代表黄种及黄河文化，盖中国境内有许多少数民族并非黄种，且其文化与黄河无关，国旗应有一般性，否则流于褊狭之大汉族主义矣。

下午三时，开第三次大会，主席为马寅初、张奚若、李德全、陈云、乌兰夫（云泽，内蒙自治区主席），有李济深等十八人代表各该单位发表意见。其中以刘伯承、粟裕、傅作义、梁希发言最得全场欢迎，掌声始终不绝。刘、粟代表二野、三野，向大会保证，决在短期内肃清西南华南残敌，解放台湾。傅甫由绥远赶回。说明绥远和平解放经过，据说蒋近日有电致傅，谓傅今日与彼在西安事变时仿佛，彼一念之差，致有今日，盼傅为国家为个人，寻脱离解放区。傅除严词斥责外，表示决以将功赎罪之心境，努力于今后新中国之建设。梁氏为自然科学工作者之首席代表，说明自然科学家今后之态度，以及对新中国服务之热忱，不啻为科学家向新中国宣誓，六时散会。晚饭后，赴东安市场散步，购茶叶及红筷等，盖双亲所需也。又购佩花若干，预备分送亲友及报馆同事，并为小孩们刻铜图章，十时前即返寓。

北平各界庆祝政协空气甚热烈，马路上游行队伍不绝，且有扭秧歌者。

九月廿四日　星期六

上午，写寄报馆一信，赴隆福寺，见荒芜益甚，盖庙会每逢九至十四举行也。廿二年前，舅氏曾率同游玩，爱护备至，今其墓木已拱矣，今春抵平，曾至附近小食，未遑一游也。

旋在附近烟台馆小食。

下午三时开第四次会，有单位主要代表廿二人发言，小精彩，其中夹有新疆等代表献旗，甚为感动。

晚加菜饮酒，并在礼堂开演苏联电影，余则未俟其毕，即返室休息；近日以来，睡眠正常，饭量增加，且水果甚便宜，体重想益增加。前日看护来量血压，余为118［度］，甚为正常，足见健康益有进步矣。能将身体保好，其他一切，正可逐渐求进步。余对政治本少研究，素不知趋合时好，此次政协列为候补代表，友人多有为余不平者，对余则认为余对革命本少贡献，以视老解放区同业之出生入死，得此荣誉，已属分外矣。余不愿妄窃非份〈分〉，列为候补，反心安理得，俯仰无怍。否则猎等而获，不顾过去，不顾人□，哗众取宠，趋时媚世，一朝得倖，即出而骄人，此最为余所不齿。所惧者时代进步一日千里，中国已以崭新面目前进步，必当埋头用功，勤求进步，否则时不我待，淘汰为可怕耳。

九月廿五日　星期日

上午，与艾思奇[1]、陈鹤琴[2]、茅以升[3]诸兄同游天坛，此次特游回音壁，甚为新奇，又陈列各种奇器等，较上次来时，布置面改进多矣，摄影五六张。

---

〔1〕 艾思奇，哲学家，此时作为中华全国社会科学工作者代表会议筹备会代表参加第一届全国政协。

〔2〕 陈鹤琴(1892—1992)，浙江上虞人，教育家，此时作为中华全国教育工作者代表会议筹备委员会代表参加第一届全国政协。

〔3〕 茅以升，桥梁专家，此时作为中华全国第一次自然科学工作者代表大会筹备委员会代表参加第一届全国政协。

三时开五次大会，有廿个发言，最可笑者，吴奇伟报告最后呼口号，竟喊出"中国国民党万岁"，盖彼原为喊"中国共产党万岁"，口滑误喊矣。此版演词，想决难广播矣。

晚，赴吉祥看戏，陈少霖之《捉放曹》，平平而已。荀慧生之《香罗带》，未终局即返。荀年已老，暮年艳装，极不自然，然声音尚好，且不似芸生所说之不堪也。

取所定图章，除为小孩们所刻之铜章外，有余夫妇双印，上有西厢彩刻锦装，弥足珍贵，费一万余元，盖本月为我俩磁婚纪念，收归遗细君也。

廿年以来，伉俪之情，与日俱增，闺房之乐，迄今不减新婚，此则毕生乐事，盖当初虽非经长久恋爱，但儿时即企慕，竟结成白头偕老。廿年来，一家粗安，家中和和气气，不能谓非爱妻内助之力，而十二年来抗战，及解放战事，免于困顿，且名誉事业，略有根基，正所谓家和万事兴也。时代进步，许多人薄贤妻良母，但余则甚以得一贤妻为满足。在此过度〈渡〉期间，此卑之无甚高论，恐亦非人人所能企达。从今以后，更当努力于事业，对社会多所贡献，同时，更应孝顺父母，和爱妻子，勉作正直之人，以用行舍藏。

看到廿二、廿三日本报，见开幕日专电均当日登出，而《大公》、《解放》均未到，此可见熙修、唐海均甚努力。余亦先有关照，把握时间，甚可欣慰也。又廿二日社评，想为平心兄执笔，大意均照余信中开列之大纲撰写，比其他各报有内容而不尚空谈；余近来懒于写文，一则自审对各问题无深刻研究，再则每以搬述口号，人云亦云为耻，今后返沪，当努力于基本思想之改造，多看书，细细研究问题，俾不久能多作有益于国家的文字，应不致长为虚名所误也。

今日天气略寒，已似深秋，早晚要穿夹大衣，问上海前数日达九十几度，热得学校临时休假，不知近日亦略冷爽否，南北气候，毕竟不同也。

九月二十六日　星期一

约陆诒〔1〕、唐海、陆续〔2〕至都一处便饭，因今日大会休会，可写作休憩也。饭后，游劝业场，打乒乓球一小时，复至旅行社访绍澍兄，同至中央公园打网球及羽毛球，六时半，雨兄〔3〕请在厚德福便餐，又至开明（现称民主剧场）看戏，小翠花、裘盛戎戏，归已十二时，洗澡睡眠，二时许矣。

苏联宣布已有原子弹，此牌摊出，英美大感狼狈，盖前此所以自持者，唯原子弹耳。照目前情形看，和平民主阵营力量益壮大，帝国主义好战之气焰终将下沉，恒久的和平，或可望渐牢固矣。

宁夏将全部解放，马鸿宾、马敦静等均起义投诚，西北的所谓马家军，前此曾煊赫一时，现已全部解体，马步芳、马鸿逵等均远腾海外，从此西北问题将可为水之就下，很快就全部解决，此固解放军威力之大，亦少数民族政策之正确而忠实运用之故。

今日过天安门，见广场正大事修筑，装置一百多丈的大旗杆，门楼粉刷一新，闻人民政府定一日成立，二日将在天安门举行盛大之庆祝会，及保卫世界和平示威大会，检阅军队，此盖旷古未有之大盛典也。闻此广场可容群众十六万人，殆可谓世界最大之广场矣。

---

〔1〕　陆诒（1911—1997），字翼维，上海闵行人。曾任重庆《新华日报》采访部主任、上海和重庆《大公报》记者、"青记"理事、国际新闻社香港分社社长。1957年被划为右派。时任上海《新闻日报》编委兼采访部主任。

〔2〕　陆续，时任上海《文汇报》驻南京办事处主任，1957年被划为右派。

〔3〕　雨兄，即吴绍澍。

九月廿七日　星期二

上午，苗子[1]、郁风[2]来访，郁应孙师毅[3]约，来平担任港报记者，当代为介绍政协新闻处。

下午三时开第六次会，新闻单位代表先一时到场，交换意见。今日大会通过政协组织法及人民政府组织法。

又通过国都设北平，改称北京，纪元用公元，国歌暂以《义勇军进行曲》为国歌，国旗五星红旗，今日因发言者廿四人，又加以通过六项议案，故至九时半始散会，归家已十时许矣。

北京改北平时（十七年）余在北平，又改回称北京，余亦适来平参加会议，对"北平"此一历史名词，可谓有始有终矣。

九月廿八日　星期三

今日休会，写寄克兄[4]函及家书。

下午，新闻小组商全国委员会及政府委员名单，未参加。

二时先赴联合书店，访邵尚文未晤，至办事处。已粉刷好了，但家具尚未购齐，又至骑河楼、妞妞房，看廿二年前与瑞弟同寓之公寓，渺不可寻矣。

访雨兄，同至劝业场打乒乓一小时余，居然尚能应付裕如，怅较雨兄略逊。后至清香园沐浴，亦廿年前旧游地也。浴后至沙锅居

---

〔1〕　苗子，即黄苗子。黄苗子(1913—2012)，广东中山人。1944 年和郁风结婚。

〔2〕　郁风(1916—2007)，浙江富阳人。时任香港《文汇报》驻京特派员。

〔3〕　孙师毅(1904—1966)，笔名施谊。浙江杭州人。电影编剧、歌词作者。1949—1951 年任香港《文汇报》总编辑。后在北京中国电影资料馆工作。

〔4〕　克兄，即葛克信。

吃饭，更至长安看杜近云、近芳戏，两人均能做戏，惜配角太差耳。

九月廿九日　星期四

上午，开小组会，商酌大会宣言，余未发表意见。

三时开会，通过共同纲领，大会选举法，及电联合国否认国民党政府代表，五时半即休会，为开会以来最早之一次。

与管文蔚[1]兄同至六国，畅谈二小时许，管兄为余中学同学，廿三年不见矣，彼先以小学教员参加新四军，屡立大功，十余年来，在苏南北努力解放事业，解放后任苏南行军主任及军管会主任。因彼此同学，故谈话毫无隐饰，彼对大会成功，甚感欣慰，但恐名单发表，一般中小干部要起反感，必须反复教育，因过去对革命毫无贡献，或为革命之对象者，今日一变而列革命政府，群众恐多不易了解统一战线之苦心。又谈及苏南近况，彼谓苏南北行政划分最近可能合并，又谈苏南农村之特殊情况，颇有见地，彼谓苏南北地主之剥削实无异致，但苏南地主，大部兼营工商业及自由职业，故有其反动之面，亦有其进步的一面，又若干农民，又兼作工人，故其无产阶级意识较长，又苏南地主，文化水准较高，彼等不似北方地主之顽强反抗，但种种纠缠，遇事则扩大叫喊，如此次献粮，虽亦有偏差现象，但绝不如外传之盛，大半为地主大张其辞也。

并谈及同学时种种情况，以及诸同学师长之近况，至九时始辞归。车夫与余谈，彼随管已七八年矣。

十一时半即就寝，为到平后最早者。

---

〔1〕 管文蔚(1903—1993)，江苏丹阳人。曾任新四军挺进纵队司令员、华中野战军第七纵队司令，苏南军区司令员。1949年后任江苏省副省长。1955年被撤销党内的一切职务，保留党籍、副省长、人大代表资格。此时作为华东解放区代表参加第一届全国政协。

安平〔1〕兄与余谈，彼之《观察》即将复刊，组织方面大力支持，但恐群众影响难捉摸，又谓彼旅行东北，已草就视察记廿五万字，材料甚新。特别着重人事制度方面，组织方面极为赞赏，促其早日出版，彼事先事后均与组织方面有反复商谈。甚矣，做事之难，余吃亏在不善应付，只知守分做事，毕竟人还是人，总欢喜多请示商量也，《文汇》复刊前后所遭之挫折，此未始非主要原因。故今日私营报刊者，或以《文汇》为最难捉摸，其实《文汇》历史及背景最光明，动机良善，如能好好指导，必能成一好的教育工具，在群众影响中，亦□比《大公》为差。惜乎，余虽不善处理，而当事者亦气度不广，此为国家之损失，殊可慨也。

又闻吴景超〔2〕近研究马列主义甚好，教书时学生听者亦极多，闻中共方面对其尚有微词，周恩来先生独排众议，谓吴景超能研究马列主义，一可喜；研究而能公开讲，二可喜；讲而能深得群众喜阅，三可喜；吾人应奖掖之，并派人往听。如确讲得好，我们应向他学习，如讲得不好，亦应考察其原因，不可一笔抹杀。盖吾辈革命者无暇作深入研究，正应奖励大家多学习，以提高马列主义在中国之水平也，此种气度及为主义为国家之忠诚，殊令人敬佩。

九月三十日　星期五

接父亲函，知家中均好，又接仑儿函，对未能考取国立大学，

---

〔1〕　安平，即储安平。储安平（1909—?），江苏宜兴人。曾任《观察》社长、主编。时任新华书店经理。后任《光明日报》社总编辑，1957 年被划为右派，未获改正。1966 年失踪。此时作为中华全国新闻工作者协会筹备会候补代表参加第一届全国政协。

〔2〕　吴景超（1901—1968），安徽歙县人。社会学家，中国最早研究都市社会学的代表人物之一。时任清华大学社会学系教授。1952 年后任中国人民大学经济系教授。1957 年被划为右派。

甚为悔悟，立誓明年必插班清华，姑志之，以观后效。彼已于上周赴之江上学矣。

上午至王府井大街理发，又至东安市场购物，并在隆福寺庙会中购数物，皆父亲来信嘱者。

下午政协最后一次会议，通过宣言，并选出毛泽东为人民政府主席，朱德、刘少奇、宋庆龄、李济深、张澜、高岗等六人为副主席，陈毅、周恩来等五十六人为委员，又选出毛主席等一百七十余人，为政协全国委员会委员。当毛主席当选时，掌声历久不绝，景况甚为感人，又闻副主席原定为周恩来，因恐全部为南方人，故协商改为高岗，高氏原为西北中共之干，二万五千里长征，中共中央抵陕北，高氏与刘志丹努力配合，奠定党的新基础，近几年来，为东北的最高负责人。

六时，全体委员曾乘车至天安门，举行人民英雄纪念碑奠基典礼，纪念三年解放战争，三十年革命乃至 1840 年以来为国死难之烈士。仪式极庄严，由毛主席亲自主持。

政协大会闭幕，由朱（德）总司令致闭幕词，计大会共举行八次，历时十日，会后，在北京饭店叙餐，十时始归。

十月一日　星期六

今日为余生平永不能忘之一日，人民政府正式成立，天安门前之壮伟景况，恐中国二千多年历史上所空前也。二时赴会场，满街已遍处悬五星红旗，至天安门，由门后登台，举眼一看，由天安门至中华门已一片红色，在场群众，当在二十万左右，西皮市及户部街亦均为民众挤满，三时大会开始，宣布中华人民共和国中央人民政府成立，毛主席等就位，鸣礼炮百余响，旋由毛主席发第一号公告，林伯渠等人民政府秘书长，周恩来为政务院总理，沈钧儒为最高法院院长，罗荣桓为最高检察长，毛主席为军事委员会主席，朱德为人民解放军总司令。

四时开始检阅，极为隆重，参加检阅者，计有步兵一师，骑兵一师，炮兵一师，机械化一师，另有飞机十四架，此为余首次所见之人民空军，所有炮兵机械部队之武装，切〈均〉为美国器材，由国民党军队手中缴来者。

游行开始，场面尤为空前伟大，毛主席万岁之呼声，响彻云霄，群众秩序井然，而均以一见毛主席为荣，盖均衷心感激毛主席为国之功绩，此种场面，每令人感泣。余今日亦数次泪下，不能自禁，至九时许，群众游行队伍始渐散去。

忆十七年北平曾有一次群众大会，为庆祝北伐者，余时甫充新闻记者，以此比今，实不啻宵〈霄〉壤，然在国民党执政时期，此尚为"绝后"之盛况也。今日余与郭春涛兄言之，彼亦不胜感慨，盖当时彼为冯玉祥代表，亦发表演说之一人也。

今日有苏联嘉宾多人参加，一部为专家，来作我建议方面之顾问人才，一部则为今日甫到京之作家，为参加明日之保卫世界和平大会来者，由有名作家法捷耶夫及西蒙诺夫等，法捷耶夫之作品余未读过，西蒙诺夫之《俄罗斯问题》名作，则早经拜读过矣。

郭根兄来函，报仍在涨，但因纸荒，不敢尽量放手，否则当超过六万矣。又谓《大公》对我之列为候补，备致讥刺，亦甚浅薄矣。郭兄谓："过去的已永成过去，政治是现实的，今后当格外努力。"实为金玉良言。但我认为今日能身违〈逢〉三千年未有之盛，已属本事，而能参加此开国盛典，更为非常的荣誉，此种荣誉，应视为是中共数十年苦斗所得，而谦让于人分享者，凡受到者，均应感激惭愧而不应再计较任何高低，至别人之如何如何，则吾人正不必代为想象也。在报馆言，余当然应以全力求其复兴，恢复其光荣之历史，改正过去之褊狭观念，第一步先把报做好再说。

今日想写一通信寄沪，苦难落笔，明天当努力写成之。

李书城[1]先生为二十年前旧识，此次亦为特邀代表，精神风采仍如十五年前，不似六十八岁之高龄。据今日对余说，孔庚[2]现仍居武昌，政府未加任何处置，真可谓宽大矣。此种宽大政策，在有些方面，的确甚有收获。为新疆绥远之和平解放，虽为时势使然，然对张治中、傅作义之宽大处置，亦可能为一重要因素也。

十月二日　星期日

上午九时，在中南海开全国保卫世界和平大会，参加者约千人，苏代表团，义共代表斯伯诺亦参加，北韩代表团亦赶到，会场空气甚为热烈。

午后，赴联合书局小坐，知报已站住三万余份，又赴旅行社，与雨兄同至劝业场打乒乓，晚饭后小游南城，十时返寓。

十月三日　星期一

上午，新协筹备会举行扩大常委会。决定七日举行大会，胡乔木君谈新闻政策，极为详尽，此君年仅卅八岁，思想细致、眼光清楚，判断亦明快，洵为少见之人才，问〈闻〉彼曾任毛主席机要秘书多年，平日浸没于工作，毫无私生活，惜因多年劳瘁，身体颇差，

---

〔1〕 李书城(1882—1965)，湖北潜江人。曾参与筹备和组织同盟会。参加辛亥革命和护法战争。1921年前后，他支持和帮助胞弟李汉俊在上海发起建立中共。此时作为特别邀请人士代表参加第一届全国政协。

〔2〕 孔庚(1871—1950)，字文轩，号雯掀，湖北浠水人。国民党元老。1946年后主办《民主日报》，任制宪国民大会代表、立法委员、湖北省省府委员兼民政厅厅长。1949年在湖北省参议会发表拥蒋言论。

此为老解放区斗士一般之现象，如陈克寒[1]、邓拓[2]等新闻干部，身体都不健康。

下午二时，续开保卫世界和平大会，朱总司令演讲前，宣布苏联已承认中华人民共和国，举场欢呼，并与苏联代表热烈拥抱，鼓掌逾一刻钟，此实为新中国诞生后之第一喜事，继此而来者，捷、波、罗、保诸新民主国家，当亦即将承认；闻英国承认问题亦不远可实现，广州国民党政府，真已到最后没落阶段。

四时许，先离会场，至中央公园打羽毛球及乒乓，今日乒乓大为进步，居然打一轮余无敌手。在旅行社晚餐，参加其聚餐，雨兄请在长安看程砚秋。票价二千五，较普通者贵一倍半，居然满座，可见其号召力不衰。所演为《锁麟囊》，剧情尚好，而编得甚糟，只有主角一人表现，场子处理亦极坏，此种新编剧，以后必淘汰，远不为若干旧剧本之可以长久流传。程砚秋唱得确有功夫，在四大名旦中，唱的方面还是他能保持原水准，字亦咬得甚准，惜多带悲腔，有时不合剧情，至扮相之臃肿，亦不堪一看矣。

返寓已十二时许，二时始睡。

十月四日　星期二

七时半即起，仅睡五小时许，与仲华、超构两兄商返沪事，决定登记七日或十日南返。又与逸群[3]兄等谈掌故，余谓如蒋介石

---

〔1〕　陈克寒(1917—1980)，浙江慈溪人。时任新华通讯社社长兼副总编辑，作为中华全国新闻工作者协会筹备会代表参加第一届全国政协。
〔2〕　邓拓(1912—1966)，原名邓子健、邓云特，福建福州人。时任《人民日报》社社长兼总编辑，作为中华全国新闻工作者协会筹备会代表参加第一届全国政协。
〔3〕　逸群，即恽逸群。恽逸群(1905—1978)，江苏武进人。时任《解放日报》副社长兼副总编辑，社长，华东新闻学院院长、复旦大学新闻系主任。1955年因"潘扬案件"被捕入狱。此时作为中华全国新闻工作者协会筹备会代表参加第一届全国政协。

诚意接受旧政协条件,而忠实实行,则中国解放可能迟十年。逸群兄谓,当时中共干部估计,至少要十二年才能在选举中占胜,可见蒋之撕毁政协决议,纯为自杀。但从深远看,历史有其必然性,蒋及其反动团体,非绝对独裁控制,不能维持其政权,而美帝则绝不让中国能和平进步,必须将中国掌握在手,变成其反苏之基地也。

下午,赴东安市场及东单市场,购旧书数本,晚赴怀仁堂晚会,有谭富英《定军山》,梅兰芳《宇宙锋》,梅之做工固不必说,其嗓音亦较在沪时好,就纯艺术观点言,比程砚秋确远胜,宜其执京剧界牛耳也。

十月五日　星期三

下午二时,中苏友好协会全国总会成立,在中南海怀仁堂开会,刘少奇和苏联代表的演说都极重要。我有印象,苏联代表的态度,的确和过去美英各国人不同,老实诚恳,一点没有骄傲的样子,不像美国人的一副上帝的面孔。刘少奇说,苏联已有二百多位专家来帮助我们建设,有四个条件:(一)由中国政府支配工作;(二)受中国主管机关的领导;(三)和中国技术人员拿同样的薪水;(四)中国人学会了他们就回去。正可说是友好平等极了。大会推举刘少奇为会长,宋庆龄、吴玉章等为副会长,是日说话的人太多,至十时才散会,可谓疲劳矣。

会场共挂四相片,中为孙中山、列宁,两旁毛泽东、史〈斯〉大林,此亦值得注意也。

游东单小市,购石章等物。

十月六日　星期四

十时，赴中山公园，打乒乓少许时，即饭于上林春，比二十年前，招待差得很。

二时，先赴邵尚文处取四万元，购皮箱一。

大雨中回寓小睡，五时起，即赴劝业场，则雨兄已先在。本拟至沙滩便饭，再赴北海赏月，盖今日为中秋也，乃天气变化莫测，乃饭于泰丰楼，甫入座，门外大雨如注，饭后雇车至中旅社，前门一带积水三四寸，在中旅社闲谈一小时许，十时半返寓，则又一轮皓魂，万里晴空，无些微云雾矣。

招待所送来月饼二，李四只，勉应佳节。余本拟回家过节，芳姊亦作此想望，不□时日迁延，终未如愿。去年在香港过中秋，当时正报初出版，艰苦万状，而情绪甚高，今则在北京，在新中国新定之首都，周遭环境，又大大变化，明年今日，不知又在何地度此团圆节，照常理推度，必应在上海，但人事变化殊难测度也。

十月七日　星期五

上午，全国新闻工作者协会筹备会，开第二次全体会，在华文礼堂，新闻界领导人到者甚多，胡乔木对1949年新闻界的变化，作一个总结，希望私营报多发展评论及通信。此外，萨空了、刘尊棋、陈克寒等均有报告，大体决定全国代表会代表（委员）为192人，定明年一月间在京开会。

下午赴琉璃厂大栅栏等处玩了一圈，晚，与胡乔木等商上海新闻工作问题，余得一印象，即必须先将报做好，才能有发言权，政治的确极势利也。

下午二时，曾与唐海、熙修、陆续等赴办事处谈话，对今后工作重点，谈颇久。

十月八日　星期六

六时半即起，仅睡五小时许，八时，乘车赴香山，参加新华通讯社新闻训练班开学礼，同往者除宗汉[1]、芸生、仲华等外，有陈铭德夫妇[2]及熙修、徐盈[3]、陆慧年[4]等，余前后在北京住过五年，但西山及香山一带均未到过。

在训练班中，有雷特[5]等，闻为训练出国及国内之新闻干部。

会后，游览西山碧云寺，中山先生衣冠冢仍在，五塔建筑雕刻均好，其旁之钓鱼台，风景尤好，甚似苏州之虎丘，而较虎丘犹幽雅，殊为不可多得之地。徐盈对北京掌故甚熟，沿途讲解，更增游兴。

三时三刻返，五时，赴同生照相，新闻单位人仍未齐，后与超

---

〔1〕　宗汉，即邵宗汉。邵宗汉(1907—1989)，江苏武进人。曾参与发起组织"青记"和国际新闻社，后在马来西亚、新加坡、苏门答腊等地办报。时任《华商报》总编辑。此时作为中华全国新闻工作者协会筹备会代表参加第一届全国政协。
〔2〕　陈铭德夫妇，即陈铭德、邓季惺。陈铭德(1897—1989)，四川长寿人。1929年与吴竹似、刘正华在南京创立《新民报》。抗战胜利后，在重庆、成都、南京、上海、北平五地出版了八种《新民报》，任总经理。邓季惺(1907—1995)，女，原名邓友兰。四川奉节人。曾任南京新民报社副经理，成都、重庆、南京、北平新民报社经理。1933年，和陈铭德结婚。
〔3〕　徐盈(1912—1996)，原名绪桓，山东德州人。曾任上海《大公报》记者、重庆《大公报》采访部主任。时任天津《进步日报》编委、主笔，作为中华全国民主青年联合总会候补代表参加第一届全国政协。
〔4〕　陆慧年(1915—1997)，女，江苏太仓人。曾任重庆《民主报》、上海《联合晚报》记者。时任《光明日报》文教组组长、总编室主任、党组成员。后任中国新闻社总编室主任、副社长。
〔5〕　雷特，不详。

构同到陈铭德兄处，陈兄对新民亦甚多牢骚。该报北京版最不上轨道，超构亦不愿在京负责。

饭后，与超构同至吉祥观剧，《奇双会》已上场，白云生、韩世昌均为二三十年前昆班名角，如今做来虽典型尚在，更少可观矣。最后一出为尚和玉之《四平山》，尚今年已七十岁，当年为与杨小楼齐名之武生，风烛残年，虽工架均好，究令人看得战战兢兢矣。十一时半归，明月在天，因气候之关系，比南方远为皎洁也。

十月九日　星期日

上午，培新[1]、熙修、静远[2]均来访，静远返回之意尚未决，宦乡兄主张其返馆，但秋江始终对《文汇》有成见，此人心地太狭，殊令人难以纳交。

十一时，又赴同生照相，再三再四，今天总算把十四人[3]凑齐，亦可见新闻界团结之困难也。

培新谈，财经会人员大事扩充，原有五百余人，拟扩充至五千人，各种业务均在推进。又谓，苏联顾问均为极有能力经验者，如人民银行的顾问，就是苏联的财政部次长，可见苏联的确全心全意帮我们建设。其帮助可能比以前之助者南欧新民主国家尤为积极，此则甚可欣慰也。

---

〔1〕 培新，即杨培新。杨培新，1922 年生人，广东大埔人。经济学家。曾任上海《文汇报》经济版编辑、香港《文汇报》经理、发行人。现为国务院发展研究中心研究员。

〔2〕 静远，即潘静远。潘静远，又名潘齐亮，江苏宜兴人。时任天津《进步日报》（原天津《大公报》）驻北京办事处主任。曾为《文汇报》写稿，担任《文汇报》天津特派员、兼职记者等。

〔3〕 十四人，即代表中华全国新闻工作者协会筹备会参加第一届全国政协的代表胡乔木、金仲华、陈克寒、张磐石、邓拓、恽逸群、杨刚、邵宗汉、徐迈进、刘尊棋、王芸生、赵超构等十二人，候补代表徐铸成、储安平等二人。

下午，开始看丁玲《太阳照在桑干河上》，为其最近创作之小说，开头即好，惜书印刷不清，看来甚费目力。

二时许，乘车赴钟鼓楼，寻旧游痕也，鼓楼设民众教育馆，其中卫生部分，触目惊心。

又至东单商场及东安市场，徘徊甚久，昨晚因出外未戴帽，遂患伤风，今日购消发弹琴[1]十丸，一千三百元。

六时许，赴羊尾巴胡同潘静远兄处，同座有周健臣[2]及徐凌霄、一士[3]、勉甫[4]诸叔，皆同乡也。一士、勉甫均为初见，酒酣，由国家大事谈至京剧，凌霄对京剧甚内行，其对草率改革京戏之反对，较余尤坚决，十时半始归。

本谓八号即离京，一再迁延，今日又闻决于十二日行矣。在京无事，归心如箭，想家中二大人及芳姊，亦悬盼我归也。熙修电话，谓馆中有电来给余，说报将涨至六万，并问余何日归沪。

十月十日　星期一

今日本谓"双十节"，昨日林伯渠秘书长谈话，谓辛亥革命之成果，已被袁世凯破坏，"双十节"可以悬旗，但不应再以国庆节纪念，新的国庆日将由政府规定，昨日下午政协全国委员会马叙伦遂提议，请以十月一日为国庆日，全场通过，向人民政府委员会建议，

---

〔1〕　消发弹琴，一种有抑制细菌生长繁殖作用的药，英文名 Sulfadiazine，现通译为消发地亚净。

〔2〕　周健臣，又名周鉴澄，江苏宜兴人。此时在天津开设周家菜馆，并从事文物收藏和鉴赏。

〔3〕　一士，即徐一士。徐一士(1890—1971)，原名徐仁钰，字相甫，号蹇斋。曾自号亦佳庐主人。江苏宜兴人，徐凌霄之兄。辛亥革命前后，以"一士"为笔名为各大报章撰文，他所撰掌故小品，保存了不少珍贵的历史资料。

〔4〕　勉甫，即储勉甫。储勉甫，江苏宜兴人，储安平的堂兄。此时浪迹平津。

故今日京中无任何举动。

上午，赴中山公园打乒乓，午间，在敦厚里家庭食堂吃饭，饭后理发，购书及药数事而回。

晚，在办事处约浦、潘两位谈话，确定请静远兄回馆工作，对预算及工作分配，均作具体决定，上海来电谓已汇出五十万，但迄未收到，办事处需款甚急。

韶关、衡阳、耒阳等处均宣告解放，广州残余政权，末日将至矣，据外电推测，解放军至多十日即可进入广州。据毛主席向负责方面表示，解放军预定本月八日开入广州云。

十月十一日　星期二

今天刮风，天气骤寒，出外需着毛衣及大衣，俨然深秋矣，北平最好的秋季，已渐成过去了。

上午，又赴中山公园打乒乓，球艺大为进步，与吴、马两君打时尤为得心应手，余长放守球，不善攻击，此在学校时即如此，今日依然如何〈此〉，可见年轻时打的根底，最为重要也。

在都一处吃饭，饭后马君同往琉璃厂杨梅竹斜冲购河胶半斤，六千元。

晚饭后，又约雨兄同至华乐看杨宝森，盖今天他唱《托兆碰碑》，此戏余曾一再登台客串也。杨的嗓音曰好，但做工实在太差，较之六年前在桂林看莫敬一先生此出戏，相差太远矣。又将"托兆"一段完全删去，而苏武之点化则完全保留，真是莫名其妙。负责戏剧改进的同志们，完全不懂京戏的内容结构和其优缺点，任意更改，实可浩叹。

十时半即回寓，清理行李，至二时半始入睡。

十月十二日　星期三

风已略定，天亦转晴和矣，八时刚起身。逸群兄即来告，准十时十分动身，方喜出望外，紧张收拾，忽然又来说，为准备不及，中南海已来电话，改明日动身矣，神经紧张，莫此为甚。又闻招待处李同志已亲赴车站打听，如有车厢，今天还可启行。如此，不知究于何时能成行，近日来中南海工作已较前退步，或此一部分负责人员已调至各政治部门工作矣。

又，昨日下午，曾与任公、劭老、方子在李公馆谈港报事，因稚琴两电，一再坚辞也。方子盼我回去，又是老文章，劭老则称香港情形已渐明了，此公毕竟正直可佩。

下午三时，赴东单二条社听〈看〉杂耍，因连日说走不走，甚无聊也。该处无特殊角色，有一档大鼓唱解放歌词，唱来虽还自然，但听众们无甚兴趣，余意最好此类鼓词，要少搬教条口号，而以具体生动的故事为题材，同时应注意音节及词句之流畅，则自能使听众印象深刻，百听不厌矣。

在东安市场购饰物二事，小刀一柄，甚满意，在五芳斋饮酒四两，自饮自酌，为自己送行，亦可笑矣。

又在吉祥看戏，主要目的为看萧长华，彼共演三出，《普球山》、《打面缸》、《会稽城》，无一不佳，实为小丑之鲁殿灵光，彼年逾七十，以后能看到几次，甚难说矣。此次来京，看京戏不少十四五次，名角几乎已看遍，尤其尚和玉及萧长华二人，将来能看到的机会已不多矣。

十月十三日　星期四

一再展缓，今日终于成行，来时只有一件行李，因大会文件及各种零件太多，不得不添置一皮箱，因此将原带来之箱及李鸿礼[1]托带之二箱，由交际处打行李票，而自带一皮箱及一手提皮包，已觉过重。途中如购买水果，则下车时更非雇脚夫代提不可矣。

交涉处送来五万元，为沿岸饭店零花之用，甚周到矣。

---

[1] 李鸿礼，时任全国政协秘书处议事科副科长。

1951 年　赴朝慰问

[作者于 1951 年参加第一届中国人民赴朝慰问团，为第三分团（华东分团）成员，代表上海新闻工作者协会。该册日记首页写道："八六部队直属大队第一分队　徐铸成　一九五一年三月十八日购于天津。"]

1951 年 3 月 20 日，作者参加中国人民第一次赴朝慰问团，到朝鲜慰问参战的志愿军。5 月中旬回国后在上海、苏南等地做抗美援朝的宣传报告。这段日记记述了作者在朝鲜活动和在慰问团中负责宣传工作的情况。

——编者注

一九五一年三月廿日

下午五时离渤海大楼招待所[1]，同室有丁聪[2]等，车五时三刻开行。

这一段路有廿二年没走了，前年本有机会到东北参观，那时为着等待上海解放，未参加。

在餐车中，和田汉[3]、李敷仁[4]等闲谈，廖承志[5]找我谈团报[6]与《文汇报》合作事。

晚十一时睡。

三月廿一日

一夜睡得很好，醒来已过锦州，车于十二时半到沈阳，一路烟突如林，比廿二年前完全不同了。

住在东北大旅社，十分舒适，招待也极周到，在车站看到王坪[7]兄。

---

〔1〕　渤海大楼位于天津和平路 275—281 号，建于 1934 年，1949 年后为天津市人民政府招待所。

〔2〕　丁聪，漫画家，时任第一届中国人民赴朝慰问团直属分团成员，代表全国青联。

〔3〕　田汉，时任第一届中国人民赴朝慰问团总团副团长，代表全国文联和中苏友协。

〔4〕　李敷仁（1899—1958），原名李文会，笔名老百姓、劳百姓等。曾在陕西主编《老百姓》和《民众日报》，1945 年任延安大学校长。时任第一届中国人民赴朝慰问团第一分团团长。

〔5〕　廖承志，时任第一届中国人民赴朝慰问团总团团长。

〔6〕　团报，即《中国青年报》。

〔7〕　王坪，此时为第一届中国人民赴朝慰问团直属分团随团记者。

三月廿二日

东北局东北人民政府军区招待，餐后看《森林之曲》，是生平第一次看到这样的歌剧，十二时始归。

三月廿三日

下午，与钦[1]、唐[2]两兄同访《东北日报》，与张沛[3]、王坪两兄相谈甚久，《东北日报》并设宴招待。

晚，与《东北日报》刚由朝鲜回来的记者同时谈话，知朝鲜战场最近的情况。

三月廿四日

早晨洗澡。

晚与李玉轩[4]同志等闲谈。这两兄[5]赶看《暴风骤雨》[6]。

---

〔1〕 钦，即钦本立。钦本立(1918—1991)，笔名林沧白、里甫，浙江长兴人，蒙古族。1946 年任上海《文汇报》编辑、记者，1948 年任香港《文汇报》驻上海记者。1956 年任《文汇报》党组书记、副总编辑。1980 年任《世界经济导报》总编辑。时任《解放日报》财经组组长、《新闻日报》采访部主任，为第一届中国人民赴朝慰问团第三分团随团记者。

〔2〕 唐，即唐海，此时为第一届中国人民赴朝慰问团第三分团随团记者。

〔3〕 张沛，1922 年生人，原名张蓓，笔名陈之衍。江苏镇江人。1938 年后任《抗战报》主编，延安《解放日报》、北平《解放报》记者。时任《东北日报》和新华社东北总分社记者、编辑。

〔4〕 李玉轩(1916—1995)，原名李福胜，山东临淄人。时任华东行政委员会民民政部副处长，第一届中国人民赴朝慰问团第三分团副团长。后在鞍钢、南京化工研究院等处任职。

〔5〕 指唐海和钦本立。

〔6〕《暴风骤雨》，是作家周立波于 1948 年完成的长篇小说，反映当时东北地区的土改运动。

今天打第二次预防斑疹伤寒的针，颇有反应。

各同志的演讲稿今天已审核了四分之三，还有第二组的稿子，准备在一两天审好。

三月廿五日

早晨七时起身，买了些饼干吃吃，花了三万元，这是我到沈阳后首次花钱。自七至九时半，赶看《暴风骤雨》，已看了十分之一。

十时听志愿军杨军长[1]作的报告：

我已离前线二十天，这次回沈阳治病，部队情况已有一些隔膜，现在有几个问题谈谈：

第一个问题：

志愿军十月十九号出发，廿二号到朝鲜，今天已有五个月零三天。

今天比五月前大大改变，五月前，鸭绿江受美帝炮火威胁。美帝占领了朝鲜百分之九十的土地，西面到楚山、东面到长白山附近，东北面到咸兴之北。美军的炮已向我边疆发射。当时，毛主席派组织起来的人民志愿军赴朝作战。

在五个月零三天的战斗，我们已解放了朝鲜国土三分之二，四个战役，消灭美帝、李匪等十三万人以上。

我们未去以前，朝人民军向后撤退，而我们挺进了。

一至四次战役，从小到大。

第一次战役消灭敌人一万多人，第二次三万多。

第一次战役俘敌三千多人，二次战役一万多人。

---

〔1〕　应为梁军长。梁兴初（1912—1985），江西吉安人。解放军中将。1949 年 5 月任解放军第 38 军军长。1950 年 10 月率部入朝，参加了一、二、三、四次战役。

但这些胜利的成因，在哪里？

第一，是毛主席领导的正确，假使我们株守着大门，帝国主义还要来的，毛主席决定把志愿军派往朝鲜，抗美援朝，这政策是完全正确的。

第二，依靠全国四亿七千五百万人民的援助，特别是我们到鸭绿江以北后，看到全国人民对我们的热烈援助，这援助是起了一定作用，大大地鼓励了我们的。

第三个因素是朝鲜人民的援助，他们虽然受尽了苦难，但还是尽了一切力量（援助）我们，朝鲜人民之苦，是我有生以来没有见过的，无吃无着，但晚上修公路、修工事，自己吃糠，而把大米给军队吃。

朝鲜劳动党给我们的帮助也是很大的。

朝鲜人民对我志愿军非常热望，他们的信心一天比一天提高。

第四个因素是志愿军与人民军英勇的比肩作战，我们军队的特点，就是英勇，在国外是同样的英勇和不怕死的决心，把血流在朝鲜领土上。

这些英勇的事迹，比在抗战、解放战争中还要多。

因为我们战士认识清楚，帝国主义野蛮残酷的侵略，如朝鲜被灭亡，就要打到我们国土上来。

战士对美帝的仇恨，一天比一天提高。虽然困难很多，比过去任何时期艰苦，我参加革命廿三年，没有在朝五个月苦，比长征时还苦，没饭吃，没油吃，后方运去的东西□□，三个月每人分到三两四钱肉□，国家每人（发）一百四十斤粮食。

但我们战士清楚，他们是为朝鲜、为祖国人民而战，任何苦痛都要忍受的，还是更英勇地作战。

第四次战役，我们和五十军整整抗击美帝二十三天的进攻，敌人花了三万人的伤亡，我们才主动放弃汉城。

我们有些连队一百多人只剩下三四个人，守住阵地。他们还保证，只要有一个人，一定守住阵地。

我们从祖国边境到汉城一路看到每一村庄、城市被美帝烧毁，（对）他们的仇恨是空前的高涨。

这样的胜利是否够了呢？不！非把美帝国主义的力量消灭在朝鲜，绝不回国的。

国内过去有恐美病，部队中过去也有的，以我们的三八枪能抵抗现代化飞机大炮的敌人吗？这几个战役回答了唯武器论者的说法了，我们就以三八枪及手榴弹打垮了敌人。

现在前线战士信心更提高了，一定要彻底消灭美帝，解放全朝鲜，才回到祖国来。

事实上，经过这四次战役，美帝的确是纸老虎，绝不可怕，我们只要接近美国的士兵，他就缴枪。它强的只有飞机大炮，我们晚上打它就没有办法。美军流行说，你们要打，不要黑夜打，不要偷偷摸摸打，要白天打，摆开来打；但我们偏偏要黑夜打，偷偷摸摸打，只要能消灭敌人，连麦克阿瑟也不能不承认我们是打仗专家了。

我们的信心是空前提高了。

美军比过去日本人，蒋匪军，也差，也比抗战时的伪军也差得多。

他们穿得好吃得好，就是不能打仗，离开了大炮飞机就不能打仗。

我们战士都清楚，以今天的装备就可以打倒敌人。

我们没飞机，枪很少，只有三八式、手榴弹打了敌人。

但今天，我们的部队都美式装备了，我们 38 军已有百分之九十美式装备了。由于以上的因素，我们已打下最后胜利的基础，必能全部消灭敌人。

第二个问题：

我们的确有困难，的确艰苦，战争比内战时残酷得多，我们几十万兵吃不上饭，连我们军长半个月都吃不上油，我每天吃点辣子，有钱买不到任何东西。

现在我们控制下的朝鲜人口，还只有［一个］三百多万，城市都化为焦土，平壤百分之七十变成焦土。

过去内战，一仗顶多三四千人，而现在我们□军已消耗五六千人。

粮饭送到前线已成冰块，三天只吃两次棒米稀饭，可见的确比以前长征都艰苦。

我们部队今天的要求，只要求吃一口热饭。

一个月以前，团以上的干部回来受训，他们只要求每天吃两斤猪肉。我们团以上的干部共一百零八人开会，吃了五口猪，平均每人吃三斤肉。

晚上不能休息，白天防空，不打就走路。

体力脑力都要劳动，过去不要用脑防空。

最好的体力，在朝鲜拖五个月，也真有些吃不消。

三次战役以后，生活稍微好一点，三次战役前，部队常常走路就倒下去。

我们一个兵团开过去，在东线零下四十度打，一个连三天不吃饭，一百多人整连死了。

现在好一点，可以每天保证吃两顿饭（还不能保证吃热饭）。但菜还是没有，国家送去的东西，还运不到前线。

因为交通线延长，我们还有许多困难。虽然［只要］苦，我们战士不说第二句话，照样英勇地战斗。

很多连吃不到饭，照样打仗。很多爬上大山就倒下来了。

过去，在朝战士不是喝水而是吃雪，现在往往喝自己的尿。

有一阵地守了七天七夜，雪不能吃了，只能吃自己的尿，这是长征时没有的。

我们在后方也只能每天喝一次水，因为不能生火。

我们的战士说，我们打五个月，比以前打五年还困难，今天也无法在战地生产。

但（无论）任何困难，战士的信心和决心还是非常高，决定完成任务。

第三点，现在部队希望人民及政府在文化上及政治上给他们供应，军以上的干部下，看不到报纸，在朝鲜不可能做好转达报告。

所以干部除生活苦恼外，最需要知道外面情况，要文化，希望诸位将国内情况……

战士对祖国的观念非常深，干部一过鸭绿江，就说："两个不同的天啊！"

战士一开口就是我们的祖国，他们热切希望知道祖国的一切。

希望报纸，希望书籍，希望玩具。

同时他们希望知道政府及人民对志愿军的家属如何对待，因为他们不能通信，不知道家中的情况。

他们血可流，生命可牺牲，但不放心自己的家属。

我们应该详细地告诉他们，安慰他们。

还有对于祖国的建设很关心的。他们说出国流〈留〉洋作战，打了六个月帝国主义。

第四点，慰劳团去朝必能增加志愿军的信心，鼓励很大。因为注意到防空，但飞机也不是了不得。

几个战役，最多看见一百三十架，炸新义州铁桥最多二百七十架，我们不要大意，但也不要恐怖。

志愿部〈军〉被飞机打伤得不多。一军四五万人，被飞机打伤的二三百人，到前面美机是喷气式多一点，射扫准一点。

晚上走时，不要睡觉，在汽车内警惕提高，但不要恐怖。

宿营在公路两旁的山沟内。

（另页）[1]

平壤东北，九兵团多一些人。

平壤北　中南

平壤南　西南

鸭绿江附近　西北

平壤　东北　华北

西北　胡[2]、李[3]、陈云[4]、郭[5]、刘[6]、武[7]、姚[8]、钦[9]

---

〔1〕 此段另页记录，应是作者所参加的第一届中国人民赴朝慰问团第三分团（华东分团）入朝以后的内部分组活动情况。据有关史料记载，第三分团共有代表二十九人，随团记者四人。编者依据作者的其他记录资料和相关史料，标注了部分成员。

〔2〕 胡，即胡善甫。胡善甫，芜湖工人，淮北苏皖边区劳动模范，皖南区各界人民代表会议协商委员会委员。第一届中国人民赴朝慰问团第三分团成员，代表中国人民抗美援朝总会皖南分会。

〔3〕 李，即李世军。李世军（1901—1989），字汉三，甘肃静宁人。曾任甘肃省建设厅长，国民党中央监察委员会常务委员、监察委员、立法委员。时任中国人民救济总会南京市分会副主席。第一届中国人民赴朝慰问团第三分团成员，代表南京市救济分会。

〔4〕 陈云，即陈云章。陈云章，山东大学教授、中苏友协青岛分会副总干事，第一届中国人民赴朝慰问团第三分团成员，代表中国人民抗美援朝总会青岛分会。

〔5〕 郭，即郭崇毅。郭崇毅（1921—2002），安徽合肥人。时任民盟合肥分部主任委员、皖北区政协副秘书长。第一届中国人民赴朝慰问团第三分团成员，代表中国人民抗美援朝总会皖北分会。

〔6〕 刘，即刘佛年。刘佛年（1914—2001），湖南醴陵人，教育家。时任上海师范学校校长、复旦大学教授。第一届中国人民赴朝慰问团第三分团副秘书长，代表中国教育工作者工会上海市委员会。

〔7〕 武，即武和轩。武和轩（1901—1986），原名肇煦，山西汶水人。曾任国民党中央党部秘书、蒙藏委员会委员、国民大会代表、立法委员，后参加民革。第一届中国人民赴朝慰问团第三分团成员，代表中国国民党革命委员会上海分部。

〔8〕 姚，即姚锦泉。姚锦泉，第一届中国人民赴朝慰问团第三分团成员，代表上海五金工会。

〔9〕 钦，即钦本立。

九兵团　澄〔1〕、玉〔2〕、王〔3〕、楸〔4〕、女刘〔5〕、应〔6〕、寿〔7〕、彭〔8〕、倪〔9〕、闵〔10〕、海〔11〕、黄〔12〕

西南　星〔13〕、永〔14〕、卫〔15〕

---

〔1〕　澄，即李澄之。李澄之（1901—1966），原名李澄，字若秋。时任济南市军管会文教部长兼济南市教育局局长，山东省各界人民代表会议协商委员会副主席兼秘书长。第一届中国人民赴朝慰问团第三分团副团长，代表中国抗美援朝总会山东省分会。

〔2〕　玉，即李玉轩。

〔3〕　王，即王若望。王若望（1918—2001），江苏武进人。时任上海总工会文教部副部长，华东局宣传部文艺处副处长。第一届中国人民赴朝慰问团第三分团秘书长，代表上海市总工会。

〔4〕　王楸德，第一届中国人民赴朝慰问团第三分团成员，代表上海工商业同业公会联合会。

〔5〕　刘，即刘开荣。刘开荣（1909—1973），女，湖南醴陵人，著名学者，时任南京金陵女子文理学院教授，著有《唐人诗中所见当时妇女生活》。第一届中国人民赴朝慰问团第三分团成员，代表中国人民抗美援朝总会南京市分会。

〔6〕　应仁珍，女，第一届中国人民赴朝慰问团第三分团成员，代表上海民主妇女联合会。

〔7〕　寿满蓉，女，上海电影工作者，曾任中国福利会托儿所支部书记。第一届中国人民赴朝慰问团第三分团成员，代表上海纺织工会。

〔8〕　彭，即彭文应。彭文应（1904—1962），字爵园，江西安福人。政治学家，民盟上海支部主要负责人。1957年被划为右派，未获改正。第一届中国人民赴朝慰问团第三分团成员，代表中国民主同盟。

〔9〕　倪，即倪松茂。倪松茂（1910—1995），福建福州人。化工专家，实业家。时任福州市工商联筹备组副主委。第一届中国人民赴朝慰问团第三分团成员，代表中国人民抗美援朝总会福建省分会。

〔10〕　闵，即闵子。闵子，又名闵玉如，实业家，时任民建建国会杭州筹备组召集人。第一届中国人民赴朝慰问团第三分团成员，代表中国人民抗美援朝总会浙江分会。

〔11〕　海，即徐学海。徐学海，女，上海基督教女青年会副会长，1945年至1949年任《妇女》杂志主编。第一届中国人民赴朝慰问团第三分团成员，代表上海民主青年联合会。

〔12〕　黄应韶，教育家，时任扬州中学校长。第一届中国人民赴朝慰问团第三分团成员，代表中国人民抗美援朝总会苏北分会。

〔13〕　星，即胡星原。胡星原（1921—1983），又名胡馨远，笔名胡燎、石临、叶敏，江苏邳县人。曾任《新民报》、上海《联合日报》、《新闻报》、上海《联合晚报》编辑记者。1948年任香港《文汇报》编辑记者。时任上海《新闻日报》编委兼采访部主任。1957年被划为右派。此时为第一届中国人民赴朝慰问团第三分团随团记者。

〔14〕　永，即李永庆。李永庆，第一届中国人民赴朝慰问团第三分团成员，代表上海市政工会。

〔15〕　卫，即卫禹平。卫禹平（1920—1988），配音演员、译制导演。第一届中国人民赴朝慰问团第三分团成员，代表上海文学艺术界联合会。

中南　唐[1]、童[2]、汪[3]

华北　潘[4]、哈[5]

平　二陈[6]、铸[7]、高[8]、周[9]

下午三时，东北军区后勤部张副政委报告：

> 从志愿军赴朝后，打了四次胜仗。前后消灭敌人约十五
> 万人。
> 美军装备武器都是现代化的，我们装备是劣势，我们在前
> 两仗根本未使用大炮。

---

〔1〕　唐，即唐海。

〔2〕　童，即童润之。童润之（1899—1993），著名乡村教育家，著有《乡村社会学纲要》等，时任苏南文化教育学院副院长。第一届中国人民赴朝慰问团第三分团成员，代表中国人民抗美援朝总会苏南分会。

〔3〕　汪，即汪普庆。汪普庆（1917—2002），笔名菲士、南父，江苏泰兴人。苏中三分区《前线报》及《江海导报》社副社长、总编辑，苏北文联副主任。第一届中国人民赴朝慰问团第三分团成员，代表中国人民抗美援朝总会苏北分会。

〔4〕　潘，即潘际炯。潘际炯（1919—2000），笔名唐琼，江苏淮安人。作家，曾任《大公报》翻译、编辑，香港《大公报》驻北京记者、评论员，香港《大公报》副刊主编。时任上海《大公报》编辑记者，第一届中国人民赴朝慰问团第三分团成员随团记者。

〔5〕　哈，即哈宽贵。哈宽贵（1929—1982），回族，江苏南京人。当时是复旦大学新闻系学生，上海市学联副主席，后为作家。第一届中国人民赴朝慰问团第三分团成员，代表上海民主青年联合会。

〔6〕　二陈，即陈巳生和陈俊明。陈巳生（1893—1953），浙江海宁人。上海实业家，基督徒。从事海运、保险、制笔等行业。中国民主促进会发起人之一。第一届中国人民赴朝慰问团第三分团团长，代表上海工商业同业公会联合会。陈俊明，上海实业家，从事棉布和毛绒线制造和贸易。第一届中国人民赴朝慰问团第三分团成员，代表上海工商业同业公会联合会。

〔7〕　即作者本人。

〔8〕　高，即高事恒。高事恒（1902—1982），字敬基，浙江湖州人。上海实业家，从事丝绸制造和贸易。第一届中国人民赴朝慰问团第三分团成员，代表上海工商业同业公会联合会。

〔9〕　周，即周明。周明，即古瑞云，台湾台中人，台湾"二·二八"事件中二七部队主要领导人，曾参与创建台湾民主自治同盟。第一届中国人民赴朝慰问团第三分团成员，代表台湾民主自治同盟。

为什么中朝战士能打胜仗？到朝鲜一看，就得到解答了：

一、非正义性，美军正残暴到什么程度，有很多事实还宣传不够。

美帝在朝主要的政策是毁灭。

北朝鲜被毁城市百分之百被炸，炸平了三分之一以上，如新义州十五万人口的城市已经炸平。平壤西南部的沙里院投了一百多个定时炸弹（最长达七十多小时），汽油弹投建筑物。最近，敌为破坏我汽车，投下大量四角钉子。

敌轰炸给予损害最大者为朝鲜人民的财产及后方补给。

村庄被毁灭者，故在前线及交通线附近，很多山（林）被烧毁了。

汉城一百二十万人口地区，收复汉城时只剩十二万人，经过收抚后达三四十万人。

李承晚匪军所到之地，杀人最惨，还有北朝鲜的地主回到北朝鲜。大举报复，烧杀一路，最少一村被杀三百多，多至三千人，劳动党员被杀者最多。强奸妇女，还要强迫签字，说是自愿。百分之八十的耕牛被屠杀了。三八线变成无人地带，纵深一百多里，几无人烟。

从上列事实，可以理解到为什么朝鲜人民军如此顽强。有一位老太太，当我解俘到后方时，拦住美俘要咬，咬不到，把自己的指头咬下来了。

敌人基本弱点是士气弱。

美军顽强是相当□的，所以可见□是士气不高。

经过这几个胜仗，敌人……

俘虏□□国，有人所以朝南□□□北□。

会□□可开战争□□□□□交换。

二、如此艰苦，不仅不影响士气，相反的，士气越来越高，几次胜利后，政治部主要工作是如何纠正轻敌速胜思想。

作战时，定计划，预定消灭多少敌人。而任务下去，是层层加，而且彼次〈此〉挑战。

有一连保证捉五十个敌人，结果只捉到四十多人，大家决定在黑夜到敌人阵地去，结果摸到几个伤兵，完成任务。志愿军说，只要保证我们吃饱饭，有弹药（受伤快扶回），后方工作做得好，家属有安顿。

我们保证打胜仗。

战士表示，不想回家，不开小差，只要吃一馒头就死也甘心。

医务人员除医治外还战斗，搭房子，一个医务人员，最多的担负一百五十伤员，又做饭，又背上背下。

三、朝鲜情况

山明水秀，而人民很可爱，横竖能吃苦，斗争性极强。

朝鲜解放后，农民元气未恢复。

现在，工厂都已炸光，工人均已参军。原来，朝鲜铁路多，公路好，动力很充足，碾米都用电，敌人花两三个月的时间，就全部毁灭了。

这证明，在帝国主义未打倒前，如无足够的国防力量来保卫，一切都是空的。

朝鲜人民军的装备，比我们好。

朝鲜人民坚决支援前线，妇女情绪甚高。

朝鲜的祖国统一战线由劳动党、民主党和青友党组成。

民主党，主要是工商业者、手工业者，也有基督教徒。

青友党，有一部分地主富农，教徒多，是天道教。

房小炕大，桌小碗大，袄小裤大，车小轮大。

厨房不喜欢外人进去。

送东西不要拒绝，吃饭时，菜不能剩。

到朝去，（一）、准备吃苦；（二）、服装　黑衣服

朝鲜行政区划：中央、道（省）、群（县）、面（乡）、里（村）

三月廿六日

上午开小组会及分团团委会。

下午二时，赴北陵陆军医院分院，慰劳伤员。该院住有伤员廿几名，内有朝鲜人民军伤员九人。

六时半返东北大旅社。

三月廿七日

上午八时起身，出外洗衣早餐，并在三联书店看书，想购买一部分土改材料，但没有找到。这是因为东北的土改早完成了。

十时，听各组典型报告，首由全国劳模赵国有[1]报告：

东北人民的购买力，1950 年比 1949 年提高了 33%。1949年 10 个人买一匹布，1950 年 4.5 人买一匹。

钟梦月，武汉市家庭妇女，丈夫的板车夫，有 4 个儿子，只剩一个儿子。她参加了絮行工作，她响应号召，接受了棉衣的任务，这小儿麻疹，送至姊姊，她一晚完成 40 套。但儿子死了，她当选了特等劳模。武汉市妇联军需加工絮行厂。

接着是李敷仁报告：

---

〔1〕赵国有,辽宁辽阳人,沈阳机械工人,全国劳动模范。时任全国总工会生产部副部长,第一届中国人民赴朝慰问团直属分团副团长,代表中华全国总工会。

陕西商县有一百多户贫雇农，本来免缴公粮，但他们要求缴纳，他们说这是抗美粮，有一农民只有一斤七两棉花，但他全部交了。他说，我没有吃可借，前方战士是不可一天没有得吃。

喇嘛捐出了他们的黄金和银块。

下午总团宣传会议

陈沂[1]：

一、锦旗慰劳品审查及分类：各分团印刷品、文件加以审查；锦旗一类、信一类、印刷品一类。锦旗：吴群[2]、印刷品：丁雪松[3]、信：郭部长[4]

锦旗，总团三百十二旗，西南 217 面，50 面以西南名义。

宣传委员会有权处理全权事项：统计、清点、分配包装、运送。人民军一类、志愿军一类，（以下）再分若干项。

每人不超过八斤，慰劳品六斤。

二、把讲话材料加适当补充，世界各国人民对中朝战士的慰劳和鼓励，列举具体事例以及所起到的作用。

访问提纲，对中国人民志愿军

三、记者的分工问题，记者集中使用、登记照相机。

四、文艺队的分工问题，曲艺分配，□，说，唱，练

---

〔1〕 陈沂(1912—2002)，原名余立平，笔名陈毅。贵州遵义人。解放军少将,时任解放军总政治部文化部部长,三次担任中国人民赴朝慰问团总团副团长。

〔2〕 吴群,时任中国人民赴朝慰问团直属分团随团记者。

〔3〕 丁雪松,女,郑律成夫人,1946 年至 1950 年在朝鲜任华侨联合总会委员长、中国东北行政委员会驻朝鲜商业代表、新华社平壤分社社长,1979 年后任驻外大使。时任第一届中国人民赴朝慰问团直属分团随团记者。

〔4〕 郭部长,指郭开峰。郭开峰(1929—2009),广东潮阳人。时任沈阳军区政治部宣传部部长,第一届中国人民赴朝慰问团第七分团成员,代表中国人民解放军东北军区部队。

三部：一部、平部，以练为主；平壤以北一部，以唱为主；安东附近，以女为主。电影分三处。

文工团基本上随本团走，文章由各团看。

分团各部门工作的报告编印，拥军优属的五个条例，统计数字划一。

编辑组　田汉负责，各分团一人，各分团记录员的决定。

熙修住 448，来谈报事。

丁雪松住 463，交流工作。隔壁黄药眠[1]兄，详谈往事。

西南代表的报告：

内江高嫂子组织儿童妇女，监视土匪。结果有四百多名土匪投降，缴了三百多条枪。押金退回约 80%。

一般押金的数字，相当于 1950 年的公粮的数字，有的甚至超过一半。

长寿农民退押平均达 430 斤。

土改后，哑巴说话，和尚还俗，寡妇生子，尼姑思凡。

川北流行的话，国民党拉兵，共产党要考兵。

重庆三八节 18 万妇女游行。

华北代表的报告：

天津买的无轨电车被美帝扣留在朝鲜，工人弟兄就自己制造了无轨电车。

抗美援朝运动变成了一种药，可以把什么病都治了，不积极的积极了，闹情绪的不闹了，问题闹不清的也闹清了。

天津钢厂完成全年任务 2%—44%。

天津钢厂去年的任务比 1949 年加两倍，第一、二、三季中

---

〔1〕黄药眠（1903—1987），原名访荪，笔名达史，广东梅县人。时任北京师范大学教授，第一届中国人民赴朝慰问团直属分团成员，代表中国民主同盟。

完成73%，第四季任务就更重。炉子又不正常，煤的成分又不好。那时展开爱国主义生产竞赛而连厂长都失了信心，提出口号，多生产一条钢，多增加抗美一份力量，而信心提高了，刚刚炉子坏了，于是由工会领导，提前三小时修好炉子，到十月廿几日，又发生了阻碍，此情况，必须半月才能修好，四位工匠冒险修好，结果提前七天完成了任务。

三月廿八日

上午谈检查慰劳信问题。

中南的15000封　只审查一千多封

西南590封　金日成将军　朝鲜难民

华东8000封　2000铅印　3000原松　3000分团检查

华北63、直属38　800封、84曲艺、西北28、蒙古7

数目清楚，分类（五类）

检查内容，鼓舞斗志

1. 反动分子钻空子，企图瓦解我们的力量。

2. 后方人民说家乡好，引起战士的怀乡病。

3. 对形势不正确的看法，对外交认识不清楚。

4. 泄露国家机密。

5. 对朝鲜人民的礼貌，及其战斗业绩。

6. 号召不对头。

检查方法　　签字　　不用的退回总团

整天检查慰劳信，到晚十时半才休息。这几天任务堆得很多，检信工作由东北军区梁部长、黄药眠兄及我三人负责，全团记者的组织及掌握，也由我和新华社的丁雪松同志负责，从这些具体工作中，可以锻炼我的工作能力。

由于这几天的报告，和参加实际工作，我自己相信，自己是的确提高也。

晚同钦、胡[1]两兄赴外吃面。

三月廿九日

今天起得早，赶上了吃饭。八时，即开小组会。

十时开分团团委会，陈团长报告两次总团团委会决议，传达高岗主席意见，心理准备越强，警觉越大，危险性就越小。

三分团分三组

总团　　陈[2]、徐[3]△、周明

一分团　　（鸭绿江两岸）彭[4]、世[5]、俊[6]、刘[7]、云[8]、郭[9]、钦[10]△、武[11]（定山为止）

二分团　　（平壤南）卫[12]、永庆[13]、胡星原△

四分团　　（平壤北）童[14]、汪[15]、唐[16]△

---

〔1〕　钦、胡，即钦本立和胡星原。
〔2〕　陈，即陈巳生。
〔3〕　徐，即作者本人，△为原文所加，下同。
〔4〕　彭，即彭文应。
〔5〕　世，即李世军。
〔6〕　俊，即陈俊明。
〔7〕　刘，即刘佛年。
〔8〕　云，即陈云章。
〔9〕　郭，即郭崇毅。
〔10〕　钦，即钦本立。
〔11〕　武，即武和轩。
〔12〕　卫，即卫禹平。
〔13〕　永庆，即李永庆。
〔14〕　童，即童润之。
〔15〕　汪，即汪普庆。
〔16〕　唐，即唐海。

五分团	（平壤西北）哈[1]△、姚[2]
六分团	（东北）高事恒△
一分队	潘[3]
二分队	倪[4]、女刘[5]
三分队	黄应韶
文工队	自己

下午二时，与第二组全组同志进城，拟游故宫未果，在百货商店吃饭。

晚，看《在新事物的面前》话剧，甚为满意，此剧思想性极高，对领导工作，启发甚大。

三月卅日

在朝集中力量为新华社写稿。用不用修改，由新华社决定。

决定任务和报道提纲，规定任务，归来检查。

各分团决定负责同志。

照相机的登记问题。

赴朝慰问和回国宣传。宣传委员会　指示　集中使用

每分团指定一人为组长，本团活动

审稿、登记摄影、报道要点

通过报道工作的纲领，作为工作的保证，一定遵照这纲领完成

---

〔1〕　哈，即哈宽贵。
〔2〕　姚，即姚锦泉。
〔3〕　潘，即潘际炯。
〔4〕　倪，即倪松茂。
〔5〕　女刘，即刘开荣。

任务，回来后共同检查。

报道要点、长稿审查问题。摄影、记者证

陈沂：

> 丁雪松的提纲打字发出
>
> 记者照相机由总团统一登记、冲洗
>
> 有关人民军的要人民军总部审查
>
> 发记者证、摄影记者证
>
> 各团组记者组，记者组首要任务是〈为〉报告团的工作，为新华社工作。

（一）原则上通过丁雪松同志提出的工作纲领及报告要点，作为我们全国新闻工作人员的工作纲领及报道要点，保证实行，完成任务。

（二）请〈记者〉发给记者证及摄影记者证。

（三）各分团记者成立记者组，每组推举一组长。

向分团报告：

1. 说明东北慰问伤兵。

2. 照相机登记，代表由大队登记，慎重照相。

3. 收集资料。

4. 发布新闻（新闻组长），由分团掌握，分团潘际炯。

5. 画报审查通过，5000 份酌留。

本团派出〈到〉各分团，回来还是三分团，不写信。

三月卅一日

上午九时，开直属分团会议，李颉伯[1]报告。

---

〔1〕　李颉伯（1912—1987），河北丰润人。时任全国总工会执委会委员、秘书长，第一届中国人民赴朝慰问团总团秘书长，代表中华全国总工会。

到平壤初期的活动，以总团名义，慰问朝鲜军民，任务完成后，分两部分，一部分赴志愿军总部，一部分留平壤慰留〈问〉中朝战士。

要采取认真严肃的态度，到朝鲜人民的首都。

分三个队，一、二分队到志愿军司令部

（一）王士钊[1]（队长）、赵国有、徐铸成、许宝骙[2]、陈巳生、田方[3]（八人）

（二）王[4]、雷[5]、吴组缃[6]、丁聪、蓝马[7]（九人）

（三）叶[8]、浦[9]（九人）

（四）王文彬[10]、潘[11]（组长）

---

〔1〕 王士钊(1910—2005)，广东东莞人。时任解放军第十五兵团组织部副部长，第一届中国人民赴朝慰问团第四分团成员，代表中国人民解放军中南军区部队。

〔2〕 许宝骙(1909—2001)，浙江杭州人。中国民主革命同盟和三民主义同志联合会主要领导人，时任民革中央宣传部副部长，第一届中国人民赴朝慰问团总团副秘书长，代表中国国民党革命委员会。

〔3〕 田方，1918年生人，原名田培方，浙江海宁人。曾任延安《解放日报》记者编辑，第一野战军随军记者。时任新华社西北总分社编辑室主任、西北新闻局新闻处长，第一届中国人民赴朝慰问团第一分团成员，代表西北新闻工作者协会筹备会。

〔4〕 王，不详。

〔5〕 雷，即雷洁琼。时为第一届中国人民赴朝慰问团直属分团成员，代表中国民主促进会。

〔6〕 吴组缃(1908—1994)原名吴祖襄，字仲华，安徽泾县人。时任清华大学教授，中文系主任，第一届中国人民赴朝慰问团第五分团副团长，代表北京市教育工作者工会。

〔7〕 蓝马(1915—1976)，原名董世雄，北京人。影剧演员。时为第一届中国人民赴朝慰问团直属分团成员，总团文工团副团长，代表中国人民解放军文艺工作者。

〔8〕 叶，即叶丁易。叶丁易(1913—1954)，名鼎彝，笔名丁易、孙怡等，安徽桐城人。时任北师大校务委员会委员、中文系教授，第一届中国人民赴朝慰问团直属分团成员，代表九三学社。

〔9〕 浦，即浦熙修。时为第一届中国人民赴朝慰问团直属分团成员，代表中国人民抗美援朝总会。

〔10〕 王文彬(1907—1995)，山西蒲城人。1935年进入《大公报》，先后任天津馆编辑，桂林、重庆馆经理。1949年后任重庆《大公报》《重庆日报》经理。时为第一届中国人民赴朝慰问团第二分团团长，代表重庆市民主建国会。

〔11〕 潘，不详。

（五）马[1]、朱[2]、李滨生[3]（十一人）

（六）记者

共 140 人左右，组三梯队

一梯队长　　李颉伯（代表）

二梯队长　　（工作人员）

三梯队长　　（曲艺文工）

关于宣传活动，一、在以总团出现阶段，可能有工、农、妇、文各界的招待会议。

准备短小的说话稿子，有可能开座谈会。

应有认真的准备。一、慰问方面，慰问朝鲜人民军说话，必须先准备好，翻译好，对人民志愿军也应准备好稿子。

（三）关于行动问题，总团发了补充规定，准备行装。

留下的行李，按新分队为单位保管。

廖：总团指挥　　陈沂，分团李颉伯

注意：（1）人选如此定下来，服从总的利益。（2）充分团结一致。（3）宣传工作，可能在平壤多留几天，准备好各种说话材料，表示全国人民坚决支持朝鲜人民，关于"毛主席派出来的"只能限于向志愿（军）部队说，其他只能说中国人民派来的，中国人民反侵略委员会派出来的。

王士钊（住）629（号）、赵国有（住）474 号、扎克洛夫[4]（住）交际三楼 247 号、陈巳生（住）交际三楼 205 号、徐铸成

---

〔1〕　马，不详。

〔2〕　朱，不详。

〔3〕　李滨生，志愿军某部战士，负责慰问团保卫工作。

〔4〕　阿不拉·扎克洛夫(1918—1982)，维吾尔族，新疆伊宁人。时任新疆人民政府副秘书长，第一届中国人民赴朝慰问团第一分团副团长，代表新疆人民民主同盟。

（住）三楼 324 号、田方（住）高干楼四楼 15 号、林厚周[1]（住）六楼 49 号、许宝騄（住）四楼 418 号。

下午二时，讨论补充条例。

四月一日

今天换了志愿军服。

全国币制统一，今天起，东北开始使用人民币，上午到馆子吃咖啡，已经用人民币了。可见东北人民政府效率的好。

三时，先由西北农民代表谢茂恭[2]表演快板。

扎克洛夫同志报告新疆的情况，新疆十三个民族五百万人民一致团结起来，坚决进行抗美援朝爱国运动。

庆祝平壤解放，迪化举行了七万人的示威游行。

阿衣西罕（维吾尔族）六十一号的老太太说，我不能打美帝，也可以抓它一把头发。

哈山〈萨〉克族的妇女马立克献出了她的耕牛。

赴苏表演的杂技团，决定参加慰劳团，丁同志报告在苏见闻：

表演 106 次 27 万人，波兰 24 场二万多人。

十一月六日到莫斯科，第二天参加十月革命节。

许政委：

部队在前方为什么能打胜优势装备的敌军？首先，经过几个月作战，了解敌人，它的表演是全世界帝国主义一切本事（除原子弹外）都拿出来了，战争中所能施用的手段都施用出来

---

[1]　林厚周，湖北汉川人，汉口工商界人士，开明贸易公司董事长，时为第一届中国人民赴朝慰问团第四分团成员，代表武汉市工商业联合会。

[2]　谢茂恭，应为谢茂公。谢茂公（1904—1967），陕西三原人。农民诗人。时为第一届中国人民赴朝慰问团第一分团成员，代表陕西省农民协会。

了。它几次叫嚣要解决朝鲜问题，就因为它施尽了力量，以为一定能解决问题。

我们就以原始化对付现代化，为何大量消灭敌人，取得大的胜利呢？

首先，因为有政治条件，勇敢，没有弹药时，抓起石头干。其次是战术的优越。从实际战斗中，毛泽东的伟大战斗思想（的武装）。

我们过鸭绿江后一面走一面动员一面解释，一面打一面找经验。

进攻中的材料，在汉城西北高阳附近，参加战斗，一营一个半连，面对敌人廿五师相当巨大的敌人及英国军队正在撤退时，我军赶上了。敌人布置坦克炮兵步兵各一营在后面高地，布置了掩蔽撤退。我们一连从它中间插进去了。到处把敌人扰乱，敌人成群地跪下缴枪。

英国部队最不幸，丘吉尔坦克被毁二十几辆，俘虏少数口袋中发现了一个投降证。英军口袋中都有投降证，要求我们广播，美英士兵都愿意当俘虏，不愿被打死。

目前已有成百的一批美军投降，他们已逐渐了解我们的俘虏政策。

某指挥官说，美帝攻不能攻，守不能守，它还想独霸世界，这不是开玩笑吗。

战士们都说，我们不能丢人，在毛主席面前丢人，中国人民面前丢人。

战场上也收到捷克等兄弟国家的慰劳品慰劳信，得到很大的鼓励，因而增加了很大的力量。

敌人打很多照明弹，我们战士说是正月十五挂灯，运输人员就"借光"完成任务。

中朝人民的军队共同作战，团结一致，如何结成军团的力量？真正是团结一致了，彼此鼓励，亲切友爱。

我志愿军与朝鲜人民之间是非常亲密的。毛主席指示："爱护朝鲜一山一水一草一木。"

战士说侦察机叫"瞎子"。

对于机群飞过也不在乎。

黑夜扫射就不管它。

四月二日

上午，写寄家中及仑儿信。

今天整天没节目，听说要重编组，因此小组工作也未进行。

在马尼拉饭店吃饭，和本立[1]等四兄谈搜集材料及写作计划，谭文瑞[2]兄刚从朝鲜来，详谈朝鲜情况。

四月三日

上午八时，与钦、唐两兄上街，理发沐浴吃饭，初起床时，就把内衣衬衫都洗了。

午后，与赵国有同往分团部领携带各物件。

三时听报告：

廖团长：

　　讲三个问题

---

〔1〕 本立，即钦本立。

〔2〕 谭文瑞，1922 年生人，笔名池北偶，广东新会人。曾任天津《大公报》编辑、《大公报》驻北平记者、香港《大公报》编辑。时为《人民日报》记者、编辑。

（一）准备和协商期间已结束了。从沈阳出发，行动开始，就要服从指挥，各党各派的党员朋友，都应服从指挥，完全军事化，由〈按照〉团长、分团长的命令执行。

如乘车，要迅速灵活，一切要保证服从指挥，执行命令，完成任务。

初步准备四月三十日结束任务，十天回来，两星期工作，是非常紧张的。

任何理由，不能妨碍命令之执行。

（二）到战地以后，可能发生下列情况，可能比预期更紧张，也可能比较松弛，应该从政治上了解朝鲜战争必胜的前途，朝战是比较长期的残酷的战争。

我们要有一切决心，到前方后，如情况不如想象得那么紧张，大家切勿松弛下来，应以充分的紧张，有始有终地贯彻在工作中，最后完成任务。

（三）保密问题，要求有自觉的保密，大前提是求得战争的胜利，凡违反此项前提的，绝对不做。有些军事机密只能领导的少数人知道，我们团员不该知道的不必去问，不该去问。

其次，了解各种情况后，不符合最高利益的事不做、不写，看到的许多战地通信，往往无意暴露了我们的弱点。苏联的通信只说明战争的英勇和必胜的前途。

陈沂副团长：

我们的准备工作，基本上已完成，我们的队伍基本上也可以拉出去了。

（一）行军情况，前方已派员来接我们了，年轻的有经验的到前方。

准备要作战的部队，要鼓励他们。

到平壤的，向朝鲜中央，访问性质，加强中朝两国的战斗的友谊。

行军作战中，不能有丝毫侥幸心理。

行军宿营组，上车下车组。

车辆隐蔽组，互助组。

每车坐二十人，每两车一组。

孤担行车，群担坐车。[1]

第一必带，钢笔、墨水、本。

第二必带，牙刷、毛巾、牙膏、手巾。

第三必带，吃的东西。

酌带被、毯。

慰劳品，要像爱护自己的生命那么爱护，共四五百亿。

前方同志说，慰劳团去等于一百架飞机。

关于保密，报道不小心，为敌人作材料。

八六部队。

宣传问题，我们要宣传：

（一）中国人民为什么要、怎样热火朝天地抗美援朝。

（二）战士的胜利对国内，城市、农村，以至全世界的影响。

后面人民应该苦一点。

什么身份说什么话。

有一士兵，高高兴兴地战斗了十几天，上级叫他洗脸，他说，我就要这样去见见毛主席，说他的小兵是这样的。

田汉副团长：

人民的立场，不是政府的立场。

是勤务员的立场，不是钦差大臣的立场。是鼓动员的立场。

---

[1] 原文如此。

其次明确我们的任务：

（一）正确估计战士们的胜利，明确其意义。

（二）报告他们出国后国内国外形势的发展。

（三）鼓励他们的士气。

美国官方报告，朝战后 3 个月肉涨 10%，鸡蛋涨 18%，蔬菜涨 50%。

我们的物价，始终很稳定。

美批发物价，比去年 6 月底（涨）20%。

据美专家估价，美通货膨胀的结果，物价可能涨到 500%，杜鲁门想冷〈冻〉结物价，但当然不可能。

美国的钢，从 1948 年至 1949 产量降低 200%，现在，美苏产钢量已经差不多了。

土改，今年一亿四千万人口（完成土改），（加上）老区一亿六千万人口，已有三亿（完成）土改。

今年争取丰收，如治淮（争〈增〉产一成为目标），治淮，花 50 万吨大米，三百万民工。治钱塘江，东北治太子河。

全国有 2068 县已有 1968（94.8%）开过人民代表会议。

58 蒙旗中有 46 旗开过人民代表会议（79.3%）。

麦魔[1]谈话后，英国一个人说，不管他们如何继续败退，他们还吸引美国 8 个师和 3 万其他附庸国的部队，而这些部队在世界范围的防御中是非常需要的。

文化方面：抗美运动及爱国主义思想教育运动，广泛发动，以各种文艺形式进行宣传工作，不仅教育了群众，也教育了文化工作者。

摄影队派到朝鲜的 10 个，4 个放影队，1 个录音队。

---

〔1〕 指麦克阿瑟。

去年 10 月举行抗美援朝宣传月，有一亿一千多万观众。

戏剧（包括曲艺等等），去年全国艺人演了 4 天的抗美援朝义务戏。

解放平壤，北京艺人举行了大游行。

51 年春节，全国各大城市都（举）行爱国主义戏剧竞赛，上海有四千多艺人参加。

廖团长：

朝战证明了（一）再一次证明世界人民力量比帝国主义的力量大；（二）证明美帝是纸老虎，发动战争是一种恫吓；（三）大大提高了世界人民的信心，因此如朝战打得好，世界人民，特别是资本主义国家殖民地人民为和平的斗争更坚决扩大。战争的企图，可能被粉碎。

李秘书长：

每车坐 20 人，3 个司机。

到宿营地要在司机指导下，好好地隐蔽车辆。

晚直属大队开会。

第一梯队，29 位，9 记者，5 工作（人员），9 通信员、警卫员

第一车　二分队　车长陈平[1]、副车长包严[2]

第一组　行车宿营组　赵国有（组长）、丁聪、雷[3]、徐铸成、戴富有[4]、逢景田[5]。

---

〔1〕 陈平，应为程平，工作人员。
〔2〕 包严，应为包彦。包彦，第一届中国人民赴朝慰问团第六分团副团长，代表内蒙古教育工会。
〔3〕 雷，即雷洁琼。
〔4〕 戴富有，志愿军战士，负责慰问团警卫工作。
〔5〕 逢景田，志愿军战士，负责慰问团警卫工作。

第二组　防空组（宿营地防空）聂维庆[1]（组长）、李文达[2]、许宝骙、布鲁土鲁[3]

第三组　隐蔽车辆组　田方、吴组缃、扎克洛夫

第四组　互动组（机动组）　王易之[4]、陈巳生、逢景田（共18人）

第二车　车长田间[5]、副车长杨朔[6]

一组　潘[7]（组长）、李[8]、温[9]、浦[10]、胡[11]、王书庄[12]

二组　郭[13]（组长）、孙[14]

三组　王坪、赵[15]

---

〔1〕聂维庆,时为全国学联副主席,第一届中国人民赴朝慰问团直属分团成员,代表中华全国学生联合会。

〔2〕李文达,不详。

〔3〕布鲁土鲁,不详。

〔4〕王易之,应为王一知。王一知(1916—1987),女,原名郭维轩,吉林依兰(现黑龙江)人。周保中夫人。周保中在东北领导抗联工作时,与金日成结下友谊。1950年随周保中到昆明工作,负责侨务和外事。时为第一届中国人民赴朝慰问团第二分团秘书长,代表云南省华侨联谊会。

〔5〕田间(1916—1985),原名童天鉴,安徽无为人,诗人。时任全国文联研究会主任,第一届中国人民赴朝慰问团直属分团秘书长,代表中华全国文学艺术界联合会。

〔6〕杨朔(1913—1968),原名杨毓晋,山东蓬莱人。作家。时任志愿军战地记者,第一届中国人民赴朝慰问团直属分团随团记者。

〔7〕潘,不详。

〔8〕李,不详。

〔9〕温,不详。

〔10〕浦,即浦熙修。

〔11〕胡,不详。

〔12〕王书庄(1904—1988),河北任丘人。文物鉴定专家。时任文化部科学普及局副局长。第一届中国人民赴朝慰问团直属分团成员,代表中华全国科学技术普及协会。

〔13〕郭,即郭开峰。

〔14〕孙,不详。

〔15〕赵,不详。

四组　叶[1]（组长）、黄[2]、刘[3]、迟[4]

第三车　曾平[5]、吴群（车长）

第一组　马[6]（组长）、包[7]、许[8]、萧[9]、周明

第二组　邱浦[10]（组长）、唐新[11]、韩[12]

第三组　邵[13]、罗[14]、田野[15]

第四组　丁雪松、向达[16]、朱继圣[17]，17 人

一组　二百米左右

王、彭、李、扎克　副车长

中、陈、雷、徐、许、吴、包

车长戴、赵、李、许、周

---

〔1〕　叶,即叶丁易。

〔2〕　黄,即黄药眠。

〔3〕　刘,不详。

〔4〕　迟,不详。

〔5〕　曾平,第一届中国人民赴朝慰问团第五分团副秘书长,代表中国人民抗美援朝总会北京市分会和北京市中苏友好协会。

〔6〕　马,不详。

〔7〕　包,不详。

〔8〕　许,即许宝骙。

〔9〕　萧,不详。

〔10〕　邱浦(1919—2005),原名贡厚生,又名后生。江苏丹阳人。曾在晋察冀边区从事新闻工作。1947 年奉命筹办《内蒙古日报》,并主持该报工作。第一届中国人民赴朝慰问团第六分团团长,代表内蒙古新闻工作者协会筹备会。

〔11〕　唐新,不详。

〔12〕　韩,不详。

〔13〕　邵,不详。

〔14〕　罗,不详。

〔15〕　田野(1911—2004),曾名田英魁。直隶束鹿(今河北辛集)人,摄影家。时任解放军画报社副社长兼总编辑。第一届中国人民赴朝慰问团直属分团随团记者。

〔16〕　向达(1900—1966),字觉明,土家族,湖南溆浦人。历史学家。时任北京大学教授,图书馆馆长。第一届中国人民赴朝慰问团第五分团成员,代表无党派民主人士。

〔17〕　朱继圣(1894—1972),字边埏,浙江鄞县人。实业家,在天津从事手工艺品、古玩、地毯贸易。第一届中国人民赴朝慰问团第五分团副团长,代表天津市工商业联合会。

总团通知证章，平时不带出来

文件由各组织集中

紧急下车，动作快

平时集合 —— —— 二声长音

平时紧急集合 —— —— 一长二短

很紧急集合 —————— 多次短音

到宿营地后：与司机商量好，找好地方后通知各组。

第一组带工作，先用第一组的米。

四月四日

上午十时半，全体照部队集合，慰劳空军，看到新中国人民空军的新姿，大家都非常兴奋。

四月五日

下午，旧三分团全团照相，旋本立兄邀我在马尼拉吃饭，因为今晚直属团及其他各团均出发；仅第一分团预定后天出发。购短衫裤各一，因为看到天气逐渐炎热，一二星期后，可能棉毛衫裤穿不了矣。

七时，列队至车站，乘专车南行，深夜过本溪，即熄灯防空。

四月六日

十时抵安东，到了抗美援朝的前线了，安东为辽东省会，现有人口卅万。

安东前两站为凤凰城，小说中薛仁贵"三箭定天山"之地，地势确甚重要，山势甚陡。

住安东辽东饭店。

下午及傍晚两至鸭绿江巡礼，江水暗绿，江面如黄浦，到了安东，益明白抗美援朝之重要。

晚，与王坪、田方等又打五百分。

四月七日

九时，与熙修等往访第五大队，归途忽警报大作，急躲入路旁人家，时炸弹与高射炮齐响，至九时三刻急回旅舍。闻今日敌机投下数弹，一弹中一大楼，死伤十余人，有一家五口人家，其男人方挑豆腐脑担出外买卖，闻轰炸急回，则一妻三子均死于炸弹矣。其人当晚即发疯，美帝之暴行，真令人发指。

下午，赴镇江山[1]防空，该地为辽东胜地，樱花盛开时，游人尤众。六时归寓，当晚有警报四次，终宵被扰。

四月八日

上午五时半即起，六时吃饭，凌晨吃干饭大肉，实为平生所未历，饭后，仍赴镇江山，昨天桥有微损，二、三、七队未走成，我等行期，也要展缓了。

马云祥[2]、袁振新[3]

---

〔1〕 镇江山，现为丹东锦江山公园。
〔2〕 马云祥，志愿军战士，慰问团司机。
〔3〕 袁振新，志愿军战士，作者所在分团的通讯员。

四月九日

晨起大雾，未防空。

九时，开车队会议，决定分下列几组：

行军宿营组　许宝骙（组长）、徐铸成等

防空组　邱浦（组长）、周明

车辆隐蔽　马云祥（组长）、向达、朱继圣

下午四时半出发，原定过江后朝鲜方面举行欢迎仪式，但抵鸭绿江桥时，又逢警报，而桥亦未完全修复，仍折回旅馆。

十时半再出发，十一时过桥，桥上一段步行，到新义州后，忽信号弹大作，车乃灭灯急行，可见朝奸及特务之活动。一路行来，遇着两次敌机，一次投下炸弹三枚，路上车辆及行军甚多，多在黑暗中行进，中朝人民克服一切困难坚决抗敌之决心，在这里可以具体体会得到，同时，也深切感到空军的重要，军事情势如此顺利，而只因制空权在敌之手，条件乃变成如此困难。

四月十日

三时许，到宿营地，急将车辆隐蔽，并找到一民房借住，一夜困顿，疲困万状，请人民代煮稀饭充饥，席地睡四小时。

在朝鲜人民家，可见朝人在日帝长期榨压下的生活如此苦痛，朝鲜农家的生活，比我国农民还要苦得多。

我写此日记时，坐在家徒四壁的朝鲜农民家中的炕上，外面敌机声嗡嗡，但我心中甚为安静，在这样的环境中，必须有充分的警惕和冷静的头脑，而后者更为困难。今天有人出门小便都怕，其实天空并无敌机，麻痹大意固然不好，但以为敌机仅把自己当唯一目标，而它时时能够看到，这样的紧张，也大可不必也。

住在宜川群深川面仁定里鹿山部落，（朝鲜百姓）桂若熙家。

这个小村〈部落〉共有六十多家四百多人，现在已参军有四十多人，参加保安队及机关工作的二十余人，据说美军在去年十月底曾到过这村一天，第二天就被我志愿军赶跑了，所以这村庄还算完整。

昨晚，我们到此时，该村干部正在开会（一）欢送新参军的；（二）响应金日成将军号召发动春耕；（三）布置为出征家属代耕。六时半动身，因八号车陷沙坑，救助误半小时，时风雨交加，但因此敌机甚少侵扰，十二时即抵安州。

在雨中翻小山，行四五里，至宿营地，此种苦况实为生平所未历，亦稍稍体验战士之英勇艰苦矣。

四月十一日

六时休息，八时起身吃饭，九时又睡，疲困万分。至二时醒来，唐海等一部分同志亦住此处，整日下雨。

下午七时许出发，天色已黑，在微雨中步行七八里，至汽车路等汽车，因联系不够，在路旁空屋内静等，当时群众情绪甚为波动，幸司机同志九时许即来，至十时开车。过宿川，路甚颠波〈簸〉，二时许抵平壤附近，遇敌机，稍等即转车至云月里，觅地投宿。

四月十二日

余与许宝骙、向达、朱继圣先生等三老及两通信员同志住一宅，宅甚小，炕亦不热，睡时甚挤，因倦甚，旋即入睡。八时起，吃饭，菜为鱼及牛肉白菜汤，余仅以榨菜佐饭，勉食半碗，饭后正与三老打桥牌，敌机来低飞侦察，势甚猖獗。十一时，通知入防空洞，洞内有铺位及电灯，亦相当保险。

到此后，始知此行任务之郑重，在空中威胁下，活动亦甚困难，希望总团有全盘布置，否则收获将甚少也。

朝鲜人民抗战情绪一般甚坚决，据郑少文[1]同志昨日谈，四五十岁之人，尚有一部分悲观消极的，三十以下青年，则信心甚高。

到朝鲜实地一看，更深切体会国防建设之重要，同时，也更明白中苏盟约之意义。

昨天黑夜，又见大队东北同志，摸黑赶马车向前方输送供应，此种国际主义之精神，令人感动。据闻，东北某一县中，即出动民工七千人，来此筑路及做其他后勤工作。

今天遇到一位同志，他去年九月就来朝做后勤工作，他的精神极好，他说美国有坦克，我们有两条腿，它有自动步枪，我们有三八式，它有飞机，我们没有，但就是这样我们战胜了敌人。

据说周总理在北京说：在第五次战役中，我们的东西也要拿出来了。我们在沈参观空军时，也看到这一点。

一位通信员同志，关荣海，二十一岁，他来到这里已五个月，他说为着保护翻身农民，到这里抗美援朝。一个人死不死没关系，让美国鬼子到我们家乡毁掉我们的家乡可不得了，到这里后，大家想到前面去，前面又热闹，又有意思。

又有两位从黑龙江来的民工，他说他们家乡已出动了民工两千多人。

今天是我们离开上海整整一个月了，这一个月，时间好像很长，经历的和听到的，实在很多，对自己的体验和收获实在不少，在上

---

〔1〕 郑少文，应为郑绍文。郑绍文（1905—1983），四川潼南县人。时任中南军政委员会民政部长，第一届中国人民赴朝慰问团中共湖北省委代表。

海，对于抗美援朝的意义和必胜的信心，是不会有这样真切的。

今天又没有洗脸刷牙，现在两天不洗脸刷牙已惯常了，在这样的环境里多住些时候，对自己的生活习惯自然会改变的，生活的宽度展开，斗争的韧性也就更强了。

坐在防空洞口曝太阳，记日记，饮白糖开水，抽北陵牌香烟，觉得生活的意境很特别，下个月的现在，可能是很紧张地在上海做传达鼓励工作了。

（今天住在）大同群大同面云月里。

安东胜利门对联：

爬山卧雪，英勇善战，抗美援朝，钢铁战士。

胜利归来，劳苦功高，保家卫国，人民英雄。

汤玉为，二十一岁，新民人，去年十月十二出国，新当民工，现为警卫员。

辽阳民工队一大队三中队，出国三月来，无一伤亡，初出国时，有些惊慌，现在已习以为常。

松江省牡丹江，旧剧艺人多人也参加民工工作。

四月十三日

昨晚睡得还好，今天清晨三时就醒来，再也睡不着，一直等到六时才起床，在警报中到厨房去刷牙洗脸。

七号和十号车都来了，据说他们昨晚遇了几次飞机，关着灯走的。

昨日和我们谈的李浮兴同志，是解放军的一个典型，他是湖南省邵阳县人，原在陈明仁部下当兵，公主岭一战（1947）解放了的，曾参加辽西，及海南岛等几次战役，十月间出国（四十军）参加了云山战役，一战大胜，后来四次战役他都参加了，直到水原以南，

因为蹚水受了伤，现在调到这里服务。他的政治水平相当高，对于
必胜的信念，以及为什么要抗美援朝，认识得很清楚。他说他出国
时曾写了保证书，朝鲜不全部解放，他绝不回国。他们部队中，是
很民主的。战役开始前，参□开民主的讨论。他很关心家乡的情形，
告诉他湖南土改的情况很好，去年又大丰收，他非常高兴。他叫我
们老大爷，说"见到你们老大爷，真像见到自己的父亲一样高兴"，
他还再再说自己的文化不够，觉悟太迟，这次又不能好好帮助我们，
非常不安，这样朴质谦抑而又真挚的态度，实在令人可敬可爱。

我们车队的马队长，态度很好，技术也很高，他们的"白山运
输队"一向发生的事故很少，这次他送我们来，一路车行得又快又
好，而且常常救护并照顾旁的车子。他说在安东时，保证要安全地
送我们来回，他说这是最光荣的任务。他昨晚来我们的住处访谈，
要我们给他签个名，我提了"把抗美援朝的力量带到前线来"。

这一路来，有两个印象是和过去完全不同的，第一是司机同志
的忠诚服务，英勇刻苦，这和抗战时内地的司机天壤之别；第二是
安东的紧张而素朴，绝不像过去的香港澳门等地充斥着烟赌妓女，
从东北到最前线，都是一样的紧张而有自信，农村的妇孺，也一开
（口）是抗美援朝，这个团结而伟大的力量，有力地保证最后的胜
利，美侵略军最后是非彻底失败不可的。

第一大队的队长李颉伯昨晚到此，他说将开始与总团联系，布
置工作。他希望大家一不暴露，二注意防空，三注意健康。今天早
餐吃到了猪肉，非常高兴。这里饮食供应很困难，蔬菜甚少，还要
到十五里外的平壤去买（据说平壤西区还有市面），连白菜等等都是
从国内运来的，我们这次的抗美援朝，真算尽了全力了，据说目前
抗美的军队和民工达二三百万人。我们真算是尽全力了。

第一中队指导员包庆顺，是东北辽东省辽阳县佟二卜区人，
他说：

"雪地埋孩子，经不起考验"。

"朝鲜妇女能劳动，很好，但是穿的衣裳不打腰，不进步。"

"到朝鲜一看，真是政府所说的无人地带，不来抗美援朝不行，美国人真可恨。"

他们自己编的五更调：

  一更里，援朝大军离家乡，由村区住，到县省，支前渡过江，各城市被轰炸，各个怒火壮，骂一声杜鲁门，这样的大猖狂（重句）；

  二更里的抗美大军拉给养，从定州，过安州，又奔平壤城，在城上，领导人时刻防空讲，切注意敌机特务信号枪（从句）；

  三更里的援朝住在朝鲜家，有百姓提美帝恨得都咬牙，志愿的大军队难压心头火，个个的来要求把军需拉（从句）；

  四更里的抗美大军运给养，一个个都起劲要把模范争，走黑道的要注意，敌机来轰炸齐努力抱奋勇，坚决来完成（从句）；

  五更里的援朝大军来换防，辽阳大车队胜利回家乡。回村区来宣传努力来生产，把美帝侵略者彻底消灭掉（从句）。

六时忽接通知，七时半动身，途经平壤，西平壤多为草房平房，破坏尚少，东平壤及本平壤则一片颓垣残壁。

十时抵万景台，为金日成将军故乡，金将军之叔父现尚住在此处。

朝鲜政府，现在虽然很困难，但招待我们很周到，深夜还吃一次饭（我睡了没有吃）。

四月十四日

九时在山上开会，廖团长说话：

今天黄昏起开始分头活动。

这几天消息：

麦克阿瑟被杜鲁门撤职，说明我们的战斗，已经使美国内部的矛盾近一步地发展到更公开化，美英之间的矛盾也进一步地发展。

由外交宣传两部副部长招待我们，一切招待员（都）是金日成大学学生。

人家以国礼待我们，我们一切要注意。

我们的工作，向他们表示，希望：

（1）向他们的首长致敬。

（2）多和朝鲜弟兄接触。

（3）希望彼此人民团结，多作座谈。

（4）向我们多作报告。

昨晚，朝鲜政府已提出全部日程。

（副首相决定，劳动党总部通过，我们团部全部同意）

十六日以前分六组行动，三组到工厂，三组到农村。

工厂组，访三工厂，平壤纺织工厂、平壤化学工厂（今晚出发）、成川矿山。

农村组，平壤附近，中和群、江西群、龙岗群。

工作方式，白天和工人农民组织访问座谈，晚上出席群众大会。

十六日晚上，全部代表团文工团向朝鲜领袖献旗（可能有一短期的座谈会，参加座谈同志团部决定）。

十七日，分成两大组，向朝鲜人民军慰问，一步兵，二特种部队。

说话内容：

1. 向他们致敬。

2. 中国人民对中朝比肩作战的胜利有绝对信心。

3. 中国人民尽全部力量支持他们。

4. 各单位的具体工作。

5. 中国人民不怕帝国主义的任何威胁，决心抗美到底直至朝鲜全部解放。

说话连翻译准备六十分钟。

十六到十八日，分头举行座谈会。

十六日白天，工人座谈会，文艺座谈会。

十八日白天，农民、妇女、青年（座谈会）。

十九日白天，战斗英雄座谈会。

我们的欢迎会及演出节目。

十六日晚上，在国立艺术院，参观朝鲜演出。

十八日晚上，国立戏剧院　两话剧

十九日晚上，我们文工团演出，招待。

二十日晚上，他们政府和劳动党欢迎会。

二十一日，我们大使馆欢宴。

六组

工人区组长

一组　李颉伯　包[1]

二组　雷洁琼　曾平

三组　陈巳生　赵国有

四组　扎克洛夫　丁元祯[2]

五组　吴组缃　田间

六组　黄药眠　聂维庆

---

〔1〕 包，即包彦。

〔2〕 丁元祯，第一届中国人民赴朝慰问团第七分团成员，代表东北农民协会。

座谈会主持人：

工人　李颉伯主持

农民　丁元祯主持

妇女　刘[1]、雷[2]

青年

艺术　田汉

战斗英雄　陈沂

三时以前决定参加及演讲稿

工作中两（委员会）

宣传委员会的任务修改演讲稿，决定每一部分工作要点（郭主持）。

处理礼物委员会（许主持）。

陈沂：

今天起紧张工作，补充几点：

（一）宣传工作，是中心工作，总的精神是鼓励，如何来鼓励他们？朝鲜人民表示，什么都免了，但他们的反抗精神很坚强，朝鲜同志只有一身衣服，他们吃的是公共食堂的山药蛋，但他们已逐渐恢复，市集恢复，工厂矿山恢复，人民军生活比公务员高一倍，军属受招待。

他们没有哭，也不掉泪，一切照样工作，对此时生活摸到规律。

朝鲜人民对我们从心头感觉到我们好。

中朝两国有传统有友谊，而真正深厚的友谊是从志愿军带

---

〔1〕　刘，即刘清扬。刘清扬（1894—1977），女，回族，天津人。时任政务院文化教育委员会委员、中华全国民主妇女联合会全国执行委员，第一届中国人民赴朝慰问团直属分团副团长，代表中华全国民主妇女联合会。

〔2〕　雷，即雷洁琼。

来的。

朝鲜的抵抗，确是对我们的重要贡献。

朝鲜人民相信有中国有苏联，有胜利的绝对信心。

朝鲜大学生全部上前线，高中学生十之七八上前线。我们除慰劳外，要以一切热情鼓励他们。

（1）讲我们最会克服困难，我们的民族，国家都是从困难中胜利来的，以我们克服困难的精神，来鼓励他们。

他们也在做延安这一套生产方法，来安定人民的生活。

（2）特别讲我们在支援朝鲜的战斗友谊。（我们的布最多分到四丈五。　一村）

（3）我们克服的经验，他们最重要的是恢复生产，金日成将军号召，多耕一亩地，等于多巩固一个城市。

（4）讲战争为什么关键不在一城一市的得失，联系到国际问题。

（二）防空问题，沉着，不要出洋相。

此间周围三十里，道路都已改变了。

不要有"恐机病"。

（三）生活问题，原则，人家怎样说，咱们这么办，尊重他们的风俗习惯。

朝鲜人民说，"志愿军什么都好，就是不近人情（不接受任何东西）"。

在家六时起床，八时早餐，十二时午餐，四点晚餐，九时半晚觉。

七时半出发，参观，我本排在农村组，因上海方面注意工厂，故要求参观矿山。

这一组共五位代表，计田汉、陈巳生、赵国有、周明及余，另有由苏回国之技术〈杂技〉团等共四十余人。八时许开车，原以为只二百里，结果愈走愈远，且引导者也不识路，结果至上午七时始到。从四时以后，原应防空，但为赶任务，危险开行，真紧张极矣。

四月十五日

到此有色金属矿后，即与该厂劳动党书记谈话，知该厂在美军占领前，即将机器埋藏，故解放后设备未受损失。该厂原为朝鲜一大财产，其生产之有色金属（铝）为对外贸易之主要本钱，今日朝鲜残破万状，此更为唯一之本钱矣。

成川群共有工农 3 万人，被美李匪帮裹胁而去，半途被其扫杀，结果生还者仅三千余人（成川群共有人口 12 万人）。

该厂撤退时，大部工人均缺少信心，仅一部分技术工人随行，大部工人到农村或参军去了。他们回来时，只能补充新的工人，因此生产受到影响。劳模正在产生中。

该厂在日本占领时代，原有工人二千余，现仅有五百余人。

（我们车子七时二十分隐蔽好，七时四十五分即发警报，敌机飞至上空，真险极了）。

中朝大军反攻后，由于材料缺少，运输不便，电力供应也不稳定，工人又多重视美帝武装好，对中朝军队的胜利前途认识不清，因此工厂于恢复时很感困难。

该厂之主要困难，为机器设备，主要机器虽已埋藏，但零件失散颇多，机器多为外国货，无法补充，因此只能用节用、不用、宝爱、修旧机器、用旧零件等方法来克服困难，不用方法之一，就是发动工人拾取零星铝料等，第一次拾集 50 吨。

其次为食粮困难，该厂工人待遇本来相当好，家属均有照顾，现在只能大家吃粗粮（配给）（工人每日 9 两，家属 6 两，薪水，技工 1800 元）。一般工人最低九百多，童工六七百元。（按小米每 5 升

1000 元）但此地物价甚高（做一套布衣服要二三千元），公司配给粮食每月每人仅付三百元。

四月一日起工资增加 3.5%，粮食配给加 2.5%。

现在工人情绪甚高，另一厂原定四月十五日复工，现在工人争取四月一日复工。

战前工资是 1200，战后方增加。另外，生产量增加，也照比例增加工资。

因交通关系，工人几乎吃不到菜，连盐也很难得到。

他们附近有一金矿，其中劳模很多，内有一女工劳模，现为全国最高议会代议员（崔树梁，三十七岁）。

现在每天最高采量 120 吨，以前到过 500 吨。

该厂有 4 个坑口，现仅开 1 个坑口。

战前每人 9 吨至 10 吨，现在劳模至 12 吨，平均比战前多 6%。

要提高生产力之最大障碍，为电力供应常断，如无此困难，记录还可提高。

4 个坑除一个以［已］开外，其余 2 个本月二十二日前可开，一个在月底前可开。

去年还有一千三百工人，此次解放后，收集三百多人，逐步已发展到五百多人，全部坑口开采至少需八百余人，因此，在农民中正添招新工人。

遇到朝鲜国立映画摄影所的摄影师申应浩和崔锡基，他们给我留言：

중국인민의 영명한 지도자이신 모택동 주석 만세!!

（中国人民的英明的指导者毛泽东主席万岁!）

下午一时，参观成川矿山，二时，该矿在山洞举行欢迎大会，先由田汉副团长致词，次赵国有致词，主席台中悬金日成像，右毛主席像，左斯大林像，会场幽暗如庙宇，主席团〈台〉有特点，中间为主席团席次，旁边才是演讲台。

由劳动党组织委员长金载直致欢迎词：

今天诚恳庆祝中国人民代表团来慰问这矿山，中国人民从我们开始解放后，就一直援助我们，今天，我们遭遇侵略，中国人民更热烈地和我们一起前进，抛弃了自己的妻子，来参加我们的解放战争，这充分证明了中朝两国的伟大情谊，中国人民的抗美援朝运动以及赠送我们许多的礼品和援助，及许多物资，大大地帮助了我们朝鲜的解放战争。这样的援助，鼓舞了我们的胜利信心，因此我们两国人民的友谊更巩固起来了。

以苏联和中国为首的世界和平力量，大大地帮助我们，这些帮助更巩固了我们胜利的信心。

现在朝鲜的解放战争是在很困难的条件下进行的，但我们有信心克服一切困难，取得胜利。过去我们已克服了许多困难了，我们可以克服一切的困难，争取祖国全部的解放。

今天我们热烈欢迎中国人民代表团，并学得了很多经验，我们将记取这些经验，转用到生产任务上去，我们要涌现了无数的劳动模范，像中国工人阶级一样努力生产，展开生产竞赛。工人代表何昌玉致词。

三时半游艺，主要由苏联返国之杂技团表演，甚博欢迎。朝鲜兄弟平时不苟言矣，今天笑声四起。

六时半饭后，举行座谈会，参加者除干部外，有全矿劳模约廿人。

吴宝夏（女劳模）：祖国在进行抗击战中，钱特别重要，所以我要加紧劳动，为祖国增加财富。我想在打矿石时，掉下小块一定比掉下大块的损失大，因此我改变了工作方法，尽力避免掉下大块。

金德凤：1949 年生产超过 41%，得到功劳状，以棍子打死两个国防军（伪军）救了十一名人民军，今年由国家选为英雄。他在厂里提出保证要在今年超过 16%（去年 11%），因此全厂工人都热烈响应，已参加者有 30% 以上。

他说他的办法是节约物资，节约时间，在操作方法上不掉东西，过去只能做十二吨，用此方法已达十五吨。

对这次代表团的访问，矿山干部说，共产党的作用，在工作中起骨干作用。如何起此作用，希望能够知道，赵国有说，主要是先把自己的工作做好，起骨干、桥梁作用。

金德凤问中国工人完成百分之百的任务，有什么经验。

赵国有说，我们也是经过恢复工业的记录，利用废材料，废铁翻身，其次是工程师专家与工人团结合作，第三是新纪录运动，再就是发挥集体英雄主义，搞好小组，搞好车间，发挥工人的集体智慧。

金元柱，二十余岁，团长，金日成将军的弟弟，参加两次战役，因肺病回乡休养。

325 部队团长，1945 年 12 月 1 日参军，战士，司务长，排连，营长，参加仁川抗击战有功升为团长，并参加江原岛战役，其父金亨禄为金日成亲叔父，其祖父金亨稷，现在东北（吉林）[1]。金亨禄现种地四千多坪（300 坪合一亩），没牛，一人劳动，他有 16 口人，元柱有弟兄六人[2]，有的在海军，有的在苏联，有的在师范，在土改中分进 1000 坪地，住地万景台，平南大同群古平面南里，万景台为名胜，村中有 104 户 800 多人，已有八十多人参军，敌人曾在此住过四十多天，杀了十几人。此村为模范村，劳动党员很多，金日成的姑父母表兄弟四人均被杀死（住在离金家十里）。此村养猪养鸡甚多，每家二三头猪，二十余只鸡，十余只鸭，及牛等，敌人来

---

〔1〕 金亨稷为金日成之父，金元柱之伯父。金亨稷 1926 年在中国病逝，葬在吉林。
〔2〕 有史料称金元柱兄妹四人。

了都杀了，并奸污了妇女，所以现在人民的觉悟甚高，在第一次撤退未动的人，均表示敌人如再来，必拿手榴弹和它拼到底。

被服制造厂支配人韩泰仑说，对志愿军印象很好，他说志愿军和人民军一起到的话，朝鲜人民是先欢迎志愿军的。他说和志愿军及朝人的感情是可通的。志愿军纪律甚好，如果朝鲜妇女和他们睡在一被，也绝没问题的。

万景台小学有二百多学生，把炮弹头、子弹壳在校门前布置成花园，可见对美帝的仇恨。

一同座谈的有：劳动党平壤市党委委员长金德焕（刚从苏联回来）、平壤人民委员会书记长张文虎、平壤市南区党部副委员长金斗七、平壤市组织工场党委委员长金秉元、劳动党委部长洪如玉（女）。

四月十六日

昨天由矿山回万景台的路上很顺利，七时半开车，十二时即到达，洗脸后，一时睡觉。今天九时起身，俨然有回家之感矣。

上午本定开工人座谈（会）。

下午二时一刻举行文艺座谈会，由李泰俊（主持）：

现在开始欢迎中国慰问团，由韩雪野[1]（作家协会主席、和大委员）致欢迎词：

中国人民派了自己的代表来此慰问，代表朝文艺界致以热烈的欢迎。

去年志愿部队到朝以后，我曾在北京亲眼看到全国的抗美

―――――――
〔1〕 韩雪野，朝鲜著名作家，著有《大同江》、《黄昏》等小说。时任朝鲜作协主席，朝鲜保卫和平全国委员会委员长。

援朝的热潮——去年到北京有一种感觉，和中国人在一起没有界线，像一家人一样。英勇的志愿军抵朝与朝鲜人民军比肩作战，转入反攻，——志愿军来的结果。

我在北京听到胜利，将朝鲜的情况在北京报告，并将中国的热情回国后告诉我们的同胞。我在中国时，有一感觉，中国人把朝鲜的灾难当自己的灾难、自己的痛苦一样，把朝人当作自己的亲兄弟，派了自己的队伍如何英勇，现在把敌人赶至三八线以南，使我们很快转入反攻，志愿军知道他们是来能救自己的弟兄，所以能如此英勇。

我离北京时，见到丁玲同志。丁玲说，她到过朝鲜，觉得朝鲜很美，她说，听到朝鲜被炸，像自己的心被炸了一样。

我再谈一谈朝鲜人民对志愿部队的反映。只要是志愿部队到过一次，老百姓就说，我们盼望他们再来一次，再到我们家里住一天，像自己的亲人一样，我们作家的任务就是要把这些情绪真切地表达出来，在文艺创作上表现出这种中朝两国血肉相连的关系。

请中国文艺界将朝鲜人民最真切的感情传达给中国人民，交流文化。

廖承志：

记得去年冬天掀起抗美援朝的运动以后，中国文艺界用他们很不完全的知识写了几个朝鲜人民斗争的事迹，受到广大人民的欢迎。

中国的诗人、漫画家、作曲家作了许多歌颂朝鲜人民英勇斗争的事业，但做的当然还不能表达朝鲜人民真切的（感情）。

参加者有，赵基天（诗人）、金南天（小说家）、崔明义、孙古宋（国立歌剧院院长）、文一峰（《我的故乡》作者）、刘佳爱。

韩雪野报告战时朝鲜的文艺工作：

"八一五"解放以前，文艺工作者无法充分发挥他们的创作工作。

和解放一起，各种文艺工作都蓬勃起来了。

这些作家在战争爆发后都要求参加此一神圣战争，朝鲜战场无前方无后方，因此文艺工作者都像在战场上一样参加斗争，分三阶段来讲：

一阶段人民军队直到釜山附近的阶段，有五十多个作家到了前线。

二阶段，战争撤退时期，有北南作家往来南北。

三阶段，反攻阶段，活动地区，第一线，解放区后方。

像此次中国同志们一样，分成各个小组，朝鲜音乐舞蹈家在部队及广大新解放区进行文艺活动，鼓励人民及战士，描写美帝暴行及人民军志愿军的英勇事迹。

由于出版条件非常困难，他写了许多东西贴在飞机炸过后的残墙上，向群众进行宣传。

他们在很小的房子里演剧，没有舞台没有后台，但演出的效果还是很好的。

电影工作者常常为了在前线活动而牺牲（了的）。

电影都拍实际战斗的情形，有一位电影摄影者洪一成，早就在汉城附近隐蔽起来，准备照攻入水原纪录片，但军队比预定日期迟了两天，因此他也饿了两天。

对于志愿军人民军以及人民的自信等等的作品，现在还很少，这由于条件还不够，相信不久将有大量的作品创造发表。

赵昌瑞，坐在坦克内拍电影，敌人坦克把此坦克打坏，将其捉住，结果他反将敌人俘虏过来了。（在大邱附近）

朝工人代表：

朝反侵略的战争已进行十月，为历史上未见的残酷的战争，美帝不仅在朝鲜，在世界进行侵略，但全世界人民的力量非常强大，朝鲜人民与劳动阶级的斗争，是全世界人民斗争的一部分，所以这斗争是很光荣的。以苏联中国为首的全世界爱好和平人民来援助我们，中朝两国在反侵略战斗中，有恒久的历史。我全朝鲜劳动阶级，知道中国工人阶级展开抗美援朝运动，加强生产，来援助我们，我们每听到此消息，非常感动，决定不惜流最后一滴血，把美国侵略者赶出朝鲜。今天收到全国总工会的礼物，非常感激，感到朝鲜人民工人阶级，在中国及全世界人民国际主义的援助下，我们的报告只有一条，就是彻底消灭美帝国主义。

我们决心做好生产工作来报告中国人民的支援。

下午九时半晚会，由朝国立艺术学院演出，先为《金日成将军之歌》、《斯大林赞歌》及《跟着毛主席走》等三歌，以后为各种舞蹈节目，朝鲜歌舞水平甚高。

地点在遗属子弟学校，该校已搬至东北矣，门前之金日成像被炸毁，余等所住亦即此校之宿舍。

报幕为朝鲜著名漫谈家申不出，过去在南朝鲜为嘲刺李承晚受迫害，乃逃至北朝鲜，现每星期有半小时广播，继续抨击美李匪帮，今天他和侯宝林在台上合摄一影，极亲密而滑稽。

四月十七日

昨天一时回宿舍，二时始睡，今天九时许起身，睡得相当好。

据翻译同志说，平壤的天气往年此时已相当热，要穿夹衣了，今年还是那么冷，老百姓说，打仗把天也打变了。

据朝鲜职业总同盟的负责人报告，朝鲜劳动者的反抗侵略是很坚决的，美军侵占平壤一个半月的期间，始终没有方法恢复平壤自来水的供应，但平壤解放后第十一天，水电就完全恢复了，而努力抢救水管的工人，基本上只有六七个人。

到朝鲜后，生活上最不惯的是吃，本来就不好，加上牛肉、鱼等我又不吃，比别人更多一层困难。我心理上有这样的准备，只希望能相当维持住身体最低的需要，其他都不管了。这几天几乎在半饥饿状态中。有时想，能够吃到一碗排骨面就好了。人的生活是多么的可以伸缩啊！我平常是每天非烫两次脚不可的，但这一次，从九日离开沈阳，到现在已经八天不洗脚了，衣服有十二天没有换了。

吃过饭后，在山上写好了本组访问矿山的报告。

三时许，看电影。最强烈的印象，是朝鲜人民坚决修筑公路铁路和抢修火车的情形。现在朝鲜的铁路大部畅通，公路也多能通行，是很值得佩服的。

昨天游万景台，觉得那里风景有些像赣州的八景台，还要美丽些，大同江到这里，分成四五股水流，中间有几大片沙洲，洲上有人家，有垂杨成林，天气最暖和些，景色一定更好。作为一个游人的心，是可以忘掉当前的许多困难的。

铁路公路现在都筑有备桥。

"中国人民的伟大领袖，中华人民共和国的创立者诚心诚意帮助朝鲜的毛泽东主席万岁！"（路旁标语）

晚七时，全体代表乘车至人民军总部，车行一小时许，后列队入场，礼堂约可容三百人，布置极为精致庄严。九时半举行仪式，时外面飞机声与高射（炮）炮声齐鸣，但会场依然寂静热烈，此实为对美帝侵略者的讽刺。

先由廖团长致词，对朝鲜人民军备致赞扬，措词极为得体，始终掌声不绝。后陈沂副团及朝鲜人民军政治局长金载玉同志先后致词，金很像金日成将军，大家都以为今天见到金将军了，等到宣布，才知道是金载玉将军。

我文工团的表演很精彩，大都是赴苏技术〈杂技〉团的人员，即使在国内也是少见的。朝鲜朋友说，看了简直像机器人一样。

朝鲜人民军文工队的节目也很精彩，开始的大合唱有一百一二十人，乐队五十人，唱的六十多人，真是洋洋大观，花舞也很好，朝鲜的歌舞水平都很高。但诚如扎克洛夫同志所说的没有将新旧艺术好好结合起来，也可说他们对发展歌舞艺术的主导方向掌握不够；我们就不同，着重民族形式，重视先普及后提高，所以我们的解放军中，绝没有这么大规模的管弦乐队，而有腰鼓队等。我们出国文工团，也以杂技团为主，这是毛泽东思想的具体表现，值得重视。

因为时间太晚，节目临时宣布缩短，那时，因为室内闷热，几小时没有喝茶，真是渴极了，困极了。

人民军总部请客，极为热烈，但时间已很迫，等到辞出，天已渐晚，幸司机同志甚好，急速赶到万景台，将车辆隐蔽好，不久即警声大鸣矣。

四月十八日

今天 7 时睡觉，12 时半起身，吃饭的菜还好，因此把一盘饭都吃完了，是到朝后的首次饱食。

下午 1 时半，举行妇女座谈会，参加的朝鲜民主妇联副主席及其他妇女领袖、朝女性同盟副委员长、朝鲜人民军总政治局申英淑、韩次男、朝鲜人民军协和团朱月仙等同志。

朝鲜民主女性同盟副委员长李金顺报告：

女盟在 1950 年盟员 150 万人，主要的工作，在北朝的各种民主改革，向盟员号召，并在向反动力量斗争中，团结劳动女性。其次，将如何提高女性政治水平，以国际主义爱国主义精神加以教育，打破日本统治时代遗留下来的落后思想、封建残余思想，以提高妇（女）干（部）政治水平，提高其在社会地位，与男性同样担任起各种工作。

女盟进行此工作结果，盟员参加政治的数字，参加最高人民会议的全国的女性议员（代议员）65 位，北朝鲜有 33 位，道、市、群的人民代表会议的代议员（北朝）11509 人，参加审判官等司法工作有 1363 位。

妇女参加经济工作的，1946 年及 1949 年的统计，计增加了30%，1949 年全朝工人中，妇女占 20%，技工人 1948 年 2500人，1949 年六月增加 214%，技术工人 1949 年比 1946 年增加 600%。

家庭妇女及店职员参加经建工作次数 4324 次，二年经济计划，义务工作参加者 2, 124, 772 人，妇女参加经建的典型例子：南浦绢织工厂金秀子，在织绢中创作了很多纹花，最高人民会议给她功劳勋章。平壤绢织工厂工友唐云实 1948 年全年计划 3 个月就完成了任务。1949 年全年计划完成 148.5%，1950 年全年计划 4 个月零 4 天完成任务，国家给她功劳勋章，并派她参加罗马尼亚职工大会。1950 年 1 月，到 5 月末，5 个月中女工在经济战线上发挥积极性有 48 位女工得了功劳勋章，100 名得了国家的表扬。

国家对妇女照顾很周到，劳动法令规定女工按期休假，产前产后均有例假。1950 年 184 个工厂、104 个托儿所、131 个儿童公园，因此妇女能够发展〈挥〉其积极性。

农村妇女们在提（高）农业技术及公粮工作中，动员义务劳动 1, 355, 864 人，动员次数 3354 次，如季节托儿所、移动托儿所带来保卫农村妇女的劳动，农村妇女积极参加生产的结果，1948 年增加了 53 万担粮食（比 1946 年），53 万担的增加，比日治时代最高 1939 年的数字更高了。

女性养蚕种棉手工业等副业生产，1949年冬天，在平安南道、北道、黄海道三道，在农闲时，织1千万米远的土布（3个月）染成了草色，交人民军作制服，金首相对此特别加以表扬。在此工作中，出了很多劳模，中央女盟给三道女盟一千多妇女以表扬，参加的有80多万人（三道中）。

以上都是解放后和平时期的妇女工作。在战争爆发后，妇女响应金首相的号召，女盟号召全国妇女，动员起来向敌人斗争。

战争爆发后两月，参加前线344,200的。汉城解放后一星期有19,000人志愿参加前线。黄海道煤矿女工金玉沈（运煤），战（争）爆（发）后，改为采矿工作，每天能超额完成任务150%至160%，每月超过责任量500%，得了政府的功劳勋章，新南工厂女工172人得到国家的表扬，关于支援人民军的工作，为妇女的重要工作，而重点放在解决人民军队的棉衣问题，除以国家材料来做军服外，并以自己的布料来做军衣、军袜、军鞋等。

接近三八线江原道被敌侵占时，妇女动员装了5300套军棉衣。

敌人占北朝后的残暴行为：

黄海道一道中被杀的人民10万人。信川群被杀人民3500多人，栗子树里留有日人的火药库两间，一间堆得了许多母亲，另一间放着孩子，将母亲这一间放在汽油，将她们烧死，另一间七十多个一岁至六岁的孩子没有吃，又冻得要死，都想从唯一的小窗户爬出来，但后来发现，窗户下有许多小孩的尸体，手指甲都抓掉，出了血，这是中朝人民军赶走敌人后才发现的，去看时，看到一堆小孩尸体，很悲惨，但面目还未变。我们去时冬天，小孩尸体还冻得硬硬的，在仓库外，有许多小孩的包袱及母亲的针等，证（明）母亲们在关入仓库时曾拼死夺她们的孩子，国立摄影队曾把此惨景摄下，孩子的祖父祖母们把这些尸体早已领去了一部分，所以拍得不全。

平安布道江西群，美李匪军在 3 天中杀了不满四五岁的儿童 1015 个，其残杀的方式是非人的野蛮，在母亲面前以钝的刀杀儿童或以石头打儿童的头。

黄海道，凤山群瑞中面，杀了五百多个农民。包括四五岁以下的儿童 100 名，50 岁以上的老人 91 人。

黄海道黄州群黑桥面，美李匪军倡言，不留劳动党员的种子，把劳动党员 17 个家属，不分老幼，全部杀死了。

黄海道黄州群金树里（人口约几百人）被杀 139 人，妇女占 50 人，四五岁以下儿童 25 人，50 岁以上老人 26 人，有二十家全家被杀。

黄海道永丰群新井里，养蚕，指导员的妻子李氏（40 岁）有 3 岁到 12 岁的 4 个孩子，匪军将 5 人捆在一个草包内，先以棍子毒打后以开水泼上，将其全部杀死。

京畿道金浦群洋村面人民委员长的爱人，40 岁，怀孕 8 个月，另有 6 个小孩，美李匪军将其全部锁入仓库，将其杀死，声言不留赤色分子的种子。

黄少道延丰面礼成里，林任淑 29 岁，被李匪军轮奸，并命流氓（姓朴）将熨斗烫其手足、阴部。

江原道平江群西面玉洞里，徐明潮的儿媳将生产，被匪军剥光衣裳，绑到山上倒挂树上，毒打，肚子裂开，小孩流出，并将其肠挂在树上。她临死时高喊："人民军队给我报仇啊！"

咸兴南道端川群富贵面面委员长金昌涉的妻子，被插许多钉子的棍子苦打，并挂在树上，用火烤死。又将染有死者血的衣服泡水强迫妇女们喝，不喝的就说是赤色分子，将其苦打毒刑。

平安北道，宁边群八云面，李俊伯妻。72 岁，4 个美兵将其强奸，因而致死。黑人不认识朝妇老小，先用人摸其有无牙龄，有牙的就被强奸。

兹江道，美军一连将朝鲜妇女 13 人，放在学校教室里轮奸。

其他像将怀孕的劳动党员妻子破肚等等罪行，更举不胜。美军到北朝鲜后，将朝鲜妇女连同小孩杀死，而在轰炸中及在前线死去的烈属儿童共有四千多人。现国家已设保育院等，遗属学院、技术学院、军事学院去保育他们，非烈属的儿童入爱育院、育儿院等去教养他们。

女盟干部并自己收养孤儿，朴正爱[1]同志也带头自己收养。

在敌占期间，被屠杀者大部为劳动党员。在各种战线上，在建军以后最积极的是劳动党员，因而最遭敌人之嫉恨。

平安南道146人，黄海道女盟干部160人，咸兴南道65人。此足证明女性同盟为革命事业所贡献的力量和牺牲。

在撤退阶段中，妇女在敌后的英勇斗争故事：

李顺任在 1950 年 12 月下旬在无名高地战斗中，有战士伤口流血过多，她输自己的血 300CC。荣州安东战役中，野战病院被敌炮火包围，她将全体伤员转入安全地区，国家给以一级国旗勋章。

李明熙，52 岁，其子为面人民委员长，被屠杀，她听此消息后：即参加游击队，做侦察员工作，假装疯子或乞丐，一次故意被敌逮捕，关至马厩，敌人醉后谈到军事机密，她设法逃出，反映上级，军队将伪军包围，歼灭伪军八十多人。

---

[1] 朴正爱,朝鲜劳动党和国家领导人,朝鲜女盟委员长,1951 年获斯大林奖金。

赵玉姬，黄海道壁城群女盟委员长，28 岁，共和国的女英雄，敌侵入时，她参加银波山游击队，根据地在 900 高地。因被敌人包围，需要移动，她担任后勤工作，她没有逃出。向首阳山走去，被捕，敌拷问游击队长是谁，她首先起来承认，以救队长。敌人将其耳眼鼻手指拔掉并将火烫，但她始终不屈不招，她始终说一句话："你们要劳动党员的秘密是不可能的。"并鼓励了其他 23 个党员，不屈不挠，共和国后来追赠了英雄的称号。

以上所说的是妇女的英勇故事，后来人民军转入胜利，女盟返平壤，南北朝鲜女盟于 1 月 20 日合并，加强团结加强工作，为争取最后的胜利奋斗。

南北朝女盟合并后的主要工作：一、重建全国组织，二、照顾孤儿及灾民的救济，三、农业生产，四、支援前线，五、和平签名运动，六、朴正爱得斯大林奖，动员全体盟员更积极响应和平理事会的号召，加强保卫和平工作，并加强各类战时工作。

郑珠卿，24 岁，女盟中央委员会组织部指导员。去年中国人民代表团到朝以后，她正受伤住院，和代表团同志见面，介绍过她的事迹，她又到中国治伤，得到中国亲切照顾，使伤治愈，今天和慰问团代表见面，甚为高兴感激，这事发生在 1948 年 5 月 9 日，她是劳动党员，5 月 10 日，南朝鲜傀儡政府单独进行非法选举，劳动党坚决反对，党命令她到仁川邮局（执行）放火烧毁的任务，她的工作，在使全世界知道南朝鲜人民坚决反对永远分裂朝鲜的阴谋，同时烧毁邮局，也是以麻痹其傀儡的国家机关。

她以一包棉花倒了两瓶汽油，并拿了一瓶汽油，一瓶克里斯及火柴，向邮局出发，傀儡对邮局内外保卫三重保卫，当时想到如将邮局烧起就是以引起人民暴动混乱，她〈为〉搞此工作前，曾有准备，她曾在邮局工作过，曾有了组织，一部分［与］真诚的人，一部分人马虎的人，用不同方法和他们接近，她抱着引火物到邮局外面正门敌防御线时，利用敌人之腐败，和她交涉，她说她妹妹在此工作，来此送饭，经一再交涉，将她放入到第二防线（建筑物正门），她以同样方法，她说她保证以后不和妹妹吵架，再就进去了。这样同样进入了第三防御线，她旋到了机器的地方（为着国内外通信）在楼上，交换所有二十多个交换台，另有其他人在（南朝鲜对暴力暴动注意多，对女同志比较忽略）。

她揭开有机器房子的门，见到很多警卫队，她马上把棉花放在机器底下，立即将火点着，并将汽油泼上。警卫队闻声将来捕她，她立即被火，火将容易扑灭。因此她想了一方法，对警卫员说你们不要靠近我，我有手榴弹，已经抛在机器里，你们如不愿死，赶快走。警卫员急将她拉着向外跑，其他的人争先逃命，乱作一团。他们跑到楼下时，也慌张万分，那时，敌消防队、骑马警察队也迎着她赶来了。她走下楼时，楼上火势已很大，被捕后不屈服。在门外，见到群众已集合来看火，因此她利用机会进行宣传，说放火为反对非法选举，为着祖国的统一的自由。

她被捕后，在监中被拷打，非刑询问，但她一直不屈服。至6月28日，在汉城西大门监狱中，第一次汉城解放时，人民军将她救出，出来后，她不能走路。在汉城养伤3个月未好，乃随人民军撤退至鸭绿江边，后因病至中国养病。

她为了报答中国人民政府人民对她亲切的照顾，（表示）一定要进行更坚决的斗争。

韩次男，25岁。她在一个月前在西海岸一军团担任敌军瓦解工作。她在最前线担任此工作，决心不惜性命，她知道担任的工作很重要，她思想上明白将此工作做好，可以使国家早日得到和平与统一。她想用思想上来混乱敌人的工作，不比前线战斗差，她用破坏敌人组织，利用俘虏瓦解敌人精神等等方法进行工作。

第一，瓦解敌人的宣传工作，她组织了"喊话小组"将敌人的腐败的情形揭露，叫敌人来投降。她亲自做喊话的稿子，此外她并做了四十多种传单，派人在靠近敌人地区散布，前后进行调养，敌人接到此传单后三三两两谈话，而且精神颇有变化。

第二，瓦解敌人的组织工作，主要靠劳动党员来做，选拔地方的党员进行适当的教育。使他到敌后去可以工作，在此工作中，她亲自掌握一切重要环节。

第三，利用俘虏问题，这是瓦解敌人最重要的工作，她吸收了中国的宝贵经验，知道打败伪匪军 87 万敌军中，有 50 万是投降的。因此她知道利用俘虏工作的重要，朝鲜战争是同类相争的战斗，因此，必须掌握避免多受伤的办法，应尽力争取伪军起义，向人民投降，两方法的利用俘虏最为有效。

她的工作有效，国家给三级国旗勋章。

申英淑，21 岁。她打了 3 年游击，她只谈一次大规模的战争。她是太白山游击队员。1948 年 5 月，在庆尚北道，太白山游击队在青年山做了大的游击，20 个游击队员面对一师敌人打击，只有四五个人有武器，力量不成比例，她们只能吃土豆和生的麦子，在此战斗中，作了一星期的战斗，并无一个伤亡。而消灭了敌人两个营，他们的主要武器是手榴弹，她的工作是护士，但同时也要战斗，并在敌人尸体上取下武器及衣服。

他们在青年山战斗中，俘虏了 28 个俘虏，游击队对俘虏毫无办法，只好把他们杀掉，将此任务交给她们两人（女子），他〈她〉们从来没有做过，但游击队把敌人放走是非常不利的，因此他〈她〉们杀了 3 个，用枪刺死（因为不能用枪，否则给敌人听到），从此以后她就不怕了。（俘虏的是伪军，时间是 1948 年）

战斗结束后，有新根据地，派她新的任务，扮一贵妇人，到伪军团部金圣玉那里去，到团部后，金圣玉不在，参谋长问她与金什么关系，她说是金的妹妹，参谋长毫不犹疑，送至金住宅，她乘此机会，进行侦察工作，关于伪军配备武器等得到很好的了解。金某出差了呢，也因为我们自己的布置，我们有一小队长与金的朋友给他打一电报，说在永州负伤，请他带人带枪去营救，因此金去永州（小队长是秘密做地下工作的）。等金回来时，申已经回到根据地，根据所有材料，订了作战计划，做好袭击义州群的计划后，游击队因为兵力不够，在效〈郊〉外路途设了埋伏岗，开始向市内扫开，敌人以为此方法〈向〉有相当大的兵力攻击，因此伪军先派人去占领高地，途经埋伏地，被游击队俘虏，共 30 人，内有 3 人是美军，在此战斗成功，进入义州，占领了 3 天，把警局、火药库及重要军事建筑全烧光了。回到山上，为了表扬她，奖给她一支卡宾枪。

1950 年，她由汉城南下，跟着营南下，在洛〈落〉东江岸担任侦察工作，在马山战斗中（人民军第七师攻下的），她到马山附近侦察，向人民军提供许多材料，人民军又给她一支三号匣子的手枪。

她很会化装，在马山时，她装了一个男人，代美军拉炮弹，进行侦察。

在义州战争中，他们打的乱仗，东开枪，西丢手榴弹，并把伪军衣裳上剥下，自己伪装起来去混乱伪军，取得胜利，洛〈落〉东江渡江战役中，人民军第四师担任渡江，她担任引路工作，在前线中炮弹受伤住院，出院后入了人民军。在 3 年游击战争中，作战次数很难统计，几乎每天在作战，南朝鲜比较大的山，如五连山、太白山等，他们经常机动来回，回后方后没有什么可说明了。

她准备今后以更好的斗争来争取国家更大的胜利。

她家庭在庆尚南道天安群，贫农出身，小学毕业，父亲已死，现在只有母亲和哥哥，她是劳动党员。

她 13 岁时小学毕业，因家贫苦，不能念书。就自己到汉城，想

自力求书，她乃入红十字会的免费学校去读书，她 2 年完成了 3 年
的学习，入汉城女盟工作，女盟分配她［做］地下工作，旋即被捕。
在警察军中，遇到一远房哥哥（他们以前感情不好），被他拷打，她
就和看守拉关系，和五个女犯同向看守，进行交涉，以五百元交给
看守（她原有五千元，入狱时藏起来的）。那一天，他们说有事出去
一次，看守先不肯，后来花钱放了，这样她就出来了。从此她就开
始化装，于是就跑到江原道，由劳动党员委派她入游击队工作，她
十九岁时入的劳动党。

　　朱月仙，因为洛〈落〉东江战役中到最前线劳军，得了功劳章。

　　金次顺，平壤烟草工厂工友，平时常超额完成任务，平壤沦陷
被敌拘捕，儿子死在狱中，平壤解放后出狱，仍在该厂工作。

　　成德子，通信机械制造厂工友，曾得了工厂 3 次的奖。

　　朴正红，最高裁判所判事。

　　黄德华，模范农民，人民军家庭，平壤市代议员，今年在各种
困难条件下，第一个在村中完成春耕。

　　吴大姐，儿子参加人民军，她说要在后方努力，不能落在儿子
后头，在修理机场中，她参加了五十多天，她们村里的人要回去，
她一再解释，要机场修完才走。

　　李兰伊，平壤第四小学校长，她的儿女都参加卫国工作。

四月十九日

9 时起天微雨。

　　两天没大便，今天向医生要了卡司卡拉。到万景台 6 天，已五
过平壤城，但都在晚上，看不真切她的全貌，只知道敌机还天天去
轰炸，使已经一度成为颓壁残垣的平壤，还在天天改变面目。前晚
敌机在平壤抛下五百多个炸弹，昨天我们经过平壤，就看到许多新

的弹坑。像前几次经过一幢大楼的残壁，就听到上面有朝鲜的广播，昨天，连这残壁都不存在了。但尽管美机如何残暴肆虐，朝鲜人民还是坚强不屈地斗争着，据前天有人到平壤去的回来说，朝鲜文化宣传局〈部〉的大楼炸得七零八落，但该部还在这楼内办公，一般说，朝鲜的机关都还坚持在平壤城内，有些在地下办公，好一点的地下室，有 11 米厚的土层，一般老百姓，也都在炸坏的房子下，掘一点地洞就坚持住下了。

补记工人座谈会，先记慰问绢织工厂经过：

参加者有平壤党委委员长金德焕、平壤人民委员会书记长张文虎、平壤市南区党委副委员长金斗七、平壤市绢织工厂党委员长金秉渊、该厂劳动部洪如玉。

先由金秉渊报告工厂情况，该厂有 28 年的历史，日人为了剥削，建筑设备很差，因此老百姓称此厂为第二工厂，日人时有 150 人，100 名女工，50 名童工（8 岁到 12 岁）。工人入厂后，即不准回家。每年发一次薪水，勉强维持生命，一般工人都饿着做工，日本投降时，只有 36 个工人。46 年，到 300 个工人，47 年到 700 人。去年战前到 1400 工人，在解放五年的过程中，他们一面重新建设，一面发展生产，工人尽了很大的努力。1949、1950 两年的建设计划，在 1950 年 8 月就完成了 110%，除此以外，还建了两个宿舍，一座技术学校，日帝统治时的女工及不够年龄的童工，都被称为"工厂的女儿"，送入校读书，毕业后回厂工作，所以觉悟程度很高，现在虽受轰炸，生产还在维持，而且还比战前提高 4%—6%，上工率比战前超过了 10%。所以该厂 10 位工人得到产业省的奖，并有三人得到最高人民会议的功劳勋章（金玉胜、唐云实、林春花，劳模）。敌人占领平壤时，将机器破坏，现在回厂工人有 400 人，准备在"51"前后到 600 人，见到自己的家如此，回厂工人都哭了。

金玉胜，21 岁，8 岁就跟父母种地，"815"解放后，听人说工人阶级最伟大，他就在 1945 年 10 月入厂，1947 年第一分季完成责任量的 250%，得厂长的奖赏，为庆祝五一节第二分季，他又完成 215% 责任量，1949 年 10 月 12 日，他又完成计划全年任务 259.9%，又得到最高人民议会常任委员会勋章。1950 年 6 月 22 日，又得到产业省荣誉奖状，又得民主青年同盟中央模范勋章，现担任工厂指导员，组织了竞赛班。全班完成生产 235%，战时，组织曾分配他到新义州产业省恢复建设队的工作，今年 3 月 22 日，他又回厂，担任竞赛班长。

开大会，读到中国工人的感谢信，女工献戒指。后开座谈会，金德焕报告如下：

感谢中国人民的慰问和援助，认为此种友谊是敌人任何阴谋所不能破坏的。

平壤人口战前 45 万，人民用自己的手建筑此城市，全市职工超过 10 万，劳动党员四万多，现在平壤被敌人炸平，1 月 4 日的轰炸，就炸坏了七千多户房子，炸死三百多人，伤四百多人，在敌占期间，杀死劳动党员及人民约 15,000 人，大部是割耳挖眼活埋的。解放后，在监狱中还有二千多尸首，敌溃败时，用种种手段威胁人民跟他走，许多人被迫走了，在过大同江桥时，敌机即炸桥，死在桥上者不知其数，今日还常发现尸体浮出。人民的仇恨因而愈深，更认清美帝的本质，更觉祖国可爱，更信任劳动党和共和国。大家知道，没有独立朝鲜，人民是得不到永久的幸福的，因此人民比以前更坚定，虽敌机天天轰炸，但火车照样开，破房下，人民照样生活和工作，此次修机场，动员 18 岁以上民工，北区东昌里有几个 60 岁以上的老人也参加了。他们说，我们的心并不比年轻人弱，保卫祖国，老年人也有份，金日成号召农民春耕，号召青年参军，布告发出后，全市响应号召，又有千余青年自动参军，这说明敌人越残酷，人民的觉悟越提高，在敌占平壤一个多月期间，自来水始终没法恢复，光复后，不到一星期就恢复了，电灯厂在1月15日就发了电，人民军入城调剂粮食物价，比敌人在时便宜得多。

大米战前400元一斗，战后600元，敌占时3000—4000元，现在1200元一斗。此外军属得到救济，难民得到安排，工厂被破坏后，广泛组织小型合作厂，生产鞋、袜、豆芽、豆腐、毛巾等，解决他们的生活，豆芽市价150元，合作社80元。失业工人尽力予以安置，因此平壤人民陆续回来，初光复时仅9万，现在达二十多万人了。这说明劳动党和政府的政策是得到人民的拥护的。

朴锡均，46岁，8岁开始做工，织袜电讯工人。在日帝下受尽痛苦，他参加过抗日战争，被捕，1945年8月15日解放，参加劳动党。参加土改，1946年2月参加本厂抽丝工作，超过责任量。成为模范工人，当选党支部委员长，经常向工友宣传帝国主义的罪恶，平壤撤退时，他留下做地下工作，被捕，敌人将其倒挂树上，割下耳朵，以刀棍毒刑，割下他的肉，用尽各种暴刑，他始终未吐出劳动组织，他成仁了。

这次，该厂把他生前的碗、汤碗、烟嘴送给慰问团，烟嘴是他1946年7月在金刚山用树根做的。那时他因病休养，金刚山风景很好，当他工作时抽烟，就想到金刚山，想到朝鲜的可爱，因此决心做好工作，保卫祖国。

工人座谈会，由朝鲜职业总同盟国际部部长韩仁相报告：

战后朝鲜有475个工人组织开了动员大会，最大的2900多人参军。金属工会21个地方组织有八百多人参军。

解放汉城时，十天中，有会区工人55%参加恢复工作，南朝鲜工人对铁路、通信、道路桥梁的修复工作中尽了很大的努力。有姓韩姓朴的两位工人，在敌人撤退时，人民军渡汉江时，桥已破坏，此二人号召工人帮助人民军做复桥工作，西平壤铁路司机郑道明（模范司机）运坦克到前线，遇到敌机，他用方法使敌机始终无法炸到火车（猛开猛停）。但车头锅炉炸坏，他是将〈用〉木头将锅炉补好，完成了运输任务。1950 年八月以来，敌机轰炸的工厂，有兴南肥料厂，本宫化学厂，黄海制铁所，成津纺织厂等 52 家工厂，但朝鲜工人并不屈服，疏散到农村继续生产，并开夜工增加生产。

去年九月撤退时，同盟号召在工厂所在地组织游击队破坏敌人活动，在咸镜南道，高原矿敌占时，有经理领导游击队对敌斗争十二次，十二月有一次在阳德元山间与敌交战，歼敌一百多。解放被捕干部三十多，缴捕〈获〉高射炮等武器一大批，江原道嘉恩矿山工人周宏奎游击队配合人民军威胁敌人两个团。

元山造船厂工人李贤述游击队有 150 个工人队员，俘敌 300 人，毙伤敌人六百多，缴获各种炮 500 门，子弹四万多发。

铁原制丝厂有八百多工人，三百多参加人民军。三百多女工参加护士工作，二百多参加游击队。

汉城高丽纺织厂女工，帮助人民军做饭及做伤兵工作，发生很大的作用。

其他如黄海、元山游击、庄山警卫队，都很活跃。在朝战第二阶段，今年 1 月 20 日，在平壤召开南北朝鲜职业总同盟联合大会，统一了组织，成立了南北朝鲜职业总同盟联合会。

在第三阶段，主要工作是动员工人恢复铁路矿山等企业机构，保证按时供应军输，为今天最重要的任务，金日成在党中央第三次会议报告中称要根据现实条件，虽然是最后的条件，也要充分利用支援前线，为着今后和平建设打下基础。总盟为将此号召具体化，正号召工人以一切力量来完成。现在的一个问题，因为工人被害很多，如何培养新干部非常必要，现中央派人到乡间办工人训练班。

在恢复工作中，平壤绢织厂提前十天完成了恢复工作，修好了52台机器。

现中央政府号召1951年的经建计划，工人正展开竞赛来保证完成。

总盟的另一任务为保证工人的生活，政府有决定，总盟保证能实现。

工人经过三个阶段后，更为坚决在劳动党及金首相领导下争取最后胜利。

工人生活比战前苦得多，但工人还是积极地奋斗着。

有一个工人金锡元（平壤建筑工会委员长）说，平壤被炸毁，建筑工人已做该做的工作，主要是修桥，平壤桥8米高90米长，被炸坏，3天就修好了，平壤撤退时，建筑工人参加保卫平壤的修工事工作，并在敌机轰炸下10天内完成两座石桥的修建工作，自来水修建是由他们八个工人参加修建的。

解放后，大同桥再被破坏，破坏很厉害，材料又缺，但工人还是按时完成任务。

在修石桥时，有19位工人被敌机炸死，但并未因而影响修建工作，还是及时完成。

纸烟工厂工人林成职在今年1—3月修复六台机器，生产52吨纸烟，计划3—5月再修复3台机器，生产562吨纸烟，慰问前线朝中战士。

电讯工人李冕玉今年2月24日下午3时30分，收到一重要电报，给最高司令部的，距离司令部37里，但一定要在下午5时送到，但没有车子，他跑到离司令部一里时遇到敌机，腰部被敌机打伤，还继续跑。4时55分跑到，完成任务。回到原来地方会〈汇〉报后，再去治伤。

　　昨晚看朝鲜国立艺术学院及平壤市艺术剧场表演的两个话剧，一个表演李承晚与美帝发动这次战争的阴谋，一个是说朝鲜人民热爱志愿军的热情，因为听不懂话，没有看完就回来休息了。

　　晚七时，朝鲜最高人民会议主席金枓奉[1]接见我慰问团，因地方小，仅因廖团长等 11 人前往。另一批代表，则招待朝鲜党政军及平壤市首长，参观杂技。

　　据朝鲜同志谈，朝鲜公务员待遇，最低为每月 900 元，最高二千元左右，和工人相仿佛，食粮由政府配售，目前大约一小半大米，一半杂粮。朝鲜为应付目前局势，大量发展小型的生产合作社，解决一部分人的生活，各机关消费合作社亦甚普遍。

　　又闻朝民主女子同盟副委员长李金顺的四个孩子都被炸死，当初本住平壤。上次许广平等来时的平壤常遭轰炸，劝其将四小孩疏散下乡，许等走后，李果将小孩疏散。不幸，李在平壤无恙，其小孩下乡均被炸死。故昨日在此开座谈会时，李首先痛哭失声。

　　农业座谈及妇女座谈，最后均相抱流泪。朝鲜同志表示，向中国同志诉述痛苦，引为感慰，仿佛备受痛苦的小弟弟，见了亲哥哥一样。

　　今天朝鲜对外文化联络局长的致词，有两句很精彩，他说，中国慰劳团来此，我们招待很随便，因为我们不把你们当客人，而当自己的亲兄弟一样看待，所以毫不客气。

四月廿日

　　阴雨，九时半起身，和赵国有交换材料，本来预定下午二时举

---

　　〔1〕　金枓奉(1886—1961)，朝鲜独立运动领导人，朝鲜劳动党和国家主要领导人，朝鲜文字学家。时任朝鲜第一届最高人民会议常任委员会委员长。1958 年被开除出党。1961 年在劳改农场病逝。

行工商界座谈会，因为昨天平壤炸得很厉害，几位工商业者没有来，决定明天改在平壤举行。

据翻译同志金女士（金焰[1]的妹妹）说，朝鲜过去在日帝控制下，真正的民族资本家是很少的，有一部分都与帝国主义有勾结，所以战争起来后，都到南朝鲜去了。留下的大部是中小工商业者，所经营的大部（分企业是）的半手工业之类。

听陈巳生、朱继圣闲谈，他们对于在朝的生活都有些受不了了，昨晚熙修也表示长期的国外战时生活有些难受，我因为饮食困难，生活更不易忍受，像今天，早餐吃得很少，午餐，完全没有吃，只吃了两三片粗饼干，希望半个月内能够平安回到国内，该好好休息一下。

今天理发，理得很快，仅二十几分钟，这是我生平找外国人理发的第一次。下次理发，大概总可以在沈阳理了。

据招待我们的李员衔同志说，她过去在南朝鲜做秘密工作，南北朝鲜的党员，对于毛主席《反对自由主义》的十一条，都能够背诵的。南朝鲜有些机关，表面是反对〈动〉机关，而里面加标语都引用毛主席的著作。她来北朝鲜不久，但她们已很好的学习了毛主席的实践论。

（四月初收到的报道）

（一）今年一月底，堤川群有三千多人发起人民食粮暴动，结果美帝以战车及机枪将其镇压，全部死难。原州群横城在美帝撤退时，以欺骗宣传强迫人民三千多人跟着他们走，走到半路，美帝将〈用〉汽油弹将其杀死。（以上女盟总部材料）

晚十时，朝政府举行晚会，欢迎代表，各国使节均参加，相当

---

[1] 金焰(1910—1983)，原名金德麟，著名演员，朝鲜人，生于汉城。金焰之妹金路，抗日战争前参加革命，曾在延安任教师和记者。

隆重。首由朝文化宣传相许贞淑女士致欢迎词，廖团长答词，后朝政府向毛主席及我国首长献礼，并向代表团各代表赠礼，旋由我代表团向朝鲜首长献礼。

会后又有我文工团表演，主要为赴苏杂技团的表演，各国使节看了均很感兴趣。

最后由朝鲜政府欢宴代表团，至一时半始回，时月色皎洁，不知今天是十四、十五，出国以来，日子过得糊涂，外面发生什么新闻，也甚无所知。

四月廿一日

今晨因敌机低飞，总团六时许即下令防空，7 时半上山，与朱王许丁[1] 等位打桥牌度日，甚感无聊。

今天睡未好，午饭全是牛肉与鱼，又饿了一餐，生活真有些难以忍受，刘清扬同志等均极盼总团能按照预定计划，月底前回国，但不知果能做好否。

补记青年座谈会记录（18 日开）

民主青年同盟委员长金旭镇：

1945 年 "815" 以前朝鲜即有共产主义小组（CY），在大会中，即想创造共产主义青年同盟，任务为彻底铲除日帝的残余思想影响。

1945 年 10 月 15 日，建立了民主青年同盟，但南北朝的青年组织还未能统一。

南朝鲜那时组织反苏反共的青年组织（职业青年同盟），对南朝鲜青年起了一定的影响，因此使民青盟在南朝的发展发生

---

[1] 朱王许丁，即朱继圣、王书庄、许宝骙、叶丁易。

困难。

那时，金日成将军指示要统一全国青年组织。46年1月17日开全国青年代表会议。当时部分青年反对，要保持共产青年同盟及民主青年同盟的各别组织，结果还是统一了。原来有24万盟员。

在1946年九月二届代表会议有116盟员，48年11月三届代表会议有130盟员（都是北朝鲜），内有劳动青年8.6%，农民4.6%，学生9.6%。

各群各道有29,065个初层组织（北朝），民青亦为各党派的组织。劳动党18%，民主党2%，青友党3%，其他78%。

民主青年同盟由劳动党领导，干部大部为劳动党员。

南朝在美帝压迫下，工作很困难，46年春天，南朝鲜组织了几十个青年组织，主要是大韩青年团，南朝青年团就在这样的条件下进行工作，1947年被李承晚强迫解散，那时南朝有民盟员70万人，其斗争方法为以非法的名称进行合法工作。1948年爱国民主青年（同盟）也被解散，因此只能转入地下。

今天，金日成首相接见。一同接见的朝鲜领导人还有：党中央书记许嘉谊[1]、党副委员长副首相朴宪永[2]、女盟委员长朴正爱、人民军参谋长南日[3]。

下午八时，乘车到平壤附近，去晋见金日成将军，代表中国人民向他致敬，并献旗献礼，这次献给金将军的礼物，来自全中国各

〔1〕许嘉谊(1908—1953)，朝鲜劳动党和国家主要领导人。时任朝鲜劳动党副委员长、中央书记、检阅(监察)委员会委员长。1953年被宣布自杀。
〔2〕朴宪永(1900—1956)，朝鲜劳动党和国家主要领导人。时任朝鲜副首相兼外务相，劳动党副委员长。1956年被判死刑。
〔3〕南日(1913—1976)，时任朝鲜人民军总参谋长。朝鲜停战谈判期间任朝中方面首席委员。

地，各民族、各地区的人民都把他们最珍贵的土产特产呈献金将军，表示他们对朝鲜人民的领袖的敬礼，如西藏的红花，云南的火腿，江西人民烧了金首相的瓷像，西北人民献了鹿茸以及其他土特产，还有熊胆、白药、青海的紫兰、四川银耳等。

我们坐的车子，在中途走错了路，迟到了廿分钟，到时，金将军的招宴已开始，他正以纯熟的中国语言，向代表团致欢迎词。

他说，当朝鲜被日寇统治无法生存时，中国人民收容了我们，非常感激。今天，中国人民又流自己的血来帮助朝鲜人民的解放战争，两国的战斗友谊，因此更巩固而牢不可破了。

金首相，风趣自信，充满信心，对中国人民的热爱，像一家人一样。他说中国话，态度是那样的和蔼仁慈而又富于幽默，这是充分表示他的坚强信心，他在很多方面是和毛主席相同。真正的人民领袖，多是那么纯厚仁慈而人情味的。

当台湾代表周明敬酒时，金首相说，当（把）美帝国主义从朝鲜打出去时，台湾的解放也就快了，又说，当年朝鲜、台湾是一块被日帝灭亡的。

他提议为斯大林的健康干杯，他提议请"中国的申不出"（侯宝林）表演一下。他亲自为翻译同志斟酒，说"你辛苦了"，他说中国的文工团大众化，要朝鲜人民军学习。他还和廖团长干杯，要廖笑口常开。

最后他起立说，诸位代表远道来慰问朝鲜人民及人民军，冒了很多危险，吃了许多苦，我代表朝鲜人民表示深切的感谢。

诸位同志，请向中国人民带个好，并且告诉他们，中国人民的抗美援助保家卫国运动，大大的鼓舞了朝鲜人民的反侵略战斗。请告诉他们，朝鲜人民的胜利是肯定的，特别在全世界人民的援助下，在中国志愿部队的援助下，胜利就要来的。

当送出大门时，他还对代表说，打完了仗，胜利以后，我要到中国来看你们的。

整个会议的空气是那么的融融，使人不感觉是外家集会，而像一家人的团聚一样，金将军给每一个人的印象是非常深刻的。

朴正爱两次起来敬酒，说的话都很好，一次说："为送自己的儿子到朝鲜来为帮助朝解放而流血，为中国母亲们干一杯。"第二次说："朝鲜的母亲，向中国青年干一杯。"

我起立代表中国新闻界敬酒："中国新闻工作者在过去十个月的天天报道朝鲜人民及朝鲜人民军英勇的反侵略战斗，今天，我们亲眼看到领袖这样神圣战斗的金日成将军，非常感动，为金将军及在座各首长的健康干一杯，并预祝即将到来的最后胜利。"

回来已一时半。

金首相向王一知同志所谈：

在平壤撤退时，进至公路旁一小屋，屋两间，里间住一老太太四小孩，外间让出给金将军他们住，老太太丈夫为劳动党员，已被敌杀害。大儿子"815"参军，现已牺牲，媳妇改嫁，四小孩一为孙子，三个是她收养的，二儿子现亦在人民军。

金问她要不要政府帮忙，她说：像我这样的家，朝鲜不知有多少，政府如来帮助这样的家庭，还不如拿去前线，我自己能种地，并捐出一小袋粮食，现我还有粮食。她原来有五袋粮食，是老头留下的，四袋已招待了志愿军，另半袋多，我志愿军住她那里，她又要求拿粮，志愿军写一条子，说这半袋多粮食，留为种子，谁也不许吃，金将军去时，还看到这条子，金盛赞志愿军。

老太太又说，当二儿子参军离家时，嘱咐她说，中国志愿军来，要好好招待。

她问金将军，现有一事还搞不通，面委员长说抓到特务，教育后可放，说是金将军说的，她不同意这一点，要写信问金将军。金问她你问了没有，她说没有，金鼓励她写。

金将军又告诉她，处理特务问题，面委员长是错了，要看特务罪恶的轻重，该枪决的枪决，可教育的教育，不可一概而论。老妇说，这就对了，我相信金将军也是这样的意思。

又一，在平壤以北的小村中，在敌占平壤后，有三个妇女刚结婚。她们的丈夫都参军去了。她们看到美军到处杀淫人民妇女，她们就逃到山中，但感觉又饿又冷（她们穿的是夹衣）。

她们决定晚上回到村子田里找粮回山吃，她们找到一山洞，以石头堵住，住了一些时候，她们很有信心相信金将军一定会回平壤，因此决定以此洞为她们的家，自己到平壤看看金将军及政府回来没有。半途被游击队抓住，她们就将经过告诉游击队，游击队告诉她们很多办法，给她们针线去卖，到了平壤，就做小买卖，在此时间，给游击队很多情报。

志愿军到平壤的时间比预定的迟了几天，游击队很燥〈躁〉急，派她们去鸭绿江了解情况，她们走了两天两夜在宿州遇到志愿军，她们在路旁招手欢呼，我志愿军对此很奇怪，把她们抓起来，问她们，她们什么都不说（因为还不知道中国志愿军的实情）。最后经解释后，她们才说了。她们一面给志愿军带路，并作侦察工作，经过半月，才与游击队会师。

她们还做了许多运粮修路工作，直到平壤解放。金首相号召春耕，她们才回家生产，现仍住在金首相附近。

又一，赵玉姬，32岁，已婚（在《东北日报》上已发表过她的游击生活）。解放后分到土地，在春夏秋三季种地，冬天，夫妇一起打猎。有一次（48年）打到1只老虎，3只野猪，都送给了金将军，金还和他们一起吃饭，照相，她们非常兴奋。

战争开始后，夫妇商量，我们和金将军照过相，不能做坏事，因此上山打游击，见了老百姓就拿照片出来宣传，发展到70—200个游击队，但没有枪支，因此决定拿敌人枪支来武装自己，利用李匪军到村庄骚扰他们就拿下他们的枪支。

有一次她丈夫出去三小时未归队，赵玉姬就化装老太太，带枪下山侦察，到了村庄，远看一堆人围着，她侦察结果，见到美李匪军正围着她丈夫正要放上绞台，她就开一排卡宾，打死5个，她东打一排，西打一排，敌人慌忙逃跑，结果打死13个美军，5个李匪军，她看到她丈夫还在被带套了的绳子内，她马上去放下，带上山去。

金说，这是不靠帮助自己发展的游击队，她是唯一得到政府勋章的女游击队员。

四月廿二日

十时起，上午在山上和赵国有等交换材料。

下午一时，举行教授座谈会，朝鲜的教授来了十几位，都是有名的专家。有教育省高等教育局局长杜俊泳，其余大部是金日成大学的教授。朝鲜教授报告朝鲜的教育。

朝鲜北半部得到苏联的帮助，进行了许多民主的改革，北朝鲜在"八一五"以前一个大学也没有，现在已有四个大学，内容比许多前〈先〉进国家的大学，也没有很大的损失。金日成大学是农民选出他们优秀的子弟参加的。各大学的学生，80%是工农劳动人民的子弟。

南半部的教授科学家，坚决反对美帝的奴化教育，反对"国大"斗争是很有名的，通过这次斗争，有上千的学者过三八线到北半部来，他们按自己的专门科学在各大学工作，产业省研究院有四百多位专家，重工业省有矿业地质研究院，农业省有家畜卫生研究所，他们在这些研究所进行他们的专门研究。专家们受到人民和国家的尊重。

金大的一百七十位专家，组织了 25 个教研组进行教育工作，成绩如下：

金大马列主义教研组长写着马列主义的经典论文。有的写《英勇朝鲜人民军的思想根据在哪里》的论文。

研究世界史的学者，对农民运动进行深刻的研究，有的写朝鲜李朝的封建王国制。

金日成大学、平壤师范大学、元山农业大学。朝鲜不出硫黄，他们研究不用硫黄，制造肥田粉。朝鲜语言研究所，金科奉主席完成了拼字的研究，完成了语言改革。无所任相李克鲁[1]完成了朝鲜音声学的研究。

去年六月底，美帝国主义发动对朝鲜的侵略战争，全国大学生及大部高中学生，争先到了前线，西部的学生也踊跃的参加前线工作，学生专家也积极参加解放斗争。

四五个大学内，有 456 个教员，参加战时工作，有了 55（人）参军，帮助其他相同工作的 245 个。三个医务大学有130（人）参加部队医务工作，到工厂的专家为战时生产，尽了最大的努力，因此已没有一个教员留在外面。

南半部在实际工作中，作了坚决的贡献。

到南部去工作同志（学界）（有）71 位教授，还没有回来。

大部教育（机构）都撤退到慈江道，一部搬至东北，一九五〇年开始广泛的政治学习。

集合南朝鲜 152 位教授，帮助他们研究和学习。

中国人民志愿军部队来到朝鲜与朝鲜人民军比肩作战，击退敌

---

〔1〕 李克鲁,朝鲜民主人士,时任朝鲜政府无所任相(不管部部长)。

人，我们科学工作者转移回到平壤，我们永久记住（金日成）1948年的谈话，全体文化科学工作者都动员起来，实行他的号召，回来后到各工厂去调查，研究如何恢复的办法。

经济工作者帮助财政省，战后经济恢复与发展的计划。

帮助高级中学教员的培养，帮助南部来的教授的政治学习。

历史学者收集材料，准备编朝鲜人民反侵略战争的历史。

大学高中的教科书的编辑工作，也花了很大的力量。

朝鲜人民共和国成立了学士、博士考试的组织，核定学位。对美国及日本过去给的学位一律不承认。

新义州现有教师大学，有三百多个学生，朝鲜文学、俄文学、生物、化学、历史、地理、体育等系，两年毕业，为了战后教育。

五月一日，准备俄语大学开学，80名学生。

准备派130个学生赴苏留学。

准备在七月一日，平壤医大、青城医科大开学。

我们有充分的信心，我们将尽一切力量争取胜利，恢复建设，我们相信，只有这样才能对得起牺牲性命来帮助我们的中国人民。

《金日成将军之歌》：

长白山巍峨奇丽，满山印血迹，鸭绿水千万里，丹血映碧绿，今日朝鲜人民呼唤着你，自由的鲜花开满地。

啊……那个名字，敬爱的我们的将军。

啊……那个名字，英明的金日成将军。

工商界座谈会

欢迎词：

朝鲜战争在最艰苦阶段，中国人民不仅给我们以物资、精神的援助，而且派了自己的志愿部队，流自己的血，在巩固朝鲜的战场。

我们能和中国的工商界代表一起谈话，觉得非常光荣。相信经济的交流今后一定会增加。

陈巳生致答词，朱继圣报告。

平壤工商部长报告平壤的工商业情况：

朝鲜在日帝侵略下解放只有五年的历史，工商界的对比，平壤在解放前有 424 个工商单位，那时，特别在太平洋大战后，敌人强迫许多工商界关门，另设配给所。

但我们不仅在解放后保存工商业，而且以接受了的公家的东西，提供给工商业者，帮助其发展，并将敌人强迫抢去的物资还给工商业者。

在政府这样的政策下，一九四八年 3,500 多个商店、470 家私营工厂（**恢复**）。在人民政权刚成立时，实行许可证制，后来取消许可证制，只要登记就可开业，因而平壤工商界更发达。一九五〇年战前商店 4,509 家，工厂 575 家，以后，又设立对外贸易商以后，有了 7 家对外贸易商，矿业亦鼓励私人去经营，政府□影私人工商业的发展，工商业者对政府也作了很大的贡献。

去年政府准备建筑文化宫时，工商界捐献了六千多万元（为着保存革命事迹）。

政府本准备去年实行强迫教育制度，7 岁的儿童一定要入学，平壤就准备添设三四所小学，建筑经费一部分由工商业者捐助。

去年五月间，政府发行人民经济建设公债，结果由于工商业者的踊跃购买，很快就超额销光。其次，关于战争的贡献，战争以来，战事供应要求增加。200 多个工厂动员为人民军制造被服等等军用品。敌人曾散布许多谣言来破坏人民和政府的关系，但绝大部分工商业者始终拥护政府，而且收购了许多米及日用品来，稳定平壤的市场，在平壤撤退时，绝大部分工商业者仍照样向政府纳税。

在撤退后，特别在平壤遭受敌人的几次轰炸后，平壤的工商业几乎全部摧毁，但工商业者还建立了工商业，现在有217个商店、37家工厂已经恢复起来了。

以物价来说，在敌占时，米每斗4500—5000元，解放后今年一月已降至每斗1500—1700元。

现在民生必需品的工厂，如胶鞋厂、铝制品等工厂恢复最快。胶鞋厂占了3500—4000，现在1300—1700一双，现在因为交通困难，物价不平衡，新义州米500一斗，平壤1500，工商业者对此也尽了力。

今后两国相互帮助的地方很多，原则上，自己能生产的东西不依靠别人，如机器、汽车，将来一定要朋友来帮助。

一位朝工业家说，在日治时代，配给的米不够吃。今天，在这样艰苦的战争时期，能够这样招待各位，是不容易的。又一位说：美国口口声声保护私人资本，但美帝侵占时间，把我们的生胶和织补机器都搬空了。

一首诗：《在火焰的城市里》：

我们不会哭的，在灰烬中，你是不会找到朝鲜人民一滴眼泪的，朝鲜人民忘掉眼泪已经很久了。要把已经享受过自由的朝鲜人民沦为奴隶，夺去他们的自由是不可能的。

在宴会时，大家唱歌，我正唱京戏的时间，忽然警报高鸣，接着在一里外投下炸弹，把房子震得啪啪作响，窗纸通明，我为着表示镇静，照常把戏唱完了。

朝工商界送我们代表每人高丽参一匣。我们于十二时告辞离饭馆，二时回到万景台。

二时许入睡。

四月廿三日

朝鲜人民军高射炮部队，到"五一"是建军两周年，战争以来，十九联队已打下敌机四百三十余架，英雄朴忠基组打了五十二架，他们一组是四门高射炮，有一连队在汉城金浦机场，一星期内就打下四十多架。

除了高射炮外，他们组织步枪组在山地打飞机，李伪军飞机，在开战三天内就打光了。（共十二架）

以上是昨晚慰劳高射炮队的记录，第二兵〈军〉团大部是中国回来的朝鲜人，都能说中国话，时时高喊毛主席万岁，他们昨天包饺子招待我们代表团。

兵〈军〉团长年岁很轻，近卫师也归他指挥，主要是保卫平壤地区，直至东海岸。

他说在前线作战回来时，走到半道，有老百姓告诉前面有咱们部队，就是说话不懂，后来会师，才知道是中国志愿部队。人民军听到中国军队来了，立即信心提高了百倍，决定好好配合作战，那时的情绪真是昂扬极了。

下午一时半，全体举行露天联欢会，招待招待我们的朝鲜的同志，廖陈田[1]三位都说了话，献礼献旗。

宋局长说：我不是地理学者，但我否认鸭绿江是分隔中朝两国的界线，而是四亿七千五百万中国人民和三千万朝鲜人民心的交流的大动脉。

他说，最近从前线来的一位人民军战士告诉他，当我们感觉困

---

[1] 廖陈田,即廖承志、陈沂、田汉。

难时，想到中国人民志愿部队，就增加了百倍的勇气，就巩固了我们克服困难，最后获得胜利信心。

人民（军）第四军在汉城撤退时，左右翼都退走，他们曾在铁路附近孤军作战。他们记起过去在中国作战的经验，组织劳动党员，组织群众，先解决了吃的问题，后来解决了美军一团，部分解决了穿的问题。但大部还是单夹衣，后来听侦察报告，东北部到了国籍不明、人数不明的部队，后来知道是中国部队。见了面后，人民军一部分哭了，志愿军忙将大衣棉（衣）脱下来盖在人民军身上，人民（军）硬不要，这场面是可歌可泣的。

四月廿四日

十时起身，十一时在山沟开第三组会议，商讨出发事。这次在平壤慰问，历十二天，本团基本任务已完成，现分三组出发，一组出发志愿军总司令部，离此约有两晚的途程；二组出发，平壤南百里左右，慰劳人民军某部；我们的第三组返回至新安州附近，而先至云月里住一两天，慰问伤员。我们的一组大部是年老的同志和女同志，因为到前面去是比较辛苦的，我们的一组，许宝骙组长，郭同志开车，任副组长，组员有刘清扬、黄药眠、吴组缃、向达、浦熙修、朱继圣、道尔基[1]、田间、邱浦等。

本组任务，一面慰劳，一面收集材料，十九兵站，三十八军已为我们组织材料，慰劳的对象，有三个伤员医院（十九兵站）。今晚到云月里，明天白天了解情况。三医院，一汽车队，人民军消防部队及坦克部队，及志愿军空军后勤部，以后再到三十八军，尽量将

---

〔1〕 道尔基,应为道尔吉。道尔吉,蒙古族,第一届中国人民赴朝慰问团第一分团成员,代表新疆蒙古族。

时间缩短，在十日前一定回沈阳。

六辆车，代表记者警卫员共三辆车，分四组。一组：刘清扬、田间、黄药眠、曾平、潘、吴组缃、温、唐；二组：浦熙修、秋浦、向达、道尔基、朱继圣、丁易、许宝骙、郭同志、徐；三组：程、蔡及其他工作人员七人；四组：警卫员、黄培海、许连凯。

行动指挥是志愿军的阎平同志，还有周秘书、蔡科长。

下午三时，与宝骙兄再游万景台，五时许返。七时，朝文化宣传省及各团体举行欢送会，由平壤市劳动党委员长致词，接着由人民军政治局副局长及文联代表赵基天等致欢送词，我团的团长答词。会毕，全团赴我大使馆欢宴。

四月廿五日

昨晚在大使馆欢宴相当热闹，菜也相当丰富，半月来第一次吃到中国味的菜，饱吃了一顿，后来又有文工队表演，三时半钟离大使馆，四时就到了云月里十九兵站，分别半月，也有回到了家的感觉。

挤挤地睡了三个钟头，八时半起来，九时吃饭。

十一时半开全组会，组长报告在此阶段的工作，要慰问四个医院、一个汽车运输队。

四个医院在两个方向，今天预备去两个医院 132 号医院、171 号医院。132 离此 48 公里，171 离此 28 公里；132 伤病员总数 1724 名，其中轻伤 242 名，中重伤 1201 名，重伤 281 名，其中军官 51 名。171 情况，总数 1219 名，轻 277 名，中 829 名，重 113 名，军官 76 名。

准备黄昏出发，住一夜，早餐开始整天工作，晚七时返。

工作方式，有慰劳会献旗献礼（一个多钟头）。

重点访问，请轻伤病员举行座谈会（1—2 小时）。

后天白天与汽车运输队开联欢会。

分组：（今天）甲　刘（组长）、朱、邱、徐、温、道、许、唐、蔡、谭（171）；

乙　向达、黄、田、浦、吴、李、潘、丁、程平。

座谈会：甲　徐准备、乙　吴组细（132）

慰劳品及献金，请温帮助蔡科长搞好，慰劳金伤病战士 3 万元，连排级 7 万，营团级 20 万—30 万，师 50 万，军 80 万。

其他两医院 162 号 504 名，165 号 711 名。

162 号，轻 444 名，中 47 名，重 13 名，军 21 名。

165 号，轻 414 名，中 245 名，重 52 名，军官 21 名。

座谈会的采访提纲：

医药缺乏，医务员如何克服困难。

英勇的典型事迹，英雄人物。

需要知道他们需要哪些东西。

朝鲜人民克服生产困难的故事：

（一）闵顺女，16 岁，平壤纺织工厂女工，父亲去年牺牲（48 岁），原来是厂支部书记。平壤撤退时，正领回撤退金，准备撤退，从防空洞出来时无法过大同江，被捕。父亲过大同江，5 天后又回来了，但一回来被抓，第二天被枪决，临死时向儿女说，你们一定要同〈给〉我报仇，敌人枪决其父亲后，杀掉他们父弟三人，她立志参军，平壤解放后，在报名处等了两天，没有报上，就参加工厂工作，并参加了厂的自卫队，她亲自抓到抓她的特务，送到公安局。

她说，只有做好工作，为父亲报仇。她常常 1 个月的工作，20 天完成。

（二）军需五十五工厂翻砂工人，文基元，21 岁，劳动党员，战前时化学工厂工人。平壤沦陷，他撤退到水丰，解放后入军需工厂，工厂因机器破坏很大，生产不合格者常在 30% 以上，现在工厂能够完成任务 140%，过去每月平均每日出产 160（颗）手榴弹，现在平均 300 至 400 颗，现在又订计划，要增加 20%（最近期间）。他说，过去工人常躲警报，误了很多时候，现在基本不躲避防空，因此更可增加生产。

（三）平壤纺织工厂技工（电气），裴东奎，31 岁，党员。平壤沦陷时，未撤退，被敌关在监狱，解放后放出来努力工作，他主要努力于恢（复）电力问题，那时，全平壤只有六个电业技术工人，平壤解放后粮食困难，60% 粮食被敌挖去，他们常常饿着肚子工作。

他们和领导方面一起计划，希望在一周内（1.4—1.10）（恢复），结果八条线提前两天完成了电气，恢复生产，各厂都找他们去参加工作。

重工业部有台变压器，在敌人临走时□□破坏了。

大家都找他们去工作。

（四）白镇爱，纺织厂工人，26 岁，厂民青主席，党员，纺织厂于去年五月以人民经济建设公债建设起来的。战争爆发，工厂开始疏散器械，但那时只有十六七岁的女工，疏散工作主要靠她们。疏散中，撤退命令已下，疏散因而搞乱。平壤解放后，很困难，工人又缺少，只有女工，技术工人少，初步只能做整理机器工作，但又不懂，民青小组，就决定以分散办法整理机关〈器〉。二月底前完成。第二次整理机器，整理工厂，而机器工具又不够，又发动工人，以家中的工具来工作，主要是女工做的。终于完成了，女工说不管男工多少上前线，我们一定能完成任务，写下决心书，一定要完成任务，结果完成 190% 的任务，得到平壤市的奖状！

朝鲜天气从昨天起才开始暖热，有点春气了，樱花和杏花都开放，大概江南的天气已近晚春，今年的春天又这样过去了。

八时出发171医院，十时即到达，一路甚平顺。院长致欢迎词：中国派志愿军来打仗，又派代表团来慰问，今天到医院来慰问，非常感谢。

许组长说明共同敌人，今天来此共15人，代表7人。

院长说：昨天就听到你们要来，就集合一下，今天又派人去迎接。

今晚即举行大会，献旗献礼，刘清扬同志致词。金允祯（院长）、白洛殿（政干部），1946年参加解放军104师，到过湖南资江，去年才回来，本院有8位同志参加过解放军，有4位女同志。

人民军十八联队（原解放军47军的一部）直打到洛〈落〉东江，是人民军中最有名的部队，出了很多英雄，现在已改为师，称近卫军十八联队，攻大田时消灭敌人三千多，缴获汽车五百多辆。

解放军返回的干部，成为人民军的骨干。

李鸿光支队，全师称为近卫师。第六师、第三师，都是人民军最有名的。李鸿光支队原在东北创立，18联队有90%立过功，90%多是党员。

本院有四个李匪军俘虏的伤员，今年已有可能将国防军俘虏阵前改编，去年无此可能。

本院每月约有八百人伤愈归队。

刘清扬致词：

　　见面像亲兄弟一样，虽然过去没有见过面，但看到你们一个个面孔，都非常熟悉，像我们生来就在一起的一样。这一则由于我们两国肉血相连的关系，把我们拉得那样紧密，同时，你们的英勇事迹，正像历史上一切的人民英雄一样，看到你们就像。

　　你们的战斗，不仅保证了自己的安全，巩固了我们两国共同的安全，和全世界的和平，而且也改变了历史的进程。你们都是光荣的负伤战士，为全世界人民和平流血受过伤。

中国人民清楚你们战斗的意义的，除了编造志愿部队以外，派我们来慰劳，特别要向你们光荣的负伤战士致最高的敬礼。

我们带的一点礼品虽然甚薄，但代表着四亿七千五百万人民的心和感激。

金真根去年八月在洛〈落〉东江负伤，分队长。

晚十二时许开慰劳会，会场设在被炸过的学校内，到轻伤病号二百余人，由刘清扬致词，献旗，并报告礼单。可惜我们这次没有带文工队来，很使朝鲜同志失望。

二时半散会，三时回到病号睡觉。

四月廿六日

一夜睡得很好，九时许起床。

十一时吃饭，饭也吃得很饱，十二时参观并个别慰问伤员，这医院规模之大，是北部朝鲜现有三大军医院之一，而且是模范医院，最近得表扬。这医院共有一百九十多个工作人员，四位医生，十五名准医。

这医院在江东群，柴竹面内里。

下午三时半举行座谈会。

黄泰成，二十七岁，六师团 15 联队一大队三中队副排长，第一次进攻马山受勋章，撤退时，抓了敌人及大队长，（在江原道）一次杀了三个敌人。

李昌顺，二十二岁，八师三联队工兵分队长，在水原一小队打退消灭敌人一联队，他起了骨干作用，他带了二十个兵，打破敌人三辆坦克（敢死队），那时敌人十辆坦克进攻，都被他们消灭。他得了三个勋章。

金泰彬，十九岁，19 师 37 联队分队长，在一次进攻时，在开城以南，和敌一分队拦击，那时分队长牺牲，自己进至五米处时，他打死敌六人，俘虏二人，虏获二重机枪，得一勋章。

申承吉，四师 18 联队侦察分队长。

金明浩，二十六岁，六师教导大队，在一次进攻时，回到三八线（江原道附近），他在敌人包围中继续战斗，在二中队一中队，他做班长，俘虏敌六人，杀死六七人，获轻两重一轻机枪，一排〈迫〉机炮。时十八联队在铁原一带活动。

李龙隼，连长，三十岁（第一师），一次进攻时，他与排长，他打白骨〈虎〉部队，打死七人，获六十炮（6.28）又一次在三八线以南带二十七名战士守著名高地，受敌人八次进攻（全联队），一百三十人剩七人，杀死敌人九十八名，俘四名，获五轻重两挺，及其他。又一次在甲山（已当连长）80 高山，带七十八名战士，和美军决战，杀死敌七十八俘四人，缴获美帝一联队的武器，受两次伤。

李昌在，二十一岁，二兵团直属部队小队长，在 80 山。敌四联队与他们一联队打的结果，消灭敌两联队一小队，他自己的小队，战果是子弹炮弹打光了，以刺刀和敌人拼，他自己杀死敌人六个，以铁铲打死两个，以拳打死两人，中队全体立功。

在撤退时，在平壤附近，有二十七名同志被敌包围，两天没吃，和敌一团对垒，敌有汽车二十四辆，坦克八辆，结果，俘虏二百四十名，打破十八辆汽车。打毁六辆坦克，自己只牺牲两位同志，得了勋章。

金荣益，二十八岁，六师 1 联队中队长，在江原道，与志愿军 42 军共同作战，一大队和两倍的敌人对垒，上级命令坚守两小时，结果坚持了八小时，敌冲锋十三次，只剩十八名，子弹已尽，以石头作战结果，完成了守卫任务，杀死四十六人，俘四人，立了集体功。

吴一峰，12 师 3 联队小队长，二十四岁，在二次进攻时，在平安南道成川一带打防御战。敌以八坦克十汽车向阵地进攻，他们一排打坏敌两坦克，九辆汽车，俘敌二十名。

崔长明，模范护士。金和顺，模范护士。

沈凤竹，中国共产党员，1947 年参军（解放军），参加东北解放战争，后来到汉口。去年回来，参加看护工作，原来是班长，现在看护长，她工作始终积极，初当分队长，管 120 个病号，人数天天变动，她在金刚山看护过的战士有六百多名，重病号自己亲自看护，她的领导作风很好，有任何困难，她都带头克服，她带的十二名战士，刚参军思想不够坚强，她经常教育他们，很快的巩固了他们的觉悟。她的分队发展很快，在金刚山及六百多个伤者，无一牺牲，她并组织互助组，帮助三位同志识字（不到一月）。

廉春子，1950 年参加人民军，最近加入劳动党（因战地立功），从七月廿日起，一直在本院，接受了五千六百多伤员，她出身贫农，父亲劳动党员，她受了五年民主教育，政治立场很坚定。在三八线一带挂彩的同志都是重病号，那时职员只有五十多人，她起了骨干作用。本院护士都是中国回来的，只有她在国内参加的，那时护士只有十几人，医生一人，她很快掌握情况，诚恳服务。有一天她接受 300 多伤病号，她很详细地看伤病号，分别紧急治疗，治疗好后向〈送往〉病房。最忙时两星期中往往整夜不睡，但她绝不松懈，对消毒也很注意，所以接收科始终没有发生事故。有一天，她整两天没睡，她倒下了，但有病人来了，马上又起来，毫无叫苦的表示，接受了八个伤员，下午八时起来，六时半才睡觉，稍息又起来照常工作。

在撤退时，她不顾自己的东西，将重病号背上担架，她的个性，连小事都不肯马虎，对团结同志，在原则上掌握得很紧，该批评的还是批评。

有一次当分队长时，她带了分队女同志走了六百多里，没一个掉队，到了目的地。

今年二月十二日，将病号向后送。她带一战士，送二十五名重病号往后送，半途汽车故障，离目的地还有五十里，她马上下来，和战士一起背病号，动员老百姓，将病号运下，自己再找米柴做饭给他们吃。有一战士问她，是不是十一号病院接收科护士，她答不是（因为晚上）。战士说：我很明白一定是你，又说我对病院印象很好，你对我们帮助很大。于是这一战士又帮助她找到一辆汽车，将战士送到医院，马上检查病院，发现有两人到 40 度，她向院长报告，并做饭给他们吃。

她又跑步五十里回来，马上做起自己的工作来。

座谈会开到七时才结束，这次座谈会由我掌握，基本上算是成功的，出国以来，这是我第一次主动做了慰劳的工作。

九时，告别离院，一路相当顺利，十时抵兵站。

四月二十七日

昨晚为了住宿问题，相当狼狈，办事务的同志掌握得不好，一切应付，搞到最后一批同志回来，找不到住处，黄药眠兄住在露天廊外。

晨九时起，和向许[1]诸兄闲谈，都希望抓紧时间完成任务。由于环境的不习惯和人为的种种不便，把大家的思乡病更提高加重了。

今天微雨，十几天不雨，气候太干燥，下点雨是很好的，对人的健康有好处，而且金日成将军号召四月底完成春耕，很多农村赶

---

[1] 向许，即向达和许宝骙。

前十二天就完成了。下点雨，对朝鲜的农事大有好处，大概国内也在下雨了吧。

据向老说，他在 132 医院看到不少慰问袋，都是常州人民捐献的，医院献花时，就用慰问袋的布来着〈扎〉。

据朝鲜同志说，除阿尔巴尼亚外，各新民主主义国家都有慰问品送来，我们也看到各机关医院招待客人吃的香肠等等，看来都是送〈从〉苏联和东欧来的。每到天黑，朝鲜广大后方的每一条公路上，都充塞着往来驰驱的汽车，从这一点，也可见这一仗，没有苏联的帮助也是不可能的。

十二时开全组会议。

两医院（今晚）西北医院（明天）伤兵 1200 多，志愿军。

海防部队（人民军）（二十九日）六十多华里，江西群。

十九兵站（三十日白天）民工（晚上）西浦车站附近。

一日晚上离此向三十八军出发，主要任务，还要慰劳人民军坦克部队，四五分钟，然后回安东。

今晚两医院 165 甲，162 乙，甲组带文工团。

下午六时集合，六时半一定出发。

六时即出发，165 医院，一路尚顺利，但到了目的地，要摸黑走五里多路，这苦真是生平没有吃过，从八时走到九时半才到，到了以后，实在支持不住了，到了客厅里就睡，自己觉得有点发烧，口又渴得厉害。

在这院的慰劳工作，完全是为着任务，翻译又不好，大家讲的话也是照例文章，真是糟透了。

晨二时许辞归，照样又走了五里，来回摔了两跤，左手本已肿痛，这一下更痛不可支。

五时回云月里，宝骙兄给云南白药，吃了就睡。

四月二十八日

十时起，手病略好，再服白药，饭吃一点点，也不觉得饿，离乡背井，在这样的环境下千万不可生病。为了防止病的严重，今天整天没出去，又吃了四片消发弹琴，下午睡了一觉。今天下午二时，本组慰劳西北医院，我没有去参加。希望能把病好好养好，平安回国。

据《文艺报》唐英[1]同志谈，他昨天到民工大队去住了一晚，了解些民工大队的情况。

东北各县都有民工大队派到朝鲜来，初来的时候，很怕飞机，很多人吓得跑回去了。后来看飞机也不过如此，有一次五架飞机集中轰炸他们住的房子，厨房炸垮了，结果无一伤亡，因此反而使他们的胆子大起来。几个月来，在这里的五千多民工，只有一个受轻伤。

他们初出来时，部分同志对群众纪律还不大注意。现在，他们和朝鲜人民的关系比一般干部还要好，因为他们来自农村。一有空就为老百姓喂牛，挑水。对于缺乏劳动力的朝鲜人民，是很感激（他们）的。有一个民工有一次拿了老百姓的苹果呢〈吃〉，受到批评，后来他决心改好。他的裤子破了，自己不会补，他说一定要朝鲜老百姓自动代他补，他每天为老百姓放牛，修牛棚，以及保证这家老百姓的饮水和燃料，结果，老百姓果然为他洗衣服，并把他的裤子也补好了。

他们初出来时，领导方面对出征期限解释不明确，因此他们有返乡病，也有换班思想。现在正努力扭转时间问题，提出"胜利而

---

〔1〕 应为唐因。唐因(1925—1997)，原名何庄，笔名于晴，上海松江人。作家，时任《文艺报》记者、编辑，中国人民赴朝慰问团直属分团随团记者。

来、胜利而回"的口号。

他们对于已分到的土地很怀念，念念不忘他家的耕牛如何，田是否在耕种，小牛生了没有。最近，有四位东北的县长来到这里，向他们保证包耕包粮，保证他家里交粮吃饭，因此，大大提高了他们的情绪。他们的工作很有组织而细致，每天总结经验逐步改善，现在，各山坡都挖了贮藏库，安排定位位置，装一汽车汽油只费两分钟，装一火车东西，二十分钟就完成了。

这次慰劳团来，对他们起了很大的鼓舞作用，在这一大队中，分到三条毛巾，他们把一条重点奖给成绩最好的分队，这分队认为是莫大的光荣。

今天下午在房里睡着，看到一位人民军和我志愿军同志的交往，打打吵吵，正像一家的兄弟一样。可以具体说明中朝战士的友爱。

住在我们一屋的警卫班同志，是1946年参加民主联军，对于解放战争非常熟悉，他谈了一段吕正操的故事，很有趣。

他们今天分到慰劳金，每人初步一千多元。

四月廿九日

六时半即起身，今天病还没有好，郭开峰同志特别照顾我，嘱咐厨房为我煮了一大碗粥，四枚鸡蛋，吃了一个饱。

向老和熙修等到平壤去了。我因病未去，这几天，真感到度日如年，急盼早日完成任务，回到国内去，团内很多同志，多抱着同样的心情。

听说前线打得很好，五次攻势，已消灭敌人五千，美军占四千五。又人民志愿空军已出动，三天内就打落敌机十几架，无怪这几天这里敌机的骚扰也减少了。

四月卅日

两天没有工作，休息得足够，情况好转。今天六时半即起，二组王书庄等同志回到此地，因后〈此〉早饭后即凑成一牌局，打至下午二时。参加开会听十九兵站的工作报告如下：

史政委报告：

兵站组织开始六个月，出国五个月，干部由各地方县区干部组成。兵站由松江省组织，分站大站的工作人员，大部分是学生。当初从组织到分配，只有一星期，武器装备也较差，再经十几天于十二月二日过江，除大站外，分站人员都走了八百至一千多里路才到目的地。干部由和平环境突然到了战时环境，工作没有经验。当时由三分部领导，分配在定州工作，主要任务是前运后输，东西分配给我们，要我们往山上放（露天仓库）。到了定州，当时定州还有三个面未解放，离敌人仅二十五里，在村中的群众对我们不了解。第二天一看，除老幼外，都跑光了。于是开了一群众大会，向群众说明，群众看到我们很老实，对群众的东西完全不动，他们逐渐放心。那时，敌机十分猖獗，工作在那时最为困难。当时最主要的工作是到处找山洞安电话，找粮食。但半月内，接电话，烧饭都很困难。每一车站要修三四个站台，分别下货，东西运到山上，要多修公路，当时车站的工作人员全是朝鲜代表，只得设一军事代表，专管我们的货物。车绝不能按时到，民工常空守在车站内。（搜集美军电线，接近45里电线）

民工的工作更困难，当时动员匆促，任务不明确，装备不够，鞋子是夹的，衣服是夹的，走到宿州，鞋子全穿烂了。吃的又不够，一斤七两粮食一天，又没菜吃，都吃不饱，每天两

顿，一稀一干，上面的命令是人等车，不能车等人，在车站受
冻，到车来时又饿了。因为美国兵吃了许多牛，民工就各处收
集牛皮，自己来补鞋子，有的后跟破了，就拉下棉裤的棉花塞
着走路，这样坚持了两个多月。民工修的路有四百多里，修汽
车掩体一千多个（一千零四十四）露天仓库二百七十多个，下
了两千多车皮的东西，民工说，当时过的是两冷一热的生活，
睡的全是冷炕，又不发棉花，没有棉被。（从十二月下旬至二月
初）

当时民工对于露天仓库，有了很多创造。

领导提出四防工作，防空、防雨、防特、防火。当时民工
研究出一些方法，第一是造假房子，做得像民房一样，还做假
窗户，第二是做假仓库，根本不放东西，第三是个假稻子垛。

那时（十二月底至二月初）基本上做好了四防工作，民工
经常的话：

抗美援朝，吃苦耐劳；保家卫国，少发牢骚。

他们亲自看到战时的情况，他们的情绪绝不低落。

离国经过几个月，冲破了敌机的威胁，领导上号召与敌机
作斗争，做好工作，现在一般干部并不怕飞机，民工叫照明弹
"提溜灯"，没有特别紧急情况，一般都不防空，自己挖防空掩
体，并组织防空哨，遇特别紧急情况，即打枪疏散。

如飞机威胁而影响工作的事，根本没有了。

他们住的地方，也进行搜山，最近还破获了一个特务案件，
搜出一个电台（逮了四个特务）。

经过这几个（月）的工作，一般的做到物资安全与汽车安
全，汽油全掩蔽了（除防空外，打穿了也不会起火）。

在群众纪律方面，最初是不太好，老百姓当时说，穿黑棉
袄的解放军不太好。经过检查改正后，群众对民工比对干部的

印象还好，因为他们能帮老百姓做活。

有一民工王金贵为着吃不饱，拿了老百姓的米吃，经过批评，他决心改过立功。他到西浦后，住在老李家，每天扫两次大院，并打水。李家说，自从他住来后，妇女就没顶过水，有一次牛棚倒了，把牛压了，他动员同伙，把牛救出，并搭好了牛棚（那家是军属），并加以清扫（以下与前天所记相同）（在西浦釜山面）。目前，又帮助老百姓春耕。（一般民工）

有一民工模范王卓辉，有一天卸车，他不怕飞机，照样搬货，被敌机打伤，大队去慰劳，他的情绪还是很高，入医院前，还向小队说，不要丢了咱队的二等模范，他大大地启发并教育了群众。

另一民工，本来是落后的范兴元，挂彩甚重，临死时向总队长说，我对不起你，我过去开了两次小差，我为中国人丢人，死了也不冤，这些话对群众的教育意义也很大。

在立功运动中，一洋灰袋八十斤，有一民工背了四袋，他们看好表，赶急完成任务，一般采取包工制，上级领导要为争取一分钟而奋斗，他们准备得好，时间掌握得紧。

自发地帮助朝鲜人春耕。

本溪民工实行公票制，每人三角至五角不等。

本溪二三大队装十八大筒，一汽车装好，十八筒汽油，十二个人装，五十秒钟就完成了。

有一次本溪队抢救被水泡的大米，每一中队分五百包的任务，结果每一中队超过了任务一百多包。

又一次汽油经特务放火，号召大家救火。时在冬天，战士民工都把衣服脱了去干，结果，救出二百八十筒汽油（仅烧了四十筒），三百五十双鞋子。

最近，一车皮被打着，（人民军的胶皮鞋）大家动员去救火，救了一大半车皮的鞋子，这事对人民军是很好的教育。

民工，在定州时一千多人，现在六千四百七十人。

两个月来，完成了八百多车皮一千一百六十四辆汽车的货物转运工作。

上面号召，抢装，抢卸，抢运，主要是抢过大同江，往往一夜装卸四次，运装伤员两万一千人。

自开始以来民工受伤八人，牺牲七人（六个月）。

病号因营养不好，盐吃得少，本溪大队队员多胀肚子，但民工还照样干活。又缺乏医药，什么病多〈都〉给阿司匹林，抹上点二百二（红药水）。

现粮食已加到两斤二两，衣服鞋子都发了。

他们每天总要把毛主席说几遍，米，发了一部分高粱，他们就说，为什么毛主席还要为我们打这样的算盘，国家粮多了，不该多运点来吗。

慰问团来了，省上也有人来，县长也来了，带了些东西，给他们很大的鼓励。辽东省，科长、锦旗、烟、菜、慰问金。

又带来包耕合种的证明和家书，他们更安心了。

牺牲的照烈属待遇，出国期间照军属待遇。

民工从前线回来说，马路上的"提溜灯"打得比沈阳还高。

门大夫，家有几个孩子，一老父，无人做饭，自己报名来参加，他建立小医务所，工作做得很好。

朝鲜人民说，你们不仅志愿军好，每一个人（都）好。

朝鲜人民军现在连民工都羡慕，因为每一民工离村时，老百姓总送出了村子，依依不舍。

他们立功的心很切，说抗美援朝出来，一定要立一功，他俩说，立功也受美机的气，不立功也受美机的气。

门大夫说，他的儿子在外国语学校读书，他也要立功，为儿子争气。

他们从实际生活中，认识美帝是纸老虎，认清美国空军不能起决定作用。他们说，美机整天轰炸，我们火车汽车整天地运输。

上级号召，为斩不断打不破的运输线而奋斗，他们都为此而努力。

其次，在这战争考验下，大大的提高了干部，巩固了干部，为翻身农民上了很好的一课，真正认清了帝国主义，实际加强了对美帝的仇恨。

这对于国防建设经济建设都有很大的关系。

五月一日

今天是国际劳动节，在朝鲜过劳动节是很有意义的，记得捷克共产党员"绳索在头上的报告"的作者[1]，在狱中写过五一节的情绪，表现了劳动人民先驱者的最高品质。

今天一天之内，敌机整日骚扰，至下午三时止。警报已发过廿五次，我们在草棚外照样打桥牌，可见大家对战时环境已略能适应矣。

天气日渐炎热，白天敞开了衣服还嫌热，朝鲜民房又是热炕，夏天的生活真不可想象，好在我们的行程指日即可结束，否则既不能洗澡，又很难换衣，这生活坚持下去，就很难受了。想到前线战争的痛苦，真觉得应该好好地宣传抗美援朝，早日胜利结束这个战争。

连日梦见芳姊，离家日久矣。

―――――――――

〔1〕 即《绞刑架下的报告》作者尤里乌斯·伏契克。

下午四时，清理行李，准备当晚出发。

把一些不准备带的东西送给部队同志，他们很客气，还送我一小包砂糖。

发现"吸卡"钢笔的笔杆丢了，是到朝鲜的唯一损失。

七时许出发，到顺川以北，又走错了路，在鱼波等了两个钟头，敌机在附近铁路扰乱，放了三个照明弹，把附近都照得通明，回程中，看到鱼波车站大车队民工抢运物资的紧张情况，和昨天的报告，刚好印证。走了一段路再上车，最后于清晨四时许才找到 38 军所在地，疲乏极了。

身上发痒，几天已找到八九个虱子，过两天身上一定还很多，好容易才入睡。

路上无聊，和向老合作做了一个月令，一个古谚，描述目前的情况：

> 星月也，花初放，蛙始鸣，提溜灯现，行人不宁。送别西浦，到此鱼波，提溜提溜，为之奈何。

五月二日

四时半，在松林山沟内三十八军开会欢迎本团，地方甚好，气氛显较在人民军为热烈得多，由姜副军长[1]致欢迎词。

四次战役中，去年歼敌二万七千多人，缴获汽车一万多辆。

这次联欢会，效果很好，与自己的志愿军兄弟在一起开会，情绪究竟不同，当我们的代表致词后，志愿军同志们就高呼口号："谢谢代表们的慰劳，我们一定加强战斗提高学习，打垮敌人，报答全

---

〔1〕 应为江副军长，江拥辉（1917—1991），江西瑞金人。解放军少将。时任 38 军副军长。后任军长。

国人民对我们的关切。"

会后，与该军首长们闲谈，据政治部副部长谈，这次慰劳团基本上是成功的，使前线的战士亲切知道全国人民了解他们吃的苦，知道全国人民以全力支援他们，这对他们的鼓励是很大的。文工团对他们的影响也很好，他们需要娱乐需要笑，部队里一个人拉琴，两三个人跳跳，就会有很多人围着拍手狂笑。可见部队是多么需要笑。

说到缺点，也是有的。第一是时间太短，没有重点，对如此多的部队，短期内要普遍慰劳，结果是没法深入；第二是慰劳品名目太多，数量太少。干部和战士的距离太大，干部可以多给一点，但不要这么名贵的东西，纪念品发得也太少，如三十八军得到六千多纪念章，连发给立大功的士兵都不够（一万多），香烟每人只发到三支，毛巾更少。文工团人数应该更多些，不必尽是头等角色，三四等的也需要。再有些代表们的讲话不够全面，教授们讲的话士兵不懂。

这些意见，都非常正确，值得我们回去好好检讨检讨。

又据姜〈江〉副军长谈，到二十八日止，敌人被歼一万五，俘二千多，除汉城外，汉江以北都已解放，汉城敌人撤退中。

部队发动向空射击运动，有组织的射击飞机，几天来已击落敌机十二架。

五月三日

睡得相当好，就是虱子太多（昨天又捉到七个），浑身发痒，这样的日子，也没有几天就过完了。

七时即起身，洗脸，吃饭，今昨两天吃到猪肉，因此有两顿饱食。

朱继圣兄送我多种维他命八颗，因此这几天天天吃一颗，对健康问题放心得多了。

刘政委[1]报告作战情况（刘西元）：

一、作战情况概说

去年离祖国到朝鲜已五月，一百四十天连续作战，中间空隙不大，平均只有十天作休息，其他时间在野外夜晚行动及作战中，一百四十天中参加四次战役，四个战役的性质是三种情况。

第一、第二次战役，都是运动的反击进攻，第三次战役突破三八线，基本是进攻战，攻坚的，敌人是守势。第四次是运动防御，有两种情况，由攻势防御转为运动防御。

第一次战役，当时情况很紧张，敌人占平壤，疯狂地分头冒进，直占鸭绿江，一般以营为单位，势焰嚣张，我们的友邦正处在退却的姿态。

另一情况，我们初出国，言语不通，地形不熟，找向导很困难，与群众关系很难联系，我们的翻译至多每连只有一个，购物也困难，带来的东西很少，因此开始作战就影响我们的生活。

我们在国内已做了半年和平生产工作，许多（战士）没有作这样的急行军，而且白天要防空，晚上行军，战士体力消耗，相当疲乏。

部队的思想跟不上情况的要求，情绪都很好，但缺少实际情况的体会。

再加上情况要求立即作战，我们十月廿二日过江，上面就命令立即堵击并消灭敌人，因为不如此，连立足的地方都要没有了。

那时，西线敌人已到了清川江以北。

---

〔1〕 即刘西元(1917—2003)，江西吉安人。解放军中将。时任第38军政治委员、军党委书记。

我们于二十五日就开始作战，本军十月卅日作战，打击熙川的敌人，敌人发现后就向南跑，我们就追到〈击〉敌人到新兴洞，残敌一部，球塘（场）又赶上敌人，敌越清川江又往南跑，我们又追到飞虎山，又打了一仗，这样才告一段落。

这是初战，首先与美帝国主义见面，各方面采（取）稳重态度，但稳重过多，因此没有完全完成上级的任务，主观上对敌太稳重。

那时，两头不亮吃饭。

好的是部队看不起敌人。现在，部队更看不见（起）美国人，他们说，敌人守不硬，攻不猛。敌人有五个特点：（1）怕包围；（2）怕近战（他的刺刀从来不见血的），他们见了刺刀手榴弹就害怕；（3）怕夜战（只要两面一插，他就完了）；（4）怕迂回；（5）他只有一个优点，有飞机大炮的装备，他的步兵依赖飞机大炮，因而更加深他的弱点，所以，我们只要相对的改变条件，就完全可以战胜他。

战士们说，美军不如蒋匪军，不如敌伪军。

从整个说，他当然有一定的战斗力。

经过初战后，摸到了敌人的脾气，知道他的本质，因此更加强了杀敌的信心，而只顾虑敌人的飞机。

在战场上，敌机给我们的伤亡不大，而主要影响为威胁我们的生活，现在部队都知道，祖国边境物资如山，但前线缺少物资。

在飞虎山有两个部队，平均三天没有吃饭，但这样的困难，并没有影响我们的战斗情绪，当时实行环境教育，回顾历史，认清这胜利的困难可以在胜利中加以改变。正视困难，予以克服，从军到连都在山洞开会，从上而下都订立功计划，全军士气精神饱满，经过约十天的时间，第二次战役就开始了。

第二次战役，敌人对第一战给他的打击还不了解，还不痒不痛，它对我估计产生了错觉，以为我们的正面不上，我们在宝〈飞〉虎山五天五夜不动，他又上了我们的大当。

那时在西线，美军敌二师、伪三师、英土第二旅。

我们诱敌深入，分散他的力量。

敌计划十一月廿四日发动攻击，东西线都动了，我们廿五（日）黄昏开始战役的反击。

我们的任务，一部诱敌，大部分配备敌人正面的侧面，从德川以东隐蔽，二十五日开战，不到两天，二十七日就完了，基本消灭伪七师，我们对伪七师实行"包干"，四十八军"包干"伪十军。

我们陆续前进，迂回在清川（江）南岸敌断后路，中间有一百四十里路，敌人的特点，特别是伪军，如不搜山，它跑得很好。我们一面搜山，一面在一晚的急军，廿八日上午，早上到了任务地点，走了一百四十八里（113 师）。

到了那里，就搞了敌一个连，一面又阻止南援之敌，我们两面作战，十分顽强。

敌发现供应线被攻，就全线崩乱，我其他各军分头迫进，不到三天就解决了战役。

本军收获最大，部队情绪更高。真正从胜利中解决了困难。

但接受胜利品没有经验，得到物资没有马上转移，被敌轰炸。

我们共俘了四千多人，内美军二千多人。

大炮四百多门，小吉普就有八十七辆。

敌人受此打击，拼命后撤，连平壤都在撤退，上级就命令继续追敌。

那时天气已甚冷，部队越九百米的高山杨柳峰时，吃干粮饮雪，但部队情绪甚高，自己还要磨干粮，因此部队想休息过冬。

我派114师32团先遣部队与人民军第四军团（敌后坚持）会师，当时见面时，情感的亲热真难以形容（在朔林）我们把自己的棉衣脱下给他们。

在三八线突破时，人民军十军团就给我们带路，一起前进。我们不到一周准备，十二月卅一日下令攻进，不到一小时，敌所谓新防线就全线被我突破，三十八军的前面，不到三十分钟就突破深入甚远，敌已有警觉，马上坐了汽车就跑。我们只捉了一百多个美军、三百多个伪军，战士都不过瘾，我们占领汉城，跨过汉江，敌一直退到大邱。

我们为着急休息补充，天气又在"三九"最冷，部队体力削弱，我们奉令休息不到半月，敌又集结残部向我进攻。

第四次战役，敌军西线其组织二十三万人，它主要的企图是打个胜仗，挽回面子，缓和矛盾，并打破我们的休整。一月廿五日它开始进攻，时间上这次战斗最长，本军整整打了五十天，特别在江面守备中，战斗虽激烈，敌人所有的本钱都使出来了。因此，我们把敌人的底都看清楚了，它从天上到地上，什么本事都使出来了，我们要不放手，它就什么都拿不动。在二十三天的守备中，我们抗拒了敌24师、骑一师、27旅、伪6师等四个师，我们只有三个师，坚持了二十三天。大大便利了东线，歼灭敌人一万多人。

在二十三天中，敌人进攻平均进攻（前进）五百米，我们还是有意识的放手的，换得了一定的代价，而基本阵地绝不放手，因此得了上级的奖。

敌人用飞机，至少四架，至多二十四架，每天至多只有一小时的空隙，其他大炮、汽油筒、坦克（它每一阵地有二至五个炮兵阵地，坦克少至七八辆，多至五十二辆），它所有的本事本钱都拿出来了。

部队真正表现了中华民族的英雄气概、民族气节。有一个班，在阵地上坚持四天，敌人最多有一营冲，但（112 师）始终坚持。我部队不仅顽强，而且智慧，我阵地工事，一面可以作战，一面还可以防空，杀伤敌人八十多人，最后剩下二人。他们还自动加入其他班作战。

敌人才真是羊群战略。

为人民的事业，为祖国为朝鲜的英勇事迹。

有一副班长，体力不够，指导员劝他下阵地，但他说，我死也不离开阵地。叫其他同志都走，要求一个手榴弹，最后敌人来了，与敌同归于尽。杀了四五个敌人。

另一特点，是全军的团结，上下一致，像一家人一样，指导员抬担架，这都是毛主席培养出来的部队的好传统。

彼此友爱，相互鼓励，我们的伙夫同志特别表现得好，他们送饭，抬担架，送弹药。

民工同志也非常辛苦，对战争的贡献甚大。

这些都是美帝所不可能有的表现。

在江北〈汉江〉部队是运动战。

后本军奉命调到此地来休整。

敌人在我们的阵地上死伤约一万多人，歼灭美 24 师一个大队，把敌三百多人消灭得干干净净，俘了八十多人，当初它是轻装，把我们包围的，结果被我们反包围了！它缩到山上，被我们全部消灭。

第二，如何战胜困难，消灭敌人，取得胜利，取得经验。首先讲困难情况，在第一次战役，除客观情况下，主观困难是思想上追不上，工作上缺少经验。

从第一次到第二次，有了经验，适合了环境的要求，专门研究防空，白天挤时间做工作，晚上多做工作。

白天分散工作，晚上集体工作。

讲清问题，提高认识，从思想上体会当前的困难，是解决困难的首要办法，一切要提高积极性。

第二个最大的困难，就是人吃、马喂、枪的弹药，这三个问题往往接济不上，前线根本没有市场，什么都没有，一切依靠祖国的东西，东西来不了，就发生困难，使部队最低的困难都维持不住。

本军一冬天没有人穿上棉大衣，棉衣在四次战役后像扫把一样，看外表，这部队实在要不得。

50 天的生活统计：

80 天内 113 师全师中二十九个单位，师支占十一个单位，39 团十三个单位，38 团二个单位，37 团三个单位，平均人数四千三百五十人。

未吃上饭的一百五十顿，最多 338 团二营六顿没吃上饭，吃稀饭的 266 顿。

吃猪肉，80 天内四千人中吃两万零八十二斤，平均每人四斤多，最多。

油，平均每人 7 两 2 钱，最少单位 42 天根本没吃到油，32 团团部，62 天没吃上油。

盐，平均每人半斤。

军在 50 天时间内从上级领到十天菜，20 天粮食，半月油、盐。当时部队还有点埋怨，说祖国不舍得本钱，本军一共最初有一百六十辆汽车，一次战役中就很快被消灭了，后来知道困难是敌人给我们制造的，因此更增加了对敌的仇恨，忍受困难，加强战斗。

大家说，越艰苦，越光荣。

解决困难的办法，一是改进后勤工作，分装物资仓库，隐蔽汽车，加强发动分部与军的联系，部队自己（发）动人打柴。另一办法要胜，取之于敌，以老经验来适合新情况。第三办法是得到朝鲜政府的同意，就地去借，这能解决了我们很大的问题。

朝鲜人民是很好的，我们部队看到美帝的残行，经过教育提高阶级友爱，爱护朝鲜人民像对祖国的人民一样，很多朝鲜老太婆做好饭和盐（腌）菜给部队吃，有些甚至倾家荡产地来支援我们。

朝鲜人民有一特点，只要政府下一命令，马上照办。

我们过去在清川江两岸借朝人的粮食，现在都已经还了。

再一办法就是部队的团结互助，有一次友军没有粮食，我们马上拨五十万斤粮食支援他们，有饭大家吃，这就更增加了中朝战士的互助精神。

在前线不分彼此，在汉江南岸，朝人民军尽一切力量为我们赶运伤病员。

在休息期间，本军吃到百分之九十的细粮，每月四斤肉，新的志愿军又来了，又年轻。

部队急需祖国的营养，缺少精神的政治的营养。

我们的胜利，38 军的详细的战果（带回去的礼物）。

四次战役的综合战果：

歼敌 27,730 人（包括美、英、希、澳、土及伪军），内打死打伤 21,322 人，俘 5368 人。

缴各种炮：60 炮火箭筒，轻迫击炮，重迫击（炮），无（后）座力（炮），机关炮、弹簧炮、野炮，总共 554 门，野榴弹炮 115 门。

各种步枪 5885 支（包括轻重机枪）。

各种车辆（坦克 14 辆）共 1576 辆。

飞机两架。

其他物资不计。

我们的部队已全部美式装备，炮已用不了，朝鲜不仅是战场，已变成了我们的操场。

第三，已取得的经验。

对美帝的看法，五个月内，我们把美帝摸熟了，看到底了，认清美帝国主义侵略军，在装备技术条件比我们强。因此，它在反和平阵营上，他是强大的敌人，但从本质上看还不是强的，它是个虚胖子，不经拖，一拖就瘦，一瘦就垮。今天虽还未瘦，但拖多了，他的原形就毕露。

它飞机多，坦克多，汽车多，结合起来，它有相当的战斗力，尤其它的运动性快，这条件可不可以改变呢，可以的，那就是两翼插入，阻断它的后路，阻塞它的道路，这样就改变了它的条件，汽车也可以追上了。

敌人的基本弱点，攻击力差，怕死，怕苦。

除非我们的人完了，他们绝不能夺下我们一个阵地，我们只要剩一个人，他们就不可能。

我们白天一般不反击，小反击不离阵地100米，晚上反击也不规律。三个手榴弹就可以击退敌人，不到二十米不发手榴弹。

我们对它的步兵绝对轻视，大胆地采取包围、迂回、切开的办法，一点两面的战术，其次，是破路，阻碍它的后方交通。

对付敌人炮兵，也有了经验，它炮兵是车运的，离不开公路，它一定在公路上或交叉点。我们避免敌人的炮兵，陈兵在山的腰部，专门组织部队专抢它的炮。在德川，114师，一晚上，把敌四门榴弹炮全夺下来了。

第二方法是破坏桥梁（执行飞机任务）。

（在汉江南，敌三十门炮，发10,000发炮弹，一天）

第三是以炮对炮（敌人最怕炮）

对付空军的办法，敌机分"野马"、"喷气"及"蚊式"三种。

敌机对我杀伤的比例 0.5%，主要是阻碍我白天作战并威胁我供应线。

但等到我军打到敌人里面去，就一样可以白天作战。

方法第一是很好地伪装。

宿营离公路两侧五里路，取东北沟，不取南北沟。

部队到达那里，就先掘防空洞。

其三是灯火管制，与群众密切合作。

其四是对空射击，十五军最近打下了十五架。

最后一个问题，工作环境及工作的做法。

目前的情况，比抗日及解放战争要艰苦。

（一）统一研究，分散领导。

（二）通过基本干部，由连队，干部帮助，如何加强连排教育是很重要的，教育是具体的，说明具体任务，机关控制机动力量，轮流下部队帮助。

（三）抓紧时间，要小要快，开会不要开大会议。

（四）依靠党员团员起骨干作用，与群众好好结合起来，毛主席说要从群众中来，向群众中去，在部队工作，这指示也是非常重要的。

（五）我们的部队荣誉心极高，所以评高工作非常重要。

（六）白天分散，夜晚集中。

（此地是平原群宿川面，湄南里）

吕本支，三十八军联络部长：

（一）俘虏问题

一、对敌情了解

四次战役来，我们的交战对象：

敌：美军 2 师，24 师，25 师，骑 1 师，打击最大的是美二师，连师部全套，都予以歼（灭）性消灭了。英军27旅，29旅，皇家团（澳大利亚）、土耳其旅、希腊旅。

伪：5，6，7，8四师团，其中七师团受我歼灭性打击，连美顾问团全部被歼。

从兵种来看，敌步、骑、炮、工、坦克、特种都有。由人员来说，有牧师、工程师、历史记录员、顾问、参谋、雷达员、摄影师、船夫、军邮。

俘虏中最大的为中校。

从国籍人种有美、英、澳、土、希、菲、西。在二次战役中，的确俘到日本俘虏一人，但转来转去后找不到了。

有白种、红种、黑种、黄种，及混血儿（各种），有一混血儿（父华人，母朝人，而在美国成长）。

二、敌人特点

1. 怕死（俘虏首先要求挖防空洞）押解时绝不掉队。怕落在朝鲜人手里。

2. 驯服，好管。

3. 守纪律。

4. 老实坦白，说不装病或隐藏身份阶级，问材料时，只要顾住他的面子，什么话都肯说。

5. 怕吃苦，生活情绪低落，患肠胃炎的就很多，一天能走五十里就算不错。

6. 极点的思家厌战，每人都带着爱人照片。

7. 生活腐化，俘虏时收到许多赌具、裸体相片。

8. 文化水准高，俘虏中大多是高中以上毕业生。

9. 政治水平低。

土耳其军不如美兵狼狈。

英兵，有些装腔作势，喜欢唬人。

伪军特点：（一）能吃苦；（二）不好管，容易逃；（三）不肯多说话；（四）不老实，好偷东西，装病；（五）麻木；（六）文化水平低，受欺骗宣传中毒甚深。

三、敌伪在几次战役中的思想变化

敌军，在一次战役中，恐惧中国人，但气焰甚高。二次战役前放走一批俘虏，对美军起了一定的影响。在三次战役中，很多美新兵被俘，但争取工作并没受影响。四次战役，在争取上比较困难，但当它失利时还是可以的。

我们争取的量，还是一天比一天增加。

伪军，在一次战役时，气焰也高。

白头山（就是长白山）。

到二三次，争取量也就大多了。我们部队能说朝鲜话几句。我们的俘虏政策，他们也有些了解。所以没有大量投降，是因为过去在帝国主义受长期统治，不敢反抗。

四、敌伪兵员的补充

就在第一次战役时（已经现出疲困，二次战役时，它的兵源又困难，有一部以南朝鲜人补充）。

三次战役中，出现有一些新兵被俘的。

伪军补充比美军容易，因为李伪军拉夫很厉害。

五、敌人的战斗情绪与战斗力

美兵到朝鲜后一切失望，多病，骂杜鲁门，埋怨麦克阿瑟，恐惧战争，常常为思家而痛哭。

对战争的认识，为什么来朝鲜，根本闹不清，和中国打仗，更闹不清。他们知道中国是东亚第一强国。

反（动）宣传的中毒较深，到现在还不清楚，他的政治制度的反动，还醉心美国生活方式，开口闭口要铲除杜鲁门、麦克阿瑟等坏蛋。

赞成共产主义，但反对实行。

对战争悲观，不肯承认美国一定会失败。

战斗力不如伪军。

怕夜战，怕野战，只有群战没有孤战，怕迂回，怕山地战。

伪军对李承晚不满（很普遍），对金日成将军有相当影响，讨厌李承晚光说不练，对其卖国行为和美帝的罪行极为愤慨。

伪军官兵关系极不好，士兵极不满他们的军阀统治。因此很多在战场上发生黑枪事件，暗杀其军官。

火线上自戕的很多。

战斗力比美军强，易败不易歼。

过去对中国人看不起，等到接触后，印象就大大地改变了。怕八路军。

六、敌伪间的矛盾和互相侵扰

美国对土耳其军等像看伪军一样，在俘虏营中，他们还支使黑人、红人，种族阶级观念极深。

美兵每月80元，而希腊军在第三战役时还只有三元一月。

七、敌人的思想统治

美兵所能看的东西，只有《星条日报》、《时代》、《新闻周刊》，每周有时事教育，内容是联合国情况，朝战情况及中国情况。

俘虏刚来时，接触到我们的俘虏政策后，对我们为什么采取志愿行动不了解，对我们的士气高，官兵关系好根本闹不清楚。

有一俘虏看到我连长帮助伙夫劈柴，甚为奇怪。

对于我们的俘虏政策，不仅不杀，而且不侮辱，尊重他们的人格，因此情绪很高，很高兴地参加生活。

对我伤病员的处理，更使他们感动。

所以他们回去的家信，说他们感到生活有意外的满意。

（二）我们对俘虏，不杀，不侮辱，不搜腰包。

但在搜山时，个别的搜腰包的还是有。

在困难的具体情况下，使他们吃上饭，住上房子。

对伤兵尽量给以伤药。

在适当情况下，予以释放，给以路费，路条。

准许他们写家信，设法代他们寄回去，他们要求广播。

死的予以适当安置。

对俘虏的教育，基本上启发其厌战反战的认识。

其方式（1）上大课；（2）座谈；（3）辩论。再就具体问题予以教育。准备英文版的材料及许多小说给他们看，俘虏的反映：经教育后，他们对宽俘政策更为赞扬。对我们士气的高扬也懂得了，知道中国的军队最现代化，认为世界任何国家都无法战胜。

经教育后，自动要求诉苦，朝鲜伪军的诉苦更为热烈，诉苦后要求参加人民军报仇，对今天联合国的面貌，认识也清楚了。

俘管工作：

（一）组织，也有分队大队等组织形式。

（二）连排长由我们自己负责管理，基本采取以俘管俘的办法。

（三）生活上采取自劳自食办法，洗米做饭都由其自己管理。

（四）给以一定的文化娱乐。

（五）有一定的生活制度，安排好时间。

晚六时出发，慰劳朝鲜人民军坦克部队，中途一再延误。仅三十里路，至十一时方到。开大会，文工团表演，宴会，至一时许离队。

本来决定当晚赶到新安州五分部的，但田间、郭开峰等坚持不去。始则说路太远，继则又说车不好打灯，坚持全回三十八军，不接受群众意见，固执自始，这种主观的领导作风，实在可怕极了。

这次的慰问团，总的方针掌握得好，廖陈两团长的领导也好，就是李颉伯以下的干部真差极了：胆子小，脑筋不冷静，不和群众商量，处处是命令主义，而又粗枝大叶，不了解情况、分析情况，有时也绝对自私，对群众不予适当照顾，比如每一干部，不管是二十几岁、三十几岁的，都带了警卫员，而年老的文化工商界代表，都要以军法管制，自己背着行李走路。这种作风，是在共产党中从来少见的。回去以后，领导方面应该好好地批评检查一下，实在给人的印象太坏了。

五月四日

今晨四时许回来，暗中摸索，仍旧住在昨天住的地方，一腔怒火，勉强压下去了睡觉，今天九时半即醒，起来洗了一个好脸，趁大家没有起来前，记了这页日记。

下午五时，开全组会议，出乎意外的，决定今日提早出发，以定州为预定目标，如情况许可，即赶到安东，全体赞成这决定。

五时半即集合一车，一路甚为顺利，司机同志亦精神旺盛，开足马力，六时半即过安州渡清川江，九时即抵定州，大家决定继续前进。[刚刚]今天气压甚低，不雨而云层低，判断敌机不致猖獗，一路车走得甚好，而且根本没有遇到敌机，连信号枪都没有遇到一支，真是万幸。二时半到新义州，因为有一批伤兵抬架，误了半小时，安全过桥，桥千疮百孔，大概最近又轰炸了几次，但行车还很好。我们到安东，到兵站接洽。四时许天微晚，仍回辽东大旅社休息。

五月五日

一夜又冷又痒，并未睡好，起身便洗脸，并以热水洗了脚，大为痛快，整整一个月没有这样洗脚了。

十时半吃饭，也大为香甜，深叹祖国之伟大。出来，买了一双袜子换上。

这次出国一月，备尝艰苦危险，总算完全回来了，今天听说，五分团牺牲了两人，四分团伤了两人，其他小团也没有消息，可见这次全团六百人，损害的程度还不小。

下午十时上车站，遇到两次警报。

在车上，有件事是很有典型性的，有几位苏联空军顾问买不到软席票而硬坐在软席座内，车中服务员再三请他们迁移，不肯，于是吴组缃等就这样大肆批评，我觉得这对国际友人未免太苛刻了，在这问题上，如何照顾国际主义的友情，而又能坚持国家的纪律，这是很值得研究体会的。

五月六日

因为没有睡铺，一夜没睡好，今天九时钟到了沈阳，回到东北大旅社，真像回到家里一样。和许宝骙兄同住了44号，取出存的行李，并和钦本立、陈俊明诸兄见面，如遇家人。

下午，到浴室沐浴更衣，钦陈两兄请至南味食堂小酌，吃了三瓶啤酒，回来倒头便睡，一觉香甜极了，睡了九个钟头。

五月七日

七时起身，收到父亲的信，知道家中都平安，锡妹生了一女。

我前天到沈阳，已经匆匆地赶写了家信和宝兄的信，以免他们想念。

午饭和朱、许、向、吴诸兄在小馆便餐，饭后打了四小时的桥牌。

晚饭后，与许兄搬到了 68 号，比较舒适，尤其床头可以开灯，使生活更舒适些。

与李世军等兄谈唠，晚十一时睡。

五月八日

七时半起，两天的休息，把疲劳相当恢复过来了。

十时，开全组会议，听说总团已回来了，四分团明天可到，二分团要到二十日左右才能回来，三七两分团要〈还〉没有消息。

全组会议决定分工作及材料两部分做总结工作，思想总结俟这两工作做好后再做。

我参加材料小组，并被推为负责人。

牺牲司机王礼高[1]（25 岁，四五团三连副连长）在接慰劳团途中被敌机扫射受重伤，临（终）时说：我死不要紧，我的任务希望大家好好完成。

罗德正，受伤。

---

[1] 牺牲司机应为王利高。

李数，一天把金日成的瓷像由安东送到平壤。

本溪大队快速中队（光荣称号），下雨又下雪，山沟的大米被水泡了，12 月 20 日，一天一夜大雨，三千多包浸在山沟，水已淹了米包，水面深到腰，抢时还下雨，国家的财产，运到山上，政委大队长都亲自动手（100 斤大米被水泡了成 200 斤，路滑，无怨言，也有摔在水里）（十时至十六时）。

快速中队超过任务 125 包，顽强中队也是 125 包。

辽东省人，一路开慰劳会，民工情绪甚高，上去说话没有完，他们提出口号，我们在此抗美援朝，回去和后方人员比一比，不胜利不回家，扭转期限运动，不挂奖章不回国，不扛红旗不回家。

分区干部队的基层干部农村出身，受党的教育，病了不愿休息，本溪大队大队长，邵队长病了，改在现场工作，和民工一起工作。

他们需要奖状，慰劳团的纪念章非常重视。

廖报告（五·九）：

46 天，每天进展 80—100 米远，花了好多吨火药，结果我们三天多拿回来了。

没有空军一样会打胜仗。

大学生多上前线。

美军俘虏说，自有战争以来，从来没有看见这样的队伍。

慰问团离前线最近三四十里，纵横全战场，伤亡不足 2%。

美军俘虏将死时，其他俘虏开会，为着如何瓜分死者的东西。

俘虏伙夫烧饭，一锅生的先拿出来，给全熟的，要每碗 5 块、3 块。

说明抗美援朝的工作还不够，可能长期的，要打胜那个仗，必须以全国人民的力量来战斗。

小结，统一认识：

慰劳团对朝鲜战场所起的作用

司令说，慰劳团对志愿军帮助很大（不要这么想）。

士气普遍提高，刺激大，使他们感觉到全国人民团结的支持他们。代表性的人物，效果表现在：去前，部分部队有换班思想。去了以后，多写决心书，坚决干到底。

分到三支纸烟，说包好放在袄里，说到前线，吸一口，打一敌人。

伤员立即要求上前线。

说毛主席和人民没忘掉他们。

司令员说，效果等于七八十辆坦克。

（1）北京决定方针掌握好；（2）团员的努力。

工作一般是积极的，小结工作的重点，应该肯定，这些战绩，带到原有岗位，更积极发挥。

基本上以此精神开展批评与自我批评，如要批评某些缺点，应在两前提下做：（1）积极；（2）帮助。

（1）工作总结；（2）材料总结。

秋天可能再来一慰劳团。

注意，A. 军机不能泄露，首长、长官、地点　B. 计划、伪装等等。

分量比较，不要忘掉朝鲜人民及人民军，注意掌握适当比重。

说明战争必胜。

"八一"开全国性抗美援朝展览会。

五月九日

昨晚因为打桥牌，今天十时许才起身，是离家以后再〈最〉迟起身的一次了。

今天回来的只有总团第二组，第四团原定今天回来，可是未到，就说二分团要二十日以后才能到，三分团十日以后也可到，我很想念三分团那些朋友，希望大家能安然回来。

团长宣布，十二〈二十〉日可离京，希望十五日做好总结，十五以后，到北京和抗美援朝总会拟定宣传提纲。那样子，廿二三日总可以到上海了。

今天给姚溱[1]同志写一封信。

据说常宝堃[2]这次出国，工作很积极，而且非常注意群众纪律，带了很多盐，很多火柴针线之类，送给老百姓，并且挑水扫院子。一般来说，曲艺大队同志这次多有很大的进步。

晚上，赶写民工大队的材料。

五月十日

晨八时起，赶写材料，十时写毕，出外理发，吃饭。返沈后，为着补充身体，几乎每天出动吃一次饭，花几千块钱。

下午二时半，开全组会议，讨论工作总结及材料总结，决定工作总结由我和黄药眠同志负责审查。

晚八时，旧三分团抵沈同志开座谈会。

向金日成将军的献礼：

---

〔1〕 姚溱(1921—1966)，又名姚静，笔名秦上校、丁静，江苏南通人。1945 年后，在上海局地下文委担任领导工作。时任上海市新闻出版处处长、上海市委宣传部副部长。1966 年自杀。

〔2〕 常宝堃(1922—1951)，相声演员，艺名小蘑菇。第一届中国人民赴朝慰问团总团曲艺服务大队第四分队队长。1951 年 4 月 23 日在朝鲜遇难。

锦旗一面，金日成将军瓷像一方（江西细瓷）中南区献

羊羔皮袄（青海名产）西北区人民献

鹿茸一支（青海特产）西北区人民献

熊胆一个（西藏特产）西藏少数民族献

麝香一对（西藏特产）西藏少数民族献

西藏红花一包（西藏特产）西藏少数民族献

银耳一盒（四川特产）西南区人民献

白药二十二包（云南特产）周保中将军

普洱茶三个（云南特产）周保中将军

火腿二十四箱（云南特产）周保中将军

茶叶一筒（杭州特产）、手表、香烟

血书两封，重庆学生孙文英、曹啸刺血致书金将军，表示抗美援朝的最大决心。

尚有纪念章、画报等等。

五月十一日

上午到新华书店买书，只买到一本世界知识，吃了豆浆油条，又去洗了一个澡。

四分团两组已回来了，有唐海和童润之，《文汇报》的四位同事都安全回来了。

二分团的副团长廖亨禄[1]在前线牺牲，另外伤了一位，全团的伤亡数字已达十三人，相当惊人了。

---

〔1〕 廖亨禄（1912—1951），福建永定人。时任平原军区干部管理部副部长。第一届中国人民赴朝慰问团第二分团副团长，代表中国人民解放军平原省军区部队。1951年5月7日在朝鲜遇难。

下午，请张沛、草明[1]等吃晚饭，花了卅二万元。据田方说，前线最需要维他命 A、胶鞋、儿童服装、手电、洋蜡，及通俗书报，又说在志总[2]看到《文汇报》，没有套红字，《大公报》却套上"献给英勇的人民志愿军"的红字，由此很受欢迎。

熙修接到蔚明[3]的信，说报馆捉到五个特务[4]，过去，我们的确太麻痹大意了。

五月十二日

本来说今天走，因为准备不及，改期了。我们团的事务工作，实在做得太差。

八时起身，今天因为举行全市分区控诉特务大会，全市工商各业都放假，我们好容易找到一个小店吃了一点早点。

这几天思想还不集中，想写篇稿子，还写不出来，不晓得到了天津怎样。

下午四时，东北局东北人民政府东北军区欢宴，并在红星剧场举行欢迎晚会，廖团长忽通知叫我讲话，匆促准备，总算应付过去。我主要的发言是说，本团已基本完成了任务，对朝鲜人民、人民军及志愿军起了鼓舞的作用，面对我们自己，也有了三点主要的收获：

---

〔1〕 草明(1913—2002)，原名吴绚文，广东顺德人。作家，曾加入左联，时在东北从事文化工作。

〔2〕 志总，即志愿军总部。

〔3〕 蔚明，即谢蔚明。谢蔚明(1917—2008)，安徽枞阳人。曾任重庆《扫荡报》、《武汉日报》、《新湖北日报》、中央社武汉分社、南京《和平日报》、《每日晚报》记者。1949年秋，任《文汇报》驻北京办事处记者。1957年被划为右派。

〔4〕 五个特务，1951年4月，上海《文汇报》社内部有五人因特务案被捕，他们是：张正邦(副经理)、童济士(即童致桢，副经理)、周名康(稽核，原国民政府两路局负责人)、史晓峰(工人)、高庆升(记者，原《益世报》记者)。

第一是，更明确了最后胜利的信心；第二是，更明确了对美帝的仇视鄙视和藐视，看到美帝的疯狂，也看到它的卑鄙无耻；第三是从实际体验中，并向志愿军学习了爱国主义和国际主义，我们应该掌握这些可贵的材料，展开宣传，使抗美援朝运动更进一步的深入展开，加强对中朝战士的援助，争取最后的胜利。

会后演《葛嫩娘殉国》话剧，做得还好，记得抗战初期此剧在上海演时，我是和芳姊一起去看的，忽忽已十三年，我已由青年转入中年，而且已很多人称我铸老了。

一时许睡。

五月十三日

整天没有事，和钦、唐诸兄商量为上海各报写稿事。
晚高事恒兄在奥林匹克请吃饭。

五月十四日

总团宣布今日晚六时四（十）五分乘车离沈，下午一时开全团会议，由廖团长报告。

检讨本（着）三原则：互助尊重，互相学习，先自我批评，加强我们的团结。

注意材料的组织和编辑，注意保密的工作。

接着陈沂副团长讲话，他个人有五大收获，认识很多朋友，知道了自己很多缺点。

自己来检讨，伤亡的数字，使我增加不安。

如何深入的宣传抗美援朝，是最重的任务。

向全国人民说明战争的残酷，需要相当长期的艰苦战斗。

志愿军总部首长住在不足三尺宽的山洞里，潮湿得很。

另一方面，胜利信心很高，士气极高，作战的劲头极大。

部队同志坚决不胜利不回国，他们说回国没有用，美军会跟着来的。

慰问团提高了士气，清除了他们换班的思想。有一战斗英雄说，我打了一辆坦克，毛主席就派代表来慰劳我，我要能打了五辆坦克，那就有机会看到毛主席了。

第五次战役还有几天吃不上饭的（一般部队吃不到菜）。

夜盲的问题，捐献维他命 A 是很需要的。

后方的生活如何与前方配合，使大众尽力支援前线，是很重要的。

我们要比以前更团结，把自己的缺点克服，要提高自己，我们不应该"可以共患难，不可以共安乐"，这是旧社会的作风。

我们要坚决反对松懈、不和洽的情绪。

下午六时上车站，八时开车。

五月十五日

一路很安适，清晨起身，已到山海关。

下午二时，抵天津车站，各界欢迎很热烈，有些团体还因为接到通知三时半到，所以没有赶上欢迎。

四时半，在镇南道招待所安置好后，即告假出外，至《进步日报》[1]，接到报馆和家中的来信，知道童致桢等五人被捕，平时我们的麻痹大意，真该深刻检讨。

赴美丽川菜馆吃了一顿好饭，又赴华清池洗澡，买了短裤和袜

---

[1] 《进步日报》，天津《大公报》于 1949 年 2 月更名为《进步日报》。

子，又赴储玉坤[1]家访问。储太太刚从上海来，因此知道很多关于家中的情况，十时半回招待所。

五月十六日

七时半起，写了三封信，交报馆，家中，和姚溱同志。

九时，全团至烈士公墓，恭［公］祭常宝堃、程树棠[2]两位烈士，献花圈，在致词中，廖团长的话最为得体。

下午总团开团委会，廖团长讲话。

重点搜集材料：

（一）原始素材越多越好。

（朝鲜的地形，美帝的残酷，说明战争的长期性）

（二）写材料时，不必注意保密（至编委会时注意保密）

宣传委会下有三小组，组织：（一）新闻发布组，包括照片，新闻发表，报馆刊物；（二）编审组，统一审查；（三）文艺组。

对作家，代表有尽量供给材料的义务，其次是恢复秘书处工作，由许宝骙同志负责，掌握检查各分团各组的工作。

宣传委员会：陈[3]、田[4]、黄[5]、吴[6]、雷[7]、许[8]

---

〔1〕 储玉坤(1912—2000)，笔名储华，江苏宜兴人。1937年后任上海《新闻报》国际版编辑、《文汇报》总主笔、《申报》主笔、法国新闻通讯社中文部主任。1949年以后从事经济学研究，时任中国进出口公司研究员。

〔2〕 程树棠(1910—1951)，满族，单弦演员、琴师。第一届中国人民赴朝慰问团总团曲艺服务大队第四分队成员。1951年4月23日在朝鲜遇难。

〔3〕 陈，即陈沂。

〔4〕 田，即田方。

〔5〕 黄，即黄药眠。

〔6〕 吴，即吴组缃。

〔7〕 雷，即雷洁琼。

〔8〕 许，即许宝骙。

新闻组：陈（组长）、丁〔1〕（副）、吴、徐〔2〕、田、丁聪、钦〔3〕

编审组：郑绍文、雷（副）、许、李敷仁、周范文〔4〕、艾寒松〔5〕

文艺组：田汉、黄药眠、连阔如〔6〕、张鲁〔7〕、田间

今晚：宣委会开会

晚，朱继圣同志请在周家饭店吃饭，菜甚好，原来这饭店的主人就是宜兴同乡周鉴澄。

五月十七日

上午八时开直属分团材料整理委会，十时，开总团新闻发布组会议，由陈沂副团长主持。陈说道：

战争必须与技术结合，而我们技术差，因此战争是比较长期的。

这次我们具体看到，志愿军入朝，摸到了敌人的底，二是虽然艰苦，战士已渐习惯。

---

〔1〕 丁，即叶丁易。

〔2〕 徐，作者本人。

〔3〕 钦，即钦本立。

〔4〕 周范文，时任民革中央候补委员，第一届中国人民赴朝慰问团直属分团成员，代表中国国民党革命委员会。

〔5〕 艾寒松（1905—1975），原名艾涤尘，曾用笔名易水，江西高安人。曾任《生活》周刊编辑。参与创办《新生》周刊，1935 年因《闲话皇帝》一文涉及日本天皇，引发"新生事件"。时任江西省教育厅厅长，第一届中国人民赴朝慰问团第四分团成员，代表中国人民抗美援朝总会江西省分会。

〔6〕 连阔如（1903—1971），满族，评书演员。时任第一届中国人民赴朝慰问团总团曲艺服务大队大队长。

〔7〕 张鲁（1917—2003），河南洛阳人。作曲家，歌剧《白毛女》作者之一。时任第一届中国人民赴朝慰问团直属分团成员（代表中华全国文学艺术界联合会），总团文工团团长。

从朝鲜人民军来看，也有很大的变化，对中国人民的友谊，对接受毛泽东战略思想等等都看清楚了，都可以宣传。

同时，地区大了，后勤工作也改变了。

现在志愿军更进一步，帮助他们春耕、治病，帮助他们训练军队。

把朝鲜战争作为中朝两国人民共同的事实，集中一切力量，克服技术上的困难。

志愿军的生活之苦，到了惨的程度。

原始的生活，以原始对待近代，困难当然就多。

人民对朝鲜战争困难的印象不深刻，速胜思想还浓厚。

所谓抗美援朝的深入，就要深入这些东西。

作家们不要去找那种万分之一的例子（这一个连全无伤亡），当然也不要宣传牺牲的惨重，胜利的国家，不强调，而强调革命的乐观主义。部队的对子：

白日里，在深山，修身养性。

到晚来，上前线，解放人民。

部队同志说，打完仗后应该帮助朝鲜人民修房子，领导方面应该把国际主义搞到底。

从上到下，充满着革命的乐观主义，这种乐观主义，我们应该好好宣传，有办法的乐观主义，承认敌人优势的乐观主义。

再就是部队的阶级友爱，也应该好好宣传。

打完仗，大家好好慰问。

某团长带了二瓶酒，上山慰劳营长，营长喝了一口，就想到副营长，指导员没喝。

孤军作战，打飞机，某师三个月打下六十九架飞机。

部队要求三条，人有吃的，枪有吃的，受了伤退下来。

供应问题，今天是最重要的问题。

告诉全国人民，依靠志愿军一定能取得胜利，但依赖他们必须以全力在具体问题上支援他们，帮助他们。

宣传要继续深入，生动地宣传。

全国人民对慰问团的要求很高，新闻报道要及时的报道，补充新华社的新闻，文艺工作和照片也很重要。

新闻组再分两小组，一新闻，二照片。

各报要自始写稿，配合新华社报道。

华东分团武和轩等都已回来，七分团全到，二三分团来一部分，其他尚有一部分在前线。

前方最需要的：飞机、汽车、担架、维他命丸（羊肝）、小孩子衣服、鞋子、灯（手电、洋蜡）、医药器材（特别急救包）、照相器材、印刷器材。还需注意，炒面要炒熟。

五月十八日

八时起，写好新闻稿。大部团员去送常程二烈士之丧。

战士要求三项：（一）人有的吃；（二）枪有的吃；（三）受伤能拉回来，就一定包把敌人打垮。

十八日总团委会决定：

全国二千多（2096）城市都要去宣传，每人平均要担负三四县，展开每人订立爱国公约运动。

二十五日总结赴北京，另外还要举行大欢迎会，团的工作最后结束要在七月中旬。购皮鞋一双。

十八日下午，天津各界文娱招待慰劳团，在中国大戏院，由言慧珠演《凤还巢》。

与唐海同至美丽川菜馆吃饭，并至《进步日报》访友，看到两个月没有看到的《文汇报》。

五月十九日

上午开分团会议,传达总团决定,下午一时,集队至中国大戏院,天津各界举行盛大的欢迎会。

(一)军队番号、编制、装备、指挥员姓名(团以上不写)。

(二)战术不细写。

(三)军队活动的规律,工作的规律。

(四)慰劳团开会的地点地形。

(五)李伪军俘虏生活提高,美军俘虏的生活降低,不要比较。

晚市府交际处宴会,会后与秦钱[1]两同志参加晚会,相当热闹。

五月二十日

八时半起身,九时参加分团编审委会,晚,陈、高[2]二老请至周家食堂便餐,二时回舍。

写寄报馆,家中及姚溱同志三信,说明至早要到下月中旬才能回沪。

五月廿一日

中午,周鉴澄乡老在家欢宴,有周叔弢[3]副市长及李继老[4]、

---

〔1〕 秦钱,不详。

〔2〕 陈、高,即陈俊明、高事恒。

〔3〕 周叔弢(1891—1984),原名暹,字叔弢,安徽东至人。曾任启新洋灰公司总经理,北方民族工商业代表人物,在古籍收藏、文物鉴藏方面有成就。时任天津市副市长。

〔4〕 李继老,应为朱继老,即朱继圣。

资耀华[1]两先生作陪，菜甚好。

晚赴利顺德与李玉轩诸公闲谈，三分团争取我早日回去，我也希望一两天就搬回去。

五月廿二日

昨天写好一文，"人与兽的战斗"，尚顺溜，今天被《人民日报》征去了。

上午开新闻组会议，廖陈两团长要我负主要责任，经我坚决推辞，决定丁、田两同志共同负责。

陈沂同志为《天津日报》的题字很有意义，"时时刻刻关心前线，关心战士，为前线和战士的需要而生产"。这是最具体而实际的抗美援朝。

晚，《天津日报》、《进步日报》欢宴，慰问团领导同志及新闻界同志。

五月廿三日

十时，总团召开宣传会议，布置到京后的宣传工作。

座谈的内容，一是感想，二是任务。

时间建议在二十五日以后，全团代表分别参加，而布置会上的中心发言。

召集人：工人赵国有，青年丁聪，农民丁元祯，妇女雷洁琼，文艺田汉，教育向达，科学王书庄，工商陈巳生，少数民族扎克洛

[1] 资耀华(1900—1996)，湖南耒阳人。金融专家，曾任中国银行天津分行副行长。此时在天津银行界工作。

夫、秋浦，宗教萧俊铭[1]，新闻界徐[2]、王[3]。

广播员意见，内容除感想外，反映朝鲜情况，能讲一个典型故事最好。

方法上，时间每天一个半钟头。

希望至迟在下星期一二确名单，内容，以便早日宣传（稿子预先写好）。

五月廿四日

上午一早起来，就清理行李，九时半，全团搬至利顺德饭店，因为招待所要准备招待班禅为首的西藏代表团。

我和向老和王书庄同志一房。

中午，朱继老[4]在开滦俱乐部宴请全团同志，饭后，领回高丽参。

五月廿五日

晨起，即至楼下新闻组审稿。

晚开各党派会议，我以无党派代表参加。

胡星原等回津，赴站欢迎。

---

[1] 萧俊铭，第一届中国人民赴朝慰问团第四分团成员，代表广州市学生联合会。
[2] 徐，即作者。
[3] 王，不详。
[4] 朱继老，即朱继圣。

五月廿六日

廖团长指示，新闻界应做，以自己的岗位，号召加强报道，加强抗美援朝宣传，把朝鲜战争当作我们每一个人的事，（号）召全面深入地抗美援朝。感想，看法，任务，母亲们该做些什么。（二）谨慎报道，勿增加读者对朝战浪漫主义的想法，如歼灭战，歼灭不容易，使人民增加认识，加强支援，如何减少困难，号召物资捐献，朝鲜青年捐机四架，□政府捐献了一架，保证每一志愿军的家属都得到优待，写信给志愿军。

座谈会：地点，（时间二至六）工商界 交际处楼下会客室

新闻（后天上午八时半）

1957 年　访苏日记

[1957 年 3 月至 5 月，作者参加中国新闻代表团访问苏联，该团团员十二人，即徐铸成（团长）、徐晃（副团长）、卢竞如（女，副团长）、张又君、邵红叶、富文、邵燕祥、罗林、刘克林、陈泉璧、唐平铸、丁九；翻译人员二人，张荧（女）、王器。]

1957 年 3 月上旬，作者应邀到北京参加全国宣传工作会议，受到毛泽东的接见和表扬。3 月 27 日，经毛泽东同意，作者担任中国新闻代表团团长率团出访前苏联，历时 44 天。访苏期间，作者并未意识到"事情正在起变化"。6 月 9 日，中共上海市委第一书记柯庆施指示《文汇报》党组书记钦本立，和徐铸成公开决裂，限期把徐铸成弄臭搞垮。作者随即受到批判。这段日记记述了作者访苏期间的活动和思想活动过程。

——编者注

一九五七年三月二十四日　星期日

由沪出发。

昨晚一夜没有睡好，因为小和[1]昨天坠楼，虽幸而获救，但一家惶遽，又担心母亲过分伤感。今晨四时即醒，行李芳姊早已为我全部整理好了。六时二十分别家出发，芳姊、复儿、小平[2]送行，四十分到龙华机场，宝礼、本立、火子、唐海、才荣[3]、景泰[4]均去送行，刘、唐两位小姑娘并为我献花。

七时许登机，二十分开行，此为我解放后第一次乘机，机较小，又为横坐式，乘客仅四人。

八时二十分到南京，五十分开，添一乘客。

十时到合肥。加六位乘客。

十一时半到徐州，午餐。

十二时十分从徐州开，三时十分抵京，到徐州及北京降落后〈时〉，机身颇震荡，同坐颇有吐者，我镇定自若，可见身体很好。

仑、陶[5]两儿及李朝宗[6]、林廷赍[7]同志去机场迎接，旋即到办事处，离我赴沪恰足一周[8]。

晚饭时，本立来电话，知小和已脱危险，心神为之大定，并知

---

[1]　小和，即倪致和，作者外甥。

[2]　小平，即倪致平，作者外甥女。

[3]　才荣，即韩才荣，时任《文汇报》社务委员会委员。

[4]　景泰，即崔景泰，曾任上海、香港《文汇报》记者，时任上海《文汇报》采访部主任。

[5]　陶，即作者长媳朱益陶，朱百瑞之女。

[6]　李朝宗，《文汇报》驻北京办事处工作人员，记者。

[7]　林廷赍，《文汇报》驻北京办事处工作人员，记者。

[8]　指作者1957年3月上旬去北京参加全国宣传工作会议，一周前回到上海。

报馆已出力照料。

长江〔1〕通电话，谈史脱朗〔2〕稿事。

林朗〔3〕同志八时来访，谈团内工作，闻林兄因事不去，为之怅然。

领导上决定以我为团长，如此安排，使我感奋、惶遽，我一定要将工作尽力做（好），不负党对我如此的信任。

<h2 style="text-align:center">三月二十五日　星期一</h2>

上午赴大姊家，并到国际友人服务社取回衣服，去五芳斋吃饭。

午后，人民大学同志来访。

二时半，徐晃〔4〕同志来谈团内工作。

四时半，与蔚明兄同访叶誉老〔5〕。

晚饭后，赴俄文《友好报》。代表团会议，请戈宝权〔6〕同志谈

---

〔1〕　长江，即范长江。范长江(1909—1970)，原名范希天，四川内江人。曾任《大公报》记者，参与创办《华商报》、"青记"和国际新闻社。曾任新华社总编辑、上海《解放日报》社社长、《人民日报》社社长。此时在科技部门工作。

〔2〕　史脱朗，即美国记者安娜·路易斯·斯特朗。经范长江推荐，《文汇报》于1957年2月24日开始连载安娜·路易斯·斯特朗所著《斯大林时代》的部分章节，由于文中涉及"肃反"等内容，引起广泛关注。

〔3〕　林朗，曾任新华社副总编辑，时任中苏友好协会副总干事，俄文《友好报》总编辑。1957年被划为右派。有史称称，组建中国新闻代表团时，原定由林朗担任团长。

〔4〕　徐晃(1914—1984)，原名许焕国，回族，山东泰安人。早年从事学生运动和地下工作，1944年到中共中央社会部工作。1949年后，曾在中南局和湖南省公安机关任领导职务。时任外交部新闻司副司长。后担任驻外使节。此次担任中国新闻代表团副团长，临时党支部书记。

〔5〕　叶誉老，即叶恭绰。叶恭绰(1881—1968)，字裕甫(玉甫、玉虎、玉父)，又字誉虎，号遐庵。广东番禺人。书画家、收藏家、政治活动家。北洋时期交通系成员之一。时任中央文史馆副馆长。

〔6〕　戈宝权，翻译家，作家。曾任驻苏联大使馆临时代办和文化参赞。1954年担任中苏友好协会总会副秘书长。

话，对赴苏应注意事项谈得很详尽，十一时许返，决定二十七日出发。

三月二十六日　星期二

上午八时三刻，赴清华园洗澡，擦皮鞋、购毛衣等。

下午二时，赴《人民日报》开会，请胡绩伟[1]同志讲访问苏联经验。

五时半回办事处，仑儿旋即来，晚，办事处同志叙餐为我饯行，李子诵[2]同志亦来参加。

陶陶为我整理行装，仑儿又为我去购两件棉毛衣裤，他们十时半方回去。

本立来电话，小和已能吃粥，今晚母亲、芳姊去看戏，可见小和已无问题，真等于重生矣。又闻福福[3]已出差到上海，这时机很好，可以好好安慰安慰家中长辈矣。

今晚为我出国前最后一晚，心情有些紧张，第一次出国，又担任团长职务。邓拓[4]同志今天和我谈话，对此行颇有启发。

睡前还要起草到机场的演（讲）词。

三月二十七日　星期三

四时许即醒，起身，整理行装，仑、陶两儿六时前来。

---

〔1〕　胡绩伟，时任《人民日报》副总编辑，曾参加中央宣传工作代表团访苏。

〔2〕　李子诵(1912—2012)，原名李颂，广东顺德人。长期在广东地区和香港任编辑记者，曾任香港《华侨日报》、《华商报》编辑、广州《联合报》总编辑。时任香港《文汇报》总编辑。后任社长。

〔3〕　福福，即二子徐福仑，时在解放军驻西藏某部服役。

〔4〕　邓拓，时任《人民日报》总编辑。

六时十分，动身，仑、陶外，熙修同志及李朝宗同志送行，六时三刻到机场。

初谓八时开，结果到八时四十分开，到场欢送者除同业外，尚有苏联大使馆人员。

飞机为巨型马托〈螺旋桨〉机，共有二十四个座位，结果只有本团十四人，等于专机。

九时半即出长城，从此一片黄色，间有积雪，集二路〔1〕如一条缦子曲折于黄土盘中。

十二时许抵乌兰巴托，仅四十分钟，因天气晴朗，不算冷。

三时顷抵伊尔库茨克，开始踏上盟邦苏联的领土，机场悬布尔加宁、列宁、毛泽东三像。

有风，寒入骨，去旅馆休息，即饭，饭后在机场外走一圈，因太冷即回。

未睡觉，与徐晃、红叶〔2〕等同志闲谈今后布置，并召全团会议，商集体纪律几条。

晚十一时二十分，又乘机西行，（该）机比北京专机颇大，有三十二个座位，服务员也改为苏联人。

机开不久即脱鞋入睡，清晨二时许抵克拉斯诺雅尔斯克，下车食晚餐，三时许继行。

三月二十八日　星期四

六时许抵新西伯利亚，余未下机。

〔1〕　集二路，集宁至二连浩特的铁路，是北京—乌兰巴托—莫斯科铁路的一部分。
〔2〕　红叶，即邵红叶。邵红叶（1912—1990），原名邵伯南，上海人。1938 年任《文汇报》记者。1939 年后在晋察冀根据地报纸任编辑记者。时任《天津日报》副社长、总编辑。1958 年初受到处分，被撤职。

天明后看似机贴地面行，而实则在两千四百米高空，原来是遍地白色，觉天地小矣。

又有似湖者，实际是树林。

今天过的天气特别长，七时许天亮，飞机越往西行，时间越缩后，至北京时间晚十二时，天尚大亮也。

九时许抵鄂木斯克，换机。

十二时前抵斯维尔德洛夫斯克[1]。历三时，又抵喀山，即入欧洲境矣。

七时半（即莫斯科时间二时半），抵莫斯科，欢迎甚盛，苏联外交部及《消息报》总编辑致欢迎词，余致答词。

住苏维埃旅馆，我的房间甚华丽，为平生所未住，闻彭真同志前即住此房间。

四时吃饭。

六时，赴克里姆林宫，参加苏联政府招（待）卡达尔晚会。并看到联合声明签署仪式，来莫斯科即遇此盛会，甚为荣幸。

九时回，看电视，开小会，十时许沐浴，记日记，睡当在十二时左右矣。

莫斯科机场离市区有二十余公里，首先入市西南区，看到列宁山[2]上矗立的莫斯科大学及建筑群，闻这一带将发展为住宅区，新建楼房甚多。

路过莫斯科河，绕至克里姆林宫红场，列宁、斯大林墓外参观者列成一长行。

又过苏联科学院，高尔基大街为热闹中心，汽车如织，莫斯科（市区）没有自行车，市内交通只有汽车、电车、无轨电车和地下铁

---

〔1〕 斯维尔德洛夫斯克，现名叶卡捷琳堡。

〔2〕 列宁山，现名麻雀山。

路，因此，汽车虽多，往往排成三列，在红灯时积成几十辆，而交通秩序不乱。

市容极整齐，各种食品及其他商店，往往有排队。晚上我们从克里姆林宫回旅舍时，街上电灯通明，较北京明亮，还有活动广告。

今晚的克里姆林宫招待会，规模仿佛北京饭店举行的招待会，一共用三个相连的大厅，有一厅里过去我常常看到照片，举行枞树节的，还有一厅似为六角大厅，四壁金碧辉煌，屋顶及四周都绘有耶稣事迹油画。

今天在宴会上，遇到《真理报》总编辑、《消息报》总编辑、《文化报》总编辑，以及作家西蒙诺夫、波列伏依，（哲学家）米丁及儿童作家……西蒙诺夫比 1949 年来华时苍老了很多，波列伏依说，他游华五十天回来不久，正在写访问记，准备去《星》杂志上登载。

今晚，苏共领导人几乎都看到了，除赫鲁晓夫、布尔加宁、米高扬 1954 年在北京看到外，今天看见的有伏罗希洛夫（甚强壮，酒后脸红）、马林科夫、莫洛托夫、卡冈诺维奇、别尔乌辛、萨布罗夫等，匈领导人除卡达尔外，还有马罗山。卡达尔在出场时，看到我代表团人员，特趋前握手，可见他是如何重视中匈友谊。

在宴会时，遇到刘晓[1]大使，略谈一二分钟，今天到车站接我们的是大使馆文化参赞官亭。

莫斯科天气不算冷，今天是阴天，街上已因化雪而看〈有〉些湿滑，好在我们没有穿皮大衣来。

---

〔1〕 刘晓(1908—1988)，湖南辰溪人。曾任上海市委第二书记、上海市委党校校长等职。1955 年至 1962 年任驻苏联大使。

晚上商量，游毕莫斯科和列宁格勒后，将分两路[1]，我准备带游欧洲的一路。

三月二十九日　星期五

昨晚睡得很好，所以虽然只睡六小时，但也香甜。早上起来，略整行装，补记日记一页许。

上午九时许，往外交部访新闻司长伊里却夫[2]，外交部在斯摩棱斯克大厦，大厦共高二十七层，两千多房间，与伊里却夫大体商访问计划，并向其送礼。

旋回旅舍，与招待同志葛里高利也夫及布洛夫两同志共商细目，外交部对访问甚重视，已拟订了详细计划，我等基本同意，并提出若干希望。

苏联对我团访问甚重视，昨天到车站〈机场〉欢迎者有文化部副部长等。晚日《莫斯科晚报》登有详细消息，今天广播及《真理报》及其他各报都登我团到莫斯科详情，并在记载克里姆林（官）昨晚宴卡德〈达〉尔消息中将我团参加也记入。

午后未休息，即访大使馆，与张映吾[3]、官亭等晤谈，张映吾同志谈了一些情况和意见。比较重要者，希望我团能了解一些苏联

---

〔1〕　将分两路，指代表团按计划分两路活动，一路去拉脱维亚、爱沙尼亚、乌克兰，并访问巴库和斯大林格勒，由作者带队；另一路去吉尔吉斯、塔吉克、乌兹别克、哈萨克，由副团长徐晃带队。

〔2〕　伊里却夫，通译伊利切夫。列昂尼德·费奥多罗维奇·伊利切夫，曾任《消息报》、《真理报》总编辑、苏共中央书记，是赫鲁晓夫时代意识形态的主管之一。勃列日涅夫时代任外交部副部长，曾参加中苏边界谈判。

〔3〕　张映吾（1918—2005），解放初期曾任上海《解放日报》副总编辑，上海市政府新闻出版处处长、文教委员会秘书长和文教办公室副主任。时任驻苏联大使馆参赞和党委常委。

最近情形，又谓苏联经济组织正在改变中，如全国分为几个单位，各单位基本能自己满足工农生产要求。又谓，苏联正在努力加强与人民民主国家的关系，对我特别重视，唯对南斯拉夫关系则进一步逆转。谢皮洛夫最近谈话，未将南列入社会主义国家。又前天卡达尔谈话，谓匈牙利叛乱，与南有关，布尔加宁谈话也支持这说法云。

三时许赶回旅舍，即乘大旅行车出发参观莫斯科市容，由叶夏明[1]引导并释介，先到白俄罗斯车站乘地下火车，由地面下去有自动电梯（如上海中百公司的），我等由此坐了三站到共青团站下车，共行七公里，仅费约六分钟，可谓快矣。每列车有五节，可乘三四百人，每两分钟即开来一列。

又至莫斯科旧城大剧场，及莫斯科大学等处看了一回，莫斯科大学，高三十多层，四万多房间，现有学生二万余人，俨然一城镇矣。

去列宁山一带西南区，正在建筑大群住宅，都高十几层，为计划中三大住宅区之一，两三年后，该区将大改观矣。

六时许回寓，晚饭后即往看马戏，比上海演出的苏联马戏团有过之而无不及，惜余困倦，后几场未看清，十时三刻毕，归即休息。

莫斯科大学新闻有一中国学生来访（下午）。

三月三十日　星期六

上午参观东方博物馆。

下午三时，参观天文馆。

晚，在莫斯科大剧院分院看歌剧《魔鬼》，系根据莱蒙托夫原著改编，剧场气派甚大，有五层看台，观众穿着甚整齐。

十一时半晚饭，饭后与大家讨论今后的活动安排及程序。

---

〔1〕 叶夏明，塔斯社记者，长期在中国采访，曾任塔斯社上海分社副社长。

三月三十一日　星期日

　　上午，参观克里姆林宫，先到苏联部长会议办公大楼，瞻望列宁生前办公室及住宅，甚朴素，列宁能自由运用英、法、德等五种文字语言，善于接近群众。

　　今天星期日，街上人极多，莫斯科人一般服装都整齐，来此四日，几乎没看见一个衣着褴褛的。今天星期日，许多人穿了节日装束，在大剧院等处更是整齐，可见苏联人民生活的确已相当好了。

　　伊里却夫同志说（我们访问他的那一天说的），我们两国不要谈什么老大哥小弟弟等等的话，但我们的友爱是特殊的，恰为同天生的两个兄弟。这话非常恳切。作为两个国家，这是对的，但苏联毕竟远远走在我们前面，苏联可以给我们学习的东西很多，我来此只有几天，就看出很多东西是我们要诚恳虚心学习的，不要说苏联的工业远远跑在我们前面了。就是文化方面，人们的道德思想方面，也有很多好东西。莫斯科一看就是富裕的、有文化的城市，也许纽约有比莫斯科穿着更好的人，但莫斯科绝没有纽约这样的贫民窟……再举些莫斯科的好地方吧，前晚看马戏，一个演员失手两次后成功，观众不断鼓掌鼓舞他，最后一次成功了，大家热烈鼓掌祝贺。还有两天看大剧院表演，观众对演员的欢迎，对乐队指挥的欢迎，真令人感动，自己要宝爱劳动，而又极重视别人的劳动成果，这就是热爱劳动的共产主义品德之一。

　　在克里姆林宫，参观部长会议大楼后（也看见了卡冈诺维奇、米高扬等的办公室，这座大楼，过去是很少向外宾开放的），又参观大克里姆林宫及三座教堂。又参观武器陈列馆，这个馆陈列沙皇和主教等的奢侈生活，武器只是一部分（馆名是沿用以前的老名词，因为这个馆在 19 世纪就有了）。

今天整天参观克里姆（林宫），上下午两进两出，上午参观后，并瞻谒列宁、斯大林墓，我团并献了花圈，由我和徐晃同志谨献，这是苏联同志提出来的。过去，只有政府代表团这样，可见苏联同志如何重视我们这个团了。

晚上，在莫斯科大剧院看芭蕾舞《涌泉》[1]（普式庚[2]长诗），不论剧场、布景、演员、艺术，实在太好了。

在场上，遇到贺绿汀[3]，他们是二十五日来的，参加音乐工作者代表大会。

十一时返馆，吃饭，今天一天走的路很多，实在有些倦乏了。

四月一日　星期一

昨晚睡得很好，今天晨七时许起，酣睡了七小时。

十时出发，参观莫斯科小型汽车厂，该厂规模不大，目前每天生产"莫斯科人"小汽车十七辆。

又参观了该厂的工人宿舍和托儿所。

下午四时，赴百货公司参观，并参观了时装表演会。

今晚因无节目，九时后，在旅馆看电视，准备早睡。

中午三时半，新闻司长伊里却夫来共餐。

四月二日　星期二

七时起，今天天气又晴朗，这已是莫斯科第三个大晴天了。几

---

〔1〕　应为《泪泉》。《泪泉》是依据普希金长诗《巴赫奇萨赖的泪泉》改编的芭蕾舞剧。

〔2〕　普式庚，即普希金。

〔3〕　贺绿汀，时任上海音乐学院院长，中国音乐家协会副主席、上海分会主席。

天来积雪很快在消融，因此街边有些泥泞，特别在郊外。昨天我们访问的莫斯科小型汽车厂，在东郊，仿佛上海的杨树浦区，干道还是碎石路，泥泞而不平，葛里高利也夫同志说，莫斯科忙于造房子，道路还顾不过来，确是事实，有些道路正在大力翻修中。

莫斯科近来的天气相当暖和，今天我只穿棉毛衣裤和羊毛背心，毛裤前天就脱掉了，我看，气候和北京差不多，也许冬天更冷一点。

上午参观莫斯科中心市场，这里有集体农庄庄员及农庄本身将其多余货物来此出售，仿佛我们的自由市场，但比我们更有领导也更有积极意义。

后又参观寄售旧货商店，这个商店是寄售半成新以上的商品（成衣、料子、美术品等都有规模，不及霞飞路[1]的）。另外，莫斯科还有几家旧半新以下的旧货商店。

因时间有富裕，到住宅大厦看了下面的食品商店，从各方面看，苏联商品的供应是充足的，远没有我们那种副食品紧张情况。有些地方要排队，是由于店员来不及，所以像百货公司等已想出了许多简易售货的办法；第二，卢布的实际购买力，大约只等于我们的10%，如西装一套要一千四至两千元，皮鞋要五六百元，一般来讲，轻工业品特别是手工业品比这还要贵，重工业品、农产品要便宜些。

下午二时，访问对外文协，由副主席及东方部主任接见，极隆重，我们送了礼物，我也说了些话。

饭后，四时到莫斯科影院看影片《在此生活》，是描写新垦地的第一年的生活，可惜不懂。莫斯科影院只有八百座位，是革命前旧戏院改建的。

七时半，访问《真理报》，极为隆重的招待，总编辑撒却可夫和

---

〔1〕 霞飞路，今上海淮海中路。这里指位于当时上海淮海中路重庆北路的上海旧货商店。

全体编委（十二人）都参加（副总编辑茄可夫出差未来），撒却可夫和我都说了话，我并问总编辑如何工作。有匈牙利爱国歌唱作曲家华尔加来访，当场（唱）其自写的苏匈友好歌，热情激昂。唱后与撒却可夫拥吻，并和我拥抱，兄弟友情扬沸。他说，在十月事变[1]中，他有很多友人被吊死失踪，他深知苏匈友谊之贵，他说他所说的苏匈友谊当然也包括苏中匈友谊的。

十时回旅舍，开团长会议，布置一下今后工作。

四月三日　星期三

上午，参观农业学院，据副院长说，苏联科学院并无农学研究所，仅有一博物馆，所有苏联高等学校教师，必须兼做研究科学工作，在这方面，我们学苏联也过头了。

下午，参观列宁山上的莫斯科大学，副校长亲自接见，谈了很久。

晚上，在莫斯科歌舞剧院看芭蕾舞《天鹅湖》，美极了，这个剧团，"丹钦可·史丹一"剧团[2]，1954年曾到北京演出，所以，剧终后，我们赴后台与之会见，大家非常热情，并合照了相。我今天又两次即席，谈了话，在这方面，我太少经验，说话也不生动。

一时许才睡。

---

〔1〕　十月事变，即1956年10月23日至11月4日发生在匈牙利的由群众和平游行而引发的武装暴动。在苏联的两次军事干预下，事件被平息。事件共造成约两千七百匈牙利人死亡。
〔2〕　"丹钦可·史丹一"剧团，即今俄罗斯国家芭蕾舞剧院，由斯坦尼斯拉夫斯基与涅米洛维奇·丹钦科领导创建。

四月四日　星期四

上午八时起，九时出发，到离莫斯科三十五公里高尔克镇谒访列宁逝世处，一时半返抵旅舍。

下午三时，赴莫斯科市苏维埃，由领导商业的一位副主席接见，谈了两小时，主要谈商业工作。

五时，至电车（无轨电车）公司，谈一小时，招待甚热情。

晚八时，新闻司长伊里却夫同志在家招待我代表团，伊里却夫过去为名教授，现在外交部任要职，非常热情，宴会在由衷的热烈空气中进行，我饮酒将醉，但为热情所鼓舞，伊里却夫说我应为一好的布尔什维克，并说他已有三十五年党龄，愿为介绍人，我非常感动，我说我希望立即成为党员，并写信告诉他。

他送我一对花瓶，龚澎〔1〕一个大理石台灯，卢大姐〔2〕一合〈盒〉化妆品。

十一时，兴辞归寓。

伊里却夫同志说，中苏两国的友谊，好比高质的金属，使历史的飞机可以快速地前进。这话很有意义。

四月五日　星期五

今天六时半醒即起，八时吃早饭，八时半出发，到离莫斯科一

---

〔1〕　龚澎(1914—1970)，女，安徽合肥人。时任外交部新闻司司长。

〔2〕　卢大姐，即卢竞如。卢竞如(1904—1993)，女，湖南平江人。1931年赴莫斯科学习，1938年回国在八路军办事处和南方局工作。曾任东北局外事秘书、翻译、俄文《友好报》第一副总编辑、中宣部翻译组副组长。此时参加中国新闻代表团，任副团长、临时党支部副书记。后从事广播工作。

百五十多公里的原子发电站参观，车子走了近三小时才到，那地方房子很多，简直成了原子城市了。

大约了解一些原子发电站的情况，因为这对于我们来说是不容易了解的，印象里发电厂很干净，三公斤的铀反应堆，可以发电一百天（约一百天要停一下），这对缺少燃料的地方是很方便的。

就在原子弹招待所吃中饭，房子和饭都很好，可惜我昨天喝了些酒，肚子不好，不敢多吃。来苏联后每天吃饭的"质量"是很高的，早日每天吃一瓶酸牛乳，还有鸡蛋肉类，面包汽水，中午晚上还要了些。

四时半回到莫斯科。

今天走的是通往明斯克和波兰的路，半路经过卓娅〔1〕被难处，下来行礼并照了相，法西斯军曾到离莫斯科十八公里处，终于被英雄的苏军打退了。

一路的白桦林很多，雪尚未化净，而树已透青了，甚为美丽。

苏联城市近郊及农村的木屋很多。

五时三刻，看宽银幕电影，比普通幕宽一倍，看来很有立体之感，这幕影片演的是乌克兰人民俄罗斯人民保卫基辅的故事，非常好，是五彩〈彩色〉的。

八时，拜访《消息报》，就在那里吃晚饭，主人非常热情，滞留到十一时才回来，在席上，遇到罗果夫，他是该报国际部主任。

来了《人民日报》，等了三天的报，晚上洗澡，看报，十二时半入睡。

今天在《消息报》宴会上即席讲了三次话，比前进步了，也有真的生活体验，感情起了变化的关系。

---

〔1〕 卓娅，苏联卫国战争时期的女英雄，1941 年 11 月牺牲。

四月六日　星期六

九时五十分出发，参观列宁博物馆，另一组参观西南地区建设工地。

莫斯科有许多博物馆，我们只参观列宁博物馆及武器博物馆，及东方文化博物馆，另有革命博物馆、苏军博物馆、工艺博物馆及画廊等。列宁博物馆等不售门票，一般博物馆也只收几十哥比[1]的门票（相当于我们几分钱），这确是对群众进行教育的最好方法之一。

今年是十月革命四十周年，全苏联到处准备庆祝，工厂都以超额完成任务迎接这一节日（俄罗斯共和国肉类乳类第一季度收购任务超额完成，比去年同期增加一倍多）。另外，世界青年联欢节今夏在苏举行，各方面也已积极准备。如时装、饮食业以及各个公共场所都准备迎接来自世界各地的青年。

今天是在莫斯科参观的最后一天，明天即分两路出发，我们的一路即赴爱沙尼亚首都塔林，在莫斯科已参观了十天，看的东西不少，当然，要细细参观，可能要一个月的时间。到月底（二十九日晨）还要来莫斯科，但那时仅逗留三天，还要参观"五一"，举行一些招待会和告别会，不会再有时间参观了。所以，下午将赴市街闲游一番，买些东西，以备回国作纪念。

下午五时，大使馆参赞陈楚[2]及官亭同志来访，乃于五时许与徐晃同志同至大使馆访晤刘晓大使，略谈十日来印象。刘晓同志说

[1]　哥比，即戈比。戈比，前苏联辅助货币，1 卢布 = 100 戈比。
[2]　陈楚(1917 年生人)，山东荣成人。曾在《大众日报》、《辽东日报》、《东北日报》、《长江日报》任社长等职，曾任中南局宣传部副部长，外交部苏东司司长。时任驻苏联大使馆公使衔参赞。后任驻日大使，常驻联合国代表等。

要注意苏联新的发展情况，注意政治思想工作，学习结合生产，农业除大力开荒外努力改进农业机器，改进劳动组织，以提高单位面积产量。工业方面，为适应新的发展情况，调整关系，对人民生活也更加注意。此外对民主生活也进一步扩大，如此次最高苏维埃会议（五月将开会）代表选举，妇女比重增加、生产工作代表增加、非党代表也占一半以上，这些新情况都要注意，这对我们的工作启示很大。

六时辞出，官亭同志谈，苏联工业下放，有几点要点：（一）下放是逐步的，不是一下即变；（二）国防工业不下放；（三）下放工业，为了克服本位主义，但下放后要注意分散主义，这是中央已注意可以避免。如莫洛托夫汽车厂，与之联系协作的工厂有500多。如下放后，要防止另拉一套，破坏协作关系；（四）工业划区，将相应地调整政治区划。

七时，开全团会议，检讨工作，开展批评并提出会后注意事项，因明天两团分开，越到下面，可能越热情，工作越紧张，我们来苏十天，一般情况是好的，但生活方面注意还不够，对苏友好热情的表现还不够，今后应特别注意。

今天还要收拾行李，估计只能睡四五（个）小时，明天要在爱沙尼亚的首都塔林记日记矣。

今天一部分同志上街买东西，我没有去，到今天为止，我还一分未花。

四月七日　星期日

五时即醒，仅睡三小时，整理最后行装，六时半早餐，七时一刻出发。

八时五十分飞机离莫斯科十二时许抵里加，午餐，拉脱维亚对外协代表来接谈访问日程，二时续飞。

三时二十分抵塔林，宣传部长、《人民之声》总编辑及通信社社长均来接，下榻宫殿旅馆，我单住220号。旅馆小巧玲珑，别有风味。四时午餐后，塔林市苏维埃主席接见，极为隆重，全市首长都在座，谈后并举行晤会，内容十分丰富，七时辞出，参观市容。

塔林靠波罗的海，气候较莫斯科略冷，而风景绝佳。全市近三十万人，到处引人入胜。沿海一带有海滨浴场，附近有树林，隔树看日落，上赤下黄，蔚为奇观。

九时，天尚未黑，据宣传部长（共和国党中央）说，到六七月时，晚十一时，尚可在露天看报，每晚仅黑两小时。

九时许，看电影，爱沙尼亚人民喜歌舞，从片中可以看出。

十一时归旅舍，又吃晚饭，胃真不胜负担矣。十二时许洗足，记日记，睡约一时，疲乏极矣。

四月八日　星期一

七时半起身，八时半吃早餐，塔林的伙食调味很好，尤其合我的胃口。因为爱沙尼亚肉食以猪肉为主，听说他们有这样的话：有猪肉和土豆，就什么都满足了。蛋糕特别好，当我生平从未吃到这样好的，松软而香甜。昨天在市苏维埃备了好多蛋糕，可惜那时刚吃过饭，没有多吃，今晨吃一块，味美无穷。

九时半，乘车赴哥霍拉也特尔维[1]，参观泥炭联合公司，该地离塔林约两百公里，汽车快驶了两小时才到。一路沿波罗的海行，风景颇好，尤其特别的，路旁遍立木栅，闻为防止积雪冲淹公路，而不使国内多积雪的，闻爱沙尼亚田地多石不肥，因此要多施肥料，

---

〔1〕 哥霍拉也特尔维，通译科赫特拉-耶尔韦。

而收获不高。

在哥城参观了工厂，主要是炼制煤气及高级汽油（泥炭实际是油页岩之一种），煤气且运输至列宁格勒（离此六百公里）供应。

又参观该地之文化宫，十年制中学，及工人宿舍，学校手工劳动课与生产紧密结合（女学生缝衣，男学生制造机器零件），予我印象很深。

该地苏维埃办工厂联合欢宴，非常热情，该地在战前只有3000人口，现已有30,000人口，盖完全为一新的工业城市也。

六时宴毕（来苏后，凡遇宴会，必延长至二小时以上）。出门已大雪纷飞，清明后遇大雪，也生平奇遇也。

八时半回到塔林，即至广播电台与新闻出版界会见，免不了我讲了一些话，即席讲话，到苏十天以来即略有训练了。

会后，电台邀我，我、邵红叶同志广播，各约五分钟，这也是我在国外的首次广播，我主要是讲这次来苏参观访问的目的。

今天晚饭又至深晚十二时才吃（上海时间已是凌晨五时），记日记时已凌晨一时矣。

雪已止，天相当冷。

离家已半月了，我一直没空写信，不知家中安否，小和是否痊愈，估计一路紧张，未必有时间写信。

塔林离芬兰甚近，白天晴时，隔海可看到芬兰的房子，相当清晰（相距只60公里）。

四月九日　星期二

起身已八时半，早餐后出发，至离塔林22公里处之"未来集体农庄"参观，先与农庄副主席（已六十六岁）及农艺师谈话。据他们的谈话，在前几年产量有减少，去年前年才有大发展，除因雨水多（这是爱沙尼亚的大灾害）肥料少以外，在农庄组织之初，劳动组织不健全，平均主义，农民的积极性不能发挥，也是主要原因。

谈话在农庄的文化宫进行，以后即先后参观农牛、农鸡、养猪场。今天很冷，北风冷冽，扑面刺骨，为上海所罕见，而路又颠簸不平。

后访问两个农民住宅，农家有沙发，有收音机，布置井然，苏联农民的生活的确好，无论如何，已享受了人的生活。我们的农民基本还是苦的，总要再过三个五年计划，才能追上这样的生活。

由农民家中出来时，又大雪纷飞，四时回到旅舍吃饭，昏昏睡了半小时，醒时已近六时，即匆匆刷鞋洗脸下楼，访问波罗的海苏军舰队。舰队政委同志亲来迎接，同至一布雷舰先介绍情况，原来此舰为一旧舰（1893 年造）新装，卫国战争爆发第二天即参加战斗，曾炸沉敌舰数艘，后曾参加列宁格勒保卫战，因功接受了"近卫舰"的光荣称号。

参观船内部后，全体官兵开欢迎会，十分隆重，我又演说一次，还相当热情而得体。

会后茶会。

九时辞出，至爱沙尼亚歌舞院看歌剧，系印度剧本，剧场颇富丽堂皇，演艺也甚精彩，如此小城，有此文化水平，完全令人钦佩。在这方面，我们也落后得很多，要大力追上。

演到中间，我们又被邀至后台与演员会见并拍照，我又即席讲了几句话，中苏人民的热情，无处不洋溢也。散场时，有人将以前上海京剧团在此所拍的照片交我，托转至周信芳。

昨天参观工厂，今天先后访问农庄及军队，我戏谓同志们说，这样的参观程序，很符合毛主席"工农兵"方面的（提倡）。

昨天星期一，年报，今天各报都刊出我团在塔林消息，地位甚显著，并都登一二幅照片，当留在苏所登我团消息各报，以留纪念。

昨晚在电台的广播，今天下午播出，并译了爱沙尼亚的言语。

又《人民之声》报约我写一短文，我乃于出发时抽暇写了五百多字，请列娜[1]及张荧[2]代为翻译。

今晚又飘雪，散戏后踏雪步行而归，旋又吃晚饭，每天十二时吃晚饭，已成常规了。写此日记时已一时一刻，又要二时才能入睡矣。

四月十日　星期三

昨天在饭店遇到苏联的电影男演员[3]（易北河会师等片的男主角），和他打招呼，他很亲切地和我们谈话，他说来爱沙尼亚拍制一部电影，描写在资本主义时代被诱骗出去的爱沙尼亚人如何回来的故事。要到五六月才能拍好，我为他别了一枚毛主席像章，他很高兴。今天，又在饭店见了（原来他就住在我房间的间壁），又老远挥手打了招呼。

今天，广播电台送来稿费一百三十卢布，《人民之声》报送来稿费二百卢布，这是我以自己的劳动在苏联获得的首次报酬，甚为兴奋。

今天九时才起身。十时，访谒爱沙尼亚共和国文化部长，谈了该国文化、教育的情况，直谈到下午二时。

又赴爱沙尼亚儿童院访问，该院收容了从出生到三足岁的一百九十个儿童，都是私生子，或母亲因病、因情况不好（为多子女）而无力养育的孩子。该院设备很好，190个孩子有160个工作人员工

---

〔1〕　列娜，苏方陪同人员兼翻译。

〔2〕　张荧，随团翻译。

〔3〕　B.达维托夫，曾主演前苏联电影《易北河两岸》。

作，可见苏联如何护爱新生的一代。

从四时到五时，游玩塔林市街，市中心相当热闹，很有中世纪欧洲城市的风味。我买了一个橡皮玩具青蛙，预备给小和，又买了四枚小别针，作为送人的纪念。

五时，赴爱沙尼亚党中央，由第一书记凯宾同志亲自接见，可见对中国人民是多么重视。我也讲了话，感情很激动，自以为讲得还好。

送给我们每人一大套书籍。一合〈盒〉唱片和一面爱沙尼亚国旗，盛意可感。我们只送一个景泰蓝花瓶，实在不相称。

今天是我们访问爱沙尼亚共和国的最后一天，的确，我们对这个国家充满着留恋，这样一个只有一百十几万人的国家，有这样优美的文化和建设成就，真不简单，我从心底里热爱这个国家。

从七时到九时，没有事，我写了这些日记。

爱沙尼亚给我们的礼物不好带，欲直接运到莫斯科去再分发。

晚九时，塔林文化界举行盛大宴会，欢送我代表团，爱沙尼亚党中央代表，文化部副部长，人民演员及新闻界领导同志都参加，席上设中苏和爱沙尼亚国旗，甚为隆重。并互送礼物，席间一再干杯，直至深晚一时始尽欢而散。写此日记时，在爱沙尼亚首都只有最后九小时的逗留矣。我真为离开此可爱的城市而依恋不舍。

在薄醉中准备行李，准备明天出发飞往拉脱维亚首都里加。

四月十一日　星期四

七时半起，整理行装，又送来若干照片。

十时从旅馆出发，十时三刻登机，今天塔林天气阴而有风，以为机必颠动，殊知十一时开行后，相当平稳，始终在八百米左右低飞。

十二时半抵里加，欢迎者数十人，机场又讲话，并有献花等等，相当隆重。

住里加饭店，战时该饭店被毁，最近刚在修复。房间小巧，室内有浴室卫生设备，比塔林的方便多了。

二时饭，即出发参观市容，里加有人口六十多万，比塔林多一倍以上，街市规模亦大，据对外文协主席谈，拉脱维亚与立陶宛如兄弟民族（另一兄弟民族普鲁士已被德国侵略者消灭，二次大战前仅剩一东普鲁士之空名），而爱沙尼亚民族则接近芬兰云。

在河岸，诗人莱尼斯墓及烈士墓共照了十张照片。

公园很大，而大河有小山，风景很好，参观群众露天音乐店，波兰的海三国都有全民歌唱节。该音乐店足可坐三万人。拉脱维亚上次的音乐节也在 1955 年，闻举行此节日时。学校工厂机关都放假了。

五时，拜访对外文协。送我们每人土仪若干，里加的东西比塔林多。

旅馆的餐厅尚未修好，吃饭在离旅社约一千米的月亮饭店。

七时半，看芭蕾舞，所坐的包箱〈厢〉是特等的，后面还有专用休息室，高两层，过去迨为贵族所坐，该戏院建于 19 世纪之末，气派很像莫斯科大剧院。

闻拉脱维亚的芭蕾舞还是 1945 年开始学习的，已有相当高的水平，殊为可佩。

拉脱维亚文字用拉丁文，比俄文易认，文化方面，大概受德国的影响较大。

里加今天气候温暖，比塔林暖和得多。前几天有雪，正在融化中，闻索奇[1]已达十六度左右，下周到索奇时，大概要穿夹大衣了。

---

[1] 索奇，通译索契，黑海沿岸城市。

四月十二日　星期五

七时半起，八时半理发，这是 1951 年去朝鲜万景台后第一次请外国同志理发，很快，不洗头也不刮脸也不吹风，十五分钟即解决问题。理发费由里加方面招待，闻如此理发，每次要十卢布。

九时半饭。十时，赴渔业集体农庄参观。这农庄一般渔民每月有四五千收入，船长及机械师达七八千，我怕这会影响其他方面的情绪。

二时回来吃饭。四时参观里加第三儿童之家。

五时半，赴海滨游览，滨海区离里加市约二十五公里，那一带大都是暑期休养之地，风景及房屋建设均好，海边沙极细，所有一切，都比香港浅水湾好得多。

七时，同唐平铸[1]同志同往百货公司一游。

七时半，往看话剧。

连日节目排得太紧，精神有些不继〈济〉。在访问时，有些同志态度不好，徐晃同志不在，思想工作太松了。

附记一事：苏联同志对中国的确热情，闻"苏匈会谈公报"发表后，一些工厂讨论时，个别工人表示，对匈牙利还要看看，至于中国，就是把最后一件衬衫脱给他们也是放心的。

几天没有看报，不知天下大事如何，今天葛里高利也夫同志说，苏联已发表成立原子及氢原子科学研究所，兄弟国家都有专家参加云。

---

〔1〕 唐平铸(1913—1985)，湖北武汉人。长期从事部队宣传政工工作，时任《解放军报》副总编辑，中国新闻代表团团员。后任《人民日报》代总编辑、解放军总政治部副主任等职。

今晚月亮很好，而且很圆。不知今天阴历是哪天，如是十二三，那么，这里的月亮是圆得早了。

天气相当冷，而且时常飘小雪。

今天记些日记时，又快一点倦了，又要到二时才睡，希望明天能抓一时间睡一下。

四月十三日　星期六

七时半即起身，八时半早餐。

九时到无线电工厂参观。这厂是苏联最大的无线电工厂，现在有三个大车间，制造三种收音机（一种大的两千多卢布一个，带有电唱机，还有一种手提的叫"旅行家"可以用干电池，也可以用普通电，电压可随意变化，我想买一个回去）。另外，还制造电话机及所有电话的一切机器，听说上海扩大的电话设备就是该厂做的，今年可全部制成，他们很关心上海电话新装后的情况。

二时，拉脱维亚共和国部长会议第一副主席接见（主席不在）。谈了很多基本情况，拉脱维亚从 1940 年到现在，工业发展了五倍多，进步可谓奇速。

四时饭后，预定参观里加港及码头，我因为要预备明天的电视稿，未去。回来后，先整理 VOX 主席[1]要的关于我国高教情况的材料，后即写稿，约写了一千字，列娜等着翻译成俄文，电台方面，还要早些把拉脱维亚文翻好，听说从来没有中国人去这里电视节目中广播过。

六时把稿子写好，还有多的时间，就抽空写了一封家信，这封信芳姊收到时，可能我们已去巴库了。

---

〔1〕　VOX 主席，即前文所述拉脱维亚共和国部长会议第一副主席。

波罗的海的天气很奇怪，今天里加不断飘雪，有时碧空无云，也飘雪。我记此日记时，窗外的雪飘得相当大，今天可能要积雪，但天气并不算多么冷。

今天已是四月十三，到苏联已十八天了，在苏联访问可宝贵的日子，五分已去其二了，我还要打起精神，多听多看些东西，不要如入宝山，空手而回。

今天去见部长会议副主席前，有半小时空，抓紧时间睡了十分钟，精神比昨天好多了。

七时，赴《斗争报》（拉脱维亚党中央机关报）参加对外文协邀请的与新闻界会见的宴会，文协主席及拉脱维亚文化部长及各报刊负责人都参加。我当然又讲了话。讲得还好，主要是说来苏访问后的三个深刻印象：一、共产主义建设的成就；二、人民生活的愉快；三、中苏友谊之深厚。

新闻协会送了我们一个纪念品，拉脱维亚部长会议送我们每人一个"旅行家"收音机。我本想买一架，这样当然可以不买了。

相形之下，我们送的礼太微薄了。

文化部长和我倾谈。他说，他自己在 1922 年就参加革命，领导一个部队和资本主义作战，其中有一个排是中国人，所以，他和中国同志的战斗友谊很深。他说，中国有毛泽东同志领导的党，实在是幸福，毛泽东同志像列宁一样谦虚。又说，中国七年来的经验和马列主义的发挥，对各兄弟国家，对苏联各共和国都有深刻的影响，他自己对中国党的"八大"文件一再学习，觉得非常深刻，特别有四点是十分重要的：一、党的群众路线；二、党代表大会常任制；三、对个人崇拜的分析批判；四、百花齐放与百家争鸣。至于对农业，手工业和资本主义的改造，当然是非常英明的办法。

另据《斗争报》的副总编辑说，他们对彭德怀在"八大"的报告十分注意（唐平铸说军队报纸的编辑也如此说，特别对军队民主化、军队的党委制，认为很新鲜，最初他们不敢登。）

今天下了一天雪，晚上又月明如画，一轮高悬。

今天十时半就回来，明天九时才吃早餐，今天可以好好睡一觉补足一下精神了。

发寄上海的信已寄出，一卢布四十哥比，不算贵。

四月十四日　星期日

八时半起，一夜睡得很好。九时半参观集体农民市场，办法与莫斯科的差不多而规模甚大，占地一万多平方米，分肉类、乳类、鱼类、蔬菜、杂货等部分，每部分有集体农民（包括市民自己生产而多余的食品在此出售，苏联严禁投机渔利中间剥削，即自己的旧货，必须送旧货市场出售，直接买卖是违法的）、代销部分（农民收货物托销，交4%的手续费）及国营商店的货柜。农民中甚至有人从乌资〈兹〉别克来的，他们卖了货物，买回自己所要的东西。

十时许，赴百货公司，我买了几件赛璐璐小物件，备带回去送给小孩们。

在街心花园小坐，拍了几张照片，那里有专门为人拍照的，兜揽生意的办法很好。

十二时许，赴电视电台播讲，这是我首次上电视节（目），在电幕中与群众见面，连翻译共讲了半小时，未收到稿费。讲后，参观了电台，闻苏联各共和国首都及大都市（如斯维尔德洛夫斯克、新西伯利亚等）都有电视，前年还听说苏联只有莫斯科、列宁格勒有电视，可见苏联各方进步之速。

四时前往机场，各方同志已来送行（有文化部长及文协主席等）。飞机于四时二十分开行。

里加天气好，但飞出后颠动甚烈，从里加到明斯克飞二小时整，始终在六百米高度低飞。到明斯克下机，饮茶休息二十分钟，买了一包香烟，一卢布五十哥比。

从机上看明斯克，规模甚大，到处在建新楼，工厂林立。九时十分到基辅，这是我们到的第三个共和国首都。下机时大雪纷飞殊出意外欢迎者十余人，有文协及各报纸代表，还有一位来基辅实习的莫斯科大学新闻系中国学生（姓李），她说，基辅前几天曾到零上二十度，往年早不下雪矣。

乌克兰有人民四千二百万，为苏联第二大的共和国（按人口说），基辅遭受战事破坏甚大，但现在已极繁盛，有人口一百万，可惜我们这次不能多玩，只有半天的时间。

住的旅馆很好，仅次于莫斯科所住的。尤其可贵的是热水甚热，可见燃料很充足，安排停当后，立即抓紧时间洗了一次脚，舒服极了。来苏联后，这是舒服的一次洗脚，因为莫斯科、塔林、里加多没有这样热的水也。

十时半饭，乐队看见我们，特别奏了《全世界人民心一条》及《东方红》，中苏友好的气氛到处洋溢着。

饭吃得很多，可见我的身体实在不错，大家坐了全天的飞机后不舒服，我若无其事，连葛里高利也夫同志也说我是好汉。

饭后洗澡洗头，睡觉，极为舒服。

四月十五日　星期一

上午八时起，窗外一片白色，昨晚的雪下得不大，而且雾很重，街上泥泞不堪。

九时半参观基辅市容，基辅在卫国战争中牺牲甚大，仅大街剩几幢房子。现到处高楼大厦，主街一面为机关大厦，一面为住宅大楼，都高七、八、十几层，街灯都是大理石装的，气派之大，不下于莫斯科。

到第聂伯河仅匆匆一过，过一长桥，长一千八百米而无桥拱，据说这是全世界少有的，这桥仅比我长江大桥短二百米。

基辅很像重庆，有上下城，马路时高时低，今天因为雾重地烟，仅参观了谢甫琴科大学、上坡电车等处。

一时许上机场，二时零五分开机，升上千余米后，天气晴朗，四时，停第聂伯彼得洛夫斯克，下机后春风拂面，完全南方天气矣。

五时半抵斯大林诺[1]，下榻顿巴斯旅馆（为本市唯一像样之旅馆，比基辅的差多矣）。

同旅馆有来此考察的我们煤矿工业代表团，和他们畅谈，他们已来此三日，极盼知国内情况，我和他谈了一些，他们在此与苏联接触的突出印象，一是苏联人民真诚与中国人民友好，此在"再论……"[2]发表后尤甚，他们向矿方要材料，只提一两个题目，他们就说，不要念下去了，什么都给。第二是苏联人民比过去更谦虚了。

据他们说，顿巴斯有好几百对矿井，大都是薄煤层，开采条件越来越难，而任务甚大。（到1960年，苏联要产煤六亿吨，顿巴斯要三亿吨，因此决定拨了六亿卢布改进设备，扩大斯大林诺的建设。目前顿巴斯的产量等于我国的全部产量。）

晚饭后，步行街头，《顿巴斯报》同志一路指点，说赫鲁晓夫去年来此视察，批评未建高楼大厦之不对，现在市政建设方针已有所改变。

这位同志又说，中国同志甚勤于学习，我们要学习中国同志的谦虚朴素。

---

［1］ 斯大林诺，现名顿涅茨克。

［2］ "再论无产阶级专政……"即《人民日报》1956年12月29日发表的社论《再论无产阶级专政的历史经验》。

床头无灯，很觉不便。住房也很像上海的东亚旅馆，开水要自己去打。

四月十六日　星期二

昨天还有些事忘记，据煤矿参观代表谈（他们大部分是北京煤矿学院的同志）苏联对学生政治思想工作，最近极为注意。首先，今年高等学校所招新生，规定 60% 为工作劳动过两年的人，这样使学生知道建设的艰难。有人说，有些青年，对于一百卢布是什么意义都不知道；第二，学校加强生产劳作课程。

十时，赴矿井参观，先由矿井主任介绍该矿情况，然后换工人下井衣服，提灯下矿（204 米）。该矿在德寇占领时曾放入洪水，迄今未干，又顿巴斯一带煤层极薄，但煤质甚好，可以炼焦。

今天真真体验了一次生活，在巷道内高低走了几公里，又爬了掌子面[1]，有二三百米长，最矮处必须爬行。出井时筋疲力尽，而印象甚深，为赴朝慰问以来最艰苦之一处，恐在国内也不会有如此深刻体验的机会。

这个矿并不完全机械化，截煤还用爆炸，运载木材还用马，可见苏联工人并不如国内所想象，按按电钮就好了。煤矿工人，每天采十五吨矿即作为一工作日，每日大约可得三千五百卢布，生活是相当舒服，劳动也相当艰苦。

该矿送我们每人一个矿灯，是极为隆重的礼品，又出井后，照了一些相。

午饭在工人家里做客。

五时半，看足球，苏军中央部队与顿巴斯足球队比赛，结果 1

---

[1]　掌子面，即采煤工作面。

比0，顿巴斯胜。球场可容三万人，可踢夜球，有三四百盏照明灯。

顿巴斯的足球甚狂热，球票有订至一年的。到赛球时，几乎全市动员，电车四周都挂了人，买不到票的，在广场堆上看，在比赛时，掌声嘘声（口哨声）不绝。

晚八时，与斯大林诺新闻界见面，直至十一时半便冒大风步行而归。

在矿井为《矿井报》写了一篇题字，《顿巴斯苏维埃报》又坚约为写一短文。

今天一天能坚持得住，身体又受一考验。

晚二时才安睡。

四月十七日　星期三

六时半即醒。八时起，整理行装。九时早餐，斯大林诺州委书记亲来饯别，席间又一番酬酢，吃了约两小时。十二时出发机场。

在机场与州委书记闲谈，（一）顿巴斯范围甚大，延绵四个州，在斯大林诺州（顿巴斯中心）即有五十二对矿井，此外尚有顿巴斯彼得洛夫斯克、罗斯托夫等州；（二）顿巴州矿原由中央直接管理，最近州委已决定接管。他说，过去有些企业多那种材料，有些企业又缺那种材料，彼此不能调剂，由地方管理，今后可方便多矣。我问，一个大企业往往与几十几百厂矿发生联系，联系面可能遍及全国，如由地方管，今后如何统筹，是否有困难。他说没有困难，因为计划方针仍由中央领导。

在开机前十分钟，又开了两瓶酒，各干一杯，他们说这是乌克兰送行的规矩，而且，在饮完酒后，大家还要沉默两分钟，大概是惜别之意。

一时开行，今天的飞机较大，天气也好，沿途甚为平稳。二时半后，即看到黑海，海色深绿，并非黑色，飞机降至三百米沿海飞行，等于空中旅行，约行了半小时，降落索契机场。市报及市工会代表等五六人来接，他们有的已着了薄香港衫、戴草帽。

从机场到索契市旅馆有三十多公里，索契市本长即长三十二公里，人口有七万，都是为休养服务的人员，到这里来休息的，终年不绝。

我们住的旅馆就在海边，我住在三楼沿海房间，相当舒适，美中不足的是没有暖水，因为锅炉坏了。

这里简直已入初夏，到处丁香及李花盛开，听说已经有人在海浴，这里是苏联有名的休养疗养所。我们看到伏罗希洛夫休养所（军官）、顿巴斯休养所都很漂亮，规模很大。晚饭后，乘车游市区一周，天然景色有些像香港，而建筑规模远过之。公共汽车候车站有候车室，甚别致。参观火车站，规模之大，为我国所未见。此七万人城市建如此大站（每年来休养者约三十万人）似乎浪费。伴游的同志说，索契还要扩大，所以车站建大一些，以免将来再麻烦。

饭堂有一女侍能讲中国话，甚以为奇。五时游市回来时看到她和丈夫一起出去，她丈夫的中国话也讲得很好，原来，他们去武汉住过几年，担任华中师范学院俄文教师，两年前才回来的。

离莫斯科后，即未看到报纸，偶然看到俄文报，也是目不识丁。据说，这几天报上最吸引人的消息，是伏罗希洛夫到北京，欢迎甚盛。我们在宴会时一再提到这事，为中苏友谊进一步发展而干杯。还在听说毛主席关于人民内部矛盾问题的讲话提纲在《真理报》发表了，苏联人民非常重视。

顿巴斯有些矿用爆炸截煤，相当危险，领导方面正在大力改进中。

今天五时即休息，为来苏以来所未有。由于昨天在矿洞爬行，今天腿举起困难，下楼尤其吃力。

来苏联已三星期了，过了一大半了，大家的心情有些矛盾。一方面是想祖国、想家；另一方面，这样难得的机会，也想尽可能多看看，多找点材料。好在一共只有四十天，希望人民代表大会不要在五月开。那么，回京后即可束装回沪，休息休息，并整理稿件，迄今为止，我看可写的材料已不少，至于如何写法，还待考虑。

四月十八日　星期四

昨晚十二时许才睡，今晨七时即醒，窗外阴霾，推窗一望，知道昨晚又下了雨，气候转寒。晨起脱下棉毛衫裤，觉得有点儿冷。坏天气老追着我们走，令人气恼，但据唐平铸同志说，他今天五时许即到海湾散步，看见两女一男在洗海水浴，苏联人民的身体的确好得惊人。

早餐后出去散一会儿步，十时，全团出发去参观休养所。我没有去，在旅舍写了三封信，一寄家，一寄报社，一寄办事处，并附给仑儿一信，他们收到这信时，想必我已在斯大林格勒或列宁格勒了。

我们住的旅馆叫海滨旅馆，地址适当海滨，风景甚好，在旅社终日可听到海涛声。写完信后，赴海滨漫步一周，照了许多相。今天稍稍活动，腿部比较好一些了。我出国以来，始终能吃能睡，情况正常，长途坐飞机也能眠食如常，可见身体很好。但有时工作觉得疲乏，一定要打起精神，愉快地完成此一段出国任务，这是很难得而光荣的任务，一定要给朋友以好的印象。一定要多了解一些东西，以便回国好好报道，特别着重报道苏联人民的生活和精神面貌，不要入宝山而空手回去。

昨晚和今晨看了中苏友好访问团 1953 年访苏所出的书，觉得内容相当充实。特别他们在斯大林格勒只停留半天，而写了四五篇共近七八千字的报道，的确不容易，但我认为也有些缺点。就是把苏联天堂化了，只强调苏联进步发展的一面，对于他们现存的困难和胜利的过程，谈到很少。由于过去对苏报道的片面性，因此造成一种印象，以为今天苏联工人农民今天的劳动不怎样艰苦了。以采煤而论，我们国内以为苏联工人每人只要坐了电车下井，用联合机采煤，非常舒适。其实，我们在顿巴斯所见，采煤工人的劳动还是很艰苦，劳动条件还要继续改进。农民一般的生活当然比我们好得多。大城市的建设很快，但房子问题也到处紧张，供应赶不上需要的情况也还到处可见。

值得注意的是，在重工业方面，苏联的成就的确很大，我来苏联有一个突出的印象，就是发展轻工业是必要的，否则就不能改进人民的生活。但要改变国家的经济面貌，则非大力发展重工业不可。这一点，苏联是做对了。斯大林有严重错误，但在大力发展重工业方面是完全正确的，这也可说是他的成就功绩，是主要的论据之一。

讲到斯大林，苏联各地对待他的态度不一，有的照样摆着他的照片，有的已没有了。一般说铜像等都还照样保存着，在列宁斯大林墓前，常常排着几百人的长龙，这也不是偶然的。但苏联同志对我们谈话，绝少谈起斯大林，我们也自然避而不谈。

热爱平凡劳动，安心本位工作，我认为是苏联人民的优点之一。在莫斯科，有一位为我们开车的司机，他在卫国战争中当中尉，退伍后还是当司机。在里加，遇着一位在东北解放时的空军中尉，他现在在渔业农庄当党委副书记，他决心学习当渔船技师，他本是俄罗斯人，在拉脱维亚退伍，就在那里安家立业。至于在斯大林诺，几乎所有的人都热爱顿巴斯，谈起顿巴斯就津津有味，他们都决心当一辈子顿巴斯工人，把生命献给他，他们也谈起，伏罗希洛夫、赫鲁晓夫都是顿巴斯工人。以此为荣，但并不认为自己也要做政治工作。

三时午饭，出外散步，附近有一斯大林广场，中间在拟造斯大林像，现改建列宁铜像，已落成。准备二十二日列宁诞辰那天揭幕。

四时，访索契市区域疗养管理局，由局长接见，了解了一般情况。

六时辞出，参观水上码头，码头规模之大，我国所未有。我恐怕这些建筑，都是苏联批判形式主义以前建造的，昨天在飞机上看到的，我还以为是水上大俱乐部，其实就是这个码头，这些可反映苏联气魄之大。

今天准备八时晚饭，以便早些收拾行李，早些睡觉，明天很早就要赴机场起程。

下午天气更冷，又把棉毛裤（穿）上，据来访的塔斯社记者说，在索契的人每年也要到别的地方去休养，原因是索契气候一日三变，人多不易胖，亦可谓奇闻。

街头多小亭，都是小商店及小手工业者，其中有修理皮鞋及修理表的。

在海边看到一个小孩，长得很有趣。据他的同伴说，他生长在上海，回来刚两年，他父亲在国际旅行社工作，但这小孩不会说中国话。

又在旅社门前遇着一批中国人，是林业部派来考察参观的，他们在塔什干曾遇着我二组的同志，今年我政府派出的参观代表团真不少（都是我政府自费，如我们在斯大林诺遇着的煤业代表团，来此三个月，每人要花一万五千卢布）。

四月十九日　星期五

为了今天要早起，一夜只睡三小时，五时许起身，收拾最后的行李，六时半早餐，七时二十分出发，八时到达机场，八时二十分开机。

十时许，到第比利斯，为格鲁吉亚共和国首都，斯大林故乡哥里离此不远。

格鲁吉亚文字与俄罗斯文（字）完全不一样。

十时半，飞机继续出发，机上来一格鲁吉亚妇人，同一婴孩，机上特为她挂一特制的摇篮，可见民用航空在苏联已十分普及矣。

十二时半到巴库，机场欢迎甚盛，对外文协主席，外交部部长助理、作家，新闻界约二十人并每人献一束大花。

从机上下视，即是到处铁塔。离机场后，一路都看到油井，都是自动抽油的。

从机场到市中心约有三十里，下榻国际旅行社，沿海，海滨景色颇似上海黄浦滩。

阿塞拜疆均为回教，我的吃饭乃大成问题。

五时，阿塞拜疆共和国最高苏维埃主席兼部长会议主席接见，极为隆重，各部部长或副部长都参加。

谈话后，游览市区。

七时半，参加晚会。适我科学家代表团也到此一批（由冯仲云[1]领队），阿塞拜疆特为我们组织晚会，都是民间音乐及舞蹈，乐器很像我们的胡琴三弦。

因今天有热水，洗脚时把澡盆坐坏了，非常懊丧而且不愉快。

回旅馆已十一时半，饭罢已十二时半，明天还要早起，无心绪详写。

巴库时间比莫斯科迟一小时，比北京早四小时。

巴库人口一百万余，在苏联为第四大城市，仅次于莫斯科、列宁格勒及基辅。

---

〔1〕 冯仲云(1908—1968)，江苏武进人，东北抗日联军领导人之一，时任水利电力部副部长兼华东水利学院院长。

巴库天气已入初夏，到此时炎热非常，急将大衣毛衣及棉毛裤脱去。

四月二十日　星期六

昨天一夜又没睡好，今天六时，翻译同志以电话把我叫醒，七时早餐，七时三刻即出发，乘汽车至离巴库一百七十多公里的古班区，参观集体农庄。

阿塞拜疆为大草原，与中亚西亚各国仿佛，主要缺水，但他们在苏维埃政府成立后，在这方面作了很大努力。他们搞的小型水利很有经验。今天我们所见，一为巴库附近正在搞人工蓄水湖，规模相当大，一为古班区的奥尔忠尼启则等六个农场联合举办的小型水力发电站，这个电站水力来源很差，大部靠人工积聚，但居然能发750瓦的电，解决六个农庄的照明及耕作和小型工厂用电，正〈真〉是不简单，这方面的经验，我们大可学之，我们的水源不知（比）他们充足多（少）倍，搞起来要容易得多。

十时半到了古班区，区党委及各方负责人均在三里外迎接，极为隆重，我又讲了话。

先在区俱乐部吃早餐，甚丰盛，特别是一种甜的饼很好吃，据说是他们区的特产。

早餐后，出发至国营农场参观，该场经理每月两千五百卢布，工人好的也有两三千（连奖金）。

后参观水电站及奥尔忠尼启则农场，这农场在苏很有名。所以四年前我国农业代表团也参观过这个农场。我们问的主要是四年来的发展和变化。据说，该农庄有两户全家一年收入达五万左右卢布，以购买力而论，也相当我们七千元左右，生活当然好了。以我们在苏参观的三个农场看来可以得这样一个结论，农民的收入至少不比工人少，所以工农联盟是有基础的。

后另至一农庄吃饭（已四时），区负责人及在该区视察的两位共和国副部长（公用事业和教育部）都参加（早餐时也参加），非常热情，阿塞拜疆在苏联东部，东方人民之间的感情特别浓厚。

饭后已六时半，即出发回巴库（原定住在那里的，我们都带了牙刷毛巾，后因照顾我们休息，决计回国巴库，七时出发，在三里处又道别并照相）。

回至房间，浴盆已修好，今天拿去洗的衣服也已送回，服务真好，解决了我很多问题。

洗一次脚，非常舒服，为来苏后之最，大多数代表不再想吃饭，我也只要了一杯柠檬茶，准备洗过澡后即睡觉，明天九时早餐（前）可以睡一好觉了。

昨天参观市容时，有一广场为纪念六十四个市议员，原来在十月革命后一星期，阿塞拜疆工人即起响应，巴库即成立市苏维埃，后英法帝国主义干涉，将此 64 议员全部拘捕并杀害，此 64 人至死不屈，阿塞拜疆直至 1920 年重新组织苏维埃政府，参加苏联。

今天出发时，带了毛背心及夹大衣，殊（不）知这里天气甚暖，已有初夏气氛，出发后即将背心除下，夹大衣则到归途中始穿上。

访苏日期，已过去五分之三了，在外第一个不惯是饮茶，我不吃鱼及牛羊肉，最为麻烦，今天在农场招待时，送上来的羊肉卷，味难闻极了。我坐中间首座，实在为难，幸而今天有鸡，解决了问题，鸡烧得极硬，材料却是充足，这一次，至少吃了十几只鸡。

四月二十一日　星期日

中国党倡导的谦虚，对苏联人民印象很深。在莫斯科时，《真理报》总编辑撒切可夫和《消息报》总编辑古平在我说话要虚心向苏联学习时，他们一再强调要相互学习，说中国同志的谦虚态度，就是我们应该学习的。在斯大林诺，一位《顿巴斯矿工报》的记者说，在外国在此实习的人员中，中国同志成绩最好，因为他们谦虚而踏实，他说，中国同志谦虚朴素是特点，这是毛泽东同志的教育。在巴库，阿塞拜疆部长会议主席在欢迎我们的时候说：阿塞拜疆有句谚语，结满果子的树是向下垂的，真正有了成就的人才最谦虚。昨天在古班村，一位农艺师也说了这个故事，说只有空无所有树枝的才张牙舞爪地向着天。这些话，都可以反映苏联人民对我们的印象，的确，我看苏联人民也比以前谦虚多了。在较小的共和国中，我们谦虚的态度特别重要。因为他们感觉最灵敏。总的来说，毛主席和党在这方面的教育，真是必要和英明的。

今天是星期天，上午十时出发时，看到整队整队的孩子在过队日，见了我们还热烈地招呼。

参观了炼油厂，登九十几米的塔顶，据说这里是全苏最新式的工厂，一部分专炼高级汽油，石油工业部副部长和该厂总工程师等特地来引导，可惜我们在这方面的知识太少，只觉着他们的操纵间很有趣，各种机器表现生产进展情况，有一个机器能同时作六种计算，用看表表现出来。

后来又到松加以脱工业城[1]参观，本来想参加他们列宁铜像揭幕典礼的，因为时间晚了，乃乘车遍游各处，这里在六年前还是一片荒地，现在有无缝钢管、人造橡胶、炼锌等好多厂，新楼如林，还在继续扩展。

在巴库附近的人工湖，水是从山间引来的，筑了有一百多公里的运河引水。

今天巴库刮风，遍天灰黄色，像北京刮风沙时一样。据司机同

[1] 松加以脱工业城，通译苏姆盖特，阿塞拜疆东部城市，距巴库三十五公里。

志说，巴库经常刮风，一年很少不刮风的日子，巴库原来的阿拉（伯）文，就是风城的意思，巴库夏季很热，最热时达 60 度。冬季雨雪很少，一下雪，地来不及吸收就被刮跑了，巴库附近三十五公里处有一地方风凉，很多人去避暑。

三时半，应邀到巴库电台作了广播，是今天上午邀请的，二时回来后，赶写一广播稿，到电台后，电台负责同志说是向土耳其及伊朗广播的。因此临时又重写一个稿子，由张器[1]同志赶译，这是我来苏后的第三次广播，而对资本主义国家广播，这还是生平第一次。

五时，由对外文协副主席陪同逛百货公司，我买了两个茶叶筒和两个胶盒，来苏后，就买了这些零碎东西，别的东西太贵，只能回到列宁格勒和莫斯科后，再计算力量买些东西回去分送亲友作为纪念。

今天天气凉一些，上街穿夹大衣。

前天下飞机时，卢大姐的一包东西和我的一包书都未取下，我的书好在只是几本画报和别人送的诗集等等，关系不大，据陪同我们的同志说，是可以取回来的。

今天一天吃的东西很少，原因是初到苏联时，还可以勉强吃些牛肉，现在更不想吃了，而且巴库的牛羊肉味道特别重，连咖啡也不敢要，我对巴库别的印象都极好，就是吃东西太不方便，经过这次，证明我是不相宜到西北或伊斯兰教国家去做客的，这次我幸好决定参加第一组，第二组参观的地方为阿拉木图、塔什干等处，我是没法吃东西的。

今天早晨抽空写了一段日记，下午六时半又抽空写了今天的大部活动，这样可以减轻晚上的负担，可以早一些睡。

---

〔1〕 张器，随团翻译。

七时三刻，赴巴库音乐和芭蕾舞剧院，看古典乐剧《阿思丽与恰拉蒙》[1]，内容根据阿塞拜疆民间传说，说有一王子，梦中会见一女郎，后遍访觅得，为一亚美尼亚回教教长之女阿思丽，两人一见，誓相亲爱，王子告禀其父王，传教长来见，教长口头答应，而实际在四个月远走高飞，后王子遍处寻找，有一仙人助其到土耳其，寻得阿思丽，正想攀绳而上，为教父所见，执见州长，州长同情此一对爱人，判其结合，而两人热情，化作烈火而终，这故事相当美丽，演出亦好。

阿塞拜疆歌唱很有些我民间剧的味道，听来极有滋味。但以民间音乐与西乐结合，终觉有些勉强。

今天剧院招待甚周到，主要是此间对外文协主席重视，亲自主持招待工作，看戏前后即休息都备有茶点，并请人民演员陪我们看戏，还介绍男女主角与我们一起谈话和照相，给我们的印象甚深刻。

闻阿塞拜疆有十几个全苏的功勋演员，有一百多共和国的人民演员及功勋演员。

一路来我都一人住一套房间，好处是生活自由方便，缺点是孤单没有说话，又不会说俄国话，很不方便。到巴库后，我们代表恰恰分处二、三、四、五楼，更觉得孤独矣。

苏联东方国家与其他共和国风俗习惯有些不同，比如，俄罗斯及波罗的海二国，剧院气氛较沉静，休息时也极有秩序，到剧院看剧都换鞋换衣，这里就不这样，还有莫斯科及其他地方剧院都铺挂红包丝绒，这里什么都是黄色的。

十一时半回，吃晚饭毕已十二时半，睡觉又要在一时后矣，幸好今天在汽车中一再瞌睡，所以今晚看戏时能始终未露倦容，精神饱满。

---

[1]《阿思丽与恰拉蒙》，通译《莱伊丽和马季农》，是阿塞拜疆的著名歌剧。

四月二十二日　星期一

七时起身，八时早餐，九时出发，乘车至离巴库七八十公里处的海上采油站参观，我最初以为是坐船去的，结果到了那里，先驶上一条柏油路的堤，约走了十分钟，转入钢架木堤，就这些木堤，联系了一层层的采油井，最远的地方，深入海中的二三十里（我们参观的是第六海内采油站，另外有在海中六十公里的）。

从海上油站归途，又略略参观某油井的掘井工作。

三时，阿塞拜疆第一书记接见。

五时，对外文协主席设宴，宣传部长、外部部长助理及各报负责人都参加当场互送礼品。

七时，参加列宁诞辰八十七周年纪念大会，我们被邀上主席台，我并坐在部长会议主席旁边，报告者为俄罗斯人，大概也是党委书记。

十时返（会未参加完毕），因为明天一清早就要出发，还要吃饭备行李，所以不多写了。

今天宴会时，宣传部长说中国人是最勤劳勇敢而又是最谦虚的人。

四月二十三日　星期二

四时半即起，收拾行装后，还只有五时一刻，因此抽暇记上几行，昨晚已和党第一书记及部长会议主席道别。对外文协主席也来旅馆道别，据他说，钱俊瑞[1]上次来巴库，也住在我这房间里，他

---

〔1〕　钱俊瑞（1908—1985），江苏无锡人。经济学家，与作者是江苏省第三师范学校的同学。任中苏友好协会秘书长、文化部党组书记、副部长兼国务院文教办公室副主任时曾访苏。

说今天不到机场送我们了。一路行来，以塔林最为真诚而热烈，迄今同人怀念不止。

在斯大林逝世前，各共和国党的第一书记大部是俄罗斯人，近年已有改变。但残余的大民族主义思想还存在着，如昨晚的报告由俄人做，而报告节目也用俄文。葛里高利也夫在对我们的谈话中，也时常流露瞧不起小民族的情绪，这些方面也需要努力克服。

收拾行装，雨衣再也放不下了，好在斯大林格勒不会再增加什么东西，到列宁格勒就乘火车到莫斯科，那就好办了。也幸而这两天冷一些，又把各衣都穿在身上，减轻了一些分量，据葛里高利也夫说，列宁格勒这几天相当冷，昨天是零下五度，在苏联过的夏天结束了，还要准备在列宁格勒和伊尔库茨克重过冬天呢！

六时十分从旅社出发（在这里住的旅馆，也叫国际旅行社，主要的旅客都住在这里，如昨天在列宁纪念会表演的希腊乐队指挥也住在这里），历一小时始达机场（三十五公里），欢送者不多（因时间太早），七时四十分开，机始终在里海上空飞行，约两小时半，到阿斯特拉罕，为伏尔加河通里海河口，停约四十分钟，饮茶两杯，十一时（莫斯科时间十时）续开，仅一小时许，即到斯大林格勒[1]，下机后，有对外文协等同志来欢迎，一路行来，天气晴朗，但有风，故飞机升降时有震动。

斯大林格勒这个英雄城市，早已名震寰宇，这个城市的战斗，挽救了苏联，挽救了人类免于法西斯奴役。我在机上看到田野小麦初绿，即有亲切喜悦之感，亦有对这名城人民的感激之情。

机场离市区十八公里，到处都在建设，途中一段在修路，颠动了一二十分钟，颇为难受，又看到一列火车全载着拖拉机（这里有巨大的拖拉机厂）很是壮观。

〔1〕 斯大林格勒，现名伏尔加格勒。

　　住的旅馆很现代化，虽然是新建，我住 33 号，有一套房，比巴库的房间还要舒适，仅次于我在莫斯科住的房间，一路行来，住的条件最差的是斯大林诺，其次是塔林、里加、巴库、基辅、索契。

　　今天已是来苏后第十次坐飞机，合计起来，总走了一万五千公里了，今后只有几天再乘机到列宁格勒，然后是回国途中再坐了。

　　斯城天气很热，下机后穿着厚大衣，很是难受。但日落以后又觉凉气逼人。

　　五时出发参观城市（斯城时间与巴库一样，比莫斯科早一小时）先到伏尔加河岸高地看敌人进攻最激烈的地方，该处将建一六层高的烈士纪念塔，附近还有一坦克纪念，是拖拉机厂所制造，当年此坦克首先由伏尔加河冲出与顿河部队会师。

　　斯城有许多地方建有小坦克纪念碑，是标明当年敌我阵线分界的地方。

　　又参观当年打得最激烈的巴甫洛夫大厦，现该大厦已修复，将来四周将建一军人之家，我与该大楼里的两小孩合拍一照，以留纪念。

　　在很多地方，还可以捡到弹片，可见当年战争之激烈。

　　在参观城市前，四时曾到察里津，斯大林（格勒）战役历史博物馆参观，讲解员对斯大林的功绩方面讲得很含糊，我认为这样也不合适，在参观毕后，我又代全团在纪念册上写了几句话，这都是额外的负担。

　　七时，请斯城总建筑工程师讲解斯战复兴情况及计划，地点在建筑家之家，有一房，陈列一斯城建设规模模型。每一建筑都设计在内，斯大林格勒有七十公里长，一面为大水电站（明年第一期建成，1960年全部建成），一面为列宁运河，所设计的为市中心，长约十公里，中间一条列宁大道，甚宽绰，将来还要建两条并行的大道，斯城战前人口五十万，战争中房屋被毁达五分之四（约一百五十万平方米住宅）。十几年来已建筑新住宅大楼一百八十万平方米，总计划共建二百七十万平方米，目前每年建房屋十五万至二十万，如扩展到每年三十万，总的计划，将来十年内基本完成。唯有些计划要修改，计划中有一州苏维埃大厦，为市建筑群的中心，高二十余层，是设计华沙文化宫的建筑师设计的，现苏联也在批判建筑中的形式主义，反对高档大厦主义，这个建筑是否修改正在讨论中。

斯大林格勒路灯甚特别，很多地方都是用霓虹灯组成的（每灯四杆），极为别致。

九时前回来吃饭，在巴库这几天，饮食最伤脑筋，即使要鸡蛋，也是羊油炒的，要咖啡也是羊奶冲了一大半，因此前几天常处半饱状态，今天到斯城吃了很多东西，在吃的方面，总算解放了一半了。

住的旅馆叫"斯大林格勒大饭店"，也是按着计划新建起来的，规模很大，我住的房子很舒服，可惜无热水洗澡洗脸，没办法，要了一壶开水，房里居然有脚盆，洗得相当舒适。

今天因为起得早，在飞机上也只打一会儿瞌睡，饭后也抽不出工夫睡，下午参观历史博物馆时，困得不堪，在旁边的小凳上坐坐，居然瞌睡了几分钟。这样紧张的生活，实在有些吃不消，好在还有十三天就回国了，希望回国以后，能早早回到上海，彻底休息几天。

十时半准备入睡。

四月二十四日　星期三

今日六时许即起，因为昨晚讲好，七时早餐，七时半出发，殊（不）知跑三次餐厅，门都深闭，近八时始得入，而葛里高利也夫在早餐时反说出发又迟了一刻钟，当时我颇为不平，想质问他究竟谁的责任，但再三克制。此行本为加强友谊，不要为此小事不愉快，我为领队人处处都要为团结友好着想，在苏还有十二天，要特别注意，勿留任何不好的印象。

八时半出发，向东行约三十公里，至伏尔加河渡口，汽车都在此渡河，渡口挤了十几辆车待渡，为了我们的车，负责调度的人不仅将其他车拦住，而且将已上船（载满货物）的一辆卡车也请其下船，当时司机同志说，如不为中苏友好，早吵起来了。我们觉得即使为了友好，也不应该如此，但权不在我，只好听之而已。

渡口处伏尔加河不宽，和黄浦江差不多，听说最宽处达七八公里。

过河后，先至斯大林格勒水电站管理处，先由总工程师报告水电站修建计划及目前施工情况，该电站于五十年开始修建，明年第一期发电。1960 年建成，共有二十二个连动发电机，每机十万五千瓦，共发电二百三十一万千瓦，将输送至莫斯科、顿巴斯及乌拉尔等处。工地劳动高度机械化，工人有三万人（连技术人员及职员），总工程师密得维苗也夫在讲解的室内有水电站全部的模型，我将此模图简单地画了一个。

讲毕，由工程主任陪我们看工地，先看伏尔斯基[1]新城市（完全是为水电站职工新建起来的）。水电、暖气等等应有尽有，该地已有五万居民，有一大体育场、足、篮（球）田径场以外，还有室内室外游泳池及室内运动场，此在我国除少数大城市外，还无此设备。又看他们的文化宫，规划极大，有各小组的活动室，剧院有八百座位，每座间隔甚宽，座都以花绒为席，尤其令人惊奇的，舞台为转台，还有一铁幕（真正的铁幕，重七吨多）为了防止火灾。

像松加以脱、伏尔斯基这样的新城市，苏联有很多，我在参观时想，这是苏联人民的顽强地为共产主义事业和和平建设的精神，值得钦佩。此在斯大林格勒最为显著突出，战前，斯城已建设得相当美丽，在法西斯侵略下，几乎全部破坏，战后有美国人曾建议不

---

〔1〕 伏尔斯基，通译伏尔加斯基。

再修复此城（他们认为不可能修复），不如留作为一大的战争纪念地，但苏联人民的顽强精神，十五年来，不仅市政建设超过以前，工业也有了大发展（石油开采量仅次于鞑靼自治共和国、乌拉尔、巴库，占全苏第四位，蕴藏量则超过巴库）。所有这些建设，都是为了和平，为了共产主义。

后至工地参观，坝上高如铁塔的大起重机有几十架（每架只有二人操作），还有铁路及轻便电车运载东西，总之，工程之浩大及劳动之机械化，为生平所未见。

后又至堤下看进水闸工程。

工地有一水泥厂，砂石均由对岸用传送篮转运而来，篮下有网，这一铁桥也有铁索可以走人。

参观至一时许始毕，甚为满意。

归途，与卢大姐商量，水电站也看了，渔业农庄也参观过了，是否可改变计划，在伊尔库茨克不再停留。在莫斯科多停一二日，直接坐图104[1]回北京（主要想坐坐这个飞机，也为了照顾有些同志，坐长途飞机实在吃不消）。她很以为然，回来吃饭时与同志们谈及，邵红叶、罗林[2]等都非常赞成准备明天到列宁格勒，再与徐晃同志商量后，然后向苏联方面提出此建议。

归途，曾在拖拉机厂门前小停，拍照。

有一莫斯科大学新闻系学生（曹葆华[3]之子）在此实习，两天来陪我们，很热情而活跃，和我们一起吃饭，此在我国，是受欢迎

---

〔1〕 图104，前苏联图波列夫设计局研制的双发动机喷气式客机，是前苏联的第一代喷气式客机。

〔2〕 罗林(1919—1992)，原名谭福初、谭声俊，湖南安仁人。曾任新华社北京分社主任，时任《北京日报》副总编辑、中国新闻代表团团员。后任北京市委宣传部副部长等职。

〔3〕 曹葆华(1906—1978)，四川乐山人。翻译家、作家。时任中共中央宣传部翻译组长。

的。但这里不同，葛里高利也夫颜色很不愉快，列娜也很为难，我们也尴尬得很。

饭后并未休息，即出发赴列宁运河参观，这一大建设在斯大林格勒的另一头，离市中心约有四十公里。

由河闸主任招待，除讲解外，还特别为我们放了一次水。据说，一共十三个水闸，可以通过四吨左右的大船，但我看闸身并不大，而且我们在那里近两小时，并未见一支（只）船通过（据说去年平均每天通过十几只船，多时每天六十艘）。总之，我的印象，这运河的规划不如我们想象之大，利用率也不大，〔大〕军事及经济价值上可能意义不大。

在他们纪念册题几个字作为留念。

归途绕至运河旁，在斯大林铜像前照了三个相。这像实在大，仿佛比雍和宫的大佛还大得多。这也可见当年个人崇拜的厉害，但在今天参观时，苏联同志对此像只字不谈。

今天还（买）了八个别针，两个相夹，作送朋友之礼物，除在塔林外，其他各地写稿及广播均不送稿费，不知何故。否则至少多四五百卢布，可以多买些东西。

回至旅馆为莫斯科时间下午七时，晚上不再有节目，此为来苏后少有的闲空的时间，因此抽空把今天的回忆大部记好，因此也记得详细些。

来苏不久，原子笔即写不出，两支钢笔写来都很涩，在巴库时在罗林同志处借了一次墨水，也没有大效，这事也颇为伤脑筋。

今天下午出发时，有一位老太太刚在旅社对面的烈士广场献了花，她对我们说，他的两个儿子都在卫国战争中牺牲了，家中还有三个人在斯大林格勒包围中饿死。说着说着，她就哭起来了。斯城的人，我发现很少笑容满面的，大家都像在严肃地做事。这也难怪，受了这样惨重的灾难，尽管是站起来了，而家家家破人亡，亲人凋落，怎能不伤心到底呢！战争的残酷性于此可见。

九时晚饭，吃了三杯白兰地，大家和葛里高利也夫同志联欢一下，气氛甚好，饭后又同至街头散步，因有风，五分钟即回。

十时许，在302号漫谈今后十几天应注意的几项。我提出三点，大家同意，因为明天两组就会合了，听说苏联方面还要多留我们几天。

四月二十五日　星期四

今天睡得很甜，六时半起来大便后，又和衣入睡到九时才起身，一月来从无此好睡。

起身后即清理行李，雨衣寄入木箱中，连照相机也放入皮包内，顿觉一身轻松多了。

十时早餐，二十分《斯大林格勒州真理报》来送行，并将我们在此所拍的照片送我们。我代表团［内］送给他们福建漆器茶具一套，他们很感激，说准备送至察里津，斯大林格勒保卫战博物馆陈列。

再过一小时许，就要离开这个可爱的英雄城市了，我对这里的同志说，希望三五年后再来，那时大水电站已建成，城市建设计划也大部分实现了。

昨晚想一想，在苏联最深刻的印象。一为苏联人民衷心对中国人民的热爱，这不仅表现在欢迎欢送中，尤其流露在一般人民和我们的接触中，对我们友爱，对中国热爱，这种国际主义精神，甚至小孩子对我们也是如此的。二是苏联人民建设共产主义的顽强精神，为了明天，为了和平，为了孩子，他们信心百倍的战斗着，所有的建设，礼堂、大楼、水库，新的工厂，一切气魄都很大，都是为了和平，而不是像美国那样为了赚钱，为了战争。还有，参观苏联以后，更加证实了一条真理，社会主义工业化必须以重工业为基础，只有重工业才能根本改变国民经济的面貌，改变国家的面貌，这一点，在苏联已很明显，落后的俄国和各民族国家，已经一去不复返了。苏联由于四十年来对重工业的基础打得坚固，同时，对科学技术的发展也有了很大的成就。因此，工业的进步很快，相信今后的进步将更快（特别是国民经济发展的比例更正确，经济工业下放以后）。在若干年内，按人口比例追上或赶过美国这一目标，是一定可以达到的。

十二时半从斯大林格勒大饭店动身，行前州、《真理报》各送一些照片及礼品。飞机十二时许起飞，一路平稳。三时三刻即抵莫斯科，葛里高利也夫即乘车回家，我们在机场等四小时许，五时饭后，赴机场外树林散步，遇着一群四年级学生。

六时三刻回机场，即在休息室看电视。

八时三十五分飞列宁格勒[1]，天空景象颇是奇观，起先是上面明亮，下是灰暗，地平线黑白分明，后来慢慢地机后天空逐渐黑暗，地面时见灯火成堆，十时左右，全部变黑，但至列宁格勒附近，又是现明亮，此殆为北极光之余绪欤。

十一时抵列宁格勒，机上看到城里灯火密布，甚为美观，到旅舍两组会师，倍觉亲密，分别十九天矣，他们比我们辛苦得多，许多同志瘦了。

和徐晃同志谈起，他也赞成改变计划争取在伊尔库茨克不停或少停，希望能坐一次图104飞机。

十二时半晚饭，上楼沐浴，洗袜，准备睡觉，已近二时，北京时间则清晨七时矣。

访苏之行到此已整一月，主要日程及最艰苦紧张阶段已过去，

---

[1] 列宁格勒，现名圣彼得堡。

今后是接近尾声了。希望大家保持饱满精神，全始全终，彼此留一好印象，我们归去，也能胜利完成报道任务，以加强中苏友好。

列宁格勒不算冷，经过莫斯科时，更温暖如春，听说今天是十二度，在莫斯科机场候车室遇着甫自北京飞来准备绕至柏林的对外贸易部代表，据他们说，北京天气也很好，比莫斯科稍凉一些。

四月二十六日　星期五

七时半起身，本拟将污衣服给出送洗，但旅馆说后天来不及洗好，只能作罢。

十时，出发参观市容，列宁格勒的风景的确优美，今年列城将纪念彼得大帝建城二百五十年纪念，今天所参观者有尼古拉一世、彼得大帝等铜像、冬宫、涅瓦河、芬兰湾海滨（有一可容八万人的大运动场）等处。

我们所住的旅馆叫阿斯托利亚旅馆，为列宁格勒招待贵宾之处，十分漂亮。

今天还到斯莫尔尼宫及阿芙乐尔巡洋舰（现在在修理，不接待参观）。

买了三副扑克牌，和一个香烟嘴，共花了约六十卢布。

下午，市苏维埃主席接见。

后参观基洛夫少先宫，孩子们还为我们戴了红领巾，这是苏联最好的少先宫。

又参观日丹诺夫区手工业者文化宫，规划极大，看了他们演的话剧。

全团开会，讨论今后日程及应注意三点。

市苏维埃主席说，列宁格勒五月底即有白夜，目前晚上有白光，即为白夜到来之征兆，今天从工人文化宫出来，已九时半，天尚未黑。

看到二十五日的《人民日报》，知国内正对"百家争鸣、内部矛盾"问题广泛展开讨论。

四月二十七日　星期六

我们住的旅馆叫阿斯托利亚大旅馆，在起义广场[1]，是列宁格勒的中心，对面是一座古老的伊萨阿基也夫大教堂[2]，正在修理，左边有尼古拉一世的铜像，旁边市苏维埃所在地，那座大楼革命前是公主府，现在大厦前整了列宁勋章和红旗勋章，因为列宁格勒在革命时和卫国战争中立了功，得了这两枚勋章。

今天上午九时许早餐，十时出发参观斯莫尔尼宫，那是十月革命时发源地，是列宁指挥革命的地方，在离开列宁格勒赴莫斯科前（1918），列宁一直在这里休息和工作，我们看了这里的大厅，那是列宁宣布土地法令和和平法令的地方，后来又看了列宁的休息的住宅，实在简陋极了。房很小，只有两张军人床和一个茶几，房外工作的地方也只有一个小平台，一架电话，间壁房里有三个沙发，我们看了不少列宁工作和休息的地方，看了许多有关列宁的文件，最突出的印象，列宁是艰苦朴素的，是善于接近群众的，是非常谦虚的，斯大林不及列宁，以致犯错误的地方，主要就是不谦虚。

昨晚看职工们表演的话剧，内容很庸俗，离现实主义十万八千里，尤其其中有阿飞舞，使人看了不耐，但群众很欣赏，掌声四起。同样，我们每到一地，总听了不少庸俗的舞曲。今天同同志们谈起，我认为这是多年来教旨主义在文艺工作中的反动影响，同志们颇以

---

〔1〕　起义广场,现名依萨广场。
〔2〕　伊萨阿基也夫大教堂,通译伊萨基耶夫斯基大教堂。

为喜，这也反映我国所倡导的百花齐放的方针的正确。只有齐放，才能使人民更加擦亮眼睛，更加喜爱社会主义现实主义的作品，这也是辩证的。

参观斯莫尔尼宫后，我和邵燕祥[1]、张又君[2]、丁九[3]等同志先回旅馆，其他同志去参观基洛夫重型机器厂。我们回旅馆后，即相偕步行至涅瓦大街，赴最大的百货公司，我买了三条毛巾，两件玩具。

一时，赴普式金[4]故居参观，并照了些相。

三时饭。

饭后午睡了一小时，舒服极了。

五时，写了两封信，一寄上海，一寄仑儿。

又买了一些徽章，准备分送朋友。

七时半，赴列宁格勒基洛夫芭蕾舞歌剧院看芭蕾舞，剧情根据果戈理作品，描写哥萨克的爱国主义精神，极好，今天因为睡了午觉，自始至终精神饱满。

我们坐的是中间包厢，这剧院格式很像莫斯科大剧院，全部以绿色天鹅绒装饰。

又遇到一批中国人，是内政部的代表。

晚上，取来一批《人民日报》阅读，国内讨论人民内部矛盾甚热烈，我要好好补补课。

---

〔1〕 邵燕祥，1933 年生人，北京人，诗人。时任中央人民广播电台编辑、记者，中国新闻代表团团员。后任《诗刊》副主编等。

〔2〕 张又君（1915—1992），笔名黑婴，广东梅县人。曾任印度尼西亚《雅加达生活报》总编辑。时任《光明日报》编辑、副刊《东风》主编，中国新闻代表团团员。

〔3〕 丁九（1920—1969），原名丁灿成，江苏省淮安人。长期在新华社从事战地采访和军事新闻采访工作。时任新华社党总支副书记，中国新闻代表团团员。后任浙江省文化局局长，1969 年自杀。

〔4〕 普式金，即普希金。

四月二十八日　星期日

昨晚看了好几天的《人民日报》，但主要文章都没有看到。

前天和葛里高利也夫和布洛夫等同志会谈，他们说，莫斯科方面的确有意多留我们几天。我们提出，如在莫斯科多留，则是否可以不在伊尔库茨克停留。一则我们希望坐一坐图104，二则也免得他们送我们到伊尔库茨克，他们说可以考虑。同时，他们还问如在莫斯科多留，是否再去别的地方参观一下，比如到克里来的萨波斯托尔去，但那里火车要坐一昼夜，飞机坐好几小时。后来和同志们谈商，很多同志（特别是亚洲一组的同志）愿意到里海去一下，邵红叶、卢大姐不去，我也怕再跋涉一次。如果他们去，我们就留在莫斯科补补课，顺便整理整理笔记。昨天我又对布洛夫说，无论去不去里海，总之希望不要把整个日程放得太长，来苏已一个多月了，日程相当紧张。天天坐飞机和汽车，全团的主要情绪一是归心似箭，二是望机生畏。

今天八时起，天阴湿，大概从昨晚起就下了小雨，好在我们在列宁格勒的主要参观项目已搞完了，前几天的天气的确是很好的。葛里高利也夫开玩笑说，因为我们不准备在基辅参观，所以基辅以最坏天气对付我们，而斯大林格勒和列宁格勒则对我们十分欢迎。

昨天在百货公司门前，遇着一个苏联人和我们搭谈，他说过去曾在新疆当过领事，现在也很关心新疆的进步。总的说来，苏联人民的确衷心地和中国人民友好，希望中国强盛起来。

十一时，步行至冬宫参观，这是沙皇的宫，规模极大，楼梯有一百多个，大小厅房有两千多间，我们当然不能全看，匆匆走了一过，已倦极了，印象最深的是陈列的美术（品）极多，从古代到现代，有些名画，都是在杂志中见过的，中国美术品也陈列了十几个室，但精品似乎不多，最后参观金器室，其中有四千年前出土的金器，是在巴库一带出土的，可见那一带历史的悠久。

下午，乘车赴离列宁格勒约四十公里的列宁避难木棚和草棚参观，七时半返抵旅社。这次我们到苏联，凡是列宁的遗迹，除他的出生地和流放地外，都参观到了。

在列宁避难木棚的纪念馆旁边，有一座房子，就是当年帮助列宁避难的工人住的，他已八十多岁了。

八时，列宁格勒州委宣传部及新闻出版界欢宴见面，极为热烈，适同厅有民主德国工会代表团也在欢宴，我们强调以苏联为首的社会主义阵营大团结，他们也过来为我们敬酒，祝中国人民和毛主席健康。

十一时，上车站，在站上，又歌又唱，与欢送者联欢，气氛非常热烈。

这是我第一次坐苏联的火车，车厢比我们的宽，每节八室，每室二人，没有上铺，房内有台灯，壁灯等各九盏灯，上面有行李架，挂衣服的地方也很多，好像比我们的车箱也高些，唯一缺点是室内无洗脸设备，据列宁格勒大学学生对我们说，国际列车比这还要好些。

睡前，看《人民日报》，并与徐晃同志谈今后的工作，应抓那些思想，总希望最后一段能做得好。

四月二十九日　星期一

睡得还好，只是怪梦连连，大概是和衣而睡的关系，八时起身，洗脸。

列宁格勒离莫斯科六七百公里，听说是世界最直的铁路。因为当年造此铁路的，将原计划送给彼得大帝，他看了说太曲折，就用笔在地图上画了一条直线，说要照此线建造，九时四十分到莫斯科站。依然住在苏维埃大旅社，我住 307 号，和以前住的格式一样，仿佛更舒适些，马上洗了一次脚，离莫斯科二十二天，重行回来，颇有回家之感。

在巴库，索契、斯大林格勒和列宁格勒，已经看到处处在油刷房屋，整理市容，准备迎接五一。今天到莫斯科，更是一片节日景象。到处高悬马克思、恩格斯像及 MAR.1 字样的红旗，经过红场附近，已在高搭牌坊。

三时，参观画廊（即美术博物馆）珍品极多，美不胜收，我们只看了一部分。

五时许，《文化报》记者来访，约我写一段中国的文化生活，以纪念五五出版界（节）〔1〕，他说各民主国家都有了文章，希望中国同志也写几百字，并盼有《文汇报》的报头，我答应了。五时，即抽空写了七八百字，主要写中国农民的文化生活。

下午六时，有一个工厂开"五一"纪念晚会，邀我们参加，我们当时决定分两批，一批去画廊，一批去工厂，轮流休息，五时半我正预备休息，徐晃同志来电话，坚决主张我去，我实在疲倦，毅然回绝了。后来想想，态度不对。固然，苏联同志的布置有些主观主义，但我们来既然为了友好，一切还应忍耐。留在苏联的日子越来越短了，今天有些态度不好，或者不好好工作，将来是要后悔的。

据苏联同志反映，准备我们八九号坐图 104 回国，这样在苏联至多只有十天了。

苏共负责同志可能接见我们一次，又听说要邀请我们参加七日开幕的最高苏维埃会议。

〔1〕 五五出版节，前苏联将马克思的生日(1815 年 5 月 5 日)和《真理报》创刊日(1912 年 5 月 5 日)定为出版节。

莫斯科的天气很温暖，白天出去，不穿大衣可以了，晚上我开窗在阳台上站一下，也不觉得冷。

六时洗澡后，酣睡了三小时，舒服极了，醒来已九时半，因为昨天没开会，停了。十时，王器电话，说他们已回来等我吃晚饭，即整装下去。饭后，又和徐晃、卢竞如同志谈了个把钟点，本来想看看电视，等他们走后〔来时〕，已经没有了，收拾准备睡觉。

四月三十日　星期二

昨晚一夜没睡好，大概因为下午睡了三小时午觉，翻覆睡不着，最后，四时已天明，又起来洗一个澡，朦胧睡了两小时。

前睡〈日〉离列宁格勒时，下了一场小的雨夹雪，这大概是今年看到的最后一场雪了，在列宁格勒时，天气已相当暖和，白天出去可以不穿大衣，但在拉多加湖上，冰块还成片，涅瓦河上还不断源〈漂〉流着白色的水块。最奇怪的，我们去巴库时，已经炎热如初夏，那天到古班区去，一路燥热得很，而离古班只有几十公里的群山上，还白头皎然。

莫斯科四月的天气，似乎比北京还暖和些，记得去年在北京时，早晚还非穿大衣不可，今晨我看窗外马路行人，已多穿了薄薄的春衣，很少穿夹大衣的了。

九时早餐，《文化报》同志来取稿。

九时半，开全团会议，一再叮嘱要保持与招待同志之间的关系，据布洛夫同志告诉我，一二日放假，不布置节目，五日参加苏联出版节，与苏联新闻出版界同志见面，七日旁听最高苏维埃会议，其余几天节目，还要双方商量，但因为日期很促，克里米亚可能不去了，在八、九、十三天中，那一天有图104，那一天就回北京。布洛夫同志并希望我们主动提出意见。在会上，我把上面的意见报告了，同志们基本无意见，有些同志还希望争取到克里米亚去一次。

十时，赴立体电影院（在大剧院附近）看立体电影，剧院甚小，而且相当旧，只能坐四五百人，大概是因为光的关系，戏院是长条形的，也就是说只能正面看，幕是玻璃的，上有条纹，晶晶发光。今天开〈看〉了两个短片，初看时并无立体感，后下边的一条红带看不见了，才有立体感，但我因为近视而又散光的关系，看来总不那么逼真，同志们看了也极不舒服。大概立体电影在苏联还在试验期间，宽银幕电影要好得多，也有立体感，而看得很舒畅。

据陈泉璧[1]同志今天从《人民日报》记者站来说，最近中央表扬了《文汇报》，而且（对）《人民日报》进行了批评，说还不及《中国青年报》、《北京日报》等北京报纸，要《人民日报》在一星期内采取措施，进行改进。所以《人民日报》最近的版面有很大的改变，活泼得多了。我在苏联也看了各地和中央的报纸，虽然不懂俄文，版样等等是可以看出的，我看，《真理报》很死板（最近也登了象棋等等），《莫斯科晚报》、《莫斯科州真理报》就比较活泼，各地报纸也一般比较生动，但一般化的毛病是最重的，我认为"再论无产阶级专政……"[2]一文中提到学习苏联的几个原则，在新闻工作者也是完全适用的，苏联报纸明确了阶级斗争武器的性质，有明确的工人阶级立场。报纸注意绝对的真实性，报纸不是为着消遣的，而是鼓舞群众改进工作的工具，因此必须联系实际，联系群众，在报纸上开会批评与自我批评，这是资产阶级社会报纸不可能有的特点。这些特点，对各社会主义国家报纸都有普遍的意义。我们应该在这些方面好好向苏联学习，不仅学习他们办报的基本精神，而且

---

〔1〕 陈泉璧，1916 年生人，江苏武进人。时任《人民日报》国际部主任，中国新闻代表团团员。后任《人民日报》驻莫斯科首席记者，新华社莫斯科分社社长。

〔2〕 "再论无产阶级专政……"即《人民日报》1956 年 12 月 29 日发表的社论《再论无产阶级专政的历史经验》。

要学习他们四十年来贯彻上述原则的一些经验，至于在此原则下，如何为群众所喜闻乐见，如何安排自己的工作的版面这些，必须根据本国的具体社会特点，人民喜爱的特点，以及每一报纸本身的传统和特点，创造性地进行适当安排和计划。这方面，不必向苏联亦步亦趋，正如苏联人民的饭菜，和我们的饭菜决不可能一致。因为彼此的习惯和喜爱不同，问题只在我们的菜都是营养的，有益卫生的，在这方面，正如少奇同志说的，苏联并不（什么都）是先进的，即使他们是好的，也不完全适合我们的要求，等于他们的鱼子，我们不一定喜欢吃一样。上面这些意见，我回去想好好考虑考虑，写一些文章，争鸣一下，以前在复旦和《解放日报》讲的，太抽象了。虽然已引起了新闻界的注意（新闻与出版以及一些地方报纸由部刊物都转载了），争鸣争鸣，这对于改进我们的报纸工作相信是有好处的，我应该在这方面多发表些意见。

中央如此重视《文汇报》，对同志们当然是一个鼓励，最近在这方面，报社接二连三的喜事，令人兴奋，但正因为这样，目标大了，各友报和读者都密切注视着我们，今后要更加努力，好好发挥创造性，我回去后，更要打起精神，在这方面多下点工夫。总之，要更谦虚踏实，要向邓拓、夏衍、姚溱、西民[1]等同志多请教，《文汇报》这次如此受重视，是和他们的鼓舞和关切分不开的，今后还要在这些方面多多加强联系。

今天街上更是一片节日景象，到处在张挂红旗。关于领袖像，排列很不一致，比较一致的是赫鲁晓夫第一，布尔加宁第二；而斯大林的像等，则到处不见，只有在地方和有些学校里的画像和石像

---

〔1〕 西民，即石西民。石西民（1912—1987），浙江浦江人。时任中共中央华东局委员、上海市委书记处书记、宣传部长。后任文化部副部长、国家出版局局长、社科院新闻研究所名誉所长等职。

还存在。

中苏友好的标语，到处可见。

三时，大使馆陈楚、张映吾同志来访，带来了一个多月来的《文汇报》，看了以后，觉得同志们的确很努力，内容有很大的改进，尤其是周扬同志的谈话和关于伏罗希洛夫同志到北京和上海的消息和新闻处理，很有特色，中央的嘉奖是完全有根据的。当然，《文汇报》能够有些成就，与邓拓等同志的支持是分不开的。我在晚饭时，把这个意见和感想和同志们谈了。

据陈楚同志（前《长江日报》社长，现为大使馆代办）谈，一周来，约旦局势在恶化中，印尼有好转，芬兰的情况也不好，尼赫鲁的声望在低落。关于苏联方面，关于工业下放的问题，下面讨论的意见很多，基本是赞成的，但也有顾虑，听说这次最高苏维埃会议要通过，是否太匆促了一些呢？这样重大的问题，全民讨论只有约一个月的时间。

一个多月没看到自己的报，今天大体翻了一些，觉得非常亲切，六时，睡了二小时的午觉。

八时，徐晃同志把我叫醒，同志们都来，说据李何[1]同志的估计，是否苏联方面对我们热情不够，是否可以主动要求早日回去。

八时半，葛里高利也夫和布洛夫来访，谈今后日程，据谈，我们回去的日期，决定在九日晚，坐图104，在此以前，大体前有了安排，我们提出是否可以提早回去，他们说有困难。因为这次最高苏维埃会议，如通过工业问题，全世界注意，中国同志不参加，非常遗憾。后来我们又召集全体同志谈话，大家同意留到九日走，但多不希望到托尔斯泰故乡去，因为来去很麻烦，坐汽车太久。

---

〔1〕 李何，1918 年生人，福建福州人。1950 年与夫人瞿独伊到莫斯科创建新华社驻莫斯科记者站，任特派记者。时任《人民日报》驻莫斯科记者。

晚饭，大家为庆祝五一节，饮了几杯白兰地，饭后在我的房间举行晚会，大家歌唱并说了些笑话，我唱了三段戏，说了三个笑话。大家情绪之高，为出国以来之首次。的确，出国一个月多以来，精神上有些疲乏了。这样调剂一下，是有好处的。

明天要起早，今天争取早些睡，记此日记时，已经十一时半了。

五月一日　星期三　劳动节

今年能在世界第一个社会主义国家——苏联欢度劳动节，感到极大的光荣。

今天六时起，整容整装。七时早餐，向看见的人，包括餐厅的同志问候节日的好，布洛夫、葛里高利也夫早来了，葛带了他九岁的孩子一起来，也问了好，这孩子和他长得一样，不介绍也可认识。

八时许出发，大家自己带了护照（我的是外交护照）和入场请束，一路已看到参加检阅的战车队伍和群众队伍，车到高尔基大街，即转入花园环行路，绕至克里姆林宫旁，下车检查护照，至观礼台（我们是第七台）又检查一遍护照，红场远没有天安门大，检阅台即在列宁斯大林墓上，分两层，当然也没有天安门高，两旁看台更远比天安门的小而简陋，即在斜坡上以石条隔成若干区域，石条可坐，没有另外休息的地方，大小便要跑到二百米外克里姆林宫一入口的地方，所以也不方便。我们到的时刻，已是九时零五分，石条上已坐满了人，我好容易在第三排占着一个位置，坐了看。

九时半，乐队及各种部队仪仗分别由东西北各面进入红场，行列甚整齐，军队约有 800 人。

克里姆林宫伊万雷帝钟楼的钟每到一刻钟即鸣一阵，刚十时，钟鸣声中，即由广播宣布"五一"仪式开始，苏共中央负责同志登检查台上层（下层为元帅们），赫鲁晓夫和布尔加宁并（排）向观礼台以草帽招呼，观台掌声一片。

旋朱可夫元帅坐一新汽车疾驰至红场中央，另一将军坐车驰来向其报告，即并驰至各种部队前传达问候和命令，这些声音，广播都播出，（会）听到朱可夫讲了几句话，部队"啦，啦，啦"几声，朱可夫再讲几句，又三声"乌拉"（昂扬的声音）。这样，他又到其他部队去，约一刻钟，他回到观礼台，奏乐。克里姆林宫的礼炮轰鸣，然后又奏乐，朱可夫宣读"五一"命令，约十分钟，检阅即开始，首先是在场的乐队，苏沃洛夫军校学员，各兵种，每一兵种受检者分三组，极为整齐，和我们天安门比较，他们的服装质量好得多，色彩也较鲜艳。地面部队刚过，飞机即出动，首先是一个喷气式重轰炸机带四个喷气战斗战〈机〉，然后三个一队，五队一组，都是喷气机，有的四个发动机，有的两个发动机，后来就是五机一队，其中有一组是螺旋桨式，但也很好。最后，每队（五十架）白头，行驶更速，闻声即已划空而过。今天参加检阅的飞机约有 180 架，队形整齐，闻其中很多是新的东西，最难得的，低飞到好像刚刚比红场两旁教堂的塔尖高一些些。

飞机过后，地面即出动战车、坦克等等，开行甚速，每排四机，每组五六排，先是装甲车、降落部队、降落小坦克，然后，坦克、战车、各种炮，喀秋莎、火箭炮、高射炮、大炮，后来我和唐平铸上校谈，他说，其中很多新东西，喀秋莎比以前见到的式样不同，火箭炮也很特别，平射炮炮身极大，还有一种炮后面附带的机点像一座小发电机一样。

武装检阅毕，已十一时许，接着是少先队，至检阅台前，也放鸽子和气球，人没有我们天安门前多，气球也不那么出色。

少先队后，是体育大队，非常五光十色，丰富多彩。先由机器脚踏车几十辆，每辆上有一女子，穿短裤背心，立在高架上，手执各色旗帜（每旗代表一运动队如斯巴达、火车头等），由相反方向驶过红场（大队是由西向东而行进）。

体育大队远比我们的多而复杂，每一种运动项目，都有男女运动员两大队作相应的动作而过（有的还在场中停下来表演），最令人惊奇的是网球、篮球、足球队伍，除大批选手执球游行外，有好几队带了活动的球门、篮架、网架，两队一路进行比赛而过，踢打同时有好几个球，真是奇观。

体育大队后，是群众队伍，也像天安门和上海人民广场一样，由纠察人员隔成几路同时并进。

那时，广场中不断喊各种口号。

群众队伍没什么可看的，我们比较，相同的是标语牌都是列的生产的纪录，不同的是我们群众的花整齐些、多样些，他们的服装整齐些。

红场列、斯墓对面为百货公司大楼，面向检阅台，高悬马克思及列宁二人像，四周有苏共中央主席团成员像，游行队伍中，也多是马列像和主席团像，我没有看到斯大林像（徐晃同志说，他在游行队开始时看到两个）及各国领袖像。

今天观礼台上，各国的来宾都有（我们看到非洲黑人和穿苏格兰装饰的），我国的代表不少，几乎到处听到中国话，约略估计，可能在150人。在游行队伍，也时常看到三三两两的中国人，大概多是去苏联工厂实习的人和各学校的我国留学生，我们也看到一面写着"和平"中国字样标语的牌子。

十二时后，观礼台上即有人陆续离去，布洛夫一再约我问是否要先走，我仍决定于一时半率队走出观礼台，绕至克里姆林宫后（步行一两公里）乘车回至旅馆。

二时半午饭，我们和苏联同志相互举杯祝贺节日，我吃了三杯白兰地。

饭后，即看报午睡，由四时睡至六时，极为酣适。七时后，部分同志至红场看热闹，我因为听说要走好多路，而又刮大风，天文台报告可能有雨，因此没有去，留在家里，看电视节目。

昨晚徐晃同志到大使馆汇报情况，十二时许方回。今天他对我谈，大体同意我们的估计，即留我们是重视的，我们要打起精神，做好最后十天的工作。又据大使馆方面谈，伏罗希洛夫主席这次访问我国的消息，苏联报纸登得不算多，远不如赫鲁晓夫、布尔加宁去年访印、缅的热闹，《真理报》迄今未写社论，我们《人民日报》的社论未转载，很多重要文章也未转载，不知何故。

据在红场遇到的我们农业代表团同志说，他们也坐九日的图104回国，这飞机于九日下午十一时离莫斯科，十日北京时间下午三时到北京，这样说来，不到九天整，我们就回到北京了，我们来苏已三十六天，也就是说，整个旅程，已经过了五分之四了。

今天上午电视节目一直播送红场游行情况。二时半，看电视，红场游行尚未完毕。

晚，在家开电视，迄九时，还多是游艺节目，大部是歌唱音乐节目，没有多大兴味。

到晚十时半，还没有收到有关红场夜景的电视，很悔没有去看看，失掉此一机会，一个人在三间灯火辉煌的房间里，很有孤寂之感，想写一广播稿，因为莫斯科电视台要我广播一次。

五月二日　星期四

昨晚正在红场狂欢之时，莫斯科忽大雨。据徐晃同志说，红场的情况并（没）有我们天安门热烈，焰火也不集中，这样说来，我没有去关系不大。

今天天气骤冷，穿了夹大衣出去还嫌冷，据天文台报告，今晚最低温度将降至零下三度。

上午先和葛里高利也夫、布洛夫等同志全面确定了最后一星期的参观日程。十一时，开全团会议，初步总结工作，大家一致同意，这次来苏，收获很大，印象很深刻，内部团结关系也很好，没有发生任何不愉快的事件，缺点是出发时任务不明，事先的组织工作做得很差，因此开始工作时陷于被动，苏联方面对我们很重视，布置也很周到。

下午一时午饭，二时前即出发至中央运动场看全苏足球比赛开幕礼，中央运动场在列宁山下，与莫斯科大学隔一莫斯科河，规划极大，以前中国报刊杂志都介绍其兴建消息，现在大部分建成，有两个是球场，一个小的，一个大的，今天比赛在大的举行，看台下面有三层高的办公室，还有电影院等等，场内照明的水银灯密如天火，有千余盏，座位当在 10 万—12 万之间，中间绿草如茵，与黄沙坑两映。

苏联人极爱足球，今天万人空巷，门口等退票的如一字长蛇，门前有步骑两道巡逻队维持秩序。

仪式开始，先由约二十个球队（包括男女各种球队）入场式，升旗，讲话，然后看各种表演约历半小时许，四时，比赛才开始，今天比赛的两队，为斯巴达（去年的冠军）与狄那莫（亚军），技术之好，当然没有话说，结果是斯巴达赢了一球，这一球打得非常漂亮，两内锋交叉前进，同时突破狄那莫内卫，球门顾此失彼，乃被射入一球。

在门前找车，找了很多时候。

一部分同志去看宽银幕电影《序幕》，我和刘克林[1]、邵燕祥

---

[1] 刘克林(1924—1966)，湖北新化人。曾任重庆、香港、上海《大公报》编辑记者。时任北京《大公报》国际部主任，中国新闻代表团团员。后到中宣部工作，曾参加"九评"写作。1966 年自杀。

等先回旅馆，饮茶后出发再到中央运动场，看奥地利的冰上芭蕾舞，场子大概是原来的室内篮球球场，改装得很好，用了原场的一半，约可坐二万人，舞台是一块大的人造冰，四边是红白电灯，场四周有冰花形的五色电灯。

这种冰上芭蕾舞是生平第一次看到，等于舞台上做戏一样，各种节目，各种服装，各种布景道具，男主角是世界滑冰冠军（比利时选手），女主角是奥地利冠军。

我们看了一半，休息时已十时四十分，大家商量早些回去休息，到门口，有人要票，即给其去看下半场。

出口，看到对面莫斯科大学校舍灯火辉煌，简直像水晶宫一样。中央运动场四处灯火高楼，回顾市区，斯摩棱斯克大楼和居住大楼也灯火辉煌，真如置人仙景一般。苏联政府对于公共建设，不惜铺张，美轮美奂，这在各地都可看到，这也是社会主义建设的一个特点吧。

司机也讨到票子进场看戏去了，朗斯柯[1]同志到处联系，我坐在车里等（太冷）一直到十一时半，司机才来，即回到苏维埃旅馆。

吃晚饭时，和刘克林、邵燕祥（这两次〈位〉同志都很有才华）畅谈到一点钟，饮了两杯酒，一时半回房，洗了一个澡后即睡觉。

来了二十九日及前几天的《人民日报》和《光明日报》，看得很过瘾，在莫斯科，盼国内消息的心情日浓。

五月三日　星期五

这几天主要管招待我们的是朗斯柯同志，这位同志非常诚朴细

[1] 朗斯柯，苏方接待人员。

致，他每餐都问［题］下次吃什么，为我准备了猪肉，因此我的生活上更觉得方便了。

上午，一部分同志再次去看博物院，我出来也想再去看看时，因为要写今晚电视广播的稿子，没有法子去。

早餐后，理了一个发，全套，这里理发的技术，比里加的高明得多，花的时间也长些，在苏联已理了两次发，下次理发时，一定已经回家好几天了。

理发出来，顺便要了一支自动铅笔，又买了三个徽章，一共花了十个卢布。

据卢大姐说，她昨天在朋友家里，遇着管莫斯科城市建设工作的同志，他说，莫斯科市区是五百万人，连郊区不到八百万，这几年，建设了许多新房子，主要是照顾专家、教授、高级知识分子，还有的是优先让原来住了地下室的劳动人民居住，一般的居住条件，都比过去改善得多了。今年，莫斯科要新建住宅一百八十万平方米，在第六个五年计划期间，共建一千一百平方米（都不包括厨房、卫生设备等公用面积，只算住房）。

和丁九同志谈，他说我们这次来苏，全团里团结很好的，很融洽，当初要我当团长，是中央决定的，就是林朗来，他也是当副团长。党对我这样信任，我很感激，来苏四十天来，所有同志对我都很尊重，使我一点也不感觉有党与非党的界限。大家都说，我是没有领党证的党员，所有这些，使我很感动，因此，在最后一阶段，以及总结工作中，我更要努力克服自己的自由散漫习气，和同志们一起，把工作做好。

据葛里高利也夫同志说，昨天比赛的斯巴克球队是合作社的，狄那莫是内务部的，观众对狄那莫的印象极好，昨天为它打气的最多。

上午，徐晃同志等到文化部新闻局去，我在旅馆里写好了电视稿，并为卢大姐写了一稿。

下午三时，参观《真理报》印刷厂，规模的确很大，有四千多职工，印《真理报》外，还有《共青团真理报》、《苏维埃俄罗斯报》、各种画报、杂志等印报机有二十一部。

六时，赶至电视台广播，我和徐、卢两位都讲了话，个别同志因为参加〈观〉而没有照上，有些意见，晚上开全团会议，讨论了这件事，决定继续发挥主动友好精神，维持到底。

来了卅日的《人民日报》和《光明日报》，《真理报》又送了几本画报，晚上有书看了。

明〈后〉天苏联出版节，要预备讲话，全苏广播电台也要广播一次，这几天的工作还是紧张的。

五月四日　星期六

莫斯科在"五一"前后出现了新的无轨电车，除车灯骨架外，几乎全是玻璃的，从车外望去，几乎每个乘客都浴着太阳光。

早餐后，与葛里高利也夫商谈我们请客的名单，这次我们本来想要求大使馆请一次客，结果大使馆说没有钱，因为大部分预算都在总理和彭真同志他们两次宴会请客了，现在只有三四万卢布，要留到国庆宴会用。所以，这次决定我们自己请，由我出面，请使馆代办，预算就是我们所有的三千多卢布。

十时，文化部长米哈依洛夫同志接见，由我提出了三个问题，谈了一个半钟头，米哈依洛夫刚访中国回来不久，所以谈得很热烈。

十二时，预定参观莫斯科电影制片厂，我因为要准备讲稿，又今晨腹中有些泻，所以先回旅馆，准备休息休息。

又买了一支自动铅笔，花了十个卢布，很有趣，是准备送人的。

今天天气比较暖和了。

四时午饭，五时，到工会大厦参加苏联出版界纪念大会，会场就在赫赫有名的"圆柱大厅",厅也并不大,圆柱是纯白色大理石做的。

我被邀登上主席台,同时还有法国新闻界代表团,主席致词时,首先欢迎我们的代表团,其次是法国的。

大会由党中央宣传鼓动部副部长作报告,对报刊工作有所批评,也谈到兄弟国家的报纸,首先是中国,特别是《人民日报》,共讲了一点半钟。

在会场有好几个售书处,大家排队争购,据说很多是平时买不到的书。

七时,继续举行晚会,有歌唱、杂耍、芭蕾舞等,不见大精彩。我们看到休息时(九时许)就先乘车回来了。

工会大厦是老房子,离红场很近,隔壁是新建的部长会议大厦,高十几层,因此把这个大厦显得又矮又小了。

晚上写三封信,一寄家,一寄京办事处,一寄瑞弟,这些信到达时,我也快到家了。主要是多买了些邮票,不用了可惜。

因为肚子不大好,今天吃的东西比较少,晚上准备好好洗个澡,早些睡觉,回莫斯科匆匆已六天,再过六天,就回北京了,今天我写信给京办事处,托他们早订十二或十三号的车票,希望能买到高级包房,可以好好休息休息。

五月五日　星期日

昨晚休息得很好,今晨七时半起身,九时早餐,腹泻已止了,昨天东西吃得少些,这原则很对。

赴437号陈泉璧同志处取回雨衣,并将礼品约略分配,以便送给招待我们的几位同志。

十时半,出发赴高尔基中央文化休息公园,有一位《莫斯科晚报》记者并该公园的职员去门口等着我们。今天下雨，但高尔基公园景色甚好，该公园大约一千六百亩，分两部分，一为公园主要部分，一为莫愁园，共长十几公里，沿莫斯科河，其中特别游玩部分如飞机、跑车、滑板等等最有趣，大人和小孩可一起玩，也是特色，一切都可以训练年轻人航空航海的习惯。

小池内有许多天鹅。

在公园游玩约两小时，出来前，到捷克餐厅，各饮捷克啤酒一大杯，卢张[1]两同志各倒给我半杯，我实际饮了两杯，有些微醉了。

回旅馆午餐前，向葛里高利也夫等几位同志送礼品，场面很热闹。

午餐，又饮了两杯白兰地。

将昨天写好的信寄出。

四时半，赴五月一日刚通车的地下电车列宁中央运动场站及伏龙芝站参观，这两站比旧的车站建筑得比较朴素，但也是大理石（乌拉尔的）为主要材料，从高尔基公园到运动场站，电车要走三十五分钟，地下电车只走八分钟，而且只要买五十哥比票，在地下可跑遍全城。

六时许回旅馆休息片刻（从高尔基公园回来午睡一小时，极为酣适），即赴记者之家，应邀参加外交部新闻司宴会。今晚的宴会，为庆祝新闻出版节，应邀参加的有各同行莫斯科新闻界（包括资本主义国家的大使馆新闻人员及记者）。伊里却夫司长邀我等三人[2]立在主席台前面。

在这样的场合，吃是没有什么吃的，主要是饮酒，我今晚特别

---

〔1〕 卢张，即卢竞如和张又君。
〔2〕 我等三人，即作者和徐晃、卢竞如。

戒备，主要是饮葡萄酒。

日本记者一再和我干杯并交谈，两个美国记者（去年到过中国的）也和我们周旋，在这些场合，最可以体会国家强大了，处处受人尊敬。

九时半辞出。

五月六日　星期一

莫斯科的天气今天又变好了。我因为昨天睡得早（十一时），今天六时半即醒，已见朝暾耀目，起来热水甚热，洗了一次脚，盥洗完毕，还不到八时，因此坐下来记几行日记。

再有四天就要回国了，这几天思想上越来越矛盾，一方面，离家日久，归心似箭，一方面，对这可爱的兄弟之邦，的确有些依恋不舍，虽说北京、莫斯科朝发夕至，但真要来一次也不容易，今后不知何年何月再出国再来苏联。

在苏联，我觉得最不习惯的还是吃，苏联没有酱油，也没有醋，就是鸡和猪肉，吃起来也一点味道也没有，他们吃得津津有味的鱼子之类，我又不吃，回莫斯科后，管伙食的是朗斯柯同志，照顾得比较周到，每人不吃的东西，都有调查，但对我有时太仔细了，前一阵顿顿是猪肉，就是吃鸡的时候也给我换上猪肉，这几天听说我要吃鸡，又顿顿是鸡，吃猪肉的时候也换了鸡块，使我颇有啼笑皆非之感。

苏联宴客也没有什么可吃的，反而比平常东西少，只有一些冷菜，就是喝各式各样的酒，像昨天伊里却夫请客，我就没有吃饱。

在莫斯科为《文化报》写了一短稿，又作了一次电视广播，也都没有收到稿费，因此，想买的东西都不能买了。现在我还有四百卢布，预算一下，买了箱子约一百二十，幻灯机一百六十，为芳姊购一皮包七十，还想为二叔祖购一手杖，买两匣巧克力糖，钱是很紧了。

苏联为我们花的钱的确不少，据同志们说，在这苏维埃旅馆，我们每人每天要吃四十卢布，普通不带澡盆的房间，每人每天三十五卢布，像我这样三大间带两套卫生设备的房间，每天至少要一百二十卢布，再加上坐车，看戏（芭蕾舞三十多卢布一张，电影七八个卢布）坐飞机（从斯大林格勒到列宁格勒约五百卢布，苏联的飞机和坐软席火车的票价相差不多）约略算一下，这次我们来四十天，苏联方面为我们每人要花一两万卢布，我当然更要多些。

高尔基公园的门票，成年人下午十时前一卢布，十时后五十哥比，小孩减半，小孩在下午十时后反而要贵些。在苏联，最便宜的要算坐地下电车了，买一张票五十哥比，下去后，就是坐一天车子也不再花钱，电车、无轨电车、公共汽车是按站计算的，就要贵多了。地下电车平常很空，也很方便，像新开辟的运动场站和伏龙芝站，每小时有四十班，我在下面计算一下，的确每隔一分半钟就来了一列，停三十秒钟就开走，上下车要很迅速，好在有很多门，每列车有五至九个车厢，每厢要比我们的公共汽车大两倍，所以很少有人找不到座位的，座椅也很舒服。

在里加和列宁格勒，电车都有拖两节的（共三节）。据说，里加最初的电车，是用四匹马拉的。

我这次出来带了四条多香烟，一路节省，有时发一包苏联烟。今天，还有十包未吸，而在苏的日子只有五天，平均每天有两包非常宽裕了，而许多同志带来的烟早吸完了（有两位同志因为在斯维尔特洛夫斯克没有礼品了，把自己的香烟送了苏联朋友），这也是精打细算、前紧后松的好处。

在昨天伊里却夫的宴会上，新华社记者李楠[1]同志问我对新华

---

〔1〕 李楠，1922 年生人，四川峨眉人。长期在新华社从事国际新闻采编工作，时任莫斯科分社社长。1958 年乘飞机到达北极点，是第一位到北极采访的中国记者。

社莫斯科新闻的意见，我仓率〈促〉谈了几句，在这里的同业中，我觉得李楠比李何谦虚些。

十时半，出发至农业展览馆参观，地址在莫斯科西北郊，也是一个新建住宅区，这个展览馆大极了，而且布置得非常好，像一个十分优美而自然的大花园。展览会今天要到六月一日正式开幕，现在还在布置中，中央大厅旁边，有二十多个各加盟共和国和一些地区的展览馆，建筑外形都采各地的民族形式，内部也很讲究，我们仅参观了吉尔吉斯的展览馆，后来又到水利水电馆参观，其中有各水电站各水力灌溉系统的模型，非常逼真，据讲解的同志说，目前已建成的水电站，以古比雪夫的为最大（世界第一），发电二百一十万千瓦，斯大林格勒的比古比雪夫的还大（二百三十万）。我们曾参观斯大林格勒大水电站的工地，现在看到建成后的模型图，分外觉得亲切。

农展会里还有许多餐厅（各共和国的菜都可以吃到），还有两个电影院，一个露天音乐厅，还有宝石花的喷花等等，总的印象，这里正像《艾丽思漫游奇景记》的仙景一样，只有社会主义国家，才能为农业生产花这样多的钱，建设这样瑰丽的东西，看了很使人感动。

为我们讲解的同志，中国话说得相当好。

一时三刻离开，直到中央农业部，部长会议副主席兼农业部长马思凯维奇同志接见我们，谈苏联农业问题，谈得相当深刻。过去三年，苏联农业生产有很大发展，各种作物生产都有极大增长，今后，大规模垦荒将暂时停止，主要是扩大灌溉面积和提高单位面积产量，在今后农业工作的新措施，最重要的是设农业工作区，根据最新科学，结合一地区具体条件，制订发展各种农作物的计划，这和工业方面的划区改变领导的新办法，我认为同等重要。

四时离开农业部回旅馆吃饭，饭后看到新来的《人民日报》一日至三日报纸，有"五一"消息及有关整风消息。

本来不想午睡的，但躺着看看报，不知不觉地睡着了，结果是电话铃把我吵醒，原来下面主人们已到，等着我们下去，我急忙洗脸换上西装，电话来了四个，到餐厅，主宾几乎已到齐，这次宴会是外交部新闻司和莫斯科新闻界专为招待我们而举行的，大使馆陈楚代办和官亭同志也参加了。

宴会上，伊里却夫同志和《真理报》的撒却可夫同志都讲了话，我和徐晃同志也讲了话。

《新时代》的秘书长来问我对《新时代》的意见，听说他们准备出中文版。

九时半，辞回房间（宴会就在苏维埃大旅馆举行），莫斯科广播电台的记者来找我，列娜同来翻译，电台要我作一次对中国的广播，讲这次游苏印象，我答应了。准备后天去讲，据电台同志说，我们在莫斯科期间，电台几乎每天向中国人民广播我们活动的消息。

《文化报》编辑部来电话，约我去作访问，约定明天参加最高苏维埃会议后即去。

撒切可夫说，莫斯科的天气越来越好了，问我们再留苏联两星期如何，我说，在苏联再多参观是很高兴的，但国内正热火朝天讨论人民内部矛盾问题，如再不回去，怕落后得太远了。

十时后，赶写广播稿，因为明天的节目排得很密，怕没有时间写，这是在苏联最后的一个重要任务，争取做好。我想，北京和上海的朋友可能收听这广播，他们能听到几万里外的我对他们讲话，一定很有意思。

五月七日　星期二

昨晚看三天的《人民日报》和一天的《光明日报》，直到三时半才睡，党中央已发出整风通告，一些机关已开始整风，国内的政治思想高潮已经热火朝天了。看了上海文艺界，北京大学、科学院等的座谈记录，的确许多知识分子都把心底的话说出来了。这一下才真有可能百家争鸣了，党中央的领导就是伟大啊！只有这样才能调动一切力量，发挥一切智能把我们的国家很快的建设起来，党中央报告中，特别指出要把我们国家建设成为强大的……生动活泼的国家。"生动活泼"非常重要，我看，苏联由于它具体的历史条件不同，因此革命发展的道路也和我们有所不同，加上斯大林晚年的个人独裁作风，今天虽已在改变中，但总使人觉察到，苏联什么都好，就在这四个字缺少一点。

报纸是反映客观存在的，因此，今后的报纸工作，也必须更多注意生动活泼的一方面，要有思想性，同时必须是反对教条主义的，在这方面，今后要多发挥力量，多做一些创造性的工作。

七时半被电话叫醒，即起身整装下楼吃早餐，因为这几天肚子不太好，没有吃多东西，又为我烧了一盘白鸡饭，我没有吃，对此实在没有什么胃口了。

听卢大姊说，飞机是九日飞，但赫鲁晓夫如在十日接见，可能多留几天，大家归心似箭了，我也已写信回去通知北京和上海了，但愿不要再改变吧！

九时许，出发赴大克里姆林宫，参加最高苏维埃全体会议开幕礼，我们被邀坐在列席第一排，很受优遇。会场门前有好几张报到的桌子。

在会场上，遇到爱沙尼亚党第一书记和阿塞拜疆最高苏维埃主席，连忙和我们招呼握手，很有他乡遇故知这样的亲热。

大克里姆林宫是苏联重要会议开会的地方，座位比我们怀仁堂宽，每两个座位中有一小圆形播音器，就安在桌边上，一般座位都有几种民族语言的"译意风"。我们所坐的几排位子，有法、英、中、德和西班牙语五种"译意风"，比如，把指针拨在"三"上，就听到中文，但今天上午仅是开幕式，通过了资格审查报告和议程，没有播"译意风"。

今天赫鲁晓夫、布尔加宁、米高扬没出席，可能在最后讨论赫鲁晓夫的报告，其余为马林科夫、莫洛托夫、卡冈诺维奇、别尔乌辛、朱可夫等都看到了。

大会表决比我们简单，问是否同意，大家一举手，问有无反对，没人举手，一两秒钟就解决了。

各国使馆皆坐在厅旁的小园里，各国记者坐在楼上旁边的长方形厅里，后面有几张放着电话的桌子，休息室则和各国使节在一起。

今日清晨有小雨，相当冷，会议十时半即结束，宣布下午三时开会，出来时有太阳，立即觉得暖了（今天穿了棉毛衫和羊毛衫，未穿大衣，为了避免寄存衣帽）。

汽车在红场前抛锚，我们（向）葛里高利也夫（要求），下车步行一段坐电车回去，他无论如何不同意，结果还是另叫汽车回来，在这些方面，是比我们死板得多。

有一位叫郭绍唐[1]的同志，绍兴人，早期的留俄学生，参加了革命，他的哥哥是在上饶集中营被害的，他早已入了苏联籍，改名什么"郭维洛夫"，在东方学院工作，对中国历史很有研究，早娶了苏联老婆，有了女儿，听说正在争取回国工作，在大革命中，这样的人很有几个，前天听说一个学生（四川人）也是如此，以上都是卢大姐谈的，他们都是朋友。

下午二时（二时前午睡了一小时），再赴大克里姆林宫，坐在前排旁厅旁，三时开会，由赫鲁晓夫报告，主要是关于工业建设的管理问题，工业下放，六月就开始，以后中央的部署减少，而且只管

---

〔1〕 郭绍唐原是中共早期党员，1925 年赴苏学习，后在共产国际机关工作。苏联"肃反"期间，他受冤入狱，流放西伯利亚，十八年后才得以平反回莫斯科，时任苏联科学院东方研究所研究员。1957 年秋，郭绍唐应周恩来邀请，偕同苏联夫人及女儿回国访问。

政策方针。

这个报告已印出，要讲四个半钟点。我因为今天宴客做主人，和邵红叶、刘克林、邵燕祥、罗林等同志先退，乘车至大使馆练了清唱，抽中华牌香烟，和官亭、李楠畅谈了很久，大使馆还是国民党时代留下的房子，这房子是旧俄资本家的建筑，现在还是租用，已决定在列宁山建新大使馆，后年可以全部落成。

大使馆有职员五十余人，商务参赞处两百余人。

七时，客人陆续来，塔斯社社长一向不参加宴会，今天也来了。会上情绪甚高涨。可惜大使馆为我们准备的酒菜太少了，原预定三千卢布，结果仅用了二千，同志们对此都表示不满。

回旅馆后，向列娜送礼品，全体同志都参加。

《消息报》送我们每人一把电刮胡子的刀，送女同志每人一手表，卢大姐的很名贵。

徐晃同志和我谈了许多话，主要是说对我这次领导的稳当很感激，又说，当初决定我当团长是宣传部批的，可见是很正确云云。

来了四日的《人民日报》。

伊里却夫说，苏联将有比图104更快的客机出现，李楠说，苏联今后主要将发展喷气与螺旋桨结合的乌克拉式飞机，这种飞机用油很省。每小时可飞六百公里（现在，普通飞机每小时三百多公里，图104，八百多公里，顺风可飞一千公里），而且乘客每机可达一百五十多人。

苏联外交部远东司副司长[1]的中文讲得很好，他昨天一再问我苏联有哪些缺点，他又说了一个笑话，说罗果夫已经多年自己不会穿脱皮鞋，他不照镜子，就看不见自己的腿。

----

〔1〕 苏联外交部远东司副司长，即贾丕才。贾丕才，全名米哈伊尔·斯捷帕诺维奇·卡皮查，曾多次出任苏联驻华外交官，后任苏联外交部副部长。

五月八日　星期三

昨晚睡得早，而且相当甜，今晨六时半醒，即起身，盥洗烫脚，补记一段日记。今天又阴天，当多穿一点衣服，还有两天就要回到北京了。我们在苏访问的日程，基本已经结束了，就要准备收拾行李了，目前唯一的未知因数〈素〉，是赫鲁晓夫究竟是否接见，何时接见，希望千万勿因此而拖延行期，全团同志对这一点非常关切，实在大家归心似箭了，伊里却夫昨天说，八九两天很可能接见。

九时半早餐，十时，到莫斯科广播电台作华语广播录音，是专门对华广播的，同往者有葛里高利也夫、邵燕祥、张又君、王器等，电台房子并不好，正在改建中，对华广播部分有好几位会说中国话的，又看到两位我国电台来这里实习的学生。

在电台，看到赫鲁晓夫昨天讲话的大纲（电台准备广播的稿子）。

由电台辞出，赴百货公司，我买了一个皮箱，两个皮夹，一个幻灯放映机，一共花了三百五六十卢布。

一时，赶到苏维埃文化报访问，房子很小，他们设苹果酒、点心等款待，谈了一些他们的经验，并彼此商定了今后加强联系的办法。

出来时，该报交我上次给他写的短稿的稿费二百四十个卢布，因此又可以多买些东西了。

在《文化报》时，即闻赫鲁晓夫今天要接见我们，二时半赶回旅社，三时吃饭，即刮须整装，三时一刻出发，至苏共中央办事处，由外交部新闻处副处长哈尔拉莫夫陪同前往。

四时接见，即在赫鲁晓夫同志办公室，接见时极为亲切，表示对我们的欢迎，我提出了三个问题（经济改组后苏联工业的新面貌，美英对中东阴谋、国际一般局势和中苏友谊），他一一详细答复，并且还谈了苏联的农业问题。

谈话一共谈了一点四十分钟，在座的有伊利切夫、撒切可夫、和《人民日报》记者李何、新华社记者李楠等。

谈话后一起照了相。

两个多月来，我先后和毛主席和赫鲁晓夫进行了亲切的谈话，真是毕生的幸福之事。

赫鲁晓夫的办公室不很大，办公桌上放了好几个飞机（大都是民航机）的模型，和一块玉蜀黍的玻璃板[1]。

他的谈话，有许多涉及机密的，他都先说不是为了发表的，如美国在台湾设导弹武器的对策问题，少奇同志等来苏问题，毛主席过去对访苏的意见问题等等，说得非常轻松而亲切。

回到旅馆后，形势急转直下，听说图104只有今天晚上的票，否则就只能改坐小飞机，大家决定立即整顿行李，赶在今天出发。

我又赶忙去旅社的售品部买了一些香水、玩具等等，又同邵红叶到列宁格勒大街买了三盒巧克力糖，回来又把多余的卢布买了一把木梳。

七时，对外友协送我们每人一对钢笔，一个皮包，未到拉脱维亚去的同志，另送每人一收音机。

使馆张映吾、官亭同志来访，谈了很久。

广播电台送来稿费三百八十卢布，没法花出去了，晚饭时交给葛里高利也夫同志，请他代买一手表或电视机，有便带到中国去。

十一时上机场，同机有阿尔巴尼亚议会代表团及我国农业部等

---

〔1〕 原文如此。具体所指，现已难以考证。另据相关史料，20世纪50年代，赫鲁晓夫担任苏联最高领导人后，为解决粮食问题，曾大力推行种植玉米（玉蜀黍），此时正值高潮。他在办公室上放置玉米形状的玻璃工艺品或在办公桌的玻璃板下放置有关玉米图案的图片，也是有可能的。

代表。

到机场送的有伊里却夫、罗果夫、外交部东方远东司副司长贾丕才及《真理报》等代表，使馆陈楚、张映吾同志也来送行。

五月九日　星期四

晨一时，乘图 104 喷气机离开莫斯科，计从三月廿七日出国，共历四十四天。

离行前，《真理报》送来我们和赫鲁晓夫合照的相。

《真理报》同志并说，因为我们提早一天走，他们的礼品来不及送，决定明天带到北京，听说送我们每人一个照相机，一个手表，这次我们收到的礼品不少，加上自己买的，可以说是想要的都有了。

图 104 共四十多个位子，中间有两间包房和一间厨房，两个厕所，两个挂衣间，行李间在机身下部，设备相当好，共有三个女服务员。

飞机起飞后，即在一万米高空飞行，莫斯科时间四时十分（北京时间九时十分，以下即写北京时间了）即到鄂木斯克，上次由鄂木斯克到莫斯科共飞了十二小时。

离莫斯科不到一小时，天即微明，不久即东方发红、三时顷，红日即徐徐上升，因为太阳向西升起，飞机每小时以近千公里（等于向阳的速度）向西行，两相凑和〈合〉，太阳的上升比平时所见快了一倍。

在鄂木斯克上油，休息了几达二小时。

一时五十分到伊尔库茨克，那一带天还相当冷，山头尚有积雪。

三时离开伊尔库茨克，从此离别了苏联。

五时十分，到达南苑机场，先等阿尔拜〈巴〉尼亚代表团过去后（机场有盛大欢迎仪式），少奇同志等都亲到欢迎，代表团在鄂木斯克曾和我们交谈，对中国极友好。

苏大使馆参赞、林朗、赵恩源[1]以及我报叶冈[2]、嘉树[3]、朝宗[4]、小林[5]等都来接，齐向我献了花。

回到办事处，晚餐吃了稀饭、酱菜等。

仑仑七时许来。

八时，挂了家中和报馆的电话。

熙修到哈尔滨视察未回。

五月十日　星期五

生活一时还改变不过来，昨天十一时睡，二时半即醒。怎样也睡不着，朦胧中总是在苏联的生活，把几天来的报都看完了，七时，叫老赵买来豆腐及油炸圈（过去有一时期没有）七八个，都吃了再睡，结果是做了一个怪梦，十时半醒即起。

《人民中国》的同志来谈工作经验。

《新闻与出版》转载了我的文章，给了五十元稿费。

去朝宗处再支了一百元。

三时与叶冈、嘉树、蔚明赴中山公园看牡丹。

嘉树给我看芳姊的信。

仑、陶两儿七时半来，同去森隆吃晚饭，饮了一升大曲，有些

---

〔1〕　赵恩源(1909—1980)，通县人。1930年起任《大公报》天津馆编辑、北平办事处主任、汉口馆编辑、昆明航空馆负责人、重庆馆编辑、天津馆编辑主任。时任北京《大公报》副总编辑，1957年被划为右派。

〔2〕　叶冈，时任《文汇报》驻北京办事处记者，朱嘉树之夫，1957年被划为右派。

〔3〕　嘉树，即朱嘉树，时任《文汇报》驻北京办事处记者，作者妻妹，1957年被划为右派。

〔4〕　朝宗，即李朝宗。

〔5〕　小林，即林廷赏。

微醉。

回办事处，给两儿各种纪念品，他们都喜欢，可惜福儿不在这儿。

十一时许，他们回去，我准备睡，换着一身新睡衣。

五月十一日　星期六

车票已订好，为十三日的，本拟订十二日的，没有了，福儿十五日离家，还可以看到他。

上午九时，邵燕祥、刘克林两同志来，后与别的同志联系，会议决在下午二时起举行，看刘克林记的赫鲁晓夫谈话，很不错。

邦杰[1]来电话，约他明天早晨来。

中午，赴东安市场逛逛，吃了一碗鸡丝面，回来后请李朝宗去买一只帆布箱子，二十三元。

下午二时，代表团同志陆续来齐，后谈了总结计划，晚上我请他们吃饭，林朗同志也来了。

带来的礼品一部分还未到，我先取了收音机和矿灯，其他恐怕要等将来寄去。

饭后，与徐、卢两同志往访邓拓同志，酒后谈多了些，回来，仑、陶两儿已走了。

五月十二日　星期日

晨十时，仑、陶两儿及邦杰兄弟先后来，十一时同至三里河大姊处。

―――――――――――

〔1〕　邦杰，即杨邦杰，作者外甥。

午饭后，与仑、陶两儿同游北京，归后，两儿代我清理行李，我和陈铭德兄谈话。

晚饭在嘉树处吃，菜做得极好，样样好吃，在这方面她大有进步了。

晚上，匆匆写了一篇工作总结，睡前开始看《六十年的变迁》[1]。

北京这几天天气好极了，无风而暖和，终日万里晴空，入晚一轮皓月，光耀四射。

十二时和钦本立同志打了电话，告诉他明天一定动身，并从他了解了最近报馆的情况。

五月十三日　星期一

八时起身，整理零星行李，来时一个箱，回去多了两个，还有些东西莫斯科还未带到。

---

〔1〕《六十年的变迁》，是李六如所著长篇历史小说。李六如（1887—1973），湖南平江人。1955 年从最高人民检察院副检察长兼党组书记岗位上退下来后，开始发表文学作品。

1958 年

（该册日记扉页上写："学习日记　徐铸成　颛桥友谊社　五八年九月。"）

1957 年，作者被划为"右派"。1958 年 1 月，被免去上海《文汇报》社长兼总编辑职务。3 月，进上海社会主义学院学习。学习期间，作者先后在原上海县颛桥人民公社和原嘉定县外冈人民公社进行劳动改造。这段日记记述了作者在颛桥的劳动情况和生活情况。

——编者注

一九五八年九月十五日

上午五时起身，最后清理行李，七时离家，到协商会[1]，交掉行李，即与吴艺五[2]一起乘车直赴颛桥。

十一时半，大队人马到，适逢大阵雨，同往搬运行李，遍体淋湿。

午饭后，与勾适生[3]等到镇上去搬运竹床。在镇又遇雨，雨后与庄鸣山[4]共搬一床五凳，路滑，沿路停四次到家。

我暂住在原定的公共场所，这里本来是猪牛棚，经前几天折翻粉刷一新。因为自己也参加这一劳动，住在这里。格外舒适。

二时开会（全体）讨论作息时间，劳动生活纪律和学习计划。纪律等是我起草的，大家提意见，的确里面有不少不恰当的地方，需要重新修改。

听了刘部长[5]谈话的传达，是大队在政协出发前给大家讲的。

---

〔1〕 协商会，即上海市政协。1958 年 9 月至 12 月，上海市委统战部组织上海市民主党派中的右派四十八人（依据作者记录），在上海县颛桥镇（又称砖桥，位于上海西南，现属闵行区）举办劳动学习班。该班共分四组，作者被分在第二组，该组成员还有：勾适生、刘哲民、姚梓良、李樾卿、许卜五、许杰、傅守璞、潘世兹、方子藩、姜庆湘、王子建、王造时。

〔2〕 吴艺五（1891—1976），又名吴澍，别号艺夫。福建长乐人。早年加入同盟会和中华革命党，参与二次革命和护法战争。1944 年参与创立三民主义同志联合会。1950年，负责筹备民革上海市分部。后任民革上海市委副主任委员，华东军政委员会监察委员、上海市民政局副局长。1957 年被划为右派。

〔3〕 勾适生（1913—1987），山西临汾人。经济学家，统计学专家。曾任上海大夏大学教授。1949 年后任上海财经学院教授，九三学社上海分社理事会委员。1958 年被划为右派。

〔4〕 庄鸣山，上海医学院教授，民盟上医支部负责人，1957 年被划为右派。

〔5〕 刘部长，即刘述周。刘述周（1911—1985），原名刘其镐，江苏靖江人。时任中共上海市委统战部部长。

整篇讲话，非常感动人，真可说是语重心长，千言万语，希望像我们这样的右派，要真正认识形势和时代发展规律，认识自己错误的性质，真诚地彻底改造，将坏事变成好事。

晚上，将我们的住房临时改为会堂。

八时许，社主任等领导干部来作报告，社主任主要讲农民在解放前后生活各方面的对比，很生动具体。

对解放前的农村情况，我所得〈知〉很少。解放后，又未参加土改。现在想来，我对地主也许还有些仇恨，对富农并无仇恨。这是和我的已爬到资产阶级的地位（是）分不开的。

直到十时，才布置床铺，不久即入睡。

九月十六日

今天上午，第一次参加劳动，作铲除门前至河浜的草工作，铲草还可以，后来挑草只三四十斤，就有些吃不消，因为肩膀上从未挑过东西，社主任说我们应该换换骨头，的确是至理明〈名〉言。

下午二时开小组会，谈听了刘部长讲话后的体会、感想，暴露思想不够。

九月十七日

天气越来越冷，已有深秋意味。

上午，到田间拔草，后来又翻山芋。

下午学习中，继续谈参加这次下乡劳动的真实思想情况，除勾适生外，一般暴露得还好。从暴露看，对此次劳动真正态度正确的绝少。而态度不端正，就不可能在劳动中得到改造的收获。

上午，开了第一次办公室和组长会议汇报了各组学习情况。

九月十八日

上午，参加铲草劳动，比较已熟练，但劳动了一个多小时，就想休息，就想抽烟，在这些方面，还不能坚持。

四组要二组支援，全组到颛桥去买米买菜，后来毛老[1]告诉我，已备到车子，只要四五个人去就好了。当姚梓良[2]征求报名时，我并未要求去，这样的例子最近已有几次，说明我对劳动，并不如何主动要求，思想上还好逸恶劳。对通过劳动改造自己，理性上认识，但还有些口是心非。

清晨，和彭云飞[3]同志谈起昨天学习情况，他说，像许卜五[4]的谈话，就可以立刻展开讨论批评。许的谈话，我当时听了有些刺耳，但并未立即引起反感。这说明我的政治敏感不够，这种政治敏感也就反映自己的政治立场未根本改变，所以爱憎不分明。

下午午睡后，到马路上去接米，等了约两小时方来，我一共来回了三次，搬了一次，肩挑上已不那么痛，而且今天开始用左右肩换挑，可见在这方面已有了一些进步了。

四时一刻开始学习，晚上继续补课。主要是集中批评许卜五的

---

〔1〕 毛老，即毛啸岑。毛啸岑(1900—1976)，字兆荣，江苏吴江人。早年参加革命活动，曾参加邓演达组织的"第三党"。1935 年，在上海参与创办由中共投资的上海中级信用信托公司(后改名中信银行)。长期从事情报工作。1949 年后，曾任中国通商银行公方代表、上海分行总经理、上海公私合营银行副经理等职。1957 年被划为右派。

〔2〕 姚梓良，即姚楠。姚楠(1912—1996)，字梓良，上海人。历史学家，东南亚史、华侨史专家。华东师范大学教授。1957 年被划为右派。

〔3〕 彭云飞，时为中共上海市委统战部党派处干部，"颛桥劳动学习班"常驻干部。

〔4〕 许卜五(1904—1983)，河北深泽人。1924 年参加中国共产党。1926 年参加中国国民党，曾参加抗日反蒋活动。1939 年至 1945 年在汪伪政府任职。1947 年参加中国国民党民主促进会，从事地下工作。1948 年参加民革发动的"京沪暴动"。1949 年后任上海市政府参事室参事，民革上海市委文史资料工作委员会委员。1958 年被划为右派。

错误谈话，大家发言热烈，分析逐步深入，后来征求大家意见，都认为这样学习，很好，可以相互帮助，逐步提高。

今天晚饭后开第一次碰头会，交换关于学习的意见，各组进展不平衡，决定分析对学习劳动的各种不正确看法，树立正确的劳动观点。

九月十九日

今天上下午多参加劳动，上午到大豆地里割草，每人一垄，干得比较起劲，有些社会主义竞赛的意味。

下午一时一刻，许杰[1]来叫醒我，说社里要我抢收棉花，除四组一部分管伙食同志外，全部下地，到五时才收工。

今天这两次劳动，我都是生来第一次做，在大豆地里，豆株和有些新草分辨不清，锄头使用也不能称心，往往无意碰伤了豆株，到后来，操作才比较熟练些。

摘棉花所花劳力较轻，但弯腰操作，相当吃力，特别因上午也是弯腰劳动的，所以到后来很感疲劳。

晚上开会，谈谈今天全日劳动后的意见，全组都表示没什么意见，只希望能多一两次休息，劳动组织能好一些。

今昨两天，睡得多不好，起来小便两次，今天到十一时许才入睡。这还是因为多年来老的生活习惯在作祟。

来乡已五日，还没有换过洗过衣服，明天要抓紧时间换洗一下，这样的不注意清洁卫生，还是思想上有短期的"扛一次"的打算，

---

〔1〕许杰(1901—1993)，浙江台州人，作家、文学理论家、教育家。复旦大学教授、华东师范大学中文系主任、教授。上海市政协常委、上海市民盟副主委。1957年被划为右派。

而不是身心都到了农村。

对全组的关心不够，特别没有深入了解组员的思想情况。

今天第一次写家信。

九月二十日

今天全日大雨，未下田，上午学习，下午自学，晚上开联席会议。

上午学习时，先对许卜五继续批评，后来讨论如何正确树立劳动态度。因为勾适生发表谈话时很多，（有）言行不一的地方，我就立即对他开展了批评。事后很顾虑，恐怕这样会使小组生活太紧张，使大家今后不敢暴露。晚上在联席会上提出请彭云飞同志和其他各位讨论。彭同志说，今后大是大非问题，应及时展开批评。关于一般思想作风问题，可在生活会上讨论。如群众对某些问题提出批评，应予以支持。

后来，看到今晚小组记录，也有人提出小组空气是否太紧张，有人主张和风细雨些，姜庆湘[1]说的，和彭同志有相类处。

为这件事，我思想上相当紧张苦闷，对勾适生的批评应该说是正确的，但时间、方式都有错误。这不仅是经验不足，脾气急躁水平低的问题。主要：一是搞工作的群众路线问题。从上面的例子，可见不仅其他工作，就是小组生活要搞好，也必须坚决贯彻党的指示，坚决相信和依靠群众中的多数，走群众路线。而我，还有高高在上、命令主义等坏作风。二是思想问题，检查我对勾的态度，主要有些不耐烦、反感，而不是耐心地千方百计帮助他，启发他的觉

---

[1] 姜庆湘(1918—1990)，字蒋莱，浙江瑞安人。经济学家。复旦大学经济系教授，民建上海市委常委，上海市政协委员。1957年被划为右派。

悟，这里面，也有个人主义的立场，表现自己掌握得好，及时开展批评，同时，对党交给我的任务，没有处处的体会和贯彻党的政策方针，特别是体现党的心出发，而是自以为高人一等，翘尾巴；不是党交给我的任何任务，全心全意尽力而为，老老实实，有一分热发一分光，而是把这一组的工作当作自己表现的机会，这些都是我的老毛病，可见一经具体考验，就处处露出尾巴。

九月二十一日

上午，在院内拣棉花，五时顷，孙宗英[1]同志来，找我和沈[2]、陆[3]、毛[4]、陈仁炳[5]、吴艺五等谈话。了解这几天的生活、思想、劳动情况。

孙同志还讲了最近他赴京看到的大跃进情况，的确令人感奋。

下午，开全体评比大会，新会堂在第一组的努力下，已收拾得干干净净，由自己努力劳动而建立起来的东西，对它格外有感情。

在评比会上，受表扬的有李樾卿[6]、杨荫溥[7]、陆晶清[8]

---

〔1〕 孙宗英，时为中共上海市委统战部党派处干部。

〔2〕 沈，即沈志远。

〔3〕 陆，即陆诒。

〔4〕 毛，即毛啸岑。

〔5〕 陈仁炳（1909—1990），湖北武昌人。历史学家。曾任上海圣约翰大学教授兼文学院院长，复旦大学历史系教授。上海市政协副秘书长，民盟上海市委副主委兼秘书长。1957年被划为右派，未予改正。

〔6〕 李樾卿，上海市印染工业公司副经理，民建上海市委常委、长宁区委主委。

〔7〕 杨荫溥（1898—1966），字石湖，江苏无锡人。经济学家。曾任中央信托局储蓄处经理、上海证券交易所协理等职。1949年后任上海财经学院教授，上海社会科学院经济研究所研究员，民建上海市委常委。1957年被划为右派，1966年自杀。

〔8〕 陆晶清（1907—1993），女，原名陆秀珍，云南昆明人。诗人、散文家。主编《扫荡报》（后改为《和平日报》）副刊。1949年后任上海财经学院教授，民革上海市委常委。1957年被划为右派。

等，受批评的有勾适生、许卜五、李康年[1]等。

晚上，漫谈对大会感受，大家说这样的会，教育意义很大，受表扬的许杰谈了他觉得有许多地方很不够，受批评的许卜五、勾适生说心头很沉痛，决心努力改造。

彭云飞同志谈，目前社内正全力讨论公社问题，生产任务较轻，决定乘此机会，分两批休假一天，明天二、三组回去，后天一、四组回去。

九月二十二日

五时三刻出发，上车不久即找到座位。

六时许到徐家汇，七时不到就到了家，家中对我的突然回去，感到意外。

上午看报，睡了两小时。下午，和母亲爱人同上街买电筒等物，并在附近的公园散步了一小时，写给儿、媳信，告诉他们我在乡间的生活。

九月二十三日

五时四十分离家，到徐家汇车站，遇着几位同学。

七时，回到了"家"。一、四组早已出发了。

七时半，参加劳动，一部分挑泥草，一部分拍苍蝇。挑草地方，要跳下泥坛。当时大家有些踌躇，彭云飞同志立即赤足先跳下去，

---

〔1〕 李康年(1898—1964)，浙江宁波人。实业家。曾任上海中国国货公司经理、萃众股份有限公司经理，创立钟牌"414"毛巾和"三五牌"挂钟、台钟等国货名牌。1952年任民建上海市委委员、上海市工商联执委。1957年被划为右派。

很多同志跟着也赤足下去，我当时畏缩不前，最后还去拍苍蝇了。
虽然在拍苍蝇中，也出了汗，拍了三四百只，但终日思想负担很重，
下午学习时，大家谈参加劳动体会，我就开不得口。在劳动关中，
赤足也是一关，在这关前，我没有通过，充分反映我对劳动的自觉
性很差，挖掘根源，还是自己对这次下乡参加劳动，努力改造自己
的思想认识不够。

下午四时半学习后，一大部分同志到附近去取回了粪桶，开始
挑粪送到田间去施肥，我也挑了三四担。晚饭时，粪味飘来，并不
觉得怎样臭了，可见对粪的思想感情有了些变化，这也是一关。我
过得比较好。

晚上，在生活会中继续谈劳动态度，勾适生又暴露了些错误思
想，经大家批判，他始终狡赖，可见他们的思想问题还很严重。

晚上睡得很好。

九月二十四日

上午，一部分铲草积肥，一部分打苍蝇，我首先报名参加割草
积肥，思想上准备和昨天一样去赤足下河，结果只是到竹园里去清
扫除草，但我主动积极参加劳动，比昨天有了进步。

在劳动中，手擦了几条血痕。

下午学习，开始讨论两位社主任报告，发言比前热烈，冷场的
情况很少。

下一部〈步〉如何开展讨论，向彭云飞同志汇报。他最后对我
说，多注意组内思想情况，主动关心别人，搞好组的工作，一方面
是责任；另一方面，也是积极自我改造，靠拢党，听党的话的一种
表现，我听了这话很受启发。

晚饭前后，开了办公室会议，各组汇报情况，彭同志指示，对

勾适生可以暂时放开，对一、三组某些同志，启发其自觉谈自己的思想情况，绝不强追历史，对某些坚决不暴露的人，也采取启发他们的自觉自愿，真正不觉悟，也就算了。这些原则性的政策交代，对掌握讨论，极有关系。

彭同志又说，劳动必须与改造结果（合）起来，有些人劳动态度好，但不一定在好好改造自己的思想立场，因为劳动只是推动改造的一种方法而已。这些话的意思，和习仲勋所说的三个关即生活关、劳动关、改造关，差不多。

晚上生活会，漫谈回家一天的所见所感，大家谈了，但暴露不深。

今天饭粥都烧得好，我的饭量今天也特别好，晚上，试用左边牙齿吃菜，也能勉强对付。这样，使右齿免于刺激，果然晚上的牙就没有痛。

这次回乡后，生活更加习惯些了。

九月二十五日

上午，清扫竹园，从今天起，二组劳动进一步组织化，并分为三个组。

七时半，正在劳动时，有人通知说江华[1]、孙宗英同志已下乡，嘱回去商谈。商谈内容，主要为估计目前各组学习情况，拟订一个月的学习计划。

中午没有午睡，十二时半即出发，到社里去，有二三里路，社里有合作社（供销），有医疗室，如此也可见几年来农村面貌的改变。

---

〔1〕 江华，时任中共上海市委统战部党派处处长，上海市社会主义学院筹备负责人之一。

下午的劳动，主要为社清扫场地、搬运稻草、整理麦草，等等，劳动了一二小时，场地顿见改变，劳动的力量是多么可贵！

三时半后，与江处长、彭同志及志远[1]先回，草拟学习计划。

晚上，学习前，在一组清唱了两段京戏，又在新的礼堂听了王子建[2]等的昆曲，都是为了筹备国庆庆祝会，觉得年轻了些，这些都反映集体生活的可爱。

生活会今天为了整天劳动，时间掌握在八时半前结束，主要谈国内局势，我谈得较多。

九月二十六日　星期五

上午，彭同志本关照九时前自学，九时后下地摘棉花。八时许，八队康队长来，大声批评我们到时不出工，说农民早晚干，你们为什么到上午八时还不出工。当时，我思想上有些抵触，认为他不了解情况又乱批评，但后来仔细想想，他所说的道理是对的，应该从他讲的农民如何积极劳动这一面接受教育，同时，我们在出工前时常不能按时出动，的确对参加劳动、按时劳动，还不够重视，这样的批评也就是对我们的监督，我们应该虚心接受，并向他们好好学习。

在劳动时，后来挑草，我开始不拿手去分草，以至挖的草多埋在土里，到后来看到彭同志如此做，也跟着做了，但思想上并没有重视草就是肥料、就是粮食，总之，思想深处还是从个人怕脏怕苦出发。

---

〔1〕　志远，即沈志远。

〔2〕　王子建(1905—1990)，江苏常州人。经济史家，中国棉纺史专家。曾在中央研究院从事棉纺织业的统计和研究并参加国民政府的有关管理工作。1949年后任上海棉纺织工业同业公会副主任委员，上海市工商联执行委员。1957年被划为右派。

勾适生思想包袱很重，甚至害怕人家怀疑他偷东西，这些方面，说明我对他的帮助很不够。

九月二十七日

上午仍旧除路边的草，今天工作量较多，中间也未作多少休息，比较劳累了些。

中午时，志远谈，刘部长在民盟代表大会报告，说过渡到共产主义社会将在不远的将来，大约十年，我们的速度，真可认为火箭速度了。刘又说，在我国，将不采取苏联那样等级待遇差别太大的办法，而是拉平提高，这的确是一个关键问题。我们的思想改造中，一是要加强劳动观点，把劳动作为生活的必需。二是努力克服特殊化，也就是生活群众化的问题。

下午学习，补第一单元一课，分析批判下去劳动的各种错误观点。

三时三刻，下田摘棉花。

晚上，为了过节，未开生活会，大家在一起讲笑话、讲戏，集体生活，过得比较轻松愉快了。

今天月色还好，有些亮，晚上到九时半才睡。

九月二十八日

今天全日劳动，上午除草，分段进行，到十一时半全部完成任务，工作比以前已熟练，也比较做得细致了。

下午，未睡午睡，即赴邻村帮助做爱国卫生工作，直至晚八时后始回来。

九时不到即上床，不久即入睡，是下乡后第一次早睡。

九月二十九日

下午，江华、孙宗英同志来了，约我们谈话，因此未下地。

谈的内容是准备小结过去半月的收获，对今后三月作总的规划。因为各方面都在提出国庆献礼，政协各方面也在热情讨论规划，右派不能献礼，也可提出自己的打算。

除四个组长外，另约李樾卿、陈仁炳、吴茵〔1〕、陆晶清、杨荫溥、姜庆湘六人参加。下午，继续谈具体内容，决定分为两组，我和姜庆湘起草第一部分，志远、陆诒起草第二部分。

以上继续讨论。九时后，我和姜开始起草，直到深晚二时许才写好，这是下乡后第一次睡得这样晚。

四组特为我们准备了面条作消〈宵〉夜。

上午，进行大扫除。

九月三十日

五时半即起，实际只睡两小时半。

起身后，将初稿修改了一遍。

八时，全组继续讨论，提出了很多意见。

后来，我们将全稿全部删削改写，花了三小时到十二时才写好。下午，付印，政协带去十五份，每组四份。

今天周永德〔2〕的收音机带来。晚上听了周总理的招待外宾宴会

---

〔1〕 吴茵(1909—1991)，女，江苏吴县人。电影演员，民盟上海市委委员。1957 年被划为右派。

〔2〕 周永德，民盟上海市委委员、徐汇区委副主委，1957 年被划为右派。

上的讲话。

下午学习到四时，下地摘棉花。

十月一日

今天国庆，晨起大雨，又因国庆，未下田。

八时听上海游行广播，八时半，小组漫谈在乡间过国庆的体会感想，十时，听北京广播。

今天中午吃肉，每人四两。

下午，二时半开联欢会，由我当主席，唱了两段戏。

晚上，和程应镠[1]等打桥牌。

十月二日

上午，组长及各组生活干事开会，讨论解决了一些管理方面的问题，如组长回组住宿，以及轮流回家等问题。

下午学习，讨论总结规划，对半月来情况估计，联系本组及本人情况讨论。大家发言相当热烈。

晚上，开生活会，也开得相当好。

闻四组对毛啸岑有意见。我检查自己，认为要做好组的工作，不仅要经常注意组内思想情况，关心大家的情况，最重要的关键，在于自己对自己要求要严格，自己的思想先和别人见面，然后别人才能对你敞开思想。

和季〈计〉同志谈，他说，应尽力和组织缩短距离，老老实实

---

〔1〕 程应镠(1916—1994)，江西新建人。历史学家。上海师范大学历史系教授，古籍研究所所长，民盟上海市委委员。1957 年被划为右派。

地一步向前走，这几句话，对我很有启发。

十月三日

上午去挑草肥，每次来回约二点五里，我一共挑了七担。全组中有人挑了九担，大部七八担，我在这次挑担中，肩挑上增加了力量，也算是竭力以赴，但对自己还要求不高，特别是作为组长，没有起到很好的带头作用。

正午，彭同志来，召开办公室组长联席会议。我在会上作了自我批评，并对沈、毛两人提出了批评，认为他们对组内的思想工作没有抓紧。

下午，开会学习。

晚上，办公室组长继续开联席会议，继续对休假等问题作了讨论。彭同志说，看问题，应该首先从政治上考虑问题，这对我说来是很大的启发，右派分子犯错误，这也是原因之一。

今天未睡午睡，晚上睡得很香。

十月四日

今天，整日下雨，未下地劳动。

上午，学习规划，对勾适生继续帮助。

下午，统战部冯国柱副部长来作报告，共报告四小时，前一部谈国内外形势，后一部谈改造问题，这一报告，对我的启发很大。

宿舍调整，我搬到第二组，比较挤一些，但也比较搞特殊好一些。

晚上，办公室召集开会，讨论学习冯部长报告的提纲。

十月五日　星期日

上午，和陆诒同到"礼堂"，我整理昨天冯副部长的报告，很紧张地写了三小时半，结果还只整理出一小半。

下午，开始讨论冯部长报告的国际部分，我在讨论中检查了过去对国际问题的看法，并加以批判。其他人也发了言，勾适生发言，说他害怕战争，结果又引起全组的批斥，他又多方解释辩护，纠缠了两三小时，后来我和彭同志商量，决定会后不再零碎地批评他，以免妨害别人的学习。

晚上，讨论规划。

今晚天气骤寒，三组很多人要求放假回家。办公室决定明后两天分批放假，但暂不宣布，以免大家在学习中分心。

今天几乎整天下雨。

十月六日

上午，复到"礼堂"整理冯部长报告，到十一时半尚未完，饭后，赶在二时前整理完毕。

早饭后，彭云飞同志找我们一起商谈休假问题，决定下次休假在十至十五日之间。

下午和晚上都学习冯部长报告，已将国际部分学完。晚上，吃了一颗一特松。结果，晚上起来了两次。

十月七日

上午天晴，恢复劳动生活，锄草积肥。今天因为路短，一再争取加码，有几担大概已有六十斤，还能胜任，而且左肩也一样能挑，在这方面，是有了不少进步了。

今天抽空向报社领导上写一封信，简单汇报我下台后的情况，请求帮助。

下午和晚上，都继续讨论冯副部长的报告，我自己暴露了很多错误。在暴露方面，我自己想已经接近了有什么说什么的程度，这也说明要求改造的自觉性已有所提高。除此以外，对人的关心也比较多，而且，从下台以后，消极情绪有大大的改变，对改造有较大的信心。委屈情绪基本上已消除了。

晚上睡得很好，这也说明我的生活情况已逐渐正常了。

十月八日

这几天睡眠很好，上床不久就睡着，这主要是做了体力劳动，同时，在学习中多少有收获，比较认清了前途，对自己的罪行有进一步认识，对改造可谓已没有什么抵触情绪，相反地，自觉性渐提高，对乡间的集体生活也渐惯常，所以有些身心愉快，个人主义患得患失的心情也逐渐消失了。

上午，大部都去锄草积肥，我们几个组长商量如何作学习刘部长和社主任报告的小结。

下午，抢收棉花，从 1:30—5:30，四小时内我摘了九斤多棉花，如按工分计，还不到两公〈工〉分，可见我在劳动方面多么无能，要自力谋生，谈何容易。

今天摘花最多的十二斤四两，按组来说，我们二组平均每人八斤十二两最高，一组八斤二两，三组六斤多，四组三斤多。

十月九日

上午，八队到六队去深翻土地，叫我们去锄草积肥，走了三里多路才到。今天的劳动强度较高，锄草深，挑的挑子也重，每担已加到五六十斤，我两肩都能挑，很觉过瘾，由此可见，把劳动当作生活不可缺的感情，是可以培养的。

在劳动中，看到农民在一起劳动，有说有笑，非常快乐，这是几千年来少有的事，是个体劳动所不可能有的事。

下午四时，抢摘棉花，昨天大家记了成绩，二组平均超过一组。今天大家热烈竞赛，固然是件好事，但也发生了偏差，有些抢时间，有些少摘烂花，有些彼此责怪，变了竞赛第一，比之劳动人民在竞赛中处处协作，大不相同，可见立场未变的人，一涉具体行动，就反映了唯"利"是图，损人利己，少劳多获等等毛病，政治就不挂帅了。

下午和晚上开会，对傅守璞[1]进行了帮助。

又写了一封家信，报告可能在下星期初放假回家。

今天眼镜腿断了一支，临时把线穿起来应付。

天气很暖和。

十月十日

今天整天摘棉花，上午，我摘了九斤三两，下午，摘了两小时，我摘了五斤九两，一天六小时，才摘了十四斤十二两，合起来不到三个公〈工〉分。如以目前的报酬来说，劳动的收获还不到五角钱，

〔1〕 傅守璞,曾任中华铁工厂厂长,上海市机器工业同业公会副会长。1949 年后任上海市工商联执委,1957 年被划为右派。

已经腰酸腰痛，可见像我们这样一向四体不勤五谷不分的人，要自食其力，是多么困难！

下午2:00—3:30学习，是根据昨天傅守璞的谈话，大家帮助他分析批判。

晚上，各组组长在办公室一起讨论小结。

十月十一日

上午，阴雨，一、二、三组再到六队去支援锄草积肥。今天锄草的地点远一些，我一共挑了九担，自己觉得最近在劳动中的积极性有所提高。这一方面有不完全正确的思想，就是组长应该带头，抗不了也得抗下去，同时，也确有自觉性的因素，自己的确主动想在劳动中吸取更多的力量和感情来改造自己，如不努力以赴，就不会达到应有的境界。

在工休时，彭同志和我在田头谈话，问我二组的思想情况及陆诒等改造的自觉性如何，我自己估计，下乡时是百分之百被动的，下乡二十多天来，比较看清大势，也尝试到集体生活和劳动不仅并不可怕，而且有些味道，在认罪方面，过去抵触情绪很浓。这次进一层体会到党的苦心，口气基本平了。从各种因素来说，自己已有一定的自觉性，当然还很不够。主要是已有改造的决心了，能改造好的信心也有些了。

下午学习时，我暴露了反右后各个阶级的思想情况，以及下乡后思想感情的变化，一般认为我这样的估计还算是实事求是的。

在学习时，看到四组一部分人回家，后来才知道办公室决定一、三组及四组一部分人今天回家，二组和四组另一部分人明天回家，当时思想上倒并无波动，但第二次志远回来时，我还是托他给家中打个电话，思想上还想家中为我准备些饭菜，这也就是在乡间简朴的生活，还不会真心喜欢它，向它看齐，而是"抗"了一阵，回家去尽可能"补"一下，提高来看，就是对资产阶级生活方式还在留恋不尽。

中午吃盐鱼，我只用汤泡饭，倒还不觉得什么，只是后来一想，今天整天没吃一点油类，这恐怕也是我有生以来仅有的遭遇也。

十月十二日

闻笛声即起。

和许杰抬倒尿桶。今天又是值日，洗脸后即洗碗筷。

今天只有十七八人，全院顿觉冷冷清清。

晨起重阴，恐要下雨。

办公室临时宣布，二、四组提早于晨八时放假，明天午饭前回来。

八时顷赶忙收拾行李动身，在汽车站等了不到十分钟，车即来，勉强挤上，一路少停，八时半即到徐家汇，到家还不到九时，赶上电梯。

二十天未回家，看到母、妻都好，深以为慰，又看到三个孩子的信，知道他们都好，都在参加劳动中思想认识提高了，身体也练好了。我自己一定要努力追赶，时值的确在一日千里。

回家后立即洗澡，饭前两外甥及锡妹等都来，午饭饮了一点酒。

午睡一小时许，即到静安寺理发，添购些零星用品。

十一时睡。

十月十三日

表带忽断，晨起赴静安寺配表带，顺便买了一斤栗子。

母亲为我包了馄饨，十一时即吃午饭，十一时半下乡，坐三轮到徐家汇，即赶上汽车，有座位，一时不到即到了"家"，和勾适生同车。

未午睡，二时学习二小时，四时，赴东头锄地，用铁镐，这在农村还是中劳动，但我们锄了一刻钟就很累，只能互相轮流，今天这一课，可说是下乡劳动升入二年级的第一课。

下午学习时，讨论国防部的命令（停火延长两星期），大家对这里面是否有策略问题，意见上实质有分歧，从这次分析中，充分说明看时局的立场观点与方法。

晚上谈回家观感，我今天迟到，实在是一个错误，会上也有人提到了。

九时睡，不久即入睡，很香。

十月十四日　下午转阴雨

昨天天气相当暖热，今天晨起也暖和，清晨只要穿一件毛背心就够了，这是下乡后半月多来所少有的。

上午，在家拣棉花，是最轻微的劳动。

五时许，彭同志交给我陆诒修改后的小结，我在室详细看了一遍，并把自己的意见摘录了下来。

下午学习，对冯部长报告的学习，已到最后阶段。

四时半即休假，晚饭前后，和程应镠等打了一局桥牌。

晚上，办公室开会，讨论学习小结，至九时才结束，九时半睡。

十月十五日

昨晚天气骤转寒，晚屡醒，今晨起身，即加穿棉毛衣裤。天小雨未停，听广播，由于冷空气南下，今天天气降低约十度。

上午，办公室组长联席会议，汇报各组学习冯副部长报告情况，并决定了今后要补课的几点，在会上，有人提出对二组的批评，晚上生活会上，我把问题提出，大家分析讨论，并进行了批评，都感到对我们及时敲了警钟，教育意义很大。因为这些问题，看来是生活小节，实际是在生活锻炼和集体制度中找空子、开后门，归根结底，是对改造的自觉性不足的表现。开会中，大家表示决心改过，会后，立即去倒尿桶。

上下午学习，继续学习冯部长报告最后一节，并开始补课，谈公社与家庭生活问题。

本来想再过几天铺棉被，后来看看天气实在有些冷，下午午睡后，即把家中带来的被包打开，重新整理，晚上睡时，顿觉温暖如春。

今天因雨，整天未劳动。

晚饭前后，又和一组打了桥牌。今后，在这方面要加以节制，每周至多打二三次。

十月十六日

上午，一、二、三组都往锄草积肥，我锄草的一段，正在积草之处，所以锄后即爬去田里，极为方便，整个三小时半劳动中，始终精神饱满，极为愉快。共锄约二丈路，挑九担。

下午，因为"红旗"、"解放"[1]来了，下午集体自学。看这两本杂志上的几篇重要文章，看了很有收获。

江处长和孙宗英同志等来乡，晚饭后先找各组长谈话，了解情况。八时，召集全体座谈，前后交代：一、学习冯部长讲话完毕后，进行个人小结，相互评比。二、各组人员个别调整，并各添一个组

---

〔1〕 "红旗"、"解放"，即《红旗》杂志和《解放日报》。

长。三、适当的进行监督，争取更多人的监督，并说明劳动的意义，今后要养成劳动习惯，至于改造时间，可以考虑。

晚上起，雨不断，天气更转寒冷。

今晚谈话会十时结束，十时半始睡。

除彭文应外，听说龙榆生[1]、金幼云[2]也要求下乡来学习。

十月十七日　阴雨

天气预报，今天天气又比昨天降低三度，最高十七度，最低十一度。

上午起身，天雨，昨晚雨未断，这样的阴雨，对棉、稻都不利，希望早些晴。

今天天气更寒，最低温度只有十一度，很多人穿起了大棉袄，我还没有把厚冬衣拿出来穿。

今天上下午都学习，主要是谈听了江处长谈话后的体会，大家对勾适生提出了批评。因为他迄今抵触情绪很大，对批评采取抗拒态度，而一开口就暴露他的反动立场观点。

晚上自学，把"红旗"和"解放"基本看完了。

九时，准时睡觉。

十月十八日　转晴

今天准时起身，因为是值日，立即扫地、洗碗，并往厨房取热

---

〔1〕　龙榆生(1902—1966)，名沐勋，江西万载人。古典文学专家、词人。上海博物馆任资料室主任，上海音乐学院民乐系教授。1958 年被划为右派。

〔2〕　金幼云(1919—2010)，名维宝，号幼云。江苏南京人。回族，伊斯兰教著名人士。上海市敦化中小学(后改名为上海市回民中学)校长。1957 年被划为右派。

水瓶。

今天天气更冷，最低只有九度。而天气已晴，六时后坐在院中记笔记，有些寒风刺骨矣。

下午参加集体生活后，睡眠充足，准时起睡，饭量约增三分之一（昨晚吃菜粥，吃了三大碗），大便每天准时一次。这样简单而规律的生活，加上每天劳动，不仅可以改变思想立场，锻炼好身体，而且可以延年益寿。

上午，和四组一起，把四只粪缸的粪挑到桥北的菜田里去浇，来回有一里多路，我和方子藩[1]一起抬，共抬了五桶，开始时感到臭，后来也不觉得了。五次中，有三次在后面抬，臭味更厉害些。所以不怕臭，这种感情的变化，也就是认识到粪的作用是肥料，是增加国民经济的一种资料。

今天劳动时，有两件事该检查：一、还粪桶时，对傅守璞提批评，态度很不好，盛气凌人，事后很懊悔。下午会上作了检讨；

二、是洗粪桶太早，实际少抬了一桶，在劳动中偷工减料。

抬粪完后，又去东头挑草，我共挑了七担。

下午，学习两报告的小结已印好，在学习中开始讨论，主要是结合本组和自己的情况，估计二十多天学习的收获，今天主要发言的，有潘世兹[2]、许杰和刘哲民[3]。大家帮助他们分析，认为很

〔1〕 方子藩(1908—1968)，号善塈，浙江镇海人。化工专家，佛门居士。曾任上海大丰工业原料公司总经理兼总工程师、中国化工厂总经理、上海汉光电化厂总经理，上海市佛教青年会理事长。1957 年被划为右派。

〔2〕 潘世兹(1906—1992)，广东南海人。曾任上海圣约翰大学历史政治系主任、教导长、代理校长。1949 年后任复旦大学图书馆馆长。英文《三字经》译者。1957 年被划为右派。

〔3〕 刘哲民(1908—1992)，江苏丹阳人。曾创建上海出版公司，任总经理、董事长、编委主任等职。1949 年后任新文艺出版社总编室副主任、古典文学出版社经理部副主任、中华书局上海编辑所影印组科员等。1957 年被划为右派。

有收获，在这方面，我发言多，肯帮助人，是优点，但随时要注意态度，要结合自己，不要指手画脚教训人，自以为是，忘了自己也是急待改造的右派。

晚饭后，四组一起到桥边散步一二十分钟，桥西原来是另一个社（群力社），正在翻田、积肥和挖"蒿排"。

两天来，蚊子很多，我用脸盆捉了六百多只。

今天，天转晴朗，风也小了。

昨天吃菜粥，今天吃面，连日伙食甚好，饭量过度，反而不大舒服，大便也失去常态了。

今天买了两条香烟，还了前借姚梓良的半条，余下的有一条半，希望能节约控制，能度过二十天才好。

十月十九日　星期日　晴

闻笛声即起，今天天气又晴而无风，洗脸时看到一边迷雾，是大晴天的征象。

上午挑草，今天的草又装得重些，有几担可能在六七十斤以上，但还能上担，今天因为整上午挑草，觉得相当累，两肩也有些重，而两手这几天有些僵也没好，这都是在"脱换骨头"之征。

下午继续学习小结，三时半，即往东村摘绿豆，这是下乡后参加的又一新工种，拣起来比棉花更麻烦，因为多而不大容易找清楚。午间看晒在场上的绿豆，噼啪有声，经太阳照热后，其壳自动爆开，壳及绿豆都四面散开，自然界的生物，实在奇妙有趣得很。

晚上学习时，许卜五又不注意地暴露了一大套错误、反动的观点，我加以批驳，可能态度上还有些粗暴。

十月二十日　阴

晨起，似晴又雨，晚间天气比较暖和，可能还要下雨，气象报告，一两天内气候〈温〉还要下降些。

自己开始作小结的准备。

今天上午还是锄草、挑草。我在休息前，一直锄草，对全组的挑草如何组织，一直未管，根本忘了自己是一个组长，这样很不好。

今天挑草还是用流水作业，有几担很重，总有八九十斤，也能"扛"得住，可能体力的确有所增长了。

午后，办公室找各组长开会，汇报学习情况，商量如何布置小结工作，共开了半小时，因此今天的午睡几乎没有睡。

下午和晚上学习，晚上，我自己谈了小结的总估计，请大家批评，大家对我担任组长的许多缺点，如缺少群众观点，对劳动和生活抓得不紧，没有把这组团结成为一个集团，有时还有一些家长作风，这些批评，的确对我很有帮助。

今午吃了猪肉和菜心，好极了。

十月二十一日　阴

今天上午锄草积肥，仍采用轮流作业，到十时半左右，天雨，提早收工。

下午，讨论国防部关于恢复炮轰金门的命令。

晚，帮助姜庆湘。

彭同志今天回来，他和我谈有关小结的问题，决定把小结的时间拉长，以便做得比较深入细致些。又说，人代和政协本星期内将联合开会，可能通知我参加，叫我做好准备，听了非常感动。党不仅多方挽救我，而且给我各种社会观察和接受教育的机会。我自己已认为此生休矣，消极颓废，而党反认为我没有"休矣"，认为我可以改造好。这是对我的勉励和信任，我一定要加深自我改造，做好党交给我的任务工作，不辜负党对我的深厚恩情。

傍晚起，阴雨不止。

十月二十二日　雨

昨晚一夜大雨，今晨起身后，雨点仍大，取水洗脸等，非穿雨衣不可。

昨晚十时半才睡，今天五时二十分起身，比往时睡得少些。

上午，自学，酝酿小结。

中午，全组决定买农具，各拿出二元钱。午饭后，我和勾到颛桥。刘哲民、许卜五到闵巷，原来要在颛桥买镰刀，结果未买到，仅买种菜刀两把，扑克牌一副。刘、许四时许方回，买来扁担五副，锄头五把。

从傍晚到深夜九时半，办公室联席会断续举行。汇报学习冯部长报告的情况。

今天赶写一家书寄出，在颛桥邮局时，打了一个电话给家里，芳芳接的，很清楚，知道两儿都有来信。

晚上，公社陆兴华同志来作报告，很生动具体。

晚十时才睡，雨止天转寒。

十月二十三日　晴，天转寒

晨起，又把羊毛衫（穿上），换内衣，天大寒，只有三四度矣。

昨晚幸将毯子盖上，还温暖，比昨晚要冷七八度。

办公室宣布，二组老姜调三组当副组长，李樾卿调来当副组长，王造时[1]调二组，一组陈仁炳当副组长，四组杨荫溥当副组长。

上午，仍然去挑草，有几担差不多已有一百斤，我还勉强能挑，可见气力的确比以前增长了。

今天用本组自己制备的扁担，真像新农民了。

下午学习，帮助方子藩。晚上，许卜五谈他的小结提纲，大家提了不少意见。

晚上，月色甚好。

下午四时，全体去摘毛豆，这一片毛豆田，我们初来时曾作除草工作，颇有感情。

十月二十四日　晴

昨晚十时睡，梦中忽到清华去当散文教员，又没有准备，不知何以忽有此梦。由此回想，初解放时去复旦教课的情形，也是如此毫无准备、信口开河，明明没有时间，但又恋恋于教授的名义，后来又以待遇太少，几乎有一半时间请假，在上课也常坐公家的车子去。可见在解放之初，就是一脑子等级思想和个人主义，解放八九年来丝毫未改。且以党的照顾，个人名位提高，骄傲自满，丑恶的思想反而日益发展，终于堕落成为右派，"吾谁欺，欺天乎"？一切都怪自己。

今天全日劳动，上午到八队极北部去锄草挑草，我挑提了一二十担，分量都相当重。下午，午睡后即出发抢收棉花，到五时半才

---

〔1〕　王造时(1903—1971)，江西安福人。历史学家，社会活动家。曾任光华大学文学院院长兼政系主任、教授。发起组织中国民权保障同盟、上海文化界救国会、全国各界救国联合会等。救国会"七君子"之一。1949 年后任复旦大学历史系教授，世界史教研室主任。1957 年被划为右派，1971 年在被羁押期间病逝。

工毕，整天劳动的结果，有些腰酸背痛。

因为彭同志告诉我，政协要我参加，这几天有些思想开小差，学习也抓得不紧。这说明我下乡劳动的观点还有问题，应该抓紧时间，狠狠地大破大立。

晚上，约李樾卿、姚梓良到水车台去闲谈，估计组内情况，讨论一下如何把组的工作搞好，把二组形成一个相互关心的集体，并通过这次小结，把大家的学习提高一步，把对自己的要求提高一步。

十月二十五日

今天天气又暖和一些，将羊毛衫裤都脱掉，气象报告，说明天〔天〕气有大风，气候〈温〉将显著下降，今天少穿些衣服，以便再冷些可以有衣服可加。

上午抢摘棉花。中午，接政协通知，当选政协委员，衷心感谢。

二组到镇上抬米，本拟全组同去，后来大队长说队里有便船可载回，只要少数人去好了。我未去。

饭后继续摘棉花，季〈计〉同志说早些走吧，免得车挤。

二时，与陆诒、吴艺五、李炳焕[1]一同出发，到徐家汇约四时。

到家后，吃了三个团子，晚上洗澡，水太冷。

十月二十六日　星期日

八时半出发到文化俱乐部。

---

〔1〕 李炳焕(1900—1975)，福建福州人。经济学家。曾任暨南大学、中央大学、上海商学院、光华大学、上海法学院教授。1949 年后任上海财经学院教授兼副院长。1957年被划为右派。

九时开会，我是特邀人大的代表，分派在文艺新闻出版小组。

今天由刘述周作工作报告，金仲华作欢迎志愿军回国的报告，陈丕显[1]同志说，柯老[2]刚回，政治报告要过一两天作，会期预定一周。

下午小组会，讨论金的报告，我也发了言。

会上向陈虞孙同志简单汇报下乡情况，并问何日详细汇报。

会后，遇江华同志，他问我乡间简单情况。

六时许回家，瑞弟夫妇都来了，锡妹及两孩上午就来了。

今天因腹泻，也有些发热，整天未吃什么东西，晚上，吃了午时茶即睡。

十月二十七日

上午小组会，开始讨论工作报告。

下午，和母亲、芳姊同到国泰去看苏联五彩〈彩色〉片《失踪的人》，很好。

十月二十八日

上午小组会，继续讨论工作报告。

下午三时，赴报社[3]，向周天国[4]、杨浚青[5]同志汇报下乡

---

〔1〕 陈丕显，时任中共上海市委第二书记、市委书记处书记。
〔2〕 柯老，即柯庆施。
〔3〕 报社，即上海《文汇报》社。
〔4〕 周天国，时任上海《文汇报》党委书记、总编辑会议成员。《文汇报》在1958年10月至1959年8月间取消编委会，成立总编辑会议，领导全报社工作。
〔5〕 杨浚青，时任上海《文汇报》社人事科科长。

一个半月的情况，周天国亦代表党对我们作了指示，认为下乡劳动表现还好，但要认清改造是长期的。应努力缩短改造期间，主要是提高要求，提高改造的自觉性，充分暴露自己的错误想法。这些指示，和政治〈协〉领导上的意见差不多，到六时才离开了报馆。

晚饭后，到国泰看《红孩儿》，是政协招待看的。剧情很紧张，但又相当轻松，是一张少见的好片子。

今天十二时才睡。

十月二十九日

上午小组会，讨论政协主席、副主席、常委会名单，并酝酿大会发表。

组长宣布，因柯老尚未回来，政治报告可能到三十一日才作，今天下午和明天整天决定休会。

本拟明天回乡一次，出场时，遇江华处长，向其征求意见。他说一天工夫，不必下去了。可以抓紧时间，把自己的小结写好起来。

十二时半回家吃饭。

今天天气转暖。

晚上，和母亲芳姊一起到大沪看电影。

十月三十日

今天天气转暖，改穿较薄的衣服。

整天在家写下乡劳动第一单元小结，从上午十时前写起，没有睡午觉，直到晚饭前才写好，一共写了约五千字，大大超过了原计划，但再也无法压缩，晚饭以后，开始复写三份，写了两张半纸，已十时，乃睡。

整天在家工作，是近年来少有的事。

睡前吃了几块糖，睡后牙痛痛醒，到一时许才再入睡，吃了一片止痛药片。

前天吴艺五给我电话，我不在，今天拟答复他，找遍找不到他的电话号码。

十月三十一日

上午起身早餐后，继续抄写小结，至十时许才完毕，共写了六张。

离乡已近一周，颇有些想"家"。

午间向政协秘书处打过电话，下午三时在市府礼堂听柯老报告，入场券已寄出，但我还没收到，乃于二时先到市府，和秘书处同志联系后进场，散会时又要了一张票。

柯老报告到八时才讲完两个部分，极其扼要而明快。

十一月一日

上午六时许即起，七时半乘车再到市府礼堂听报告，讲到下午一时。

急急归家吃饭，再到文化俱乐部参加小组讨论，到六时许才回家。

买了一本新出的《红旗》，晚上看毛主席关于国际问题的讲话转录。

十一月二日

上午八时，到文化俱乐部继续参加小组会。

大会主席团决定，柯老报告要深入讨论，小组至少举行五次，大会讨论四五次，预定大会六日下午或七日上午闭幕，这样，大会期间达十二三天，比原来想象的长得多，前后离乡达两星期矣。

这两天天气又渐暖，早晚出去，也无须穿夹大衣了，听说未来三五天也还是晴天。这近半过〈个〉月的晴天，对于农作物的秋收和秋种是有好处的。

上午小组，开始讨论柯老报告，重点放在上海今后如何支援外地和如何改造的问题（既要扩大，又要收缩和把上海改造成为花园花〈城〉的问题），希望大家把看法想法以及接触到的，敞开来谈，以便市委更全面地考虑此问题。

中午，在政协吃饭，饭后，和陆诒一起到襄阳公园闲坐。

六时散会后，步行回家，并不觉得累。

十一月三日

上午八时，到文化俱乐部继续参加小组讨论。

今天继续讨论上海今后的主张，联系自己的思想对公共食堂问题，家庭问题和不断革命中的"乱"的问题，大家敞开了思想，进行分析批判。

中午，仍在文化俱乐部吃饭，这几天因为交通运输主要为"钢铁元帅"让路，副食品供应相当紧张，但文化俱乐部的四菜一汤还是相当丰富，有鱼有肉。

午后，赴南京路一带为乡间收音机购买电池，跑了几处都买不到，又到中百公司和食品公司巡礼了一周，没买什么东西。最后，到西藏路市场看看，看这几回书都很好，花了三角钱进去听了一下午的书，都不错，姚荫梅[1]（右派）也在说，只是不用他的名字，仅布告"弹唱"。他说的有些艺术水平，也比较老实，但还乱放噱头，有些还很不健康，可见一个人的改造不容易，而作为文艺工作者思想不改造的危害性是相当严重的。

六时回家。

大楼[2]为了进行整风肃反，对一些反革命家属贴了大字报。

十一月四日

天气继续温暖，昨晚起有些热伤风，今晨起身，脱去羊毛裤，并将毛线衣换上，改穿了一件羊毛衫。

八时顷，到文化俱乐部继续开小组会。

下午，与母、妻同至大光明看《三勇士》，这片去年我在莫斯科看过，印象很深。这次以为有译言，所以去看，结果还是没有，仅有字幕。但这样的片子，多看一遍还是值得的。

从这片的开映比较，大光明的光、幕还不及莫斯科宽银幕影院的。

上海这几天副食品仍紧张，食堂等花色甚少，我们看完影片后，在附近小食堂吃了三客汤点，其他仅有粥等而已。

九时回家，未再吃晚饭。

---

〔1〕 姚荫梅(1906—1997)，江苏吴县人。弹词演员。上海市人民评弹工作团成员。1957 年被划为右派。

〔2〕 大楼，指作者居住地上海枕流公寓。

十一月五日

今天开始，大会发言。

上午十时顷，寿进文[1]同志找我谈话，了解在乡改造的盟员的各种思想情况，并问我是否准备在大会发言，我说会中右派没几人，恐作用不大，他说发发言也有作用。后来他和彭云飞同志二次找我，决定我单独发言。

吃午饭回家后，即赶写发言稿，主要写我一年来的思想变化及党千方百计挽救、帮助我的经过，立〈力〉求其真，特别着重赴江苏参观及下乡劳动对我的收获。

六时写好，即赶到文化俱乐部，交给寿进文同志。

十时许，秘书处来电话，说发言稿已看过，叫我明天早些去，准备发言。

十一月六日

上午准时到会，看到很多人在看我的发言稿。因为右派在这样的场合发言，恐怕还是第一次。昨天寿进文问我有无顾虑，我说没有什么顾虑。事实上，我是准备考验一下对逃避孤立思想能否克服。

我本排在第九个发言，临时提到第五个。发言时有些紧张，也有些激动。结果，下来时也有少数人鼓了掌，可见对改造还是欢迎的。

和陆诒等约好，明天下午三时半在徐家汇汇合，一起回乡。

下午休息，因为人代会闭幕，有许多委员兼人代，必须去参加

---

〔1〕 寿进文，曾在上海《文汇报》工作，时任民盟上海市委副主委、政协副秘书长、文史资料委员会副主任。

选举。

我乘机去代李季开[1]买了一本杂志，以后到环龙浴室去理发沐浴，一共花了八毛五分钱。

里弄整风，芳芳每天开会。

晚上，写了三个孩儿和外甥的信。

十一月七日

上午大会，选举，闭幕。

下午，芳芳已将我行李清好，她二时即去开会，不能送我。

二时三刻别母下楼，到徐家汇三时一刻。不久，李炳焕来，四人一起出发，四时半前到乡下，顿如回家矣。

晚上，潘世兹找我谈话。李樾卿和我谈了半月来组内情况。

晚上学习时，我谈了自己的小结。大家提了不少意见，主要是帮助我继续检查改造的，对我的帮助很大。

清理床铺，十时睡。

十一月八日

今天第一天恢复劳动，主要是挑草积肥，稍为重一些，就有些吃不消。因为过去的基础还差，在城市住了近两星期，很容易地回生了。

进城两星期，乡间的形势也大变化，稻子全部抢收光了，因为劳动力不足，大部堆了起来，准备深翻土完成后再打。

劳动组织也有了改变，我们属于八一连队，以房后的河分界，过河是九一连队，我们今后就在河道边劳动。八一连队在这个十天

---

〔1〕 李季开，教育家，曾任商务印书馆《教育杂志》主编。1957 年被划为右派。

内集中苦战，要翻好几百亩田，任务很大，我们就为他们挑肥料。

下午帮助傅守璞，晚上帮助方子藩小结工作，还要一两天才能完成。

傍晚时，傅守璞曾找我个别帮助。

沈志远得到通知，今晚赶进城，准备赴京参加盟的全国代表大会，他起先顾虑很大，最好是不去。我劝他应接受考验，改变逃避孤立的不正确看法。

咳嗽伤风还未好，方子藩带来的药，给我吃了，好一些。

十一月九日　星期日

上午，依然到八一连去挑草铲草，第一次使用我组自己购置的锄头，觉得很好使。因为同时翻土的田有许多块，需要的肥料很多，我们挑送供不应求。三组的肥源在河对面，计同志发起塔〈搭〉了个临时河桥，两面传送。输运快得多，可见在体力劳动时，也应随时开动脑筋。

因为有近两星期未劳动，挑担两肩都有些肿痛，几乎又由不大害怕变成了有些害怕，劳动起来，有些磨洋工，在这方面，要大力克服。今天起，全组在劳动时分为两班，由我和李樾卿分别率领。

下午，由勾适生报告小结，大家帮助，意见很多。总之，勾依然不肯暴露，态度极不老实，不仅抗拒批评，而且对潘世兹、刘哲民实行报复。

下午四时半，开办公室组长联席会议。汇报各组对小结工作掌握情况。一组过宽，三组过严，二组对方子藩、傅守璞也太宽了些。我在会上作了批评与自我批评。最后办公室彭同志作了指示，会一直开到晚上九时半才结束。

十一月十日

早起，茫茫大雾。

吃了方子藩的药后，咳嗽虽然好些。痰能咳出，夜晚也能安睡，但病仍未痊愈，拟于今日起，竭力减抽香烟。

上午的劳动仍然的挑草积肥，今天意外的安慰是右肩不再那么痛了，可见这又是劳动的一个小关。如果怕痛不挑，或等病好后再挑，那就过不了这一关，以后还是会痛，现在忍受了些，继续坚持，结果是基本上把这一关过去了，由此也可见，凡事必须政治挂帅。

今天中午吃了肉，是八队杀了猪，希望我们代销二十斤，今天吃了十斤，腌了十斤，预备下次吃。

下午讨论许卜五小结，因为不真实，不肯暴露思想，小组决定基本不同意。晚上，讨论傅守璞、方子藩和勾适生的补充小结，傅较有暴露，态度较端正，方还是讲大道理，不暴露真实思想，勾很紧张，开始有了一点暴露，小组最后作了不同的决定。他们三人最后也表示同意，那时开会已到晚上十时半，又抽了几分钟谈谈，对这次小结的体会，我对这次小结最深刻的体会，是党千方百计挽救和帮助右派改造。对进步快的，也多方帮衬，给以改造的机会。我在具体掌握中还有许多缺点，特别是发扬民主不够，也没有很好和别人商量，对特别帮助也不够，只是最后对一些人的决定，自己以为能够体会党的一点心。对我们缺点，今后一定要好好改造，改正工作中的缺点。

咳嗽稍好。

今天奇热，上午出工时，几乎可穿单衣。

十一月十一日　阴

上午，我和李樾卿等六人先到颛桥去抬米，六人共挑抬三百斤，我和刘哲民共抬八十斤。中间将许卜五的六十斤挑了一段，相当吃力，可见过去挑草时认为有八十斤、九十斤，都不免估计过高。

挑米回来后，又挑粪到菜田去，比上次更觉习惯了。

下午，由我向全体同学传达柯老报告，从二时开始到四时半，第二部分还没有传达完，大概还要两小时才能搞完。

四时半后，江华同志向全体讲话，他今天上午来，晚上要回去，所以抓紧时间谈谈，他希望大家把小结搞好后，立即进行评比。按劳动力的增强，劳动态度，学习态度以及集体生活中的对待艰苦生活和集体精神的态度细致地评比。

他的最发人深省的话，是说经过两个月的学习，四十多人中有了很大的分化。有人已在逐步自己摘去帽子，有人还在扣紧，增加，帽子是自己戴的，要自己努力摘去。又说，这次政协有右派参加，而且让我发言，就是为了改造和分化右派，我的发言虽然是谈自己的改造和体会，也是代表大会发言的。他希望大家珍视在乡改造的机会，加紧努力。他又说，这里的学习还要继续，因为还没有摸出一套经验，将来是否到社会主义学院去，去后单独编组还是插在一般组内，还没有肯定，因为各有利弊。从江的谈话，说明改造的长期性的艰难性。我在上次听说要到外冈[1]，有些波动，是对改造的认识不足，从深处挖，也说实际上没有彻底改造的信心和决心。这次听了，不觉得怎样，因为思想上有了些准备。

---

〔1〕外冈，地名，位于上海市嘉定区西北部，1958 年建镇。上海市社会主义学院正在此处筹建。

晚上，讨论王造时的小结，王的包袱还很重，对党对自己的罪行还认识不足，但在他的收获中，却好像这些问题基本上已解决了，我批评他估计过高，其他也有好几个人向他帮助，直到五时许才完，二组的小结工作，至此基本已告一段落。

今天去颛桥买了一双蒲鞋，穿得很合脚，今后挑草等劳动，可以方便得多了。

晚十时睡，好久才入睡，大概是天热被厚的关系。

十一月十二日

晨起，天气还是密云不雨，气候闷热。

上午，到十二队去挑草，我先和刘哲民用车子推土，后来又挑土。这里面检查，也有避重就轻的思想。

九时半休息时，彭同志来说，江华同志又来，找我去谈话，即忙赶回，原来领导上要作两个月工作的小结评比，江处长给我看小结的稿子（孙宗英同志起草）问我意见，最后并叫我将第一部分情况重写。我遵嘱立即到会议室去写了，直到午饭后才写完。这里，体会到党对我的信任，我今天还未改造好，立场还有问题，但领导上特别加以信任，遇事咨询，这也是给我的考验。又在领导同志的小结中，把我也列了表扬之列，认为进步较快，这也使我既感且愧，我在劳动，学习中还有许多缺点，自觉性还很差，领导这样估计，我一定要更加努力，随时注意翘尾巴，不要辜负党的信任，同时，要在心里更加靠拢党，努力做好党交给我的工作。

下午二时，继续传达柯老报告，至五时顷全部传达完毕，前后两次共传达了近五小时。

晚七时，开始小组评比，因为江处长今天又向全体谈了小结的意义和四个方面，大家在小组上先务虚，谈谈对评比的认识。然后，开始自报公评劳动能力。这看来简单，结果，也处处牵连到劳动态度问题，最后决定了一个约数，等明天谈好劳动态度后再回过来审查劳动强度。

在小组会上，方子藩对姚梓良大发脾气，说对他有成见。经过大家批评，一直到十时半才搞完。在这方面的掌握上，我检查自己太急躁，也可能有成见，有些压服的味道。今后要特别注意。总之，要事事不忘体会党的心，一方面对错误思想行动决不漠视，一定要开展批评斗争，一方面，要耐心地诚恳地帮助别人改造。

天气仍阴热，真有"小阳春"之感。

咳嗽未痊愈，但已能安睡。

十一月十三日　晴

上午，一部分去深翻，大部分依然挑草，我参加挑草，最后挑的泥草翻装艰难，我滑了一跤，幸而没有跌痛。

十时以后，天忽转阴，且有微雨。

小组，继续小组评比，大家对我的意见是公共事务做得不主动积极，对大家关心不够，很少主动帮助别人。劳动方面，统一安排也不够，这些批评，对我都切中要害，以后要在实践中切实地改。

晚上，继续评比，一致同意表扬刘哲民、李樾卿、姚梓良，批评勾适生，对许卜五小组批评。

气象报告，今天起要转寒，果然晚上开会以后，北风骤紧，天气转寒。

今天十时许睡，以后希望可逐渐恢复正常。

十一月十四日　雨

晨起，天冷，加穿羊毛裤，并换内衣及袜子。

天雨，未能出工，上午向办公室汇报小结评比情况，彭同志指示应将小结按语及评比结果将其综合，于是在早餐后和李姚分工整理，我整理评比部分。到十时许，已大部竣事，彭同志认为这样可以，并动员其他各组组长来我组观摩。

下午讨（论）此小结按语及评比结果，很多人认为我自己评得太严，我认为这样有好处，而且的确像我自己，不主张更动。

在讨论时，许杰、傅守璞、王造时等斤斤计较，总要多美化自己，可见这也是一种考验，平时对自己有所暴露批评，一旦面临考验，就露出原形来了。

办公室临时宣布，因天雨，为了不误农忙，定今晚放假，明晚回来，乃匆促就道，到汽车站又想到未带假牙，又回来取一小筐。

六时到家，母、妻均在等待，她们以为这两天我可以回家。看到两儿及媳妇的信，很高兴，福儿并寄来五十元。

九时半即睡。

十一月十五日　晴

六时即起身，早饭后，即赴静安寺修表带，配玻璃，说要下午六时才能做好，又买文具用品及茶叶一两。

午前，写三儿复信，并将我在政协的发言稿寄给福儿，盼他们给我提意见。

午间，瑞弟来一小时，谈谈别后情况。

午睡一小时许，五时晚餐后即动身，先赴静安寺。拟购胶便鞋，缺货。五时三刻取回手表，即乘41路到徐家汇，回到"家"已七时，今晚老潘[1]和勾适生未回，据彭同志说，老勾并未请假，实在不老实。

八时，开小组会，谈到十时才结束。

十一月十六日

昨晚大冷，出于意料，穿棉毛衣裤睡，也几乎时常冻醒。

清晨起来，加穿绒衬衣及丝棉背心，冷水洗脸时，手觉得受到〈不〉了，这也是对生活的锻炼。

上午，到原第五队去挑草积肥，地点在原友谊社以东，有三四里。因此，十一时即收工，回到家已十一时半了。

午睡后，即往摘棉花，我摘了一小时半后，即先回抄录小组小结及评比，作最后整理，以便分别汇交。又将柯老报告草拟一学习提纲，以便日内开组长联席会议时提出讨论。

晚上，讨论姜庆湘小结，李樾卿回第一组去报告，姜的小结，还有些做文章，讲大道理，对自己估价过高，还自以为已经基本服罪，这些方面，包袱还重，小组决定同意其小结，提了九点意见。这样的决定，我思想上有些放松批评，认为他已不在本组，又为他已当副组长，不要有伤感情。检查起来，这些思想极不健康。

对勾适生作了两次个别帮助，思想上还打不开。

十一月十七日

昨晚盖了羊毛毯，睡得很暖和。今晨起身，觉得比昨天好一些，主要是风小了些。

---

[1] 老潘，即潘世兹。

方子藩带来几块玻璃，这两天正设在〈法〉装上〈在〉窗上，这样，这间屋子就更加好了。

今天仍旧到五队去劳动，五队在原友谊社附近，社内徐同志指点我们挑齐麦秆并加以铡短，以便下放干部用绳索牵机加深翻。

在休息时，姚梓良不小心将两个指头铡去一小段，当时我周身瘫痪，心跳厉害。一方面感到自己作为组长，出了这样的工伤事故，感到责任；另一方面又对这类事从来害怕，不知如何措手。

姚梓良由方子藩、李樾卿、勾适生陪同先到友谊社由梁医生等施药，后送到精神病院包扎。即用救护车送至漕河泾第八人民医院医治，施手术，据医生说，要半月才能痊愈，中指要去一小节，无名指可保全。

为了姚的事故，全组精神波动，我饭也吃得少些，其他组员也如此。

午睡后，因其他各组小结未毕，我组又因发生姚的事故，学习改为自学，看新出的《红旗》、《解放》，我将起草好的柯老报告学习提纲抄好，交给彭同志看，并向他汇报了最近组内的思想情况和工作计划。他说，这次评比大会，要我主持，办公室不再在会上讲话，主要说这次评比的意义和收获，说明两个月来的收获和存在的问题，说明评比小结主要是以过去一月多的表现为主，也重视最近的情况和对小结的态度，说明被表扬的人，在改造方面表现较好，值得大家学习其优点，对受批评的，应引起大家的警惕。

今晚，与李、刘等一起去拔菠菜。

晚上，先由李樾卿在一组的学习小结，大家也提了一些意见，后来谈工伤事故。认为对劳动安全应加紧注意，掌握休息，注意劳动的纪律性，要全神贯注，并决定明天先由我和李樾卿去看望姚梓良，以后再分批去看到〈望〉，至于医药费等，以后再说。

方子藩很紧张，我们安慰了他，希望他接受姚对他的帮助，加紧改造。

今天相当冷，晚上加盖了羊毛毯，还有些寒冷。看来，冬天还加〈床〉被盖。

晚十时半才睡，久久不能入睡。

十月十八日

上午，仍赴社本部附近挑草。

下午一时半，摘棉花，我和李樾卿等摘到三时即停止，一起赴漕河泾第八人民医院看姚梓良，他的情况经过良好，有一些发热，关系不大，肿已消退。

四时半出来，乘车到徐家汇，买回力牌跑鞋一双，花了七元零一分，又吃了一碗菜汤面，两角。

等了三辆车，才得到座位，回到"家"中已七时许。又买了六包香烟。

在徐家汇打了一个电话，芳芳和母亲都有时〈事〉出去，未接谈。

八时，办公室召开联席会议，商谈各组评比结果，大会表扬、批评哪些人，因各组标准不同，要得结果，决定明天再谈。

会后已十时半，入睡已十一时许矣。

月色甚好，天气仍冷。

十一月十九日

今天五时二十分起身时，还很倦。对于按时起身，还要花一些努力，逐步养成习惯，对以冷水洗脸，也有些畏缩。

上午还是到分队去挑草，今天穿新购的跑鞋，新穿时很舒服，后来脚汗多了，反而没有着草鞋舒服。我这次千方百计买双跑鞋，实际又是处处向人看齐的资产阶级生活作风。

下午，组长开联席会议，其他人都去摘棉花，联席会议依旧讨论大组评比的人选和开法。最后决定了明天下午（开）会，采取民主评比的方法，摆开事实来谈，因为有些表扬和批评的人，和小组决定的有出入，准备在大会上展开辩论。明天的会，办公室决定不发言，由陆诒担任主席，由我作总发言，这是党对我的信任，我必须努力做好这项工作，会开到晚九时半。

晚饭前，彭同志和我谈话，谈到右派分子如决心老实改造，在各方面坚决表现，真心靠拢党，改变立场可能是快的。这些话，对我是极大的鼓励。

今天劳动不得劲，这种忽冷忽热的现象必须努力克服。

十一月二十日

今天值日，比平时早一些起来，洗脸后即扫地。

上午到公路附近拔棉花梗，因为公路就要加宽，附近农田要改为公路。

八时半左右，改摘棉花，上午一共摘了二斤四两。

饭后未午睡，起草准备在大会作的总结发言提纲。

二时，开全体评比会，会上对徐中玉[1]、吴沈钇[2]、李康年等

---

〔1〕 徐中玉，1915 年生人，江苏江阴人。作家、文艺理论家。1952 年起历任华东师范大学中文系教授、系主任、文学研究所所长、校务委员会副主任。高等教育部中文学科评议组成员。1957 年被划为右派。
〔2〕 吴沈钇，1914 年生人，浙江人。建筑工程师。曾任上海国际饭店经理兼大厦工程师，上海市政建设委员会工程师，光华大学教授。1952 年任同济大学教授。1957 年被划为右派。

展开批评。徐当场反扑，态度恶劣。给全体反面教育的意义很大。因为有些问题还没有搞深搞透，决定明天继摆事实讲道理，把会开好。

晚上，组长联席会议，讨论如何把明天的会开好，从彭同志的发言，使我进一步体会党即使对受批评的人，也千方百计帮助挽救。

九时许即睡。

接到芳芳来信，知道家中都好，很安慰。

十一月二十一日

清晨写了一封信给周天国同志，并附去〈上〉我这次的小结。

上午，在家里拣棉花，下午一时半，在礼堂继续开评比大会，在今天的大会中，使我受最深刻的教育是民主集中制的真正民主，如刘哲民，因为其生活上有缺点，群众坚决不同意给以表扬，对勾适生及李康年的批评，也中肯有力。

晚饭时，和彭同志谈今后学习的部署。

晚上，小组讨论对这两天大会的观感，十时睡。

今天霜冻甚厚，天气更冷。

十一月二十二日

复芳芳信。

上午，未出门，在家修改学习柯老报告的提纲，并起草评比大会的总结发言稿，因为这是党信任我交给我的政治任务，我一定要努力做好。

下午，继续开评比大会，今天是集中批评吴沈钇的错误，大家揭发批判，说明他拉拉扯扯的恶劣行（为），实际是在破坏改造，这方面有许多位谈到体会，认为两条道路的斗争，即使在右派中也并未熄灭，值得大家警惕。

晚上，小组会，谈大家观感。

十时许睡。

十一月二十三日

昨晚相当冷，气象报告说到零上一度，多盖了被才温暖。

清晨前，许卜五大吐，李樾卿起来招呼他。他这种关心人的态度，我应该努力学习，起身后，去请梁医生给他看了病。

上午，一直到十队去挑水浇菜，来回大约有十里，回来已近十二时，午睡仅一刻钟。

一时半，继续开评比大会，今天吴沈钇和徐中玉都先后作了自我检查，态度尚诚恳，大家继续向他们批评帮助。最后，我作了总结发言，彭同志讲了话。

晚上，大家谈体会，许多人认为这四位受批评的同学的错误，大家都可能有。如自己不努力改造，也可能向恶劣方面发展。后来，又帮助勾适生，他还是这样顽固不化，死不暴露思想，大家有些气愤。这样的人，真是大家一面镜子。

十时半睡。

姚梓良来信，说他在家养伤的情况良好。

十一月二十四日

晨起茫茫大雾。

继续到十队浇菜，十一时许归途，在原友谊社社本部购香烟一条，糖三块。因为上月有十三天回家，先后退回伙食费（二十五日）三元八角。

晚，彭同志找我研究学习提纲如何与第二单元学习要求配合，后接开组长联席会议，除通过讨论提纲外，并决定明天起早五时四十分起身，晚九时四十五分睡。

十一月二十五日

下午，继续学习柯老报告第一部分。

午后，未睡午觉。洗汗衫、袜子、手帕及棉毛衫裤一套，到傍晚时，基本已干。

下午三时半，暂将学习结束，挑粪到对面菜园去浇，到五时半收工，仅浇二畦。

听说勾适生连日不洗脸，不刷牙，裤子脏了也不洗，这和他的"卫生挂帅"完全矛盾，可见并不是什么讲究卫生，根本问题在于反抗改造。

晚上生活会上，启发了王造时、许杰等暴露了反右以后的思想情况，这对下一步检查挖根很有好处。

十时睡。

十一月二十六日

昨晚天气较暖，未盖衣服，晨起，未下霜，有雾，少穿一件羊毛衣。

补记两天日记。

上午，一、二、三组都在十组浇菜。

下午，学习，晚饭前，与勾适生同到马路附近散步。这一带现正在修路，由新成区家庭妇女参加义务劳动。这些人能到乡下来参加劳动，在过去是不能想象的。这也说明大跃进形势的深入，她们参加了劳动，自己也受到教育和锻炼。

晚上生活会上，大家漫谈了在第二单元学习的思想准备，决定从明天起，每星期开两次生活会，其余时间作为学习的准备时间，以便思索回忆，作为第二天学习的准备，九时半睡。

这两天消化不良，大便较多。

十一月二十七日

晨起天阴，但还没有雨意。连天在菜田浇水，感到这一阵天太轻〈晴〉，想要下雨，同时也感到在今天的情况下，天时对农作物的关系还很大，农村的劳动力还远远不够。深耕以后，正以全力种菜，而稻大部分还未脱粟，棉花还急需采摘，处处看到劳动力的紧张和改良农具的重要。

上午，在附近浇菜，免了来回走十里路顿觉轻松得多。我一直作浇的劳动，也相当劳累。在休息时，忽闻十二队失火，大家奔走救火。我没有赶去，这些方面都说明我在劳动和关心农民，爱护农民的情感很少，在劳动中缺少积极性。还有，今天下午摘棉花，只有三斤，仅高于勾适生和许杰。我原来的成绩是在此水平以上的，现在不进则退，是说明自己通过劳动艰苦改造的自觉性不高，忽冷忽热，走两步就停顿下来，产生了自满情绪。

晚上自学，准备明天学习的检查，对社会主义制度的看法深入作了检查，挖得比较深些。这方面的体会，是越挖得深，伏罪的程度越深，心情上反而开朗些。

十一月二十八日

晨起少云无风，比昨天起身早些。这方面，我最近也放松，不论晚上或午睡，总不能按时起身，对集体化纪律性害怕，如我自己检查，要改正过去自由散漫的作风，必须在这方面努力。

继续在附近浇菜，办公室已与八一连联系，分配给我们八对粪桶，今后将附近的菜田包给我们浇灌。

下午学习，开始第二部分，今天谈社会主义制度优越性，先务虚，明天再联系思想，检查罪行。

学习后，和刘哲民、傅守璞同到马路附近散步，直到颛桥附近才折回，看到许多河浜在填没，路基在筑起，也看到了推土机。

今天，有毛、姜等四人进城参加民进会，陆诒、李炳焕进城去政协听报告。我因为时事报告每周都有，多进城易分心，也很麻烦，所以未去。

晚上仍自学，写了一封信给姚梓良，用全组的名义。又将《红旗》全部看完。

十一月二十九日

昨晚忘了把"乐口福"瓶拿回，半夜便急，一夜没睡好。今晨在吹叫前即起身，为近来从来未有的早起。

天气又转暖和，早晨在院中写字，（手）也不怎么感到刺痛了。

上午浇了两块地，休息后一直挑水，有几担超过六十斤。最后有些累。

中午吃面，大家吃得香极了，我吃了两大碗。我说，以后回忆起来，一定肯定在颛桥乡间吃的面是生平最好吃的面。

下午学习，开始谈社会主义制度优越性和无产阶级专政问题，我首先联系思想，对这问题作了检查。

晚饭后，向梁医生要了些药，因为连天消化不良。

下午下了几点雨，看近来的农情，有些旱象，特别是蔬菜需要下雨。

天气变冷了些。

十一月三十日

今天值日。

饭后，和傅守璞一起到颛桥，买便壶一只三毛五，又买牙膏、草纸、香烟等，又到邮局打一电话。结果，芳芳及母亲又都不在家，到锡妹家去了。

晚上，办公室召开组长会议，计同志说彭同志暂时不会回来，又希望各组将学习计划缩短，学习到二十日止，其余七天作为小结时间，各组目前进度以二组为最快。

今天天气转冷，十时睡。

十二月一日

今天轮倒尿桶，有两次碰到了尿，事后洗洗手，不觉得怎样了。两天来吃了梁医生的"矽炭银"等药，今天腹泻已基本好了。

上午劳动，未挑水，一直浇菜，十一时半才收工。

下午学习时，勾适生检查还是尽量美化自己，大家给以批评帮助。这人到今天还没有一些转变，真是我们的一面镜子。

晚上自学，打了检查关于对党的领导问题的提纲，又写了一封信给芳芳。

听王造时说，毛啸岑开民建会回来说，已有右派摘掉帽子的。当时有些心动，晚上还做了梦，后来仔细想想，我今天还刚在改造，基本立场还未改变，即使党宽大摘去我的帽子，也未必有好处，要认识帽子是自己戴的，应该自己努力改造，自己摘帽子，关键还在自己的决心与自觉。

十时睡。

十二月二日

气象报告说，今天最低温度将达零度以下，但今天起身后，满天大雾，看来并不怎么冷。

早日每次洗脸，总觉得刺痛，昨天起，洗时索性把手先在冷水里泡了些时候再洗，反而不痛了。可见有困难来，必须积极地加以解决，把困难当作锻炼意志的条件，否则，只有永远向困难低头。

上午，因为农民自己在浇粪。水桶没有，全部在家拣棉花，是极轻微的劳动。

今天买了新出的《红旗》和《解放日报》各一份，无人售书处又少了五分钱。

下午和晚上都是学习，由王造时、许卜五、傅守璞、方子藩先后检查，直至十时半始毕，睡时已经十一时了。

十二月三日

上午，仍在家拣棉花，计同志说，目前公社正在休整时期，浇菜也已告一段落，休整以后即将投入水利工作，因此，我们的任务也很轻。

许杰到徐家汇去买药，托他买书和手套，都没有买到，为小组买了两小瓶辣酱。

午睡后，接到芳芳的信，附来仓仓的信和两元钱，看了很高兴，晚上自学时，写了一封复信给仓仓、陶陶。

下午学习，开始讨论检查对党的领导问题的看法，我和许杰等都发了言。

四时许，全部去摘棉花，我全神贯注，力争上游。结果，摘了四斤十两，在小组中居第五，比别组的吴企尧[1]还多，这主要是由于劳动态度改好了的缘故。今天二组一般成绩都好，远远超过别组。如许卜五达六斤七两，刘哲民、李樾卿等都超过五斤，仅勾适生只有二斤多，可见政治不挂帅，什么多〈都〉搞不好。

接姚梓良信，说暂时还不能回来。大家都记挂着他。

十二月四日

晨起，大雾茫茫，比过去几天更甚，又是一个温暖天气的征象。这几天天高气爽，天空碧蓝，的确是"小阳春"的天气。

七时许，二组一部分同学同至十三队挑社里支援我们的粮食二百六十斤，米极好。一路如在云雾中，咫尺不辨。我和刘哲民挑了九十斤，约三里路。

回家后，即出发至五队灭钉螺，绕了一个大圈，回来时，仅走了三分之一的路，浓雾至八时许才散，为生平少见的大雾。

整天天气温暖如春。

饭后，至颛桥发至〈致〉陶陶、仑仑的信，打了一个电话回家，芳芳总算接着了。知道家中都好，电池已买到几节，深以为慰。

从颛桥起，公路路基差不多已筑好，工程进度真快。

晚上，和计同志谈了一些组内的思想情况。

学习至九时结束，九时三刻按时睡。

---

[1] 吴企尧(1915—2006)，民进上海市委委员，佛教界人士，1957 年被划为右派。

十二月五日

今天又值日，起身即扫院子，天气还温暖。

上午在家拣棉花，下午学习。二时半后，听上海欢迎金日成首相的广播，一组同学也来听。

十二月六日

上午拣棉花，工作比较紧张，二组平均每人拣十二斤多，仅勾适生只拣四斤半，可见任何劳动必须政治挂帅。

下午一时许即起，一时半出发到五队去摘棉花。紧张劳动了三小时，我共摘了十斤十三两，比过去的成绩有了大的提高。

晚上学习，大家对勾适生提出严厉批评，认为他不仅不改好，反而更恶劣。会后，勾又找我个别谈话，看来，还没有悔悟之意。

十二月七日

今天全天学习，为了赶在二十号前把柯老报告学习完毕。照目前进度，二组还跑在前面，但可能学习得粗糙些，应该特别注意。

今天已把第二部分学完，晚上自学，开始准备第三部分。

晚饭前，到精神病院前走了一趟，直至颧桥小桥，这一带新路的路基几乎已全部搞好了，真是到处大跃进，到处是奇迹。

晚饭后，本来打算到门外看大福星过沪，后来一组的程、吴来，又打上桥牌，据同室的人说，他们出去看，也没有看到。

这几天依然温暖如秋，九时，听了广播，十时前睡。

今天梁医生带了康乐球来，午饭后，和周永德、吴茵等打了几盘，未午睡。

十二月八日

昨晚温暖，揭去了盖在被上的衣服。

上午，二组到附近菜田去浇水，有几天没有做重劳动。今天挑水的地方较远，人也少些，因此大家都感到吃力。我一共挑了七八担，就觉得有些吃不消，每挑一担都想歇一下，换工浇菜，连浇一小时多也觉得有些腰酸，仅仅歇了几天工，体力就有些减退，可见对劳动的习惯还仅是初步的，极不巩固的。如现在就结束目前的学习改造，两个半月来培养的一点劳动习惯都可能丢掉，可见要培养劳动感情，是不容易的，是必须较长时期的艰苦锻炼的，更不要说根本立场的改造了。

同时，检查我这一阶段的集体生活，也有松弛现象，早晨常常迟起，思想上推说是天黑起早了也做不了事。其实，问题在于生活纪律化的培养，改善一贯的自己散漫的生活习惯和资产阶级生活方式。这方面，自己是在放松自己。再从学习方面说，准备也不够，对小组的学习，有些赶进度，讨论不够深入细致，自己这几天老在盘算何日放假，到年底后是否要转到外冈乡去等等问题。晚饭前后，有时打桥牌，有时常到马路去散步。这说明我对改造有翘尾巴情绪，并没有艰苦努力争取加紧改造，反而思想上在开小差。我批评别人没有把心带下来，按这几天的情绪说，我的心也一部分飞回城市去了。这样下去很不好，不仅辜负党的厚情，而且对孩子们也对不起，像仑仑的信，他们是如何热切盼望我早日改造好，看到我有一点进步，他们是多么高兴啊！从明天起，一定要努力振作，要进一步鞭挞自己，死心塌地老老实实地改造，思想决不可再开小差，在劳动、学习和集体生活方面，也要进一步端正态度，时刻注意，检查滑过去，滑下去的危险。

接姚梓良、方子藩给全组的信。姚渴盼早日回来，晚上自学时间，先抽空复了他们每人一封信。

晚上自学后，到办公室向陈同志汇报组内思想情况。陈同志谈起，在第二单元学习中，要准备抽出两天时间参加全市打麻雀，还有一天放假。另外，还可能民盟市委将传达代表大会内容，这样也可能扣去一天，学习时间缩短，又要尽可能学深学透。又说，最近各组学习中，检查自己罪行时，不够严肃沉痛，有谈笑风生之感，这样的情况，说明自己对罪行认识不足。这些话，对我启发很大，按二组情况说，没有显著的谈笑风生的表现，但也缺乏沉痛之感，特别是缺乏对自己罪行不能容许，自觉地要求谈出来，要求别人分析批判的情绪，同时对学习的准备大多数极不认真，学习时近于随兴而谈。由于学习期间缩短，一部分人也有些思想开小差，为了搞好小组学习。睡前和李樾卿谈商，决定分题重点准备，每次有一二人中心发言。

陈同志还和我谈起王造时的情况，的确，当初江处长决定把王从四组调到二组，显然是把帮助的责任交给我们，但我这一月来没有重视，没有好好帮助他。

临睡前，听了中央人民电话〈台〉广播金日成首相告别宴会的内容，十时睡。

十二月九日

晚上略冷，没盖毛衫，觉得有些冷。

上午，第二、三组一起到分队去挑粪浇菜，我大部分时间是和勾适生抬粪过河，比较是轻的劳动。休息后，参加接力挑粪，搭配的是李炳焕、吴沈钇等，也是体弱的，挑得重一些，有些吃力。今天潘世兹腹泻，请假半天，未参加劳动，二组出工的只有七人，颇有凋零之感。

中午吃鱼，幸青菜分配得多，劳动后饭量有增加，也吃得很香。

附近农民昨天都搬到十二队去了。为了建设新的居民点，也为了便于实行四化，这是实行公社化所完全必要的。

下午学习，谈民主与集中，自己与纪律问题，谈得不透，散会前决定分题深入准备，并决定在今后三天内由第三部分基本讨论完毕。

计同志回来，说参观展览会事领导上原则同意，至于开年是否转到外冈还是各回原单位，领导上还未决定。

晚饭前，与程应镠谈了学习的体会。

十二月十日

今日值日。

上午，到十二队去挑水浇菜，和三组在一起，休息前浇菜，休息后挑水，体力上还觉有些不支，组内有些同学也如此。

下午学习，讨论教育与生产劳动相结合的方针，联系自己过去和现在对脑力劳动、体力劳动相结合的问题的看法。今天开始采取中心发言，讨论比较集中和深入，经过讨论和相互帮助分析，对这问题认识比较明确。

在学习休息时，彭文应找我谈话，谈来谈去，他对反党反社会主义还不承认，这样的死脑筋，要改变的确很困难。

王造时今天把他写给北大的信给我看，其中主要还是要求他儿子复学。满纸无可奈何的心情，在劳动休息时，为他作了一些分析。经过情况，向办公室计同志作了汇报。

晚上自学，准备明后两天的学习提纲。

天气转冷，睡觉前拟将毛线裤取出。

十二月十一日

上午和一组一起到十二队去浇菜，是用牛车水，然后加上粪便挑到田里去浇，我始终作浇的劳动。最后一个多钟头相当紧张，感觉很有劲，在浇水时每次把桶提起浇灌，已不觉得粪便有什么，可见感情有了一些变化。

上午，许卜五到徐家汇去买药，托他买香烟四包，顺〈润〉喉糖两包。

下午，学习，讨论百家争鸣问题，这问题是服罪的关键问题，所以在下午讨论后，晚上继续讨论，我也作了比较深入的检查批判。

今天原来较冷，穿了毛线裤，结果中午很热，毛衣也几乎穿不住。

十二月十二日

上午，挑"家"里的积肥到田里去，分组接力，直到九时半。休息后，再到附近棉田去摘棉花，直到饭前，未称分量。

姚梓良回来，大家很高兴。

下午学习至四时，办公室临时召集组长布置明后两天灭雀运动，决定分四块附近地段由四组出动。以后，我们全组到现场去观察，并约略布置，在许家宅捡回一些竹竿，回来大做草人。很有兴趣。

晚饭后，办公室叫我发民盟开会通知，并通知大家，后天一早回去，下午开会，不参加会议的晚上放假，第二天七时前回来。

因为明天要早起，晚上不开会，姚梓良带来代买的"苏联七年计划草案"，抓紧时间观看。

十二月十三日

今天是除雀运动的第一天，上午五时即起，天还很黑，到河内取水也看不清楚。

五时半早餐，六时即出发到阵地。中午，分两批回来吃饭，我在第二批。

麻雀很少见，上午大部时间，我在看车水浇菜，牛车（用）了半天，就把几亩大的菜田灌满了。

彭同志回来和我单独谈了好久，这里学习完毕，决定转到外冈乡。又问我反右一年来的思想变化和一九五九年的改造规划，我谈了一些心中的话，他说，最好写一个简单的思想小结，附一个改造规划，又说，到外冈去，也要单独定学习计划，叫我先考虑一下，又在这里学习了三个半月，究竟有那些收获，如何估计，也要做一个总结，要我准备。这样看来，放假回来后，工作将是相当紧张的。

晚上，办公室召集各组组长开会，宣布了几件事，主要是十六日上午参观长江大桥等展览会，准备十六日下午回来，这样，我可以在家住两晚，整整休息一天。晚上自学，和组内同学漫谈。

十二月十四日

清晨五时起身，五时半早餐，六时许出发。在车站遇到吴茵，她向我谈了一些三组的情况。六时半车来，一路雾大，七时半到徐家汇，八时前到家，家中已等我多日，今天则出乎意外。

九时半，到乌鲁木齐路附近理发，没有洗澡。

下午一时，到市府大礼堂听传达，内容极丰富。八时半才回家，平平等正准备回去。

九时半才睡。

看到仑仑、复复等来信。

十二月十五日

今天整日休息。

上午，到淮海路马当路附近买了一件棉外衣，十三元五毛，后步行到大世界以南上海浴室沐浴，遇着程应镠，沐浴只花了二角五分。

十二时许回家，下午二时，和芳芳一起到南京路中百公司等处购袜子两双，莱阳黎〈梨〉二斤多，在红旗影院看了一场新闻片《小红旗》。六时回家。

百瑞六时半来，饮酒畅谈，到九时半他才回去。

晚上，和沈志远通了一个电话。

十一时才睡。

十二月十六日

上午七时半起，八时半到中苏友好大厦，和全体一起参观了长江大桥等展览会。又到艺术剧场看有关新闻片，我已一部分已看过，十一时半先回。

一时四十分从家出发，三时十分到"家"，已有一部分同学回来了。

四时，开小组会，漫谈回家见闻和感受。

在晚饭后，和沈志远谈话，听了他参加民盟全国代表大会的见闻。

十二月十七日

上午到十二队去参加浇菜，休息时，彭同志把我们找回来开组长联席会议，谈三个半月学习的小结工作。

十二月十八—十九日

两天来上午和晚上都谈小结工作，步步深入，受到很大的教育。

我被评为少数对改造比较积极主动的一类，心中极为惭愧，我自己以为还在忽冷忽热的状态中。

对小结的体会部分，决定由我起草，整个小结，明天应搞好，以便带一份到城里送给江处长。

我和其他七位同学被推于明晚进城，后天参加政协组织的七一公社参观团。

十二月二十日

上午，未出工，写总的小结的体会部分，到十时半全部写完，请彭云飞同志看后，交姜庆湘作前后修饰。全稿下午开始油印，五时许印好，由彭同志带几份进城给江处长审阅。

五时一刻，和沈志远、姚梓良、朱仁[1]一同出发，在车站等了约四十分钟，因为今天是星期六，工人回家，车甚挤。到六时许，来一加车，都上去了，一路快驶，七时到徐家汇，车也挤，七时半到家，吃了面饭，九时半即休息。

---

〔1〕 朱仁，不详。

十二月二十一日

五时三刻即起，吃了点心后，即赶到政协，参加七一公社参观团。我和沈志远、陈仁炳等四人编入第一队，姚梓良等编入第二队。

七时半，乘三辆车子出发，到虹桥镇，公社社本部所在。先由王社长给我们作了报告。以后参观菜场、牛棚、砖窑和托儿所等，总的印象是公社化后农村面貌有了显著的改变。

在公共食堂吃饭，一菜一饭，仅收一毛五，农民不要钱，吃得相当好，而且可以买零菜。有五种，每种五分到一毛五，体会大集体小自由的精神。

下午，继续到漕河泾参观开河（大部用土制机械），丰产棉田，每亩估计仔棉六千斤，已用玻璃布搭棚盖起。另看到棉花王，一株长二百八十多个棉桃，共约仔棉四斤。最后，在棉田作了不到一小时的义务劳动，象征性而已。

五时许到徐家汇下车，觅食不得，急速回家吃饭即出，在徐家汇等了一点半钟的车，最后，乘末班车回"家"，已九时一刻矣。

彭、计、余三同志都参加了这次的参观团。

十二月二十二日

上午，摘棉花，我仅摘六斤多，比勾适生还少些。

下午，开始打小结的草稿，因为主要内容已回忆构思了几天，所以写起来比较容易。晚上，开始抄写，到十时许，已经完成，共写了不到五千字。

因为大部同学没有写完，和办公室陈同志事先研究，临时放宽半天，到十时半宣布明天晚上开始讨论。白天写成，一起讨论。因此，十一时大家睡觉。其他几组，我也把这意思告诉他们，听说有的组准备到十二时后睡。

为了抓紧时间，这次小结事先不互助，并决定全部交齐稿子后讨论。

月色甚好，下午下了一阵雨，不大，时间甚短，听计同志回来说，市区下得大些。

这两天天气甚热，今天是冬至（交夏至）[1]，但依然还是小阳春天气。

今天值日。

晚饭后，和沈志远谈了很久。

十二月二十三日

和办公室同志研究，如何掌握小结，计同志指示，今天上午补写小结，劳动改在下午。

上午，把小结最后清数和装订，我共复写了四份。准备办公室、报社、民盟各交一份，自留一份。

补写日记，并将一年多来思想情况小结约略打一提纲，因为彭同志又向我催问过了。

农民在院内脱谷。

把"苏联七年计划"的提纲看完，程应镠两次来邀打扑克，我第一次拒绝了。第二次未了，看他们在院内准备打，思想上也觉得不好。农民在劳动，我们却在文娱，但并不坚持，直到余国屏[2]同志来提醒了才停止，这说明自己一行一动，都还不能坚持原则性，

---

〔1〕 原文如此。
〔2〕 余国屏,女,时任民盟上海市委组织部副部长,"颛桥劳动学习班"常驻干部。

时刻会动摇。

下午摘棉花，很少，固然由于手痛的关系，但对劳动没有这样一股劲，也是主要原因。

晚上学习，开始讨论小结，先排次序，今晚先讨论了勾适生和李樾卿的小结。勾的小结简直不像思想小结，大家提了很多意见。李的小结好，但大家也提了些意见供他参考。

十二月二十四日

天气还是热。

上午学习，讨论我和刘哲民的小结，大家对我提了不少意见，对我的帮助很大。大家的意见，我主要缺点在劳动主动性不够，生活勉强适应，也就是说行动跟不上思想的变化。我自己指出，这也说明我的变化还是初步的不巩固的。其次，在生活方面还有自由散漫的作风，如不能按时作息等等，对别人有帮助，但关心不够。所有这些，对我都是针砭，从这些帮助中，也说明批评的好处，下乡三个多月来，对批评如何认识，如何对待批评，的确有了一些认识。

下午，草写反右以来的思想变化和明年度改造规划，因为彭同志已催过我，我一定要争取在几天内写好，计同志同意我这几天不出工，抓紧时间写这个小结。

晚上，讨论方子藩的小结。

彭同志晚上回来，未交谈。

十时许睡。

十二月二十五日

昨晚下雨较透，今晨起来，院中已泥泞，着了套鞋，这是几十天来的一场喜雨。

天气依然热，不像冬至以后天气。下午，天气转西北风骤冷。

办公室上午召开联席会议，讨论和修改小结。

下午，各小组讨论总的小结，我本来在里面房间写一年多来的思想变化，因为思想不集中，依然参加讨论。

下午换穿了厚外衣。

十二月二十六日

上午学习。

下午，江华处长和统战部其他同志来，先召我们组长谈话，说社会主义学院大约下月十日开学，这里决定年底结束，放假一星期左右。在这期间，组长们要把下学期学习计划拟好。后来，江处长又召集全体讲话，针对学习中普遍存在的害怕孤立、逃避监督问题，打通思想。

十二月二十七日

上午学习，讨论许杰的小结。

下午，我继续写一年半思想小结，全部写完。连明年度改造规划，共约六千字，过去三次规划，都很空洞。因为一对改造没有决心，二对改造的理解也很空洞。这次经过三个半月的改造实践，初步理解通过劳动改造的道理，同时，自己对改造也有了一定的信心和决心，这次订的改造规划，比以前的具体了些，思想上也的确有坚决实行的决心。有一项决定从明年起写思想日记，像对慈母一样把每天的思想变化向党汇报，争取党的帮助。

晚上，讨论王造时的小结，大家对他的"进步"包袱和黄昏思想提意见，直到十时才结束。

十时一刻睡，天气大冷。

今天值日，整天未打桥牌。

十二月二十八日

昨晚睡时，就觉很冷，未脱棉毛衫，两肩还有些冷，今晨经过奋斗，准时起身，穿上了棉裤。已不觉得小，可见肚子又小了。天冷有风，以冷水洗脸，双手有寒彻骨之感。

上午，讨论傅守璞的小结，晚上，开生活小组会。四组已接洽好了回家的车子。

下午，到五队去挑猪肥，五时前回来，彭、计两同志乘自行车回上海，准备先到外冈去了解一些情况。

十二月二十九日

上午，继续帮助傅守璞，到十时，全部完毕。再将全部小结意见宣读，并分别写在各人小结之上，由组长及副组长签字。

下午，办公室召集组长会议，初步涉谈到外冈后的半年学习计划，最后，拟定沈志远和我两人起草学习计划草案后再讨论。

晚上，二组开文娱生活会，大家表演了节目，很愉快，作为在颛桥学习的最后愉快回忆，我唱了昆曲京戏，并讲了一小时多的《描金凤》[1]，大家听了很高兴，直到十时才结束。

今天下雨，大家担心后天是否下雨。

一组吴企尧昨天到颛桥去，竟上饭馆吃了两个菜，饮了一瓶啤

---

〔1〕《描金凤》，清代弹词，又名《错姻缘》。这里指评弹。

酒，今天一组开会给以批评，可见生活关也不是容易过的。

十二月三十日

上午，彭同志等回来，我向他请示了起草学习计划的意见。

二组开生活漫谈会，漫谈三个半月学习的体会。放假几天的思想准备和到外冈去后的准备等等，一直谈到十一时。

和程应镠散步，彼此交换了三个月学习，劳动的心得体会。

午睡后，起草学习计划草案。

今天全部在做结束工作，颇有学校放学前一天的心情，只有三组还在做小结的收尾工作。

很多农民同志来和我们谈天，说你们在此也是劳动，到嘉定去也是劳动，何必到那里去？你们走了，我们很不惯，这几句简简单单的惜别话，充分透露了劳动人民朴质深厚的感情。

连日来找梁医生看病的，每天有几十人。远至塘湾、七宝也有来的，我们走了，在这方面农民同志也有些不惯。

下午天气转晴，透出了阳光。

十二月三十一日

今天是我们在颛桥学习的最后的一天，在此三个半月，初步进行了立场的改造，这短短的时日，在我生命史上将留下了最宝贵的一页。

1965 年

作者于 1959 年结束在上海社会主义学院的学习，被安排到上海市出版局工作。1960 年，任上海市政协文史资料委员会办公室副主任，负责相关史料的征集和撰写工作。1964 年，上海出版文献资料编辑所成立，作者被调到该所负责《申报》索引工作。1965 年日记记载作者当时的工作情况和生活情况。

——编者注

一九六五年九月一日　农历八月初六日　星期三
阴有小雨　（28℃—23℃）

上午，先至银行取二十元，旋至静安寺染毛线，是折〈拆〉掉我的毛衣为霖孙做毛衣、毛裤的，共一斤四两，染墨绿。又为霖孙购玩具塑料帆船及象，都是小宝一再叫"公公"买的，共一元一角七分。

早上写给仑儿夫妇信，希望陶陶回家分娩，信即航空寄出。

午，接士慧[1]来信，知复儿出差到邯郸去了，要本月中才回。

下午，赴藏书楼[2]，继看《申报》，试作目录一天，作为讨论样板之用。

西藏自治区今天正式成立，中央及国务院都去电祝贺，中央代表团由谢富治、张经武等率领，早于前日到拉萨。自治区的成立，是我国的一件大事，是党的民族政策的胜利，是美英帝国主义及印度反动派干涉我国内政的彻底破产。

九月二日　星期四　多云　（29℃—23℃）

上午赴藏书楼，试将一九二七年中一天的《申报》做目录索引，迄中午，还只做了约三分之二，可见将来的索引工作相当繁重。

在淮海路陕西路口的点心店吃咸菜肉丝面一碗，豆沙馒头一个，共三角三分。

十二时五十分，在国泰看《中国人民的伟大胜利》，从"九一

〔1〕　士慧，即张士慧，作者三儿媳。
〔2〕　藏书楼，即上海徐家汇藏书楼，此处收藏了全套《申报》。

八"至今天伟大建设，都收入镜头，其中不少片断为毛主席整风报告及窑洞等，述〈这〉以及日军轰炸珍珠港等都十分名贵。

看毕，仍回藏书楼座谈。

闻藏书楼同志说，有一女同志打电话找我，以为家中有事，急打电话询问，才知统战部及民盟都有电话找我，说明天开会，讨论林彪同志文章。

机关也定明晨开会，讨论此报告。

购肉松二两及藕粉一小包。

八时半，听林彪同志文章的广播。题为《人民战争胜利万岁》，历二小时五十分，迄十一时许才播毕。

九月三日　星期五　多云到阴　（31℃—24℃）

上午赴文献[1]，又听广播，十时起开始讨论。

中午，在打浦桥吃饭，三角七分。

下午，政协开会，也是讨论这篇文章，（参加者）都是犯过错误的，已一年余不开此种会矣。

陈虞孙兄找我谈《文汇报》历史。

---

　　[1]　文献，是上海出版文献资料编辑所的简称，作者当时被安排到该所做《申报》目录索引。上海出版文献资料编辑所成立于1961年，主要任务是搜集、整理、编辑近现代出版资料，揭示上海近现代出版事业的创建与发展轨迹及其对文化进步事业的贡献，兼以供当代出版事业参考、借鉴。曾任该所主任的方学武回忆："上海出版文献资料编辑所创建于1961年，由李俊民同志担任主任。我在1962年春接替李俊民同志的工作。1966年6月文化大革命开始，'文献'也停止工作'闹革命'，业务工作完全停顿。"（方学武：《回忆上海出版文献资料编辑所》）曾在该所工作的何满子回忆："上海出版文献资料编辑所，是1958年我离开上海后新设立的单位。我很快就知道，这个单位除了管事的和少数'掺沙子'进来的积极分子外，多数是有问题人物，如右派分子，历史反革命，公私合营后的资方人员等等，也就是后来'文革'时被称为'牛鬼蛇神'的这类人。"（《跋涉者：何满子口述自传》，何满子口述，吴仲华整理）

九月四日　星期六　多云　(30℃—24℃)

上午，严长庆[1]同志打电话来，即赴文献，整天开会讨论《申报》影印、编目计划。

中午在打浦桥吃饭。

购月饼六只，一元多，又购雅〈鸭〉梨一斤，3角3分。

九月五日　星期日　多云转阴雨　(30℃—24℃)

霖霖已能脱手走四五步了。

上午午睡1小时。

竟日未出门。

上午，刘子正[2]来谈，下午，孙锡三[3]来。

霖孙一时半午睡，我抽空写稿一千余字。

陈毅同志从巴基斯坦到叙利亚正式访问。

复儿寄来十元，《蒋介石的结婚和投降》写好[4]，计3300字。

九月六日　星期一　阴雨转多云　(27℃—22℃)

上午，交牛乳费及电话费，发寄《大公报》稿。

---

〔1〕 严长庆，时任上海出版文献资料编辑所干部。

〔2〕 刘子正，时任上海市民盟干部。

〔3〕 孙锡三，安徽寿州人，1946年至1952年为上海中孚银行总经理。时在上海市政协文史资料委员会负责工商史料整理工作。

〔4〕《蒋介石的结婚和投降》写好，这里指作者为香港《大公报》写稿。作者被划为"右派"后，石西民安排作者给香港《大公报》写稿，以稿酬贴补生活，并限定只能用笔名。下同。（详情见《海角寄语·金陵旧梦》，三联书店2011年1月版）

下午赴文献，方学武[1]、洪家彦[2]同志汇报今晨局务会议，对《申报》工作的决定，添派我为筹备小组副组长，然后讨论了些具体工作。

归途购糖斤半，苹果两个。

九月七日　星期二　多云　（25℃—22℃）

上午7时许赴藏书楼，看1921年7月及1927年4月《申报》，准备以此两月，作〈做〉出编目索引的标板。中午，在历史研究所吃饭，饭后，赴徐家汇中百公司购牙刷一个，三角五分，吃冰砖四分之一，二角。

下午，进行讨论。

九月八日　白露　星期三　多云　（25℃—18℃）

我政府发表声明，严厉谴责印度政府对巴基斯坦发动军事侵略，并表示坚决支持巴的抵抗。

印对巴发动全面进攻，侵入西巴境内，并轰炸西巴、东巴的若干大城市，巴被迫反击。

苏加诺谈话，支持巴反侵略斗争。

上午，至静安寺取回染的毛线，并配眼镜脚，又购月饼大小十六个。

午前睡一小时。

---

〔1〕方学武，江苏昆山人，原生活书店负责人之一，1962年起上海出版文献资料编辑所主任。

〔2〕洪家彦，原文笔误，应为洪嘉义。洪嘉义，毕业于圣约翰大学，时任上海出版文献资料编辑所《申报》索引编辑组组长，1966年7月自杀。

下午赴藏书楼，看一九一五、一九一六年《申报》。

归途，吃烧饼两块，晚饭不香矣。

九月九日　星期四　多云转阴　（25℃—21℃）

上午赴藏书楼，看一九一八年《申报》。

在历史研究所吃饭后，乘车至淮海路，购面包蛋糕等，旋即至文献。

二时，《申报》整理小组开会，由我主持。解决了分类要求等问题，争取十月十五日结束工作，以便全力投入编目索引工作。

西藏自治区宣告正式成立，拉萨、北京同时开庆祝大会。

九月十日　星期五　中秋节　少云　（25℃—18℃）

上午，赴政协学习，今天起，"暑假"结束，恢复正常学习。开始学习林彪同志关于人民战争的文章，规定国庆前初步边读边议，国庆后详细学习讨论。

昨天家中做饼子，小平来吃。

霖孙近日胃口较好，食量增加，同时，已能脱空走一段路，而伶牙俐齿，什么都会读，而且会动脑筋，聪明得很。但个性甚强，他决定要做的事，很难改变。这种个性，要培养，也要加以疏导，否则就发展为任性了。

取回修理的钟。

下午，芳姊在开会，我小睡后即起来看护霖孙。五时，抱孩子到武康路去购糖一卷，棒水〈冰〉一把。回途遇张景选[1]同志，他

---

[1]　张景选,时任上海市出版局审读处副处长。

从川沙修〈休〉假回来。

入晚，月色皎洁，如青铜镜。

今天去（凉）席，霖孙七时一刻即睡。

九月十一日　星期六　少云　（27℃—20℃）

第二届全国运动会今天下午开幕，毛主席、刘主席、周总理、朱委员长及其他领导人参加了开幕式。参加的运动员五千余人，来自二十八个省区及解放军，大会将进行至本月底。在此期间，中央电台每晚有特别节目，报告大会成绩和实况。

上午赴政协，向蒋彦方[1]同志汇报机关内工作情况，说明今后可能要少到政协工作。

下午赴藏书楼看报。

瑞弟来吃晚饭，借走《我的前半生》等书，以便楠嫂静居消遣，瑞弟已数月未来矣。

今天稍稍回暖。

九月十二日　星期日　多云　（25℃—18℃）

今天整天未出门。

锡妹及秀仁[2]、小和、小平以及寄母等都来吃饭。

上下午，抽空写出《文汇报》在解放战争时期的主要历史材料，是陈虞孙同志嘱写的。

---

〔1〕 蒋彦方，时为上海市政协文史资料委员会干部。
〔2〕 秀仁，即倪秀仁，作者妹夫。

傍晚，找老张[1]同志谈话，后访孙锡三，未遇。

晚，又写《申报》广告收录范围的意见。

九月十三日　星期一　多云偶有小雨　（25℃—20℃）

今昨两日，二届全运会中有举重、射箭两项打破世界纪录，田径赛中，陈家全以百米十秒二，打破全国纪录，成绩也极优异。解放前，刘长春以十秒保持了十几年[2]。今天，达到十秒二的成绩。实过去所梦想不到的。

今天整天在藏书楼，闻出版界〈局〉也已与政协联系，以后（我）每周四整天在文献工作，一天学习，一天去政协，至于学习在机关还在政协，由我自己决定。

中午，整〈趁〉休息时间，在徐汇理发厅理发。

晚听实况广播，次轻量级又打破一项世界纪录。为此，二天内已有五人四次打破世界纪录。看来，我国运动中，还是田径比赛落后，其余，都已站到国际选〈先〉进的行列了。

九月十四日　星期二　多云　（25℃—20℃）

太平洋又有十九号台风出现。

上午，和芳姊偕霖孙乘车至静安寺，为霖孙购工装裤一条，三尺布票，三元七角五分，又购鞋子一双（一元五角），帽子一顶（一元二角），勉可度秋天了。

---

〔1〕　老张，不详。

〔2〕　刘长春以十秒保持了十几年，此处有误。刘长春于 1933 年在第 5 届全国运动会上创造 10.7 秒的 100 米纪录，保持 25 年。1958 年，该记录被解放军运动员梁建勋以 10.6 秒打破。

下午赴文献，参加科组长会议。会上，老洪[1]作了《申报》影印、索引工作的筹备情况的报告，我对索引工作做了详细的补充。

购香蕉一斤多，红糖一斤，百合一斤半。

九月十五日　星期三　多云　（25℃—18℃）

天气日凉，秋高气爽，早晚尤有凉意。

上午，赴大世界附近，吃南翔馒头一客，又购辣酱一瓶，为霖孙购笔匣一只，尺一根。

下午赴藏书楼，看民元报纸。

全运会又打破一项世界纪录（女子射箭）。

上海举行欢送日本青年联欢晚会。

日本青年昨天在上海游行。

九月十六日　星期四　多云　（27℃—17℃）

上午赴文献，与老严[2]商影印事，中午回家吃饭。

下午赴藏书楼，续看民元《申报》。

晚，中央电台转播乒乓团体赛实况。上海男女队双双获得冠军（女子三比零胜四川，男子五比一胜北京）。

九月十七日　星期五　少云　（26℃—16℃）

天气更凉，傍晚抱霖孙下去，着夹背心还有些寒意了。

---

[1] 老洪，即洪嘉义。
[2] 老严，即严长庆。

上午赴政协学习，继续读林总文。

归途购路丁片一瓶，拟购开塞路〈露〉，到处买不到，昨天霖孙未大便，幸下午午睡醒来，撒了一泡，大家心定了。

下午，抽空前〈写〉稿八百字。

上午觉得有些腹痛，下午未出门，午睡二小时。觉得好些，唯"心口"还微微有些痛。

今天街上已在忙于搭灯彩，庆祝国庆十六周年，今年又是大丰收，工业也在跃进。国际斗争也处处胜利，今年国庆，人民兴致当更高。

九月十八日　星期六　多云到少云　（26℃—16℃）

《人民日报》发表社论，题为《谁在为印度反动派撑腰》，全面揭美帝和苏联修正主义联印反华，反对革命人民的无耻立场，全国各报都转载。

昨天睡得好，经过一夜安眠，今天胃部渐舒适了。

下午赴藏书楼，草拟《申报》编目索引工作的规划及一些设想的草案，以便星（期）一提出筹划小组讨论。

今天星期六，徐家汇车子甚挤，因从闵巷〈闵行〉等处的工厂、学校、职工、学生都在星期六回家。下午休息时，站在藏书楼前看到马路车子如流水相接，不亚于平日的南京路。这条林荫道是58年我们在修桥劳动时看它修筑起来的，现在已成为新上海的主要动脉之一了。

晚，访孙锡三，谈文史工作。

九月十九日　星期日　多云　（27℃—17℃）

戏剧学院空地赶修游泳池，今天开始扎钢筋，不日可铺水泥了。

霖孙已能脱手走一段路，下午，因他到草地行走，已能放手走一段路了。

我外交部再照会印度大使馆，限二十二日前撤除中锡边境非法哨所，放回劫走人员及牲畜，否则印度应负一切后果的责任。

下午，乘霖孙睡时，写好关于《申报》编目索引工作的规划和一切设想，共九页，听说明天上午将谈此事。

全国运动会开始乒乓球单项比赛，男女各有三个种子选手被淘汰。

九月廿日　星期一　多云　（27℃—17℃）

整天在文献开会，商量《申报》影印和索引工作，老方同志对我提出的索引规划，认为设想很周到，各段适当加以说明，可以作为工作计划的一部分。

中午，在绿野新村吃肉丝面（三角六分），并为霖孙购雅黎〈鸭梨〉一斤多，五角二分，极嫩。

戏剧学院游泳（池）今天已开始铺水泥，在日夜赶工中，（水泥）浆恐淋雨也。

海南岛我空军打落美国入侵的侦察机一架，并俘虏美驾驶员一名。

联合国安理会在美国和苏联的操纵下，通过对印巴问题的决议案，限三天内停火，完全偏袒印度，这是苏共修正主义集团对美投降、出卖世界革命人民利益的又一次大暴露。

九月廿一日　星期二　多云　（27℃—17℃）

上午未出门，在家写索引工作计划，写好一大半。

上午十二时吃饭，饭后午睡一时，二时赴政协，开文史办公室会议，讨论年内工作。

晚上，听乒乓球单项决赛实况录音，混合双打广东的陆巨芳、梁丽珍得冠军；女子单打林慧卿以三比二胜李赫男，得冠军；男子双打李富荣、徐寅生以三比二胜于贻泽、余长春；女子双打上海的李赫男、周一玲对广东的梁丽珍、黄玉环，结果梁黄以三比一胜；男子单打，庄则栋获得冠军。

九月廿二日　星期三　多云　（28℃—18℃）

今晨中央电台广播，印度已将中锡边境越境所筑哨所五十多处全部撤光，这是我国两次严重警告的结果。一切反动派都是纸老虎，印度反动派的面目，真像"打渔杀家"中的教师爷一样，令人可鄙。

上午在家，把索引工作规划全部起草完毕。下午，将此稿交给老方，筹备小组下午开会，讨论影印及索引工作打算。

归途，购西瓜一个，五角七分（每斤一角），归家吃吃，甚甜，近重阳而吃西瓜，是罕见的事。过去，八月初就早已不见西瓜了。

霖孙已能自由走跑，近来食量增加，但更为顽皮，芳姊看护极辛苦，今天背痛。

这两天天气转暖，殆所谓蒸重阳糕天气，如此气候，对晚稻、棉花是有利的。

西哈努克来华参加我国庆典礼，今天到达成都，陈毅等热烈欢迎，成都全市张灯结彩，如同节日。

九月廿三日　星期四　少云　秋分　（28℃—18℃）

巴基斯坦外长布托赶至联合国，宣布接受停火。但要求决定克什米尔民族自决，否则巴基斯坦将退出联合国。

上午赴文献，听两项有关出版、戏剧的转〈传〉达报告，并未讨论。

中午回家吃饭，午睡至三时，赴华东医院看病，遇陆志仁[1]、樊文[2]等同志。

九月廿四日　星期五　少云　（28℃—17℃）

上午赴政协学习，讨论印巴问题，组内展开了激烈争论。对于巴基斯坦接受联合国停火决议，我认为这是巴政协（府）的屈服妥协，沈体兰[3]反对，认为巴并未妥协。李储文[4]支持我的意见，认为无论如何，巴政府是妥协了。休息后，重新展开讨论，沈体兰认为巴政府不仅未妥协，而且是巧妙的战略。考验联合国，沈迈士[5]支持此意见，说是以战和两手，和美帝的战和两手针锋相对斗争。萧纯锦[6]认

---

〔1〕　陆志仁(1910—1992)，浙江上虞人。曾任上海普陀区委书记、上海市委党校副校长，当时从事上海地方党史资料征集、研究工作。

〔2〕　樊文，不详。

〔3〕　沈体兰(1897—1976)，江苏苏州人。曾任一届全国政协副秘书长，华东军政委员会教育部副部长、体委主任、上海市体委主任、上海市政协副主席。

〔4〕　李储文，1918年生人，浙江宁波人。时任中国人民保卫世界和平委员会副主席、世界和平理事会主席团成员。

〔5〕　沈迈士(1891—1986)，浙江湖州人。书法家、画家。时任上海市文物保管委员会委员、上海市文史馆馆员。

〔6〕　萧纯锦(1893—1968)，江西永新人。经济学家，时任复旦大学教授。

为巴既坚持斗争，又避免战争，是了不起的胜利。毕云程[1]也支持巴未妥协说。赵祖康[2]基本支持我们的意见，召集人最后宣布，下周继续讨论，因为这些问题，关系到反帝斗争的原则问题。

中午回家吃饭，下午午睡后，赴李思浩[3]处采访，数月不见，李的精神及记忆力大为衰退，看来，从他身上谈不出什么重要史料了。

上午购烟嘴一，三角八分，又为霖孙购小玩具二件，三角二分。下午从李宅出，在延安路购小的解放西瓜一个，三角二分，又购柿子三个，一角九分，深秋吃西瓜（而且相当甜）是过去从来没有过的。

晚，听中央电台关于二届全运会篮球决赛的实况录音。

九月廿五日　农历九月初一　少云
星期六　（28℃—18℃）

下午，赴华东医院看手，先看外科，介绍至推拿科，该科说今天没空。约于星（期）一去推拿。

从华东医院出来，乘71路至黄陂路下车，拟看电影不成，至石门路口，吃汤团四个，又购苔菜饼等旋即乘车归。

近日吃中药，常常想睡，想必药中有安神滋补药品也。

〔1〕毕云程（1891—1971），浙江海盐人。《生活》周刊早期赞助人和撰稿人，《世界知识》第一任主编兼发行人。时任上海市文史馆馆员、韬奋纪念馆馆长。

〔2〕赵祖康（1900—1995），上海人，道路工程专家，曾任国民政府最后一任上海市代市长，1949年后上海市副市长。

〔3〕李思浩（1882—1968），字赞侯，浙江慈溪人。曾任北洋政府财政总长、盐务督办、中国银行总裁，是安福系主要人物。抗战期间，曾任汪伪上海市市政咨询委员会主任委员、《新闻报》社长。作者曾对李思浩作过访谈，写有《李思浩谈他的一生》（《旧闻杂忆》）。

九月廿六日　星期日　多云　（28℃—18℃）

竟日未出门，上午，机关马同事来借阅文史资料两辑（四十、五十辑）。

本月电话超过十几个，孙家有意见。结果由陈家出了，有关公共的事，总是麻烦的，离共产主义风格远矣。

昨天寄出一短稿（蒋介石、陈其美、陶成章），又写寄复儿一信。

接福儿来信，说他们很好，拉萨建设一日千里，供应情况是历史上从未有过的好气象。

下午听中央电台关于足球比赛的实况录音，上海队战河北队，上海队先进两球，至下半时结束前十五分钟，河北队连进两球，成二比二平及延长时间，上海又先进一球，至结束前八分钟。河北队又进一球，结果三比三和局。

九月廿七日　星期一　阴有雨　（26℃—15℃）

今天北方寒潮来袭，气候转冷。

上午赴文献，起草人物参考索引，备《申报》工作同志之用，归途购莱阳梨一斤半多，六角。

下午，赴华东医院推拿，遇雨。

赴银行取四十元。

市人委送来国庆观礼券。

贺龙率中央代表团飞新，参加庆祝新疆自治区成立三十周年盛典。

印度协商会代表团到京。

西哈努克自重庆乘轮抵武汉访问。

李宗仁昨举行中外记者招待会，港澳有记者六十多人到京参加。

九月廿八日　星期二　多云　（25℃—15℃）

上午政协学习，继续辩论巴基斯坦政府接受联合国停火决议是否为妥协、屈服的问题，沈体兰说，这是策略，不是屈服，郭旭〔1〕说巴政府的策略和我们配合得很好，葛敬恩〔2〕甚至说巴这次行动，和我们配合，避免了战争，也不啻是十万大军。

我首先表示不同意这些意见。我提出四个问题：第一，是屈服还是策略。问题在于是否坚持原则。巴政府放弃三项条件，接受美帝、苏修设定的圈套，不能不说是妥协。第二，有人说巴也是两手政策，我也不同意。两手政策者，帝国主义以战争恫吓和和平欺骗对付人民，我们也以坚决战争和充分揭露两手对付它。如今在抗击侵略中忽然接受敌人停火条件，如何算两手呢？第三，关系到对联合国的态度问题，有人说巴此次决策是对联合国的考验，给联合国难题做。联合国早已是美帝苏修联合扼杀人民革命斗争的欺骗工具。有什么可考验的？它十八年没有实行对克什米尔的决定，还要什么考验呢？今天对联合国的态度，是和它斗争还是对它幻想，是革命不革命的试金石。第四，有人说巴此举是为了国际和平，这也不对，今天要保卫和平，只有坚决斗争，粉碎美帝的侵略政策和战争政策，以妥协求和平，则和平亡。我们和修正主义的分歧之一，就在于此。

---

〔1〕　郭旭，曾任国民党保密局少将，经理处处长，广州办事处主任。1949 年 12 月，在昆明被卢汉扣押。1961 年 12 月获特赦。

〔2〕　葛敬恩（1889—1979），字湛侯，浙江嘉兴人。早年加入同盟会，参与杭州光复会。历任国民政府和国民革命军要职和"国大代表"、"立法委员"等。1949 年在香港通电起义。时任全国人大代表、全国政协委员。

接着，武和轩、宋专员[1]、赵祖康、严谔声[2]，黎照寰[3]发言，基本都支持我的意见。萧纯锦说，毛主席说能打则打，不能打则走。今天巴基斯坦人力、物力都不能支持，暂时退却是为了更好前进，我说毛主席说的是人民战争的战略战术问题，至于对于革命和反侵略的基本政策只有进行到底，和毛主席说的人民战争的战略战术是两个概念，不能混为一谈。

为霖孙购小书及看图识字，四角二分。

下午赴文献，写好一九一八至一九二七年人民〈名〉录，为了便利同志们从事索引工作，即交老洪同志看，老洪即请办公室同志复〈付〉印。

四时一刻，赴卢湾区工人俱乐部看防空展览，和老方同志谈话，他说，市委负责出版工作的同志换了蒋文焕[4]。我决心以主要力量放在《申报》，并努力把此工作做好。已向出版局，市委宣传部汇报，领导很支持我的工作。

昨天到处开了国庆的灯采〈彩〉，今天拟抱霖孙去静安寺看灯，不料灯全部没有开，令人扫兴。

今天天气感觉秋凉，晚上穿一件夹背心也觉有些冷意了。

贺龙率中央代表团到乌鲁木齐，受到盛大欢迎。

西哈努克到了北京，这是他第六次到我国访问。

二届全国运动会闭幕。

---

〔1〕 宋专员，不详。

〔2〕 严谔声(1897—1969)，浙江海宁人。曾创办新声通讯社，参与创办《立报》，任总经理。曾在《新闻报》《商报》撰稿。时任上海市文史馆副馆长，上海市人大代表和政协常委。

〔3〕 黎照寰(1898—1968)，字曜生，广东南海人。早年加入同盟会。曾任交通大学校长，国民政府财政部参事、铁道部次长等。建国后曾任之江大学校长。时任上海市政协副主席。

〔4〕 蒋文焕，时任上海市委宣传部副部长，分管出版工作。

九月廿九日　星期三　多云　（25℃—18℃）

上午未出门。

下午二时，赴华东医院推拿，旋至新城隍庙，淮海路一带巡礼，购香蕉一斤许，糖一包。

晚饭后，和母亲、芳姊抱霖孙至静安寺看灯，霖孙比五一看灯更懂得多了，来往车资用去一元。

购柿子八小个，仅两角。

九月卅日　星期四　多云　（25℃—18℃）

上午赴文献，筹备小组开会，老方同志参加，对索引工作，决定拆散二组的广学会工作组，以尚丁[1]、杨兆麟[2]等同志参加《申报》索引试点工作。这样，可以为下一步正式上马时准备干部骨干。

中午，在瑞金路小店吃饭，饭后赴淮海路常熟路口购弹子糖及酥糖等，以便明天带到锡妹家去。下午又起草一些北洋及国民党时代职工制，作为将来工作的手册。

四时，提前回家。

晚赴俱乐部，参加政协举办的国庆晚会。看电影四张〈部〉

---

〔1〕　尚丁（1921—2009），江苏丹徒人，曾任黄炎培秘书，《展望》周刊主编，新知识出版社社长兼总编辑等。1955 年曾作为"胡风集团"成员被捕入狱，1963 年进入上海市出版文献资料编辑所工作。

〔2〕　杨兆麟（1919—2004），曾任上海人民美术出版社连环画编辑室副主任，负责古代外国题材连环画编辑工作。曾编辑《三国演义》、《红楼梦》等连环画，1963 年进入上海市出版文献资料编辑所工作。

片子。

今晚天气预报偶有小时〈雨〉，国庆佳节，逢到阴雨天气，可谓不巧矣。

十月一日　国庆节　雨　（22℃—20℃）

昨晚十时半从俱乐部回家，闻霖孙发烧，热度达三十九度，已请孔医生看过，心中焦急，彻夜未好睡，照顾小孩，今天六时许起。

八时，孔医生又来，热度已退，写了药方，由阿妈〔1〕去配药。

为了孩子的病，今早又未去人民广场参加国庆大游行，原定今天全家到万福坊〔2〕去，也只得由母亲一个人去。

今天整天下雨，晴了已一个多月，恰巧今天下，天公真可说不作美矣。

下午，霖孙睡后，午睡近两小时，霖孙下午已退烧。精神很好，总要去地下室，唯脾气甚躁急，宝宝于去年国庆来，到今天已整整一年，一年来，小病过三次，基本虽是健康的，唯近来因胃口不太好，没有以前那么胖，以后要格外注意。给他调养，注意其寒暖饮食，希望孩子在秋冬间又胖又壮，更加可爱。

昨天仑儿来信，附来照片一张，看到他们夫妻比以前胖壮。极为宽慰，闻士慧曾到北京出差，复儿则还在邯郸。

十月二日　星期六　阴雨　（20℃—18℃）

今天竟日下雨，雨量中等，我也竟日未出门。

---

〔1〕　阿妈，即蔡银梅，无锡人，在作者家中帮佣十余年。
〔2〕　万福坊，这里指作者之妹徐德华居住地。

上午，刘子正来，说寿进文希望我参加第三期开门学习，地点在川沙洋泾镇，为期一月。我说自己当然希望参加，但恐单位上工作放不开手，决定由政协征询出版局党委意见。

写寄仑、福两儿及大姊信，因天雨未发出。

霖孙已恢复，精神好，下午一睡四小时许，我也午睡了两小时。

十月三日　星期日　重阳　雨　（22℃—18℃）

今天依然整天下雨，上午九时上街，购玩具毛巾等数事，备送给阿妈的媳妇，又为霖孙购玩具及图画书。

下午，午睡二小时。

昨晚霖孙睡得不好，因白天睡得太多，今天较为正常。晚饭前，雨稍止，抱霖孙至戏剧学院门口看灯。

今天发表中东新闻公报。

十月四日　星期一　雨　（22℃—18℃）

今天竟日大雨如注。

上午、下午都在文献。上午，根据老洪意见，修改索引试点规划，并补充人名录，下午，参加组织生活。

中午，在小馆吃饭，三角三分。

十月五日　星期二　阴有雨　（22℃—16℃）

今晨广播，印尼发生变故，我国家领导人刘少奇、周恩来、柬埔寨西哈努克、巴基斯坦阿尤布都打电报给苏加诺慰问，雅加达电台只广播苏加诺无恙，大概是发生反革命政变，具体情况不恙〈详〉。

今天整天注意印尼消息，但中午国际新闻节目及晚上联播节目，都无此项新闻广播，不知局势如何发展。

上午政协学习，即漫谈此事。大家肯定这定是一次反革命政变，而且一定是美帝可能还有苏修在幕后策动的，但对于苏加诺今天的处境，有两种推测，我及一部分同志认为他可能被反动力量如纳苏蒂安〔1〕等所劫持，目前进步力量还在斗争中，反动派还想利用苏加诺。因此播出此项消息，以安定人心。另一些同志认为可能苏加诺已逃出雅加达，而雅加达电台还在人民手中，所以有此广播，究竟如此〈何〉，尚不可知。我们担心者为艾地〔2〕同志等的安全，从总的来看，美帝和反动（派）一定搬起石头打自己的脚，结果一定使〈是〉他们阴谋进一步破坏〈产〉，对人民来说，很可能坏事变成好事，从此走上武装斗争的道路，争取印尼早日彻底解放。看来一两天内这一幕是可以揭开了。

上午回家前，购牙膏一条，雅黎〈鸭梨〉一斤多。

下午赴文献，同志们对印尼问题也纷纷议论，可见这事已引起我国的普遍注意。

在文献整理好一些《申报》索引的参考文件，老洪同志看后即复〈付〉印。

今天发工资，本月又发一个月的工业券，据闻是属于照顾性质，因为今年规定发的两次，都早已发过了。

复复的朋友带来十元及破衣服一包，来信说他已回到保定，即将赴天津开会。

大姊来信，附来她的三个孙女的照片。

---

〔1〕 纳苏蒂安，印度尼西亚"九三〇"事变主要策划人，事变前时任国防部长，"将领委员会"负责人。

〔2〕 艾地（1923—1965），印度尼西亚共产党主要领导人，"九三〇"事变后被捕，同年11月2日被杀。

今天吃菜饭，淡而无味。

十月六日　星期三　多云　（22℃—16℃）

上午未出门，午睡一小时。午后，赴华东医院推拿。

二时半赴文献。

芳姊坐骨神经又痛。因此，照顾霖孙的责任，我更加重。

十月七日　星期四　多云到少云　（24℃—16℃）

上午，中央电台转播陈毅副总理对中外记者谈话历时五十分钟，把中央的对外政策，阐述极详尽，真是义正词严，听了使人心旷神怡。

昨天《参考消息》，记载印尼政变的情况，但脉络还不清楚，这几天，我还未发表是〈类〉似消息，可见印尼局势还欠明朗。

上午，因芳姊腰痛，因我抱霖孙赴华山食堂打预防麻症〈疹〉的针。这种预防针，是我国最近发明的。世界上只有几个国家会做，而我们以在安全度上比其他各国为好。就已免费普遍为儿童接打，这也是社会主义制度优越性具体事例之一。

下午，赴文献，今天讨论学习陈总文章及印尼局势。印尼局势渐明朗，是左右派的斗争尖锐化，以印尼其及空军、少壮军人为一方，以右派陆军头目为一方，发生内战，后者果然得美帝和苏修的支持，革命力量方面，印尼共显然早有所准备，艾地等已转入地下，工农已部分得到武装。看来，印尼共所领导的人民革命武装斗争，可望站住，巩固为日益发展，革命可加速，是亚洲革命的可喜现象。

购蜜一瓶，食母生一瓶。

十月八日　星期五　多云　（23℃—14℃）

上午赴政协学习，因芳姊去华山医院看病，家中少照料，休息后即提前回家。

下午，赴华东医院推拿，旋至静安寺吃汤团一客，二角二分，购蛋糕两块。

因芳姊腰痛，看抚霖孙的责任主要落在我身上，相当吃力。而霖孙近日精神甚好，百伶百俐，真有趣可爱，看抚也真吃力。

十月九日　星期六　少云到多云　（22℃—13℃）

上午未出门。

下午赴文献，开《申报》筹备小组，闻丁景唐[1]同志已回沪，中央领导对《申报》影印极重视，要亲自抓。又闻所党支部已通过调派干部参加试点工作，又台湾已影印清代《申报》，老丁已带回一部。

十月十日　星期日　多云转阴雨　（22℃—15℃）

整天未出门。

上午，芳姊和母亲到石门二路推拿。我抱霖孙下楼玩了一小时许。

芳姊推拿后，腰痛大有好转。

复复的朋友来拿去带给他们的东西。

---

〔1〕 丁景唐，1920 年生人，浙江镇海人。时任上海市出版局副局长。

锡妹及平平、小和来玩了一天。

福儿寄来五十元,本月家用可以应付了。

下午午睡了一小时许,睡后,初步构思为同志们作业务学习的材料,并参阅一些书籍。

西哈努克访朝结束,今天到哈尔滨访问,刘少奇主席和陈毅副总理到哈迎接。

十月十一日　星期一　雨　(22℃—16℃)

整天在文献,整天下雨,上午科组长会议。

中午,交电灯费。

晚,在俱乐部看《李宗仁归国》、《革命赞歌》、《新疆战歌》均极好,后两片对我启发很大。

芳姊渐好,霖孙饭量增加,为之大慰。回家时,为霖孙购面包一个,白塔〈白脱〉四分之一磅,一元零五分,他很爱吃。

十月十二日　星期二　阴　(22℃—16℃)

上午未出门,芳姊同母亲去推拿,我照看霖孙两小时许,孩子甚乖。

下午赴文献,开筹备小组,因为试点工作快开始。筹备工作日就细致。三个编辑小组已组成,我带一个小组,领导并要我照看全面工作,另两个小组由尚丁、杨兆麟带。

看到台湾所影印的《申报》,计从创刊起印了十五年,是伪中央图书馆带出去的报纸。

连日为准备业务学习材料,思想上负责〈担〉大,往往睡不好,希望能对同志们多些帮助,不负党对我的信任。

十月十三日　星期三　晴　（24℃—12℃）

上午，赴邮局（取）汇款（福儿寄来的）。

理发。

下午，赴文献，今天按《申报》索引小组编组，我们都搬上三楼。因为光线较好，而影印的《申报》字相当小。我的一组共有何求[1]、吴其柔[2]、陈丽霞[3]、许芯仁[4]、吴小琴[5]连我六位同志。

上午在家即开始起草业务学习详细提纲，下午继续写一些。将第一段及第二段第一节已写好。

老方同志下午找我和老洪、老严、尚丁谈话，谈今后几天工作计划及明天动员报告的内容，领导对我工作满意，我更宜虚心谨慎，一切依靠领导而又勇气〈于〉负责，努力把工作做好。

十月十四日　星期四　晴　（23℃—13℃）

整天在文献，上午，开动员大会，老方作了动员报告，老洪报告筹备小组工作，老严和我作了补充。下午，全组开会，作了思想动员，这是参加试点工作的第一课。

霖孙打了麻疹预防针已八天，昨晚开始有反应，发了烧，今天注意其饮食，我工作时一直挂念着，回家后知道经过很好，到晚饭

---

〔1〕　何求，不详。

〔2〕　吴其柔，连环画画家、编辑，曾在上海人民美术出版社工作。

〔3〕　陈丽霞，女，曾在上海人民广播电台工作。

〔4〕　许芯仁，儿童文学作家，连环画编辑。

〔5〕　吴小琴，不详。

后已退清。

因为昨天只（睡）五个小时，晚上甚倦，九时半上床，和霖孙盘桓许时，十时即呼呼入睡了。

十月十五日　星期五　晴　（22℃—12℃）

今天未去政协学习，因文献筹备《申报》工作紧张，整天仍在文献，上午，将业务学习报告提纲草就，几天来思想上的负担轻松了一段。今天首次在食堂吃饭，吃鸡蛋烧包菜，一角一分，连饭一角四分，比外面便宜得多了。

休息时，吃莱阳梨一个，二角一分。

阅《参考消息》，知艾地无恙，在泗水[1]发出谈话，为之宽慰不少，但印尼局势仍紧张，军人大举搜捕共党，反共逆潮仍在发展，看来，印尼的革命也非走武装革命特别是建立农村根据地以农村包围城市不可。以此，更说明毛主席人民战争、人民革命理论为普遍的真理。

今天更觉秋寒，早晚尤冷，开始穿短夹大衣。

霖孙反应已过，精神及饭量均已恢复。

十月十六日　　星期六　晴　（22℃—11℃）

上午未出门，十时，小睡一小时。

下午，文献《申报》索引工作同志开会，讨论规划。老洪报告后，由余说明规划内容，大家讨论。主要对分类及广告收录等有不少意见，决定下星期一再讨论，老方今天也参加了会议，表示了意

---

〔1〕　泗水，即苏腊巴亚（Surabaya），是印度尼西亚第二大城市。

见，足见领导对此工作之重视。

今天星期六，41 路车甚挤，我步行至复兴中路坐 96 路回家。

十月十七日　星期日　晴到少云　（22℃—10℃）

美国人民在各地举行空前规模的示威，反对侵略越南，有人并对泰勒追踪示威，说明美帝侵越战争的日益不得人心。英国、新西兰、西德也发生示威，响应美国人民的行动。英哲学家罗素当众烧毁工党党证，抗议英工党政府支持美国的侵略罪行。西哈努克回国，在仰光发表谈话，对苏联取消对他访苏的接待表示抗议。

上午，抱霖孙至下面草地玩了半小时许，又至武康路杂货店买了些糖果，芳姊和母亲至石门路推拿，母亲即赴万福坊。

下午，赴乌鲁木齐路购奶瓶盖及面包，归家复午睡近两小时，近来，因《大公报》久未来稿费，积稿已登出，加之集中精力搞《申报》，写稿暂时放松了些，觉得清闲多了。希望在《申报》上马后，再抽出时间，均匀写些稿件。

刚果（布）总拉夫人及阿联副总统萨布里夫人来华访问，今天到京，受到热烈欢迎，我国的对外统战工作，真可说做得十分周到细致。

十月十八日　星期一　晴　（22℃—10℃）

美国人民反对侵略越南运动进入新高潮，全国有十几万人参加示威游行。西欧、拉美等地区，有二十多个国家发生同样的运动，响应美国人民。

亚非会议筹委会开会，我国、柬埔寨、巴基斯坦提议会议延期举行。

参考消息，印尼发生反华狂潮，有华人所办大学被焚，学生被殴，各地大举搜捕共党。同时，印尼军人显已不服从苏加诺指挥，并派人与美帝加紧勾搭，显然，印尼局势已图穷匕见，反动力量与共党的基本矛盾已无法调和，反动力量暂时强大，但国内外条件，都说明这些反动派终必覆灭。经过艰苦的武装斗争，印尼共所领导的人民力量，终将取得彻底的胜利。

整天在机关讨论分类，收录范围及标题处理等问题，老方同志也参加。

回家途中，购白塔〈白脱〉一块，一元零分，霖孙对此胃口很好，一星期来，每顿吃白塔〈白脱〉果酱面包两块，还能吃一碗粥，而大便正常，可见很能适应，照此最〈再〉吃些时候，一定会更胖壮起来。

《大公报》通知《曹汝霖与汪荣宝》一稿已登出，稿费五十六元，如此，下月家用补贴可以不成问题。希望今年还能登出两三篇稿子，则今年的经济情况不至窘迫了。

这几天天晴无风，真是秋高气爽天气，对晚秋作物之收割是有好处的。

十月十九日　星期二　晴　(22℃—10℃)

今天整天做关于近代史资料的基本情况报告，老方同志也来旁听，主要为帮助参加《申报》索引工作提供背景情况，作为业务学习的参考。

中午在打浦桥购袖筒一对（七元五角），又为霖孙购梨膏一瓶（一元二角）。

大公稿费五十六元已寄来。

十月廿日　星期三　晴　（22℃—10℃）

上午，因局里要我们去汇报《申报》索引工作，老方招集筹备组同志准备一些问题。

今天，新华社、电台发表印尼政变的综合报道，《人民日报》并发表有关此问题的各方面文件，《解放日报》等登载摘要。上午，机关里读报，收听广播，并进行了初步讨论。

下午二时，筹备组全部同志到局汇报，并请出版机关同志来提意见，到上编[1]的李俊民[2]、戚铭渠[3]，人民[4]的李启华[5]等同志，他们提出的意见对我们很有启发，老方同志最后决定推迟试点，进一步做好准备工作。

今天是芳姊生日，中午，出去买一瓶酒，中午回家前，绕至常熟路，购了一鸳鸯鸭，共一元许，晚上吃面，以资祝贺。

霖孙有些感冒，流鼻涕，当特别小心。

十月廿一日　星期四　晴　（22℃—9℃）

今天上午，学习印尼局势，大家先看了《人民日报》所载关于印尼暴乱的新闻。

---

〔1〕　上编，即中华书局上海编辑所，是上海古籍出版社的前身。

〔2〕　李俊民(1905—1994)，原名李守章，江苏南通人。曾任新文艺出版社社长，时任中华书局上海编辑所副主任兼总编辑。

〔3〕　戚铭渠(1914—1990)，浙江上虞人。曾任解放军上校。时任中华书局上海编辑所副主任、副总编辑。

〔4〕　人民，即上海人民出版社。

〔5〕　李启华(1914—1995)，天津人。曾任上海虹口区委书记。时任上海人民出版社副总编辑。

下午，我继续作关于北洋时代及国民党时代情况的发言，至四时讲毕。休息后，筹备小组讨论进一步做好准备工作问题。

仑仑来信，因闻我们抚养霖孙，腰痛手痛，他们决定陶陶不回来分娩，孩子也暂不送回来，仑儿夫妻真是孝顺的，甚可安慰。

霖孙精神甚好，更加顽皮。

十月廿二日　星期五　晴转多云　（22℃—9℃）

今天又整天开会，老方同志亲自主持，讨论工作中的主要矛盾及目的要求，我在清晨四时醒后，即构思此问题打出提纲，在会上提出自己的看法。其他同志的意见，基本同意我的看法，后对收录范围，标题处理、分类等问题，都作了详细讨论，决定下星期一先做一块小样板。由我任组长，其他同志任编辑，以便做出样板，为正式试点摸索出一些经验。

中午，赴绿野饭店吃饭，六角，又交煤气费。

今天睡得太少，下午有些困倦。

三宝夫妇由宜兴回来，今天来，带来雁来菌及黄雀等家乡风味。

十月廿三日　星期六　雷阵多云转少云　（22℃—11℃）

上午未赴机关，十时前，和芳姊抱霖孙到常熟路邮局取款，旋至静安寺，在大同布店购棉袄面子，尼维龙胶布十丈二寸，共八元四角，又至百乐商场等处盘桓了一小时，十一时半回家。

霖孙已能脱手自由来往。

下午赴机关，看"五四"《申报》，影印样张已印出，准备下周起先由各组组长做一天的样板，决定由我当组长，我看报后，和老洪同志商量一些准备工作，正式样板工作推迟，同志们加强准备，看来，大家都情绪饱满，分别从事业务等准备工作。

今天星期六，41路车挤，步行至复兴中路乘24路转48路回家。

今天《人民日报》社论，论亚非会议为什么要延期。和我国一起提议延期者，有朝、越、柬埔寨、刚果（布）、坦桑尼亚等国。

印尼局势日益明朗，苏加诺已成为右派军人之俘虏，竟宣布共党与"九三〇"运动有关，加以镇压。今天《参考消息》，说他认为印尼有两个共产党，可见他已和美帝和苏修合伙，企图分裂印尼共，但这种阴谋，必遭失败。印尼共在这次政变中，显示它是十分坚强的，它是真正马列主义的，和人民群众紧密联系的，它一定会胜利的，和美帝苏修的愿望相反，印尼政变必然坏事变成好事，使印尼提前走向社会主义革命阶段。

十月廿四日　星期日　农历十月初一
少云　（22℃—12℃）

上午睡一小时。

下午，赴静安寺购水果、棉花等。

锡妹及两小孩来玩，今天本拟修改二稿，一直没抽出工夫。

沐浴。

十月廿五日　星期一　少云　（22℃—13℃）

昨天十时入睡，今晨四时即醒。四时半起身，即着手起草三稿，主要解决目的要求问题。

八时到机关，今天开始组长试点，就一九一九年五月五日报纸做样板，由我分稿审稿，至晚，几位同志基本整理出初稿，但口径很不一致。

中午在外面吃饭，购铱金笔一支，备用绿墨水写，以为改稿使用，笔一元二角五分，相当流利，足见国产笔质量之大有进步。

交电话费。

十月廿六日　星期二　多云转阴　（22℃—13℃）

今天第一块样板已基本做出，从实践中，发现不少问题，有些问题，只有通过实践，同志们才逐渐吃透。

未带钱出去，只在回家时给霖孙买了一角钱糖。

南越人民解放军又获大胜，在波来梅全歼美军一个别动营。

可能因为连日少睡而弊〈疲〉乏，回家后胃口不开，只吃了一碗薄波〈泡〉饭。

十月廿七日　星期三　阴雨转多云　（22℃—16℃）

今天竟日开会，讨论小样板后发现有明确的问题，并商今后推下去的步骤。

中午，因胃不大好，在外吃了一碗肉丝面，并购月票及染发药水。

我国政府发表声明，坚决不参加将导致分裂的亚非会议。

今天上午有小雨，带伞出去，但竟日并未下雨。

今天下工回家时，霖孙还沉睡未醒，颇觉寂寞。闻宝宝胃口不大好，东西吃得少，当格外小心。

十月廿八日　星期四　阴雨　（20℃—16℃）

上午，《申报》索引工作全体大会，由老洪主持，由我报告试点后对目的要求，收录范围、标题处理、分类等问题的意见，尚丁报告组内工作程序问题，老方同志最后也发了言。

下午，分两组讨论。

回家遇小雨，到家霖孙仍未醒，两日来宝宝午睡多，晚间迟睡，很影响我们的休息。霖孙前天接种（卡）介苗，昨天验无反应，今天正式接种。从此，关于孩子的各种接种预防已经完成，我们也放心多了。

十月廿九日　星期五　阴雨　（22℃—16℃）

昨天中午吃了一盆冷大肠，晚间又吃了馄饨，都不易消化，半夜腹泻。直到今天中午，共泻了五次。芳姊昨晚也呕吐，胃极不适。

本拟上午去推拿，并去政协，因病未出门，下午，乘车赴中百公司修表（四元），并至食品公司购糖果等，准备星期（日）带往万福坊。

今天吃四碗薄粥，先后睡了五六小时，盖这几天因搞样板，欠睡久矣。

霖孙已能自由来去，而且顽皮异常，要打转，要自倒退走，一不小心，就要跌跤，要特别小心照顾。

对面华山医院的房子建到八层，戏剧学院的游泳池也快造好了，从这一带周围看，也可见我国到处大兴土木，一派兴旺建设气象。

十月卅日　星期六　阴雨　（22℃—17℃）

九时，赴龚醒斋[1]处推拿。旋赴政协，已近月未去矣，撷回易

---

[1]　龚醒斋,中医,作者朋友,当时在上海茂名北路南京西路开设诊所。

克臬〔1〕所写吴佩孚稿。

为霖孙购飞机一架，小书三本。

又购药三角。胃痛还未好，全天只吃薄粥三碗半。下午，两次午睡三小时。

晚，写给仑、福两儿信。

不参加亚非会议的国家，除我国外，有朝、越、柬、巴基斯坦、坦桑尼亚、刚果（布）、马里及几内亚。

十月卅一日　星期日　少云　（24℃—12℃）

今天胃病渐痊，上午，吃油条、薄粥两碗。

早餐后，偕母亲、芳姊抱锡妹〈霖孙〉同至万福坊盘桓一天。

十时，至复兴公园，霖孙比三个月前懂事多了，什么都要看，在草地上跑得很自由，活泼可爱之至，小平、小和同去。

八时回家，闻老洪曾来电话。

中央电台广播，越南北方发表边和大捷一年来战绩，计消灭美军近六千，超过一九六一至一九六四年歼灭美军总和之一倍。

十一月一日　星期一　少云转阴雨　（23℃—12℃）

今天四时半即醒，八时到文献，开会商影印问题。

中午，在淮海路吃云吞面及豆沙包，又购白糖一斤，今天白糖调低价格，每斤由八角七分跌至七角六分，榴花砂跌至七角八分。

---

〔1〕　易克臬(1883—1967)，字敦白，号师心，湖南长沙人。前清举人。民国时曾任湖南教育厅长、教育部教育司长。时任上海文史馆馆员。

十一月二日　星期二　阴转多云　（18℃—10℃）

今天转冷，早晚穿短大衣。

整天写人物介绍资料稿，两组样板已初步做出。

中午，吃豆腐汤及饭，二角四分。

为霖孙购橘子一斤，三角四分。

《大公报》又寄来《柳亚子两填金缕曲》短稿稿费四元五角，以后当抽空多写一些短稿。

十一月三日　星期三　多云转云　（16℃—9℃）

上午继续写人名录。

下午，两组合开会，讨论工作中的体会和问题。

亚非会议各外长会议，大多数国家不顾印度等少数国家的反对，决定亚非会议不定期延开，印度企图由会议决定邀苏联、马来西亚参加，也遭否决。美帝、苏修及印度反动派的阴谋全部破产，由此可见我国在亚非国家中的影响之大，以及我国的得道多助。

十一月四日　星期四　阴雨转少云　（18℃—9℃）

上午冒雨上班，主任室为开筹备会，汇报和讨论影印、索引工作中的问题，老方同志要求大家工作做得更细致、认真。

下午，各民主党派过联合组织生活，讨论亚非会议及其他国际问题。

近日市面香蕉甚多，价亦降低，高以三角二分，低的只有一角五分，回家时，购香蕉大的三只，二角三分，又购糖两块，二角。

写寄复儿信。

十一月五日　星期五　多云到少云　（18℃—10℃）

上午，四时许即被霖孙吵醒。五时，起来写人民〈名〉录稿，至文献，继续写好，计三百二十人，合第一辑二百七十多人，北洋时代及国民党时代较有名的人都已写进去了。

又初步看看两组做的样板，标题及分类问题不小。

领取工资。今年香蕉丰收，市面到处拥售。今天，对面水果店亦发售，每斤二角七分，我购两斤，又购什锦糖半斤。

十一月六日　星期六　多云转阴　（18℃—9℃）

上午未出门，睡半小时许。

昨天北京举行纪念十月革命大会，刘宁一演说，强调十月革命道路的历史意义，必须坚决反对帝国主义和现代修正主义，强调中苏人民的巩固友谊，必能克服障碍，日益加强起来。

政协本定今天组织一批人去川沙洋泾镇参观四清运动，我也报告，后得通知，改在星期一。星期一正在改稿紧张期间，只好不去了。

今天起，穿棉毛衫裤。

今天《人民日报》又发表一批关于印尼的消息，其中有棉兰右派军人纠集暴徒攻击我领事馆，印尼反华逆潮正在各地开展。昨天刘子正来找我谈印尼问题，我未谈任何意见，此公对了解意见，方式不太好，往往纠缠不清，所以我想少和他谈。

《参考消息》报道，中爪哇已开展军〈武〉装斗争，印尼共已武装群众，建立解放村，看来，印尼局势的逆流，不久可以压下去，艾地等同志有高的水平，有血的教训，对右派军人的反革命阴谋，早有准备。苏加诺虽转化右转，看来还对反华反共有所保留。

我国羽毛球队在丹麦、瑞士获全胜，打二十四场，都胜了。其中二十二场是二比〇，我冠军、亚军都以二比〇打胜丹麦的世界冠军，可见我国羽毛球队已继乒乓球队之后，成为赶上和超过世界水平的劲旅。上月，我十〈百〉米选手陈家全以十秒整的成绩平世界纪录，震动全世界。我国运动员也像工农业国防建设一样，挺然站在世界最前列了。

下午赴机关，开始"统"两组索引稿，改了三小时许，题目已处理好了一天。

归途，购康福麦乳精一瓶二元六角，备明天送给瑞弟夫妇，又为霖孙购鱼肝油精一瓶，肉松一两，花生米一毛。

毛泽东主席等国家领导人电勃列日涅夫等，祝贺十月革命四十八周年。

十一月七日　星期日　晴　（26℃—18℃）　立冬

今天大热俨如初秋。

上午九时许，和芳姊偕霖孙乘微型汽车至虹口[1]，一元九角。此是霖孙第一次到太舅家，我们也半年多不去了。榴杨、三宝夫妇亦来，下午，孙季凯[2]也从北京来，瑞弟新近担任食堂工作，中午只回家十五分钟，晚五时半才回家。

晚饭后，七时即乘电车转48路回家，锡妹一家四人来看母亲还未去。霖孙百伶百俐，长得胖壮而秀美，见者无不赞美。

---

〔1〕　虹口,这里指朱百瑞住处。
〔2〕　孙季凯,朱百瑞女婿。

十一月八日　星期一　阴　(22℃—14℃)

今天继续看样板稿题目。

中午理发，购橘子三角，说是黄岩早橘。

复儿寄来二十元。

上午上班时，购昨天《人民日报》，内载有关印尼局势之第二批综合报道。从这里，看出苏修集团更加丑恶的叛徒面目，令人气愤。

十一月九日　星期二　多云　(18℃—9℃)

今天骤冷，比前天俨如初夏之于仲冬矣。

整天看稿，小样板已改完，下午，一部分时间用于收集资料，以便为《大公报》写稿，希望在最近期内写出一万五千字。

今天起下午改一时上班，五时下班，五时半即可到家了。

士慧来信，并寄来布票一丈，昨寄之二十元，内十元给妈妈买东西吃的，也可见他们的孝心。

十一月十日　星期三　少云　(18℃—8℃)

上午，讨论分类问题。

下午，抽空写了稿子二千余字，题为《王国维之死》，估计可写五千字。

今天，《人民日报》发表苏共及其追随者从三月会议以来发表的反共反华言论，共登两版半。晚六时，广播通告，今晚将发表重要文章，时间要一小时四十分，估计是批判苏共修正主义集团的文章。

政协通知，星期五六参观工农业，我选定于星期六参观工厂。

今晚发表的文章是《人民日报》和《红旗》杂志的编辑部文章，题为驳斥苏联赫鲁晓夫主义的联合的谬论（大意）。

十一月十一日　星期四　多云　（18℃—7℃）

上午，又抽空写稿，迄午后二时，已将《王国维之死》写好，共计六千字，写作相当快，内容亦较充实而严紧〈谨〉，回家前，购邮票五角，准备发出。

购维尔钙粉一瓶，二元零七分，又购东北白糖一斤，八角四分。

中午在小店吃饭。

十一月十二日　星期五　少云　（18℃—11℃）

上午，寄陈凡[1]稿，并写寄仑儿夫妇信。

到静安寺吃油条豆浆，又赴百乐门商场购玩具三件，又至新华书店购小儿书三本，合共一元。

又赴龚醒斋处推拿。

下午，母亲、芳姊至静安寺购布料，我在家和霖孙午睡，午睡不足一小时，即赶空写《鲁迅与教育部金事》稿计两千字，晚上写好。（两千四百字）

---

〔1〕 陈凡(1915—1997)，笔名周为、百剑堂主、张恨奴等。广东三水人。1941年加入桂林《大公报》，曾任采访副主任、柳州和广州办事处主任。1949年后任香港《大公报》编辑、副主任、副总编辑。

十一月十三日　星期六　雨　(19℃—12℃)

上午，赴政协，有五六十人同乘两车赴吴泾化工厂参观，以前曾两次参观该厂，一在社会主义学院时（1959 年）那时还刚在建厂，一次在 1962 年，第一期工程已投产，这次第三次去，又面目一新，尿素设备已正式投产，年产八万吨，一□品率达百分之九十五以上，而且已搞出一整套自动化检查和遥控的设备。明年，生产将提高到十万吨，还将改成结晶球体，以免固结。一斤尿素以肥效，可以增产谷类七斤多。则该厂可以增产粮食十四亿斤，而且，该厂是我国自己设计安装生产的第一个大型新技术的化肥厂，是一个样板，它以建成和技术过关，就可以在全国遍地开花（目前已有衢县、太原、四川等处建成同样规模的化肥厂）。这一成就，是我国自力更生发奋图强方针的伟大胜利。在该厂由薛经理介绍，参观车间，至十二时回到市区，我在常熟路下车。至静安寺吃了一碗面，回家后，午睡两小时，极为酣适。

晚，又写了一篇短稿，《唐天喜和李严青》和鲁迅稿一并寄出，此稿写了一千九百余字，四天之内，共写了一万余字，可谓多产矣。

十一月十四日　星期日　多云　(18℃—11℃)

福建沿海，我海军今天清晨打伤、打沉美制蒋舰各一艘。

昨天日本有三百万人罢工、游行，抗议日政府及自由民主党前日行法强行通过日韩基本条约，日共政治局发表声明，不承认议会的非（法）决定，并号召广大人民，为推翻佐藤内阁、解散国会而斗争。

印军又在中锡边境挑衅滋扰。

上午十时，和芳姊抱霖孙至襄阳公园看菊花，霖孙在儿童乐园玩了滑车。遇唐海，谈移时。

从襄阳公园步行至常熟路口，为霖孙照相，他已有三个半月不照相了。途遇杨武之[1]，相谈良久。

又购天台山蜜橘、香蕉等，共花去四元几角。

来去乘三轮车，共四角五分。

今天天气晴朗。

十一月十五日　星期一　少云到多云　（18℃—8℃）

越南南方解放军在保邦地区歼灭美国骑兵第一师的两个整营，共打死美国侵略兵一千余人。

今天整天将第一块样板分类。上午，《申报》新闻出版资料整理同志修孟千[2]等找我谈一些问题，他们对我相当尊重，我应当更加谦虚谨慎。

下午，我向老方同志汇报工作，并谈我对工作的心情，希望做好党的驯伏〈服〉工具，他说，近来我的工作情绪很好，都认为我能做好这工作很合适。

回家时，绕道经淮海路，至儿童商店为霖孙购棉毛裤一条。又至照相馆看样子，这次照得很好，很自然而有趣。

十一月十六日　星期二　阴雨转多云　（18℃—8℃）

整天处理第一块样板，下午，并开始设想第二块样板，先把要改的稿子划出。

---

〔1〕　杨武之(1896—1973)，原名杨克纯，安徽合肥人，数学家，时任复旦大学教授。
〔2〕　修孟千，作家，曾任中共上海市委党刊编辑室编辑、市委宣传部文艺处科长。

午饭后，至常熟路口加印照片，又至百货商店为霖孙购卫生裤一条，一元七角五分，连照片加印，近五元。

晚锡妹来。

昨晚只睡五小时许，相当疲倦。

十一月十七日　星期三　阴　(18℃—11℃)

上午，开会讨论第二、第三块样板的制作计划，同志们基本同意我的设想。

老方同志找我和老洪，老严谈昨天向局党委汇报工作的情况，闻局里已取消党组，改为党委领导制。

下午，和庞老[1]、老洪同至《解放日报》看剪报，又至旧书店选购参考书。五时一刻，乘 17 路转 48 路回家。在旧书店接局里电话，市委通知明天开会，归后看通知，有负责同志作转达报告。

上午上班前，赶写给复儿夫妇函。

十一月十八日　星期四　阴雨　(18℃—11℃)

上午赴市人委大礼堂，听陈毅副总理所做的国际时事报告，谈亚非会议、印尼局势、反修斗争、越南战争等，最后，提出三个问题：（一）美国会不会即发生革命。（二）美国会不会发生政变。（三）美国会不会在欧洲发动突袭？他希望大家打破旧框框，想想这些问题，这的确给我很大的启发。他讲了三个半钟头。

散会后，我步行至福建中路北方饭店吃了二十四个水饺，四角八分。

---

[1]　庞老,不详。

下午，筹委会商讨如何找的问题，当尚丁谈他的想法时，我说话有些冲动，但我认为他有些煽动群众的气味，一口否定补充题的客观性问题。

归家时，有小雨，车子甚挤。

十一月十九日　星期五　阴　（18℃—10℃）

上午，午睡两小时，精神大为恢复。

下午，到机关选第三块样板搞。

三时，盟市委余国屏同志来访，谈听了陈总报告的启发。归途，购白塔〈白脱〉四分之一，及香蕉、四川柑橘等。

上午，接福儿来信，知道他们很好，时雯很胖壮有趣、为之快慰。

十一月廿日　星期六　多云　（18℃—8℃）

越南南方解放电台发表：十一月上半月，共歼灭美国侵略军三千余人。

联合国讨论阿尔尼（阿尔巴尼亚）、柬埔寨等十三国所提恢复中国席位问题，赞成者四十七票，反对者也是四十七票。这是美国阻挠中国参加联合国首次失去多数。

下午，民盟支部过组织生活，大家谈谈去年回忆检查以来的思想情况。

《大公报》寄来稿费二十七元，据民进小张同志谈，陈凡最近来过上海。

霖孙近来更口齿伶俐，什么话一学就会。而且记忆力特强，几天前教的话，一谈就记起来了。

今天第三块样板已做出，所余的工作去重写规划的三稿。

十一月廿一日　星期日　少云　（17℃—5℃）

上午，抽空写《申报》索引工作规划三稿的第一二两节，共成三千字。

抱霖孙到楼下玩了半小时。

下午，又抽空写稿，写成《再谈王国维之死》，计一千四百余字。

十一月廿二日　　星期一　小雪
少云到多云　　（17℃—11℃）

坦桑尼亚第二副总统卡瓦瓦在朝鲜访问后，今天来我国作友好访问。

上午，老方同志作国际时事报告。

中午，在外面吃午饭，吃了一只小白蹄，五角，量相当大，又不大软，我牙齿不好，吃后一直担心，因此，晚上未敢多吃东西。

下午，同志们都讨论老方同志报告，我在小房间赶写"三稿"，写成八段，明晨可以脱稿了。

归途，购面〈馒〉头两个一角四分。

快下车时，天微雨。

昨天子宽兄电话，说政协快要开会，要讨论如何在大会作报告。这次政协全体会议，闻将与市人代会同时举行。

十一月廿三日　农历十一月初一
星期二　阴雨　（22℃—11℃）

上午，将三稿写好，老方、老洪外面开会未回。

下午，写稿千余字。

五时，赴上海[1]看"一九六五年国庆"电影，是俱乐部请客。看电影前，在陕西路口吃生煎馒头一客（一角四分）。

十一月廿四日　星期三　阴雨　（19℃—11℃）

上午未上班，在家写好《记三个张人杰》，两千三百字，连同前天写的《再谈王国维之死》（一千四百字）寄给陈凡兄。

听说上海户口略松，小孩可以报进。赶写给复儿夫妇信，叫他们快办证明信来。

下午，本拟赴华东医院推拿，因时间不及未去，二时许到政协，差不多已个把月不到政协了。

开办公室会议，讨论即将举行的政协全体会议上的发言，最后决定由我写出初稿，星期六下午讨论。

归途，购金钱橘一斤多，五角，又购面包一个，三角一分。

邵洵美[2]想出售的家中存简，经上图检〈鉴〉定。没什么价值，决定退还。今天交给我，准备由刘哲民交还给他。

强冷风南下，今天下午起，天气骤冷，十月小阳春天气，殆将

---

〔1〕　上海，指上海电影院，位于上海复兴中路 1186 号。
〔2〕　邵洵美（1906—1968），浙江余姚人。诗人、散文家、出版家、翻译家。1958 年因"历史反革命"在上海被捕，1962 年出狱。1968 年在贫病交加中逝世。

结束，寒冬季节开始了。

闻市人代及市政协均由于本月底前开幕，因为今年内要开全国人代。

十一月廿五日　星期四　少云　（14℃—5℃）

今天大冷，风也大，不穿大衣有些瑟缩了。

在机关写政协发言稿一段。

归家前，转至常熟路口取霖孙照片，为霖霖购糖三两，三角六分。

又在常熟路吃馄饨一碗。

十一月廿六日　星期五　少云　（11℃—1℃）有霜

今天大冷，穿新制棉袄，穿毛线裤。

上午，写发言稿，成近二千字。

下午，午睡片刻，赴华东医院推拿，以〈已〉好久不去，改约以后每星期一、三、五下午五时半，下星期一开始。

至中百公司取表，购橘子（黄岩早蜜橘）一斤许，五角，又为霖孙购山茶〈楂〉饼两筒。又购镜框一个，一元三角三，回家后即将霖孙照片挂上。

晚，将发言稿写好，共约三千字。

十一月廿七日　星期六　少云　（10℃—1℃）

上午，未出门。

下午，至政协，讨论发言稿，闻陈丕显同志在常（委）会中指示，对文史工作很重视，决定由我重作几点修改。

购鱼肝油精及送小和的蛋糕。

晚，写寄大姊、福儿、复儿的信。两儿信中，都附寄照片。

十一月廿八日　星期日　少云　（14℃—4℃）

今天回暖。

接通知，政协四届二次会议定明天下午三时开幕，闻此次会期约十天，先小组讨论，七日起大会发言。人代同时举行。

上午，将发言稿修改完毕。

十时半，至常熟路及静安寺，购电灯泡，面盆塞，及玫瑰腐乳等。

午后，午睡两小时许，甚酣适。

十一月廿九日　星期一　晴到少云　（15℃—7℃）

昨接《大公报》通知，《陈其美、蒋介石及陶成章》一稿已登出，稿费十元零二角。

美国又爆发近十万人的反对侵略越南的群众大示威，有五万人参加向华盛顿的进军，在白宫前抗议示威，另外有四十多个城市举行了同样的示威。

英国、法国、新西兰等，也发生群众示威，声援美国反战示威。

南越解放军，又歼灭美伪军两个整营。

今天四时即醒，五时许起身。

上午，午睡一小时，霖孙在房门外摔跤，跌破了一头〈块〉头皮，出了血，闻讯惊起，急忙为他揸〈搽〉红药水，并由芳姊抱到间壁请孔医生母亲包扎，在他步伐未稳之前，还要好好当心他。

下午，赴机关、筹备组讨论样板等问题，何求及尚丁坚持标题不要有观点。我过去改题时有些缺点，但尚丁借此大肆攻击，俨然以分类的内行自居。从而对样板否定一切，这人的毛病如此严重，实在是一面很好的镜子。

二时半，赴俱乐部参加政协全体会议开幕，主要听常委会报告，四时即结束。

回家后，五时许赴华东医院推拿，经推拿了近半小时，果觉轻松得多。

在静安寺吃豆浆油条，花一角五，即赴子宽兄家共商发言稿，经讨论后，由余当场修改后，交娄公[1]最后润色，准备后天交秘书处。

回家时，大风呼号，又要转冷了。

上海市人代会今晨开预备会。

十一月卅日　星期二　晴　(8℃—1℃)

上午九时，赴市人委大礼堂，列席市人代大会，听曹荻秋副市长所作增产节约运动的报告，马一行[2]关于预决算的报告，十二时，至俱乐部吃饭。

下午，小组讨论。

晚饭后，看"一九六五年国庆"，"北京郊区农村大跃进"等影片，九时回家。

霖孙头部小伤口已愈合。

----

〔1〕　娄公，即娄立斋。
〔2〕　马一行，时任上海市经济计划委员会副主任兼市财政局局长。

十二月一日　星期三　晴　（16℃—6℃）

今天温度虽低，但无风，反觉不如昨天天冷，今天开始穿棉大衣。

整天讨论政协常委会报告，我们所写的发言稿，经秘书处审定，重抄后送交秘书处。

在俱乐部购橘子一斤半，葡萄八两多，共一元。

四时半早出，到华东医院推拿，两次推拿后，觉手臂轻松多了。

又购面包一个、山楂片一包，回家后，霖孙笑逐颜开。

接仑儿信，知他们商量后，决计不回来分娩，拟俟小宝七八个月后再送回来抚养。

和阮老[1]商文史资料提纲，决定先写张自忠稿。

十二月二日　星期四　少云　（14℃—4℃）

今天又转暖。

上、下午学习讨论曹荻秋同志报告。

中午，出外为霖孙购棉裤料，又购广柑一斤。

锡妹来小坐。

十二月三日　星期五　阴　（16℃—6℃）

上午九时，在人委大礼堂听陈丕显同志所作政治报告，十二时，

---

〔1〕　阮老，即阮玄武。阮玄武（1894—1986），字又玄。安徽合肥人。毕业于保定陆军军官学校，曾任抗日同盟军第五军军长。时任上海静安区政协副主席、区民革主任委员，上海市民革副主任委员。

讲毕一、二部分，中午在俱乐部吃饭后，回家休息半小时，三时，继续听报告，四时半毕，即乘71路至华东医院推拿。

十二月四日　星期六　阴偶有小雨　（15℃—4℃）

今天整天讨论陈丕显同志的政治报告。

中午，赴文献，老洪、老孟[1]与我谈近日情况，知同志们正在做第四块样板，昨晚三时醒后，我即想到此问题，认为不妨照尚丁等的意见重做一块，尚丁等意见虽有偏颇，但记起毛主席所说的不管什么人只要你说得对，我就照你做，因为我们是为人民服务的，这话不仅党员适用，一切革命干部都应如此，想到这点，过去几天思想上的疙瘩为了〈之〉消解。

回家前购玩具一个，因母亲芳姊去看《革命战歌》，在家看霖孙一小时半，这小孩越来越乖，真是逗人喜爱，近来也日见胖壮了。

十二月五日　星期日　阴雨　（12℃—2℃）

上午九时，赴友好大厦参观日本展览会，这次和前年不同的是绝大多数展品是机器，特别是精密仪器、机器。这说明我国技术水平提高，他们的一般设备和产品，引不起我国的兴趣了。其次，从日本展品看来，它的工业水平还比我们高，还有一定的差距，我们这两年的跃进，已有一批产品达到国际先进水平，还要经过第三个五年计划，可以追上六十年代的水平，有些可以赶超到七十年代。

十一时，即回家，时细雨浓浓矣。

下午，午睡一小时许，抽空写《吴佩孚与张其锽》，只开了一

〔1〕 老孟，即孟世昌。孟世昌，翻译家，曾任上海人民出版社编辑。1968年自杀。

个头。

小平、小和来，晚七时许即回去。晚饭前，开幻灯片，已好几年没开了，霖霖看了也很有兴趣，这孩子真懂事。

复复寄来特挂信，大概是布票。

写寄给瑞弟一信，附霖孙照片。

十二月六日　星期一　晴　（10℃—2℃）

今天去政协略迟，先去服务社交牛奶费，旋至愚园路邮局取复复特挂信，是寄来布票一丈五尺。到政协已九时，今天上下午都讲讨论国内外形势及第三个五年计划的任务等。

中午，吃馄饨、春卷、馒头，四百多人，同时供应这些东西（馄饨每人十五个）殊（不）容易。

《解放军报》、《文汇报》发表对"海瑞罢官"的各报讨论情况，并转载各报的编者按语，其中，《解放军报》按语最为尖锐，说这是一株大毒草，在"六一年"发生说明阶级斗争的尖锐。《人民日报》提出对历史人物及如何在舞台上对待历史人物问题，最有启发，说明对待历史人物，单单以形式的阶级分析是不够的，主要是要批判地对待，肯定一切，甚至把古人树立为正面旗帜，并在舞台上加以宣传，则大成问题。从此而论，则《蔡文姬》中的对待曹操，《武则天》等等，实在都有问题的。

五时，赴华东医院推拿，一连推了四次，已见功效，手臂轻松多了。霍老[1]劝我打可的松，医生说这是封闭性的，没有好处，反不利于推拿。

---

〔1〕 霍老，即霍锡祥。霍锡祥，曾任国民政府邮政总局代理局长，时任上海市政协委员，参与文史资料编辑工作。

今天有电影晚会，演"学习王杰"及《东方红》，因为要去医院，只得牺牲了。

马亲家寄来时雯照片，大得多了，装束有些土气，则是可以想象的。

昨晨越南解放军把西贡美军宿舍炸毁了三层，死伤九十多人。

今天在俱乐部购莱阳梨一斤许，四角三分，归家吃了些甚嫩，余烧汤，因近日有些咳嗽感冒，曾在俱乐部医生处配了些药。

中午，在陕西路口以西理发，四角五分。

十二月七日　农历十一月半　星期二　阴　（14℃—2℃）

今天开始大会发言，大多是工农业战线上的代表谈如何破除迷信，赶超世界先进水平的事例，对大家的教育意义很大。最后，巴金谈他前进在越南一百多天访问的见闻，至六时才结束。

中午，至中百公司购塑料小玩具两件。

归家时，购染发药水。

越南解放电台报道，四月爆炸西贡美军宿舍，炸死美军二百多人，全是喷气式飞机飞行员。

十二月八日　星期三　晴　（14℃—2℃）

今天全日大会发言，王林鹤等的发言，十分有说服力，说明搞科技工作也必须学习毛泽东思想，团市委同志报告青年工人艺佳在赶超世界先进水平中的雄心壮志，也令人激动。

今晚又有话剧晚会，又遇上星期三华东医院预约诊期，因此又未能去。

五时至医院推拿，六时前回家。

中午，和老方同席，谈今后工作，并提出了我的想法。

十二月九日　星期四　少云　（16℃—4℃）

今天政协全体会议闭幕，下午发言至三时结束，即通过决议。会后，放映电影，六时聚餐，这次会议我共吃了十一顿饭，交餐费十一餐计二元二角。

十二月十日　星期五　阴　（14℃—2℃）

今天整天未上班，政协学习停一次。

下午，赴安福路沐浴，三角五分。

四时，赴华东医院，先看牙齿要拔去七颗，分三次拔，约定下星期三拔第一次两颗，医院很慎重，除照 X 光片外，还到内科量血压，检查心脏，已到验血科检查，我的血压高是一百四十，低是八十五，还是正常的，可以拔，医生说最好第一次先拔一颗。

今天父亲逝世十周年，设奠，霖孙已能行礼了，小平、小和晚间来。

上午，同霖孙到下面玩了一刻多钟，这孩子近来很少下去，不下去也不吵，但下去了不想上来。

十二月十一日　星期六　少云　（12℃—2℃）

上午，同霖孙下楼晒太阳。

下午赴机关，机关加盖三楼工程已经开始。

归途，购肉松一两，干酵母片一瓶（五角）。

约翰逊又玩弄和谈阴谋，宣称暂停对北越轰炸，越南民主共和国发言人谈话，揭驳美帝此项阴谋。

十二月十二日　星期日　晴　（8℃—2℃）

今天整天未出门，母亲赴万福坊。

上午，偕霖孙至乌鲁木齐路口发信，计寄发仑、复两儿及马家亲家共三封信，小宝来回都走了一大段路。

下午午睡后，赴常熟路购牙签、腐乳、橘子等。

十二月十三日　星期一　少云到多云　（12℃—2℃）

上午赴机关，开筹备小组，老方同志参加，决定年内着重整理样板，进行小结。

中午，在吴江路饭摊吃酱肉百页，连饭三角四元，步行至石门路口，饮咖啡一杯。

四时半，政协文史办公室开会，商以后工作计划，五时至华东医院推拿。

十二月十四日　星期二　少云　（8℃—0℃）

越南南方解放军八、九两日在崇阳（译音）地区围歼敌伪军三个主力营，重创其一个，共歼敌军一千零五十人，美军也受到严重打击。

上午，赴静安寺吃豆浆油条，购汕头蜜橘一斤许，六角九分（每斤六角）。今天，汕头蜜橘大量上市，质量也好，为近七八年内所仅见。

下午赴机关。

《大公报》通知，上月下半月登出短稿两篇（《早年的孔祥熙》、《唐天喜和李严青》）稿费共十七元七角，拟为霖孙购大衣。本月分〈份〉别处无款寄来，赖此挹注。但霖孙的冬衣不能不买，否则，不能出门了。

十二月十五日　星期三　阴雨　（8℃—2℃）

今天因拔牙，整天在家休息。

八时半赴华东医院，九时半开始拔牙。经过极顺利，至九时五十分即竣事，今天先拔去左下一门牙和一臼齿根，经过良好。回家后，至下午一二时，即不再流血，两次吃挂面，饭量很好。

据医生说，因有些牙齿根部已烂，要比预定多拔几个，上齿全部拔去，下面留三个。大概全部过程包括装好假牙，要两个半月，如此，则牙装好时严冬已过了。

三小姐夫妇下午来玩。

十二月十六日　星期四　阴转多云　雪　（6℃—2℃）

今晨起身，窗外一片雪白，天下大雪。八时出门时已止，冬至前下雪，为近年来所少见，可预卜明年的大丰收。

天很冷，上午在机关集体审查一四块样板稿。中午，在小馆吃雪菜肉丝面（二角五分）。出门，觉耳手均冷。

下午，继续审稿。

十二月十七日　星期五　晴　（6℃—2℃）

今天更冷，上午，开始写《阎锡山的特务组织》稿，写成四百余字，晚上又续写几百字。

下午，赴俱乐部，文史办公室讨论全国政协关于文史工作的文件，除办公室同志外，有张汇文[1]、马荫良[2]参加。谈至四时三刻，我先离开。

五时一刻，至华东医院推拿。

为霖孙购棉毛裤。

十二月十八日　星期六　阴　(9℃—0℃)

上午，续写稿六七百字。

下午，赴政协开会，继续讨论文史工作。今天有编审陶菊隐[3]、严谔声等参加。

归途，购鱼肝油精、玩具两件，又购苹果、酱脚爪等。今天虽冷，但风小，反觉比昨天暖和。

十二月十九日　星期日　多云　(5℃—0℃)

寄陈凡一稿《阎锡山的特务组织》两千六百字。

饭后午睡一小时半。四时，赴靖江路二十一号访周予同[4]兄，

---

〔1〕张汇文(1905—1986)，号叔海，山东临朐人。法学家，复旦大学教授，上海市政协政法委员会副主任。

〔2〕马荫良(1905—1995)，字一民。江苏松江人。曾任史量才秘书，《申报》总经理等。时任《申报》整理委员、《新闻日报》管理委员、华东新闻学院教授、上海新闻图书馆馆长。

〔3〕陶菊隐(1898—1989)，湖南长沙人。作家，记者。曾为《申报》、《新闻报》、《大公报》等写稿，著有《北洋军阀统治时期史话》。时任上海文史馆副馆长。

〔4〕周予同(1898—1981)，浙江瑞安人。历史学家。时任复旦大学历史系主任、副教务长，上海历史研究所副所长，《辞海》副主编。

谈《申报》索引及政协文史资料工作，他对《申报》，主张显微胶卷，对索引、主张照原题及原语气做题，必要时加注释。他介绍南京史料馆的索引、目录很可参考，听说他们在几秒钟内能查到材料。他认为我们去访问访问，学习些经验很有好处。该馆设在南京鸡鸣寺，对文史资料，他认为不发表或印些少量的题材、提纲有好处，这样可以减少人们的顾虑，有不少人的顾虑是牵涉到活着的人，特别是统战中的人物。他这些意见很好，他对于干部配备等，也有些意见很好，认为年轻人要训练，年老的，往往做事少而意见多，只能备咨询。

归途，为霖孙购球拍两块，乒乓球一个，小碗四个，共只四角，又购点心数事。

今天天还冷但无风。

连日看《梁燕孙先生年谱》，很有些重要史料，总的基调是为他洗刷辩护（特别是他和帝制的关系），但对二十多年的大事，提供了不少素材，对袁世凯从称帝到失败的心情变化，以及他们和日本的关系，提供的材料很好，还有些有关清末到民国时代的财政金融及以帝国主义侵略方面，也提供不少第一手资料。

十二月廿日　星期一　晴　（13℃—3℃）

今天温暖。

八时，先交煤气费，旋至华东医院拔牙。今天拔右下边两个牙根和一个门牙，门牙下面有腐袋，拔下后还要收拾牙床，然后缝好，手术历半小时许，幸回家后未觉痛，稍事休息。医生（孔）为细觅照顾，还配了消炎片，维生素C、B等三种药片。

二时，母亲和芳姊去静安寺购物。而霖孙二时许即醒，因此，看顾他两小时许，因天气好，三时半后抱他下去草地上玩耍。

上午，寿进文同志来电话，说三期开门学习即将开始，征询同意，但我牙正在拔，恐下去不便。下午盟市委周同志来介绍情况，我把情况向他反映。希望迟下去若干日，下去后，食物方面能吃些软的东西。

十二月廿一日　星期二　少云转雨　（14℃—6℃）

上午赴机关，因部分同志讨论《海瑞罢官》，老洪同志因病未来，故未讨论样板稿。看看这几天的《参考消息》。

中午，在淮海路吃云吞面及豆沙包，三角四分。

二时，赴华东医院复看牙齿，经过良好，伤口只少许发炎，并与孔医生商定，将下乡参加开门学习，上牙准备春节后再拔。

二时半至俱乐部听王致中[1]部长作的下乡动员报告，此次下乡人中，熟人很多，有阮玄武、周浚[2]、赵书文[3]、侯克忠[4]、陈伯吹[5]、钱君匋[6]等。会后，雨下得相当大，冒雨回来。

十二月廿二日　星期三　阴雨　（11℃—6℃）

上午未出门。

---

〔1〕　王致中，时任中共上海市委统战部副部长。

〔2〕　周浚，上海工商界人士，其余不详。

〔3〕　赵书文(1912—2010)，上海人。曾任上海光明中学校长，复旦大学教授，上海教师进修学院副院长，时任上海辞书出版社编审。

〔4〕　侯克忠，曾任民盟虹口区委主委，1957 年被划为"右派"。

〔5〕　陈伯吹(1906—1997)，原名陈汝埙。江苏宝山人。儿童文学作家、翻译家。时任少年儿童出版社副社长。

〔6〕　钱君匋(1907—1998)，浙江桐乡人。篆刻、书画家，曾任西泠印社副社长，时任上海文艺出版社编审。

下午至文献，继续集体审稿，有些同志，还是坚持客观主义态度，对题目主张不动原文一字，我也未坚持自己的意见，看来，如何索引，如何补题，问题还很多。

四时半出来，至华东医院推拿，近日手有显著好转。我认为是拔去蛀虫的结果。

我是否下去参加开门学习，迄今日下午，出版局党委还未决定，老洪同志［久］晚间电话告诉我。今天下午下乡小组开会，我因文献有事，未去。

今天空气湿度很高，俨如黄梅季节，连六层楼走廊牖壁也如水浸。

九时，老洪来电话，党委已同意我下乡。

十二月廿三日　星期四　阴雨　(8℃—0℃)

上午，赴党校参观阶级斗争展览会。

下午，下乡同志在政协开会讨论王致中部长讲话，以端正态度，带着问题下乡。

晚饭在松月楼吃素什锦面，三角六分。

晚在大舞台看甘肃省歌舞团演出的歌剧《向阳川》，我只看了三幕，回家已近十时。

十二月廿四日　星期五　晴　(7℃—0℃)

上午赴机关，筹备组开会，开展批评与自我批评。我检查自己有"有一套"思想，往往自以为是，不虚心倾听别人的意见，很多同志都对尚丁开展批评。原来他昨天又和何求同志争吵起来，他又利用小许的意见，打击何求，认为何的方案不值一顾，何求还揭露他平常仿佛什么话都讲，而实际却自己留有一手，此公的老毛病实在重，处处表现自己，打击别人，而往往要哗众取宠，一笔抹杀别人的成绩，江山易改，本性难移。真是一面很好的镜子。而且，对问题稍稍攒了几天，凭他的小聪明能讲一套，就俨然以内行、权威自居。这种毛病他很突出，而在我身上也不是没有，应该从他的毛病中引起自己的警惕。

中午回家时，购饼干一斤、肉松二两，都为着要下乡为霖孙储备着的干粮。

下午，先赴银行取款六十元，购棉毛衫一件，二元三角，又购松糕、樱子等，三元五角，晚间又购面一匣，预备明天送给楠嫂，祝她的生日。

四时，赴华东医院，先至口腔科拆线，牙龈伤口良好，又至推拿科推拿。

又赴静安寺，配电筒、购书，都为着下乡做的准备，又为霖孙购小书两本。

十二月廿五日　星期六　多云转阴　(5℃—2℃)

上午，在乌鲁木齐路小店理发三角，购冰糖、白糖及味精。

下午，午睡一小时许，三时半，偕芳姊赴虹口，时霖孙尚未醒，楠嫂健康有进步，六时半吃面，七时半动身回，八时半到家，霖孙见了，在梯口等待，十分雀跃。至十时半，他才睡。

十二月廿六日　星期日　雨　(3℃—2℃)

上午，打铺盖行李。

下午二时，将行李送至政协，车资五角，后至侨汇处购花生米两包，九角；香烟共九包（二元五角），又购橘子一斤多，染发药水六角。

从二十七日至一九六六年一月十七日，参加市政协组织的"开门学习"，在青浦住了二十二天，另有日记。

1966 年

1966 年日记记载作者在上海出版文献资料编辑所和上海市政协文史资料委员会办公室的工作情况、参加政治运动情况和当时的生活情况。作者在其回忆录中，对上世纪 60 年代前半期的经历叙述甚略，几近一带而过。这部分日记正好是补充。文化大革命开始后，上海出版文献资料编辑所工作全面停止。作者被"揪斗"后，日记终止。

——编者注

一九六六年一月十八日 星期三 阴 (8℃—3℃)

上午赴文献领工资，与老方、老洪同志谈话，午饭在四川路吃面，购《文史资料》第五十三辑，并购过节糖果及礼品，晚写三个儿子的信。

一月十九日 农历二月廿八日
小除夕 星期四 阴 (6℃—2℃)

上午九时半，赴政协，谈过去及今后工作。中午，购糖果及带给雯孙女的糖果、玩具。

下午五时半，又上街买一些年货。

复复来信，说三月内可能出差来家一次。

一月廿日 大除夕 大寒 晴到少云 (6℃—2℃)

上午，赴淮海路，排队购得小汤圆七十个。又购南货等至华亭路，拟为霖孙买跑车，因式样太旧未买，拟有余款时至中百公司购一新车。

小平送红豆来。

晚吃年饭，霖孙虽上抬〈台〉，但吃东西不多。

一月廿一日 春节 晴到少云 (6℃—2℃)

霖霖清晨吵着要吃牛奶，六时半即起。

锡妹一家及瑞弟来拜年，并吃饭，小和留住。

孔医生来贺节。

今年春节天气晴和。

一月廿二日　年初二　阴转雨　（7℃—3℃）

上午，一家赴万福坊。我夫妇抱霖孙先至复兴公园玩了 1 小时，看动物，霖孙看了极感兴趣，他比以前懂事多了。

在公园门前磅了磅，我 132 斤，芳姊 106 斤，霖孙 32 斤，比去年重了 8 斤。

五时回家，已小雨霏霏矣。

昨晚打腹稿，拟写《记张自忠》及《吴佩孚与阎锡山》二稿，预计各五千字左右，拟备在下月十日前写就。

一月廿三日　星期日　阴雨　（6℃—3℃）

上午，开始写《记张自忠的转变》，全日成一千余字。

上午，十时，抱霖孙至朱家沙走了一圈，购"兰花"等共一角六分，回家放给宝宝看。

下午，和芳姊抱霖宝同至百乐商场购玩具等，又至立丰号购花生及花生米，又在隔壁点心店购糖年糕两斤，九角四分。

晚饭前，又步行至百乐商场，拟再购一小汽车给霖孙，时商场已关门。

政协寄来关于"海瑞罢官"问题参考资料一册，收集主要文章相当齐备，大概下一阶段要学习，我今天先看了其中戚本禹的文章，因为其余都看过了。

一月廿四日　星期一　阴雨　(4℃—1℃)

上午，寄母及五姨母来。看史料稿。

下午，乘车赴新邑庙商场，购玩具刀一具，沿淮海路步行至重庆路口乘26路至常熟路口，购八宝饭四团，又为霖孙购鱼肝油精一瓶。

晚，吃馄饨。

晚饭后，抽空写稿近千字。

一月廿五日　星期二　阴转多云　(3℃—1℃)

上午，赴机关办公，老洪因病未来。看一九二一年样板稿，并与老孟、老严谈筹备小组工作。

中午回家吃饭，三小姐及榴杨先后来，吃了晚饭才回去。

饭后，赴华东医院，先至口腔科，孔医生出差未回，决定下星期再去拔牙，旋至针灸科，医生说手关节炎时间拖长，需要连续治疗，约定隔天前往疗治，今天打了七针，又拔了两个火罐。

一月廿六日　星期三　阴有雨雪　(3℃—1℃)

今天是年初六，旧历新年已过去了。

上午赴机关，筹备小组开会讨论影印工作上马的计划和索引的分类问题。

中午，在吴江路饭摊吃饭，二角九分。

下午，文史工作会议，参加者有办公室、编审组同志，还有民革、两会及静安、卢湾政协的同志，主要讨论史料工作如何贯彻阶级斗争为纲的方针，为全国政协即将召开文史资料工作会议做准备。

归途，购花生一斤。

仑儿夫妇已一月余未来信，昨天接到他们的贺年片。

一月廿七日　星期四　阴转多云　（3℃—1℃）

今天整天在政协办公。

九时半，至华东医院针灸，遇口腔科的孔医生，原来他下放到中医科来学针灸。

仑儿来信，希望把霖霖的衣服等带给他们。

一月廿八日　星期五　少云　（3℃—1℃）

上午赴政协，今天未学习，看史料稿。

中午，在石门二路饭店吃饭，三角六分，为芳姊及霖孙各购羊毛帽一顶共四元八角五分。

下午，局领导邀集下乡民主党派人士座谈学习体会。

一月廿九日　星期六　晴　（7℃—1℃）

今天又整天在政协，晚上至九时许始回。上午，讨论工作小结草案，下午及晚上，开市区两级文史工作干部会议，分两组讨论，此会还要开两三天，以便决定小结稿，为参加全国文史工作会议做好准备工作。

中午，明明来，将带给仑仑、陶陶的衣服送去给陶陶的朋友带京。

为霖孙先后购小杯两个及气球，因前天许愿，宝宝昨天竟催着要玩具。

霖孙近日有些伤风，食欲不振，身上有些过敏性。

今天风和日丽，为新春以来第一个好天气。

一月卅日　星期日　晴　(10℃—1℃)

今天是星期（日），但整天仍开文史会议。七时才回家，写信向老洪同志请假，因几天内还不能回去上班。

仑仑夫妇给电虹口，决定陶陶来分娩。

一月卅一日　星期一　晴　(12℃—3℃)

上午，继续开会。

下午，在政协开始改小结稿，参加改稿的有张汇文、马荫良、李老[1]、娄老[2]、戚公[3]和我，至十时半才脱稿，由汽车送回家，已近十一时矣。

二月一日　星期二　晴　(15℃—5℃)

今天又整天在政协讨论小结文件，晚上加班，至晚十时才回家。

下午五时，曾抽空去医院针灸。

---

〔1〕　李老,即李子宽,时任上海市政协副秘书长兼文史资料办公室主任。

〔2〕　娄老,即娄立斋。娄立斋,经济学家,曾留学日本,1949 年上海《文汇报》复刊时,任总编辑,后任《新闻报》副总编辑,民建上海市委委员,上海市工商联副秘书长,上海市政协文史资料办公室副主任。

〔3〕　戚公,即戚叔玉。戚叔玉(1912—1992),原名璋、鹤九,山东威海人。画家、书法家、收藏鉴赏家。时任上海市政协文史资料办公室工作人员。

二月二日　星期三　多云转少云　（16℃—6℃）

上午在家休息，十时半，和霖孙同走到乌鲁木齐路口，坐三轮车到百乐商场，又去静安寺盘旋一周，小宝极为高兴，为他购了两本书，及糖一块，又购广柑一斤七两许（六角二分），又乘车回家，来往车资三角五分，小宝已能走路，一同上街，什么都懂，不像以前那样吃力了。

下午赴政协，江秘书长[1]等对三稿提了意见，我和李、娄二兄[2]开始改稿，八时半改毕，汽车送回。

二月三日　星期四　少云　（14℃—4℃）

上午未出门，上楼访孙锡三，谈史料事。

下午，在政协再修改总结稿，主要增加有关对老年人士又团结又斗争一段，由我写初稿，商量修改后补入。五时半下班回家，这是五六天来第一天回家吃晚饭。

今天温度下降，风也大，俨然又由初春天气转回到冬季了。

今天未去针灸。

二月四日　星期五　少云　（14℃—2℃）

上午，赴政协学习，从去年参加《申报》索引试点工作后，又下乡开门学习，先后已三四个月未参加政协学习了。今天讨论学习

---

[1] 江秘书长，即江华，时任上海市政协副秘书长。
[2] 李、娄二兄，即李子宽、娄立斋。

《人民战争胜利万岁》的体会，我也谈了些体会，并对今后学习毛主席著作提出几点意见。

中午回家吃饭，下午二时，至俱乐部参加文史资料工作委员会全体扩大会议，到委员及各单位列席人员共五十余人，统战部吴若岩副部长参加并讲了话，会后，并招待晚餐。

在会上，遇徐仑[1]同志及李平心同志，我都就《申报》工作向他们征求意见。

接港《大公报》通知，《王国维之死》及补遗两篇都已登出，共寄来稿费四十二元五角，本月除复儿十元不可能有其他来款，收入这笔稿费，对于平衡本月开支是很大的帮助。

闻政协将发《毛主席语录》这本书，对引用毛主席著作是很有好处的。

二月五日　星期六　少云　(11℃—0℃)

上午赴政协，根据昨天大会上的意见，作最后一次修改，十一时半即毕事。

下午，先赴邮局取来《大公报》稿费，旋即至中百公司看儿童三轮车，无合适的，购了玩具一个（三角七分）。又至瑞金一路，为霖孙花了十九元，购得一车，当即载回，四时许，宝宝醒了，看了眉开眼笑。

四时半赴华东医院针灸。医生说松动多了，又至牙科，孔医生约定下星期四再拔四颗牙齿，最后一次，说是可以先装上假牙。

---

〔1〕　徐仑(1910—1984)，北京人。曾任中共华东局宣传部办公室主任。时任上海社会科学院历史研究所副所长，党委副书记。主编《上海小刀会起义史料汇编》。

二月六日　星期日　晴　（13℃—0℃）

上午，母亲赴万福坊。十时许，和芳姊抱霖孙乘 48 路至外滩，在黄浦公园玩了 1 小时，霖孙对大轮船甚感兴趣，十一时半仍乘原车回家。

下午，午睡三小时，甚酣，为近日来首次。

本拟写稿，因霖孙纠缠，无法着笔。

复儿来信，另寄来十元。

二月七日　星期一　少云转多云　（13℃—1℃）

上午赴政协，宽兄[1]及娄公[2]今晚赴京参加全国文史资料工作会议，今晨大家一起安排了这二十多天的工作。

中午在甜心食府吃素面，三角，又喝咖啡一杯。

下午赴文献，已十天不去上班了，看了第四次样板稿，特别注意分类问题。

领取工资，并购前门香烟一条。

二月八日　星期二　少云　（15℃—4℃）

上午，和母亲、芳姊抱霖霖去静安寺购物，我先抱霖霖至银行交电费，又去服务社交电费，发仑儿夫妇航空信，写给他们的信是因为他们打电报给虹口，说准备来沪分娩，而迄未写信给家中，因

---

〔1〕 宽兄，即李子宽。
〔2〕 娄公，即娄立斋。

此去信，望他们决定来家，勿再疑三惑四，在发信后，适母亲她们的车子已来，乃将霖霖送在车上，我则乘 48 路赴静安寺。

购晒衣绳一根，一元九角，又购广柑一斤多。母亲购二斤多，仅静安寺两水果店今天有广柑，昨天市上几矣断市了。今年橘子是小年，广柑也不多。

又购花生半斤，因后天要拔牙，不能再吃了。

吃包子一个。

下午，赴文献，开筹备会，商影印工作，我四时半提早下班，赴医院针灸。

二月九日　星期三　晴　(18℃—5℃)

今天温暖，俨如仲春。

九时到科技出版社，文献在此向全体人员发《毛主席语录》，十时许，回机关讨论。

中午，在小店吃饭，三角四分。

下午，开筹委会商小结问题。

二月十日　星期四　阴雨　(14℃—5℃)

上午九时，赴华东医院（最近改名为延安医院）拔去牙根三只，并修牙根。历时一小时，经过甚好。拔牙前又量血压，是 120—75，极为正常，拔牙后，也未觉痛，也没流什么血，可见我的健康情况是好的，只是右臂有些关节炎，这是目前身体上唯一的病态。

回家后睡一小时。

下午二时许，赴俱乐部，民盟召开座谈会。讨论田汉的《谢瑶环》，参加者有杨村彬[1]、朱瑞钧[2]、孙瑜[3]等。

五时回家，归途为霖孙购苹果一斤，画册一本。

接仑儿来信，说陶陶决定回家分娩，瑞弟来电话，说他们也接到同样的信。

二月十一日　星期五　雪　(4℃—0℃)

今晨初下雪珠，后下大雪，我九时赴华东看牙，伤势很好，孔医生说十天内可以先装好。后乘71路至陕西路口理发（五角），回家时，雪甚大，其稠密程度为上海所少见，但因温度不低，雪旋下旋化，否则可积寸许矣。

下午赴政协，交学习资料费二元三角八分，本月机关成立工会，每月要交会费一元四角五分，本月分〈份〉超支出达四元余。

二月十二日　星期六　阴多云　(2℃)

上午七时廿分即出门，赴机关学习，此为近来上班最早的一次。今天上午讨论《海瑞罢官》问题。下午，收听关于焦裕禄同志的广播。

四时半赶赴医院针灸，今天下针较重，历时也较久，五时三刻回家。

---

[1] 杨村彬(1911—1989)，原名杨瑞麟，笔名瑞麟，北京人。电影、话剧编导，曾导演话剧《清宫外史》等，时任上海人民艺术剧院导演。

[2] 朱瑞钧(1907—1979)，浙江余姚人。戏剧编导，理论家，曾导演《夜上海》、《孔雀胆》等，时任上海戏剧学院副院长。

[3] 孙瑜(1900—1990)，四川自贡人。电影导演，曾导演《故都春梦》、《野草闲花》、《武训传》等，时任上海电影制片厂导演。

借到叶恭绰年谱一册，为写稿参考之用。

二月十三日　星期日　少云　（11℃—1℃）

今天竟日未出门，上午，偕霖孙至乌鲁木齐路口购糖两块。

平平来吃午饭，下午，午睡一小时半。

霖霖前两天有些腹泻，昨天请孔医生看后，今天已基本好了。胃口比以前好多，下午起身后，吃面包三块。

晚写仑儿信。

二月十四日　星期一　多云　（13℃—3℃）

上午赴政协看稿，酝酿了一些写稿提纲。中午，吃素浇面一碗，三角，为霖孙购巧克力糖一大块五角五分。

下午赴文献，和老洪谈我的思想问题。

二月十五日　星期二　多云　（16℃—4℃）

上午赴文献，九时开筹备小组会议。开始作思想小结，我初步作了检查，认识自己工作态度有问题，其他同志态度都较好，但我对尚丁，始终不敢轻信，这人能言善辩，一肚子坏主意，要向他交心，我还没有这个认识。

中午回家吃饭，下午赴政协。

四时半，赴医院针灸，这几天病况有好转，结合针灸，时常锻炼，手已举得高寸许了。

二月十六日　星期三　阴雨转多云　（12℃—4℃）

九时，赴华东医院牙科，拆线并打假牙样根。

购500CC鱼肝油精一瓶，3元5角，又购玩具两件。

下午赴文献，全体开会谈小结，大家对筹备组提意见，对我颇有启发。

三小姐来。购饼干一斤0.94元。

开始写商震稿，今天写1500字。

二月十七日　星期四　多云　（16℃—5℃）

上午赴政协，约严谔声、严服周[1]、诸尚一[2]谈商报的史料。

中午，在复兴路口小店吃饭，时间甚促。赶到文献，离上班只有五分钟。一时半，民主党派开联合小组生活由我报告下乡的见闻和体会，历二小时许，同志们反应还好。

因不便中途退出，今天未去针灸，据康嗣群[3]同志谈，他也患过臂关节炎，是经过针灸治好的，但历时约八月，同时，要注意保暖。这些话，一面增强我治愈的信心，一面也破除我求速愈的思想，应该安下心来，逐步治疗，不轻忽，尽可能坚持每两天去一次。此外，还要坚持锻炼，帮助早日痊愈。

---

〔1〕　严服周，曾任新声通讯社南京分社主任，《新闻报》、《申报》副总编辑，上海《立报》发行人。时任上海文史馆馆员。

〔2〕　诸尚一，会计专家，专栏作家，民革上海市委成员。

〔3〕　康嗣群（1910—1969），陕西城固人。康心如之子。曾任上海美丰银行经理，文化生活出版社总经理，《文饭小品》主编。时在上海出版文献资料编辑所工作，1969年在上海奉贤五七干校劳动中病逝。

今晚可抽出时间写稿千余字。

二月十八日　星期五　晴　(15℃—4℃)

上午赴政协学习，有人来了解沈北宗[1]情况。

下午，午睡一小时许，三时起身，赶把商震稿写好，共三千六百余字，当即航空寄出。

四时半去针灸。

晚，写《旧闻杂记》千字。

二月十九日　星期六　雨水　阴雨　(12℃—6℃)

气象报告说今天傍晚才下雨，所以未带雨具出门。七时二十分即出发，车甚挤。八时前到机关，现在决定每周六到机关学习（早晨），今天讨论《海瑞罢官》的主题思想及宣扬什么。

中午，冒雨出去吃饭，买果酱半斤，二角四分，又购巧克力糖一两许，三角一分。

下午，写《申报》影印缘起。

五时回家，雨相当大。

晚又写稿千字左右。

二月廿日　农历二月初一　星期日　阴　(11℃—3℃)

今天锡妹一家来，吃馄饨。霖孙和小平、小和玩得很起劲，这孩子，一天比一天有趣，也实在乖。

---

〔1〕 沈北宗,著名学者,时任上海文史馆馆员。

小平、小和晚饭后回去。

上午、下午都抽空写稿，写了三千余字，将《旧闻杂记》写好，共四千字，寄出。五天来，共写了七千余字，准备下周再写一稿，这样，又可休息一个时期再写了。

二月廿一日　星期一　阴雨　（8℃—2℃）

上午，赴医院，试装假牙模子，孔医生工作甚仔细，因上下都是假牙，上面全部，下面只剩三个真牙，因此上下部位都要测定，极为费事。至九时许始毕事。孔医生说，下星期可装好，治牙可告一段落了。

医院回来后，看《中国革命与中国共产党》，对做《申报》索引工作很好启示，因此文对近代历史有极科学的分析。

下午，赴文献，参加小结讨论，大家对工作中如何突出政治如何做好群众工作，主要矛盾是什么，各抒己见，畅所欲言，我认为就工作言，人的因素第一，我们的思想革命化跟不上形势要求，是主要矛盾。但就《申报》索引工作这范畴来说，如何以毛主席的立场观点统率《申报》所反映的反动的材料，这是主要矛盾。这问题如真解决了。分类、标题、收录等问题就不难迎刃而解了。

开会时，崔衍[1]同志来通知，说今晚八时半有一重要广播，注意收听明天讨论。后来又电话通知，讨论改在明晨，我如去政协讨论，就不必到单位去讨论。

今晚的广播，是《人民日报》在全文发表卡斯特罗的反华演说的同时，发表了编者按语，指出卡斯特罗参加反华大合唱，只能自我揭露。同时，指出古巴的经济困难，是实行所谓"社会主义国家

---

〔1〕　崔衍，时任上海出版文献资料编辑所干部。

分工协作"的结果。(大概指古巴不注意粮食自给,等等)

《人民日报》同时还登载比利时共产党书记格里巴和锡共书记桑木加塔高的声明,指出古巴已沿着修正主义的道路滑下去。近来,矢口不反美,不支持革命,许多"政治难民"已离开古巴,加上Guevara[1]的离去,处处可见卡斯特罗已成为修正主义的小丑。

二月廿二日　星期二　雪　(6℃—4℃)

今晨起身,见漫天大雪,各处屋顶已一片白色,气候〈温〉显著下降,据中央人民电台广播,华北各地及辽宁均下大雪,为去冬以来最大的雪,对越冬作物的返青很有好处。

八时,赴政协学习,讨论卡斯特罗问题。

中午,在绿杨村吃麻婆豆腐及饭,共四角七分。

为霖孙购新出品交通玩具一套,五角三分。

下午,赴文献,筹备小组开会,讨论主要矛盾问题。

四时半早退,赴医院针灸。

归家时,霖孙还未醒,他六时起身,看到这套玩具,开心极了,一直不肯放手。

二月廿三日　星期三　多云,雪　(5℃—0℃)

北方寒潮南下,今天为立春后最冷的一天。

上午八时半赴文献,看章宗祥日记,准备校正周叔廉[2]的关于中华懋业银行的史料。

---

〔1〕 Guevara,格瓦拉。

〔2〕 周叔廉,曾任北洋政府财政部司长,交通银行副理,时任上海文史馆馆员。

中午在瑞金一路小店吃饭，仅花二角二分。

下午，文献开小组会，尚丁又忍不住暴露了他的骄傲自满情绪，对群众的批评，尖锐反驳，引起了群众的不满。

我检查，不必为他而斤斤计较，他的毛病，群众的眼睛是雪亮的，而且他即使工于心计，千方百计倾陷别人，今天不是旧社会，相信党总是清楚的。

下午又下好几阵雪，听说华山路下得很小。

二月廿四日　星期四　少云　（5℃—2℃）

今天略回暖。上午，赴永安公司购花生米一斤（八角）用红卡，又为霖孙购饼干半斤。

购月票。

下午赴文献，开筹备小组会，对昨天尚丁等压制群众批评，提出意见。

五时半班后，在淮海路点心店吃酒酿汤团一碗，葱油饼一个，共二角八分。六时一刻，在淮海电影院看《女跳水队员》，是工会请客的。

八时许回家。

恩克鲁曼到北京访问，他就要去越南访问，可能是搞些"和谈"花样。

二月廿五日　星期五　晴　（12℃—2℃）

八时，至华东医院（现已改为延安医院）试装牙齿，孔医生说，下星期即可拔去最后四颗牙齿，并将假牙装上。

中午，吃团子。

下午，政协学委会在文化俱乐部开大组会，交流学习《人民战争胜利万岁》的心得体会。

五时，去医院针灸。今天未拔火罐。

二月廿六日　星期六　多云　（14℃—4℃）

上午未上班，写好《白狼讨猿》稿[1]，计2500字，中午寄出。

今天霖霖理发，是找朱家沙的理发匠来理的，仅花二角五分，这孩子理发总要大哭大闹，今天我竭力哄骗，后来总算乖了。

下午，赴安福路和平浴室沐浴，三角五分，上次是在青浦洗的，已历一个半月，而霖霖他们已三四个月没沐浴，孩子今天不能洗浴，实在是一件苦事，如果每周能洗一次澡，这孩子一定长得更健康。

今天下午本有大组学习会，因沐浴未去。

二月廿七日　星期日　晴转多云　（15℃—4℃）

上午，母亲赴万福坊。

十时，偕芳姊、霖孙游龙华，龙华公园新改建，布置很好，种了不少树木，门票改售五分，十二时回家。

午睡一小时许。

下午，乘霖孙睡，开始写《老〈申报〉的幕后人物》，成四百余字。

写寄复儿夫妇信，问复儿确定于何时回来。

---

〔1〕　白狼，为白朗绰号，当时白朗起义军将袁世凯称为"猿"。

二月廿八日　星期一　少云　（18℃—2℃）

子宽兄等到京参加全国文史资料工作会议完毕，昨日回沪。今天上午办公室谈会议情况。据宽兄说，北方久旱，陕西一部分地区几乎无法冬播，幸月初下了一场大雪，从东北、蒙古到西北，到处喜雪，北京雪深一尺五寸，旱象大见缓和。

恩克鲁曼过京本拟赴越奔走所谓和谈，实际为美帝骗局效劳，到京之日，刘主席在欢宴会上严正驳斥美帝和谈阴谋，恰为蒋干过江参加群英会。岂知好戏连台，恩克鲁曼离非后，加纳发生政变，恩被推翻，他已无法回去，在外也没有什么名义了。我国领导还仁至义尽加以照顾，现在招待他及随行八十余人到外地参观。

中午吃素浇面，又购一玩具小人，仅一角，购一小画册，一角四分。

下午赴文献，开筹备小组会。

三月一日　星期二　多云　（18℃—8℃）

今天温暖，有初春气息，杨柳已笼绿雾矣。

上午，政协学习，讨论如何学习毛选。

中午，在淮海路吃云吞面和豆沙包，共三角四分。

今天水果铺仅有的水果，苹果既贵又少，大约就要断市了，购一斤，五角六分。

下午赴文献，主持业务参考资料问题。

四时许早退，赴医院针灸，手臂有新进展，能弯过去脱衣和伸入右手口袋了。

三月二日　星期三　多云　（26℃—10℃）

今天大热，恍如初夏，昨晚未盖毯子。还屡次热醒，今天脱去毛线裤及棉袄。改着中山装，去年五月中温度才升至 20 度以上，今年有些反常，看马路有些杨柳已垂垂绿条了。

上午赴政协，交流笔记。

中午，吃炒大肠，三角七分。下午，文献开组务会议。

回家时，看到霖霖在大门口，于是抱他一起到乌鲁木齐路小店购杏仁酥及糖。

今天全家洗澡。

今天《参考消息》已把加纳政变消息宣布。

三月三日　星期四　阴雨　（26℃—10℃）

上午先赴人民银行取款四十元，备明天去付装牙费。

至政协，讨论工作计划及传达事。

下午，文献开筹备小组会，谈小结计划。

三月四日　星期五　阴　（15℃—5℃）

上午八时，赴华东医院治牙，先拔去上面要拔的最后四颗牙齿，修牙根，缝好，然后将上下假牙戴上，从八时一刻至九时三刻才竣，孔医生工作极仔细。

午前回家，休息一小时许。

下午二时，在文艺会堂听杜宣[1]同志谈越南见闻，五时半毕，即回家。

三月五日　星期六　阴雨　（13℃—5℃）

上午赴文献，学习《海瑞罢官》问题，讨论历史上究竟有无清官问题。

中午回家吃饭，二时，赴医院看牙，付装牙费三十三元，又去针灸，遇许铭[2]同志。

从延安医院出来，乘71路至中国图书发行公司，购"选辑"五十四、五十五辑，一元五角五分。

又赴食品公司购酱鸭等一元八角，因明天母亲生日，备作盘子之用。

香港《大公报》寄来剪报，知商震一稿已登出，本月分〈份〉经济上勉可维持了。

今天报纸已将加纳政变消息发表，恩克鲁曼已到几内亚了。

晚，整理《申报》稿，成千余字。

三月六日　星期日　阴雨　（12℃—4℃）

今天母亲八一寿辰，来祝寿者有锡妹一家。榴杨夫妇及寄母，瑞弟未来，带来礼物。清晨，复儿寄来十元祝祖母寿。五姨夫也来。

午睡一小时许。下午晚上，写稿二千余字。

---

〔1〕　杜宣(1914—2004)，江西九江人。剧作家，散文家。时任中国作家协会上海分会书记处书记，中国作家协会派驻亚非作家会议常设局常驻代表、书记处书记，中国亚非团结委员会上海市分会副主席。

〔2〕　许铭，曾任上海市出版局党组成员，审读处处长。

三月七日　星期一　阴雨　(8℃—2℃)

寒潮袭沪，今天大冷，又把毛线裤等穿上。

上午赴政协，文史办公室商谈学习和传达计划并与宽兄谈《国闻周报》及《大公报》的史料。

中午，吃素浇面。

下午赴文献，同志们听杜宣报告，我写《南北议和简介》，作为业务资料的样板。

三月八日　星期二　阴　(4℃—2℃)

《老〈申报〉的幕后人物》一稿已写成共计三千五百字，今晨航空寄出。

上午，交牛乳费、电灯费，并去医院为牙齿拆线，牙齿的治理（疗）工作，至此告一段落，假牙戴了相当适应，可见延安医院的牙科医生相当高明，孔医生尤其细致。今后，只有为针灸跑医院，希望再治个把月，天气转暖，能够完全好起来。

饭后，赴文献，听杨富珍同志关于学习毛主席著作报告的录音。

下班后，赴淮海路，购小饭盒一个，四角七分。吃无锡馄饨一碗，购酒酿一盂，小汤圆三十个，共七角九分。

六时五分，去淮海电影院看《朵朵红花向太阳》，是关于少数民族文艺表演的纪录影片，内容很好，惜色彩不鲜艳，大概拷贝是过时的，电影是由工会请客的。工会成立后，每月要交会费，今天又交了一元四角五分，也是增加一笔经常开支。

邦英来信，他已生了一个男孩，大姊一定是高兴得很。

三月九日　星期三　多云　（10℃—2℃）

上午赴政协，九时前学习毛选。九时后，谈今年组稿、审稿计划。

中午，吃油渣豆腐，连饭三角二分。

下午，文献开筹委会，谈小结问题。

三月十日　星期四　多云　（13℃—3℃）

上午，政协文史办公室和编审组同志第一次学习《毛选》，商定学习计划，请马荫良同志为召集人。

下午，在文献。五时，针灸。

三月十一日　星期五　晴　（15℃—5℃）

上午，政协学习。

下午，为商报资料开第二次座谈会。

晚，看《东方红》。

三月十二日　星期六　晴转阴　（20℃—6℃）

越南南方连续粉碎美军"扫荡"，两月中歼灭敌军三万一千多人，其中美军一万六千余人。最近两天，又歼灭美军七个连，计近两个多月，共歼美军一万八千余人。从61年至65年，美军在南越被歼一万七千人，近两月被歼人数，已越过过去五千〈年〉的总数。可见，美军增兵愈多，被歼愈多。逐步升级，失败也逐步升级。看来，美军要在越南熬过今年是困难的，损失如此之大，必然要使它的矛盾激化。

上海全市贫下中农第二次代表大会昨天开幕。曹市长要求今年农业全面跃进，各种作物有较大幅度的增长，建成社会主义的新农村。

牙齿装好已一星期，并无任何痛楚，已日渐适应，能吃较硬的东西了。

印度粮荒严重，加尔各答连日群众暴动，军警开枪镇压，打死、打伤多人。

上午未上班，因母亲、芳姊和霖孙到静安寺，母亲抱霖孙照相，因为复复有此希望，母亲又为霖霖购鞋一双，并至静安公园，今天天气晴和，一派春景矣。回家已过十一时半。

饭后，即赴文献，今天，从中华图书馆借来近代历史参考书籍多种，下午即翻阅，并收集写作材料。

回家时已小雨，据气象报告，又有新的冷空气南下。明天起有雨并有大风，大概要过阴历二十八才能真正暖和。戏剧学院游泳池正在赶修，上面铺水泥，四周打草坪，并围以铁丝网，夏季以前，可以全部竣工矣。

三月十三日　星期日　晴　（18℃—8℃）

上午，母亲赴五姨母家。

偕芳姊抱霖孙至常熟路，发寄仑仑、福福及大姊信，并借锡妹十元汇寄给大姊作为贺礼。

旋乘15路车至徐家汇，转了一圈，步行至淮海路口。中途，购信封等，乘48路回家，并购《光明日报》一张，内载穆欣批判夏衍的文章。

饭后，午睡两小时。四时许，赴静安寺取照片样子，并至常熟路理发。

晚开始写"福开森"稿，成五百字。

三月十四日　星期一　雨　（14℃—6℃）

今天整天在政协，上午看稿，下午，办公室编审组讨论积稿复审问题。

中午，午睡一小时。为小孙孙购包皮布二尺二寸，一元三角及工业券两张，又为霖孙购小书一本，为芳姊购小瓶乐口福一元，这种小瓶是新出的。

《参考消息》载印尼右派又发动和平政变，苏加诺权力尽被右派军人夺去，仅剩一总统的空名。

三月十五日　星期二　阴雨转晴　（14℃—6℃）

上午，政协学习。

下午，文献先开民盟支部组织生活。四时，准备稿，（与）第三个五天的同志商索引计划。

三月十六日　星期三　晴　（20℃—8℃）

上午，政协文史办公室毛选学习。

下午，赴俱乐部参加民盟召开的关于田汉反动文艺思想的学习，参加者杨村彬、言慧珠[1]等。

────────────

〔1〕 言慧珠（1919—1966），女，蒙古族，北京人。京剧旦角演员。时在上海戏曲学校任教。1966 年自杀。

锡妹及小平、小和来吃晚饭。

福福来信，他们已到西安，在陕西电讯器材公司学习，并说雯雯长得很胖壮，就是丑一些，脾气也不大好。

三月十七日　星期四　晴转阴　（26℃—9℃）

上午九时三刻，抱霖孙乘48路至浙江路，转乘八路至永安公司。过电磅，计重三十四斤。比以前又重二斤多了。旋至食品公司走一圈，乘26路至静安寺，转乘15路至小剧场，步行回家，这一行抱得相当累。

昨晚瑞弟来电话，说陶陶已来信，说今日从北京动身。明天下午三时许到，母亲也准备去接，今天叫我买两听小瓶乐口福，预备送给楠嫂，母亲说已三年多未去虹口矣。

下午赴文献，向索引组同志谈一九二七年国内形势的背景材料。

今天天很热，霖霖换上单鞋。

三月十八日　星期五　雨　（8℃—2℃）

今天强冷空气到沪，气候大冷。

上午，政协学习。

下午一时半，同母亲、芳姊、霖孙至常熟路乘15路到北站接陶媳。三时正，车子提前到站。齐齐也来接，瑞弟忽患腰痛未来。

先到虹口，在那里吃晚饭，三小姐及榴杨也在。八时许，雇汽车回，费三元。

三月十九日　星期六　晴　（12℃—0℃）

上午，七时半即赴文献，上午讨论清官问题。中午，在淮海路口吃豆沙包及面，下午，审看样板分类。

三月廿日　星期日　晴转阴　（16℃—3℃）

上午，平平小和及榴杨夫妇先后来。

下午，赴天蟾舞台看话剧《车站新风》是西安市话剧团演出的，极好。写平凡的题材，矛盾很突出，很紧张，充分表现业务与政治的关系，教育意义极大。

归途至静安寺取照片，购苹果四只，明明来同陶陶回去。

《大公报》寄来稿费二十元。

近日收集福开森材料，晚，写稿数百字。

三月廿一日　星期一　阴雨　（14℃—7℃）

上午赴政协，中午，在凤阳路口吃生煎馒头及馄饨二角五分，又为霖霖购书三本。

下午赴文献，提早下班，本拟赴医院针灸，因大雨未去，在点心店吃汤团四个。

三月廿二日　星期二　阴　（12℃—4℃）

上午，因下午有学习电影，学习暂停，在家写稿一千五百字。

写寄大姊信，附照片，又写寄福儿信。

下午二时，至俱乐部看电影，看两本新闻片，又看"陈毅副总理记者招待会"及"中日青年大联欢"。

四时半，至华东医院针灸，遇刘海粟。

三月廿三日　星期三　晴　（16℃—5℃）

上午赴政协。

下午，文献筹备小组开会，讨论分类问题，决定分类表暂不大改动，在政治、经济、文化类中添帝国主义侵略。

购糨糊一瓶，又购大蒜头等。

今晚中央人民广播电台广播中共中央给苏共中央的复电，拒绝参加苏共二十三大。同时广播苏共中央的来电。

三月廿四日　星期四　晴　（16℃—4℃）

整天在文献，上下午都学习，先谈我国党拒不参加苏共二十三大问题。后谈清官与贪官，我都发表了意见，对于清官问题，我认为根本不存在，因为从阶级社会以来，就带来了贪污、合法贪污与非法贪污是交替出现的。同时，阶级社会的官吏就是为统治阶级服务的，就不可能真正清正，从来没有贫雇农被地主逼租逼债家破人亡而有所谓"清官"为之平冤狱的。至于书本记载，也多半是帝王制造及相互吹捧出来欺骗和愚弄人民的。

中午，吃面三两，又吃酒酿二两。为霖孙购糖二两半（三角），又购馒头三个。

陶陶在虹口住了几天，今天回来到医院检查。

机关的三层楼已加盖好，这两天已开始使用，吃饭回到饭厅去了。

三月廿五日　星期五　阴雨　（10℃—4℃）

上午政协学习。

中午吃馄饨。下午，午睡一小时，霖孙睡后，抽空写《美国老牌特务福开森》二千余字，共已成四千余字，大概还可以写一两千字。

陶陶今天仍回娘家去了，晚，又写一千一百字。

三月廿六日　星期六　多云　（10℃—3℃）

上午九时，赴四马路旧书店，拣选参考书，同往者有孟世昌、潘勤孟[1]同志。

中午，在中央商场饭店吃饭，四角九分。

下午，老方同志向全体同志谈学习关于"海瑞问题"的讨论问题，然后分小组讨论。

购月票。又写稿一千余字。共成六千二百字，明日寄出。

三月廿七日　星期日　多云　（14℃—6℃）

上午，抱霖霖下楼晒太阳，自霖霖咳嗽后，已数日不下楼了。

看翦伯赞的历史论文及戚本禹等对他的批判。

下午，和芳姊抱霖孙先乘车至复兴公园，游动物院〈园〉，旋至

---

〔1〕潘勤孟(1911—1982)，又名铸辛。江苏宜兴人。连环画家、书法家。曾任三民图书公司、新美术出版社、上海人民美术出版社编辑。为连环画编写文字，曾改编《红楼梦》等连环画。

万福坊，晚归。

邦英托人带来香烟及喜糖。

今天北京开群众大会，支援美国人民反对侵越战争。

又，近日来声明拒绝参加苏共二十三大者，除中共外，已有阿尔巴尼亚、新西兰、日本等三个马列主义政党。

三月廿八日　星期一　晴　（12℃—3℃）

寒风继续补充南下，今天还是相当冷，未穿夹大衣出去，觉得有些冷。

上午赴政协看稿，下午在文献。

三月廿九日　星期二　晴　（14℃—4℃）

上午，抱霖霖乘48路至河南路下车，步行至邑庙市场（已改豫园商场），先至豫园游玩，桃花盛开，金鱼来去，风景很好，霖霖很感兴趣。出园后，经九曲桥，至点心店吃酒酿丸子一客（一角五分）旋乘三轮车至延安路四川路口，乘48路归。途中霖孙已熟睡，抱至家中，吃力极矣。

陶陶午前回来，看仑仑信，知他月初将出差来上海，可以在家住两三日。

下午，赴政协，与马荫良等同志商资料如何整理的办法。

归家时，为霖孙购小书两本。

三月卅日　星期三　阴　（14℃—4℃）

上午，政协文史办公室第二次学习毛选，有些同志下乡开门学习，有些同志请假，只到马、严、李、戚和我五人。

下午赴文献，民盟组织生活。

上午上班前，赴银行取款二十元。因仑儿要来，多少要多花些钱。

三月卅一日　星期四　雨　（12℃—2℃）

上午甫起，母亲来说陶陶已"发动"，于是，急忙整理东西，由芳姊于七时半送她往第一妇婴保健院，我因为要照顾霖孙，未上班。十时许，芳姊回来，陶陶留在医院。饭后，芳姊同我本拟去医院给陶陶送东西，48路甚挤，等三辆未挤上，乃由我独自送去。

一时半到文献上班。

看《参考消息》，报告苏共二十三大开幕消息。

四月一日　农历三月十一日　星期五　晴　（16℃—5℃）

今天转暖，上午，赴政协学习，开始联系国际时事，学习毛选，今天讨论苏共二十三大问题，特别是朝鲜、越南党及南越代表团参加问题。

归家时，购咸肉及点心等，准备仑儿回家。

午后，抱霖孙下去走了一圈，霖霖咳嗽尚未全好。

午睡半小时许，四时上街，赴延安医院，重新挂号继续针灸。

南越人民武装今天清晨爆炸西贡最大的美军宿舍"维多利亚大饭店"，当时炸毁十层大楼中的五层，炸死、炸伤了成百个美国侵略军，据西方通讯社报道，这次爆炸，美方损失比去年十二月四日爆炸"大都会饭店"损失还要严重。

四月二日　星期六　阴雨　（14℃—4℃）

仑儿昨晚十二时到家，是从武汉、九江、南昌、杭州一路转来的，我们已入睡，即忙赶起，闲谈至一时许才入睡。

今晨六时许起，早餐后，和仑仑同出门，他赴南京路体育俱乐部办公，我赴文献，今天上午仍学习《海瑞罢官》问题谈历史上究竟有无清官，这问题已讨论了十六七次，意见还未一致。

中午，吃大肉面（二角七分），为霖孙购《小朋友》一本。

下班回家，等仑仑来吃晚饭。

陶陶尚未分娩，仑仑今天去看她。

四月三日　星期日　阴雨　（14℃—6℃）

农历三月十二日，时霆出生。

我们的第二个孙子出世了！这是今年我家的大喜事。今年我六十福度，所谓花甲之年，又添了一个孙子，更是喜上加喜。现在，三个儿子都有了孩子，一共有了二孙和一孙女，如都住在一起，可以说是儿孙绕膝了。

上午十时一刻，芳姊打电话给医院，才知陶陶昨天下午已分娩，生了一个大胖儿子，详细情况要下午芳姊去看她后才知道，全家听了这消息都非常高兴。因为仑仑结婚近十年，才第一胎生个儿子，是一件喜事。仑儿今天一早出去，到华龙附近水上俱乐部去参观工作，所以他回来前还不知道这喜讯。他这次恰巧出差来沪，孩子赶在他爸爸去沪前出生，也是"知趣"的。

饭后，冒雨赴静安寺购小孩尿布，及鸡鸭蛋及粽子等等。

下午，三小姐夫妻及锡妹一家先后来，本约瑞弟夫妇来，一起欢聚一番，但五时楠嫂来电话，说他们不来了。

四时半，芳姊及三小姐同往医院去看陶陶。

今天抽空看《人民日报》所载戚本禹批判《海瑞罢官》的文章以及何其芳批判夏衍的人道主义和人性论的文章，启发很大。戚文鞭挞入里，何文很深刻地揭露知识分子不经过改造的思想体系，并联系他自己的思想进行分析，对像我这样的知识分子，教育意义很大。

芳姊从医院回来说，陶陶生产经过甚顺利，孩子重六斤二两，但医院还不允许看孩子。

晚上，大家吃喜酒，可惜瑞弟夫妇未来，为美中不足。至八时半以后，他们才分别回去。

四月四日　星期一　阴　（12℃—3℃）

上午赴政协。

中午，在淮海路江汉点心店吃肉丝面，二角七分。

下午，和孟世昌、吴其柔同志，同赴四马路旧书店看选参考书，四时半回家。

仑仑赴医院看陶陶后，赴虹口岳母家吃晚饭。

四月五日　星期二　阴　（14℃—4℃）

上午未出门，写寄大姊报喜信。

下午赴文艺会堂听巢峰[1]报告，旋赴华东医院看咳嗽并针灸。晚瑞弟来。

---

〔1〕　巢峰，1928年生人，江苏阜宁人。时任上海人民出版社副总编辑。

四月六日　星期三　少云　（14℃—3℃）

仑儿今晨乘九时车回京。

上午赴政协。

下午赴文献，开全组会，由老洪同志报告小结。

领工资，交工会费一元四角五分，又交盟费五个月，二元。

四月七日　星期四　阴雨　（14℃—5℃）

上午，赴市体育馆看全国乒乓球锦标赛团体赛第二轮，主要为比赛后几名，所以除王家声外，没有看到什么好手，但从这些比赛中，也可见新手如云，比赛的激烈程度甚猛。

下午，因为亲赴万福坊送红蛋，芳姊去开区人代选举会，我在家看护霖孙。这孩子真乖，和他讲讲书，二时四十分就睡着了，没有什么手脚，比以前容易照顾得多了。

昨天，接福儿来信，知道他们在西安生活很好，附寄他们夫妇及雯雯合照，看来，雯雯经过改装，秀气得多，这孩子本是很有趣的。

四月八日　星期五　阴雨　（14℃—8℃）

上午七时许，芳姊即去医院接陶陶、霆孙，我在家看护霖孙。九时许，他们坐汽车回来，霆霆宝宝长得很好看，鼻子高高的，面孔很饱满。

十时许，乘车至陕西路口购奶瓶、奶头、钙粉、葡萄糖等，又为宝宝购毛巾、肥皂等等，十一时半归。

下午赴文献。

晚，芳姊因看护霆霆及陶陶，霖霖主要由我照料。

四月九日　星期六　雨　（14℃—10℃）

今天竟日下雨，雨量中等，上午七时许即赴文献。讨论"清官"、贪官之差别，开至一半，芳姊去电话，说陶陶要去医院，我乃请假回家，照料两孙。

饭后，又看守大孙，直至三时许他睡去。因芳姊去楼下开会，为基层选举了。

晚七时，听全国乒乓比赛团体赛的实况广播。今晚广播的是广东女一队对湖北女队，上海男一队对江西队，结果广东以三比〇，上海以五比〇胜。

四月十日　星期日　阴　（12℃—8℃）

昨晚霖霖发烧，睡前，一直抱着我，因为他知道祖母忙于弟弟，所以这几天更加和我亲热，我睡时，发现他有些烧，三时醒来，摸他热度很高，连忙起来给他开水喝。

今晨起床后，芳姊去请孔医生来看，霖霖温度达39.8，先给以退热药，又开方，十时许，我去静安寺为他配药，又购小书三本。

锡妹、小和、小平来。

下午，秀娟[1]、明明先后来，秀娟已三四年未来矣。

晚听广播，男子团体决赛，上海一队以五比二胜湖北队，女子一队以三比〇胜四川队。

七时许，为购小宝宝奶粉，冒雨赶往静安寺。

---

[1]　秀娟，即朱嘉树。

四月十一日　星期一　阴雨　（14℃—6℃）

上午赴政协，先看昨天《人民日报》发表的有关吴晗的材料，后审阅陈尧甫[1]所写关于端方稿，并提出补充修改意见。

中午，吃辣酱面三两，今天胃口渐恢复。

下午赴文献，审改后五天索引稿。

阅十日参考消息，苏共二十三大已闭幕。勃列日涅夫当选总书记，在政治局中，米高扬及什维尔尼克都落选。

四月十二日　星期二　多云转阴雨　（16℃—6℃）

多天阴雨，今晨才见阳光，气候也转暖，但到下午，又转为阴雨了。

上午未出门，准备明天业务学习的中心发言稿，主要为批判翦伯赞的反马列主义纲领。

下午赴文献，开始写标板说明，准备铅印出来。

下班回家，为霖孙购青霉素药片等，因宝宝还未退热，合家为之焦虑。又为霆孙购奶瓶一只奶头三个，回家已六时许，瑞弟夫妇、榴杨夫妇均来，送来霆孙衣服不少，他们九时才回去。

四月十三日　星期三　雨　（14℃—6℃）

上午，政协业务学习毛选，先由我作中心发言，谈学习批判翦

---

〔1〕　陈尧甫，原名毅。前清举人，1905 年随端方、戴鸿慈等考察欧美宪政。时任上海文史馆馆员。

伯赞反动历史观点，联系史料，提出三个问题：（一）以论带史问题，即历史必须以毛泽东思想为指导。（二）历史如何为无产阶级政治服务，如何服务，如何服务党的方针政策。（三）如何评价历史上的帝王将相，大家接着发言，很有相互启发。

下午，文献民盟小组开会。

霖孙热尚未全退，咳嗽也未好，甚为焦急，今天又请孔医生开方子。

福儿又来信。

《大公报》寄来稿费三十一元五角。

四月十四日　星期四　阴　（18℃—8℃）

上午，赴邮局取款，至侨汇购物为芳姊购衣料一件，六元，又为霖孙购玩具飞机及小姊弟。

下午赴文献，机关讨论区人民代表人选。

购《人民日报》及《文汇报》各一份，《人民日报》载《胡适与吴晗》一文，揭露吴晗的反动历史。《文汇报》载文论清官，对方求[1]等文章也作批评，可见大辩论越来越深入。又，近日，京沪各报纷纷载文批判电影《兵临城下》。

下班时，在淮海路下车，为陶陶购点心两包，又在江汉点心店吃酒酿丸子一碗，油炸酥（模仿宜兴的油炸"老鼠"）一共一角八分。

晚听乒乓球单项比赛单打（男子复赛半决赛）的实况录音，庄则栋胜张燮林，李富荣胜姚振绪得决赛权，女子单打今天下午半决赛，梁丽珍及仇宝琴得决赛权。

---

〔1〕　方求，即戴逸，历史学家，清史专家。

四月十五日　星期五　多云　（18℃—6℃）

上午，政协学习。

下午，午睡一小时许，上街理发。

晚上，听全国乒乓比赛五项单项比赛的决赛实况广播，结果男子单打，庄则栋以三比○胜李富荣；女子单打，仇宝琴以三比二胜梁丽珍；男子双打，庄则栋、李景光以三比一胜李富荣、王家声；女子双打，李赫男、李莉以三比○胜狄蔷华、刘雅琴；混合双打，王家声、李赫男以三比一胜庄则栋、梁丽珍。

此届全国比赛，庄则栋依然威风八面，女子仇宝琴成熟突出，小将中以姚振绪、李景光锋芒最高。

老将中，上将〈海〉的张燮林与林慧卿分得三项冠军，此次都未获得决赛权，大概以年龄关系退出球坛了，而湖北的胡道本此次未参加比赛，不知何知〈故〉。

霖孙昨起烧已退清，咳嗽尚未痊愈，今天多给他梨汤喝。

北方又有强冷空气南下，今天上海俨如冬末气候，据中央气象台消息，昨天长江以北的低温将降至零下二至五度，有冰冻。

四月十六日　星期六　多云　（19℃—8℃）

上午七时半，到文献参加"清官"问题讨论。

中午在山海关路附近吃水饺三两，三角。

下午，民盟市委扩大会议，由寿进文传达盟中央座谈中刘述周及刘思慕的报告。

回家后，即到安福路为霖孙购针药，共二元七角多，希望宝宝打针后咳嗽早好。

晚，听全国乒乓比赛授奖大会，并有名手表演。

印尼驻华大使查禾多招待新闻界，宣布辞去驻华大使，对印尼右派集团有力揭露，这是外交界少见的事。

四月十七日　星期日　晴　（20℃—8℃）

上午，在霖孙未起前，抽空开始写《杂牌司令何成濬》，晚上续写，成千余字。

上下午都上街，上午为陶陶购点心、粽子、酒酿丸子等。下午为母亲配药一元七角二分。

午睡两小时，甚酣。

霖孙连打三针，已好多了，霆孙已出生半月，日益有趣了。

四月十八日　星期一　晴　（20℃—9℃）

上午，赴文献，开筹备小组会，布置今后工作。

中午，吃辣酱面，一角八分。

下午赴政协，五时，赴华东医院针灸。

瑞弟夫妇来看外孙，晚饭后回去。

购十七日《人民日报》，上有揭露吴晗解放前反动言论的材料。

四月十九日　星期二　晴　（20℃—9℃）

上午，抱霖孙下楼玩耍，宝宝已近半月未下楼矣，因为他要大便，抱他上来吃力极了。

下午赴文献，开大会号召开展"三查"节约运动。

五时赴俱乐部，民盟讨论吴晗问题，到杨村彬、王个簃[1]、杨荫深[2]等十人。九时半乃谈毕，回家已近十时。

四月廿日　星期三　多云转晴　（18℃—9℃）

上午，访周叔廉，谈农业银行史料，沈堃[3]亦随往。

胃口很不好，上午吃薄粥二碗，豆浆一瓶。中午什么都不要吃，四肢乏力。下午请假，芳姊赴医院看病，并为奶妈验血。

四时，午睡后赴延安医院看中医。

霖孙打了三瓶盘尼西林，基本已痊愈，精神恢复，饭量也好了，为之大慰，就是我夫妇为了两孙，几乎都拖垮了。

四月廿一日　农历闰三月初一
星期四　雨　（18℃—8℃）

上午，因身体不适，仍未上班。

下午，赴文献参加选举，又集体收听杨富珍同志讲学习毛选的心得体会。

四月廿二日　星期五　阴雨　（24℃—18℃）

今天胃口略为好转，上午吃了粥两碗，中午吃饭半碗，粥半碗，晚上又吃粥两碗，味觉尚不正。下午去徐汇剧场看话剧时，吃雪糕

---

〔1〕 王个簃(1897—1988)，江苏海门人。书画家，时任上海画院副院长。

〔2〕 杨荫深(1908—1989)，浙江鄞县人。曾修订《辞源》等，时任中华书局《辞海》编辑所编审、《辞海》编辑委员会委员，文艺组负责人。

〔3〕 沈堃，不详。

一条，觉得一点也没有甜味。

今天下午二时看的话剧，是政协包场看《焦裕禄》，上海艺术剧院二团演的，很感人。遇同组同志及傅东华[1]、徐国懋[2]、赵书文等。散场时下雨，幸我带了伞，步行至交通大学才坐车，途中购包子四个，拟买酒酿，因未带盛具，只能作罢。

四月廿三日　星期六　阴雨　（19℃—13℃）

上午，芳姊赴华山医院看病，十二时半才回来，我和霖孙十一时半曾下去迎接。三小姐送奶妈来。

下午，政协在俱乐部开主席、秘书长扩大工作会议，主要谈文史工作问题，备晚餐。购物送孔医生母女。

四月廿四日　星期日　阴雨　（19℃—12℃）

今天是特冷。上午，母亲赴万福坊，我搭便车去陕西路，购叉烧、豆沙包十个，六角五分，后至淮海路购甜酒酿一罐。购昨天《人民日报》一份，内载翦伯赞反动历史观点的全面材料，归后细细读了一篇，看他说得好像很全面，实际是以折中主义反对历史唯物主义。从这里得到启发，这一阶段在思想意识方面的阶级斗争，资产阶级是以折中主义反对马列主义，反对毛泽东思想挂帅（如表面上也尊重马列主义重视政治观点，但强调要抓业务，强调在阶级观点的同时注意历史观点，实际上是以后者取消前者，勾销阶级观点，

---

〔1〕 傅东华（1893—1971），浙江金华人。作家、翻译家。时任中华书局《辞海》编辑所编审、《辞海》编辑委员会委员，语词组负责人。
〔2〕 徐国懋（1906—1994），江苏镇江人。曾任金城银行总经理。时任民革上海市委副主委、上海市政协副秘书长。

）。因此这一斗争，比过去的隐讳曲折，而不经过学习就不易识破，因为我们主观上本来有右倾观点，加上它们的伪装，就容〈更〉难识别，就其危害性来说，因此也更大，因为这些观点，这些手法，就其实际说，是和修正主义如出一辙的。所以，我应当更加努力学习，提高认识。

购青岛出品的风车牌香烟一包，仅一毛五分，居然可以抽，没什么异味。

午后，午睡一小时半。

按《大公报》通知，上半月登出版稿三篇，稿费二十六元，本月共收稿费五十七元，本月开支浩大，得此可较〈减〉少困难不少。

上午和晚上写稿千字。

四月廿五日　星期一　阴雨　（19℃—12℃）

上午赴政协，政协所属选区今天进行选举。

中午，吃素浇面，三角。

报劳保得二元多。

购风车牌香烟六包，共五角。

写《申报》索引样本说明关于收录范围一节，本星期争取将说明写好，以便印出向各方征求意见。

四月廿六日　星期二　多云　（22℃—15℃）

上午，政协学习，在谈论苏共二十三大时，戚叔玉认为苏联还是社会主义国家，美国不仅包围中国，也在包围苏联。肖纯锦认为中苏分歧在于争夺领导权，就这些问题展开谈论。我认为苏联不论从党的性质和国家政权的性质（已变成特权阶级专政）和所有制方向（工业已变成特权阶级所有制，农业已变成新式富农所有制）来看，都已"和平演变"为一新型的资本主义国家。至于美苏关系，它们早已合伙企图主宰世界，它们之间也有矛盾，而其性质只是争夺控制权的斗争（苏联想分享控制权，美国则想夺取苏联在东欧控制的势力范围），美国早已放弃对苏联的包围，而且其全球战略的重点移至亚洲，全力包围中国。

下午，本拟赴文献，寿进文同志临时约至盟市委谈话，主要谈关于揭发吴晗的材料问题，我补充谈了一些以前和他的接触，又谈了些对文化革命的看法。他说：只要从大辩论中吸取教训，努力跟上，努力改造，就不需要什么紧张。

今天为霖孙购塑料拖拉机玩具一个，四角二分，又购苹果约一斤，五角三分。

今天想到郑福斋吃酸梅汤，还没上市，吃核桃汤一碗，味道很淡。

四月廿七日　星期三　多云　（23℃—16℃）

上午，政协业务学习。

中午，吃面筋面，二角二分。

下午，党委召集一部同志谈话，谈庄近勋同志乱搞男女关系的经过，准备下周开会批评。

三时许，一组及四组同志到工人文化宫看杨富珍、蔡祖泉、红雷小组等四个标兵学习毛主席著作先进经验展览会。四时看毕，乘49路至陕西路口，吃猪油汤团一客，乘48路归。

四月廿八日　星期四　晴　（26℃—16℃）

今天将毛绳〈线〉衣脱下，换着羊毛衫及背心。上午，芳姊去医院看病，我同霖孙下楼玩。

下午赴文献，写好样板说明，老方同志约谈话。

谢胡同志率阿党政代表团到京，京群众空前盛大欢迎，党政领导人刘、周、朱、邓以次都到机场，充分表明两国的深厚友谊。

四月廿九日　星期五　多云转阴雨　（23℃—15℃）

上午政协学习。

下午，午睡二小时，四时许，赴延安医院针灸，旋赴静安寺为芳姊购止痛药片。

近日市上已敞开供应前门牌，今天又去静安寺烟纸店看到敞开供应牡丹牌，香烟这一关也基本解决了。

四月卅日　星期六　晴　（18℃—12℃）

今天特冷，出门着夹大衣。

今天整天去文献，中午也在此吃饭，已好几个月不去机关吃饭了。

归家，由瑞弟来看外孙，今天他休息，吃过晚饭才回去，本拟同霖孙去静安寺看灯，因天冷未去。

五月一日　星期日　晴　(22℃—15℃)

今天劳动节，上海除此例张灯外，没什么庆祝举动。

今天中午吃饭时，母亲忽昏厥，当时情况很严重，像是中风，幸及时扶住，即请孔医生来看，说血压不太高，是心脏弱，可以吃些参汤，饭后，去万福坊邀锡妹她们来看视。

昨天周总理及谢胡同志在北京欢迎会上讲话，进一步揭露苏联现领导比赫鲁晓夫更坏更危险，同时也更虚弱，二十三大什么矛盾也没有敢揭，什么问题也没有敢碰，说明美帝和苏修都是处在垂死的挣扎中。

五月二日　星期一　晴　(20℃—12℃)

今天补放五一假。

上午，锡妹、寄母及榴杨夫妇来。下午，明明来。

今天抽空写稿二千余字，何成濬一稿基本写好，锡妹同母亲去华山医院看病。

何成濬一稿写毕，共六千五百字，明日寄出。

五月三日　星期二　晴　(24℃—14℃)

上午，赴银行取二十元，为芳姊购盘尼西林针药三瓶，二元两角多，又为霖孙购苹果一斤。

接复儿来信，他已出差到重庆，预定七日或九日可以回家，合家听了都很高兴，他回家看到霖孙如此有趣，一定高兴极了。

下午赴文献，今天整天讨论如何看待历史上的民族英雄问题，老方叫我发言，我也谈了些看法。

昨天写寄福儿信，今天寄出稿子，用航空，超重共贴二角邮票。

今天起，下午上班即为一时半。

五月四日　星期三　晴　（25℃—15℃）

上午赴政协。

下午赴文献，参加集体分类讨论。

下班归家，购定胜糕十六块，又至静安寺购馒头十六个，备明天霆孙带往外家。

五月五日　星期四　晴　（26℃—15℃）

霆孙及陶陶今天去虹口。

上午，芳姊去医院，我同霖孙坐48路至大世界，步行至四马路口，游人民公园一周，从南京西路出口，乘20路至静安寺。

今天上海盛大欢迎以谢胡为首的阿尔巴尼亚党政代表团，有些交通阻断，入晚，各处电灯牌楼灯火齐明。

下午赴文献，开筹备小组会，老方同志来参加。

杨复冬[1]同志借给我《燕山夜话》三册，看了几篇，问题的确不小，主要是厚古薄今，是阶级调和论。

---

〔1〕 杨复冬(1922—1978)，湖南长沙人。笔名钟子芒，儿童文学作家，曾任少年儿童出版社副总编辑，时任上海出版文献资料编辑所编辑。

五月六日　星期五　少云　（27℃—15℃）

上午，政协学习。

午睡一小时，二时，赴俱乐部看《地道战》，四时半，赴延安医院针灸。

士慧来信。

五月七日　星期六　多云　（24℃—13℃）

今天整天去文献，上午学习《海瑞罢官》，下午方学武同志约谈学习问题。

中午去绿野饭店吃饭二两。

购藕粉等预备复儿回来。

看《燕山夜话》，其中确有不少反党的材料。

五月八日　星期日　晴　（28℃—16℃）

《解放军报》及《光明日报》发表文章，揭露邓拓为反党反社会主义的"掌柜"，并揭露《北京日报》、《前线》上月发表的材料为假揭露真包庇。看来，这是文化大革命在新闻战线上的一场斗争，我还连〈联〉想到，这次阿尔巴尼亚贵宾来华，彭真同志没有参加欢迎，是否也在忙于掌握此斗争，或去检查。

午睡一小时，洗澡，开始写短稿。

平平姊弟先后来玩。

上午，清理抽屉。

晚饭前赴静安寺，购得今天的《光明日报》和《新民晚报》，内载批判邓拓等人的文章和揭露材料。

又购墨水六两（二角四分）及馒头等，归至戏剧学院前，平平小和及霖孙已在等候，一起回家。霖孙今天未睡午觉，八时即睡。因此，晚上可以看报写稿。

五月九日　星期一　晴　（30℃—16℃）

今天大热，中午后，穿羊毛衫背心还嫌热了。

上午赴政协。

中午吃素浇面，三角六分，为霖孙购苹果一斤，五角。

下午去文献，余国屏同志来谈邓拓罪行及文化大革命形势。

归途，购粽子、馒头及饼干。

我国第三颗原子弹（氢弹）爆炸成功。

五月十日　星期二　阴雨　（32℃—17℃）

昨晚因等候复复回来甚倦，未听十二点广播。

今晨六时前，复儿从南京乘车回家，说听到原子弹爆炸消息，即听六时半联合广播节目，知昨日下午四时爆发了一个带有热核原料的原子弹（氢弹）。同时，发表周总理上月对巴基斯坦《黎明报》记者的谈话，谈对美政策的四句话：（一）我们绝不主动对美作战；（二）中国人说话是算数的；（三）中国是做了准备的；（四）如果战争发生，就没有什么边界。

又《解放》、《文汇》发表姚文元文：《评三家村》，对邓拓一伙，全面批判揭斥。

上午政协学习，即谈区域问题。

五月十一日　星期三　雨　（26℃—14℃）

上午，政协业务学习。

中午，在浙江路素餐馆吃饭，三角二分。

下午赴文献。

今天下午，锡妹、平平及小和先后来。

五月十二日　星期四　阴雨　（26℃—16℃）

今天改着哔绒衣裤，羊毛衫。

上午，访冯少山[1]，谈孙中山史料事。中午，锡妹请吃饭，甚味腴。

下午赴文献，晚参加民盟在俱乐部召开的座谈会，谈邓拓反党反社会主义的罪行，参加者有蒋定本[2]、冯英子[3]及复旦新闻系两同志，他们说复旦新闻系今年还把《燕山夜话》作为必读参考资料，可见毒害之深。

---

〔1〕　冯少山（1884—1967），广东中山人。幼年随父母侨居美洲，曾任上海开林油漆公司董事长，民进创始人之一。时任上海市民政局副局长。

〔2〕　蒋定本（1923—1997），江苏青浦人。毕业于上海圣约翰大学。曾在上海《文汇报》、法国新闻社上海分社和上海《大公报》担任英文翻译。1946年进入文汇报，历任要闻部主任、编辑委员会委员等。1956年翻译斯特朗所著《斯大林时代》，在《文汇报》连载后，引起较大反响。

〔3〕　冯英子（1915—2009），江苏昆山人。早年曾任上海《大公报》战地记者，抗战期间曾在国际新闻社、《力报》、《正中日报》等处任职，1949年任香港《文汇报》总编辑。1953年，任上海《新闻日报》编委兼编辑部主任。时任《新民晚报》编委。

五月十三日　星期五　阴雨　（24℃—15℃）

上午同芳姊、复儿抱霖孙乘48路至东新桥，转乘一路电车至虹口。饭后，我先行，复儿霖孙送至弄口，至俱乐部，参加政协召开的学习报告会。

五月十四日　星期六　阴　（26℃—16℃）

上午，偕芳姊、复儿、霖孙同至西郊公园，两年不去，又有不少新建筑及新奇鸟兽，霖孙更见天真活泼，高兴极了。

陶陶同霆孙至医院检查，霆孙已重八斤十二两，比初生时重二斤九两。他们昨天从虹口回，大了许多，已经会笑了，有趣得多了。

《解放》、《文汇》两报今天均载邓拓等《三家村札记》及《燕山夜话》反党材料的类型。今天从西郊公园回后，叫复儿去买了一张"解放"，下午午睡后，读了一遍，真刻毒得令人气愤。

五月十五日　星期日　晴　（26℃—15℃）

上午，合家下去照相。

孟世昌同志来谈工作计划。

母亲同复复去万福坊。

写好《我国第一次民航》、《国民党与进步党》两个短篇，共两千八百字，即寄出。

五月十六日　星期一　晴　（28℃—17℃）

上午赴政协，马华灿[1]同志谈话，希望我接触一些人，了解《文汇报》情况，及时反映。

下午上班前，路遇杨复冬同志，谈起在一九六一年左右，《文汇报》也有一些杂文，如"闻亦步"[2]署名的杂文。看来也有反党的味道，和马同志的话联系起来看的确值得深思。看来所谓文化大革命牵涉到的新闻界，绝不只《北京日报》及《前线》这两家。

下午，文献学习今天报载戚本禹同志揭露《北京日报》、《前线》的文章，我也联系自我改造发了言。

归家，知芳姊、复儿、霖孙都去三宝家，陶陶则去任家了，家中仅母亲及霆霆。

五月十七日　星期二　阴　（20℃—17℃）

下午，去俱乐部看《舞台姐妹》及《抓壮丁》，都是反党反社会主义的毒草。

今天复复取回到西郊公园照的照片，软片还是去年的，还很清楚，特别是去年我为霖霖照的最好。

五月十八日　星期三　雨　（20℃—15℃）

上午赴政协，写好揭露邓拓的材料。

---

〔1〕 马华灿，时任上海市委统战部党派处处长。
〔2〕 闻亦步，上海《文汇报》于1958年11月12日起在第三版开设的专栏，由该报文艺部主持。

下午，文献民盟支部组织生活，谈文化大革命。

复儿将窗子钉好，这样对霖霖就比较放心了，另外，他把收音机、凳子等都修好了，灯也装好了。

五月十九日　星期四　雨　（22℃—16℃）

今天竟日下雨未停。

复儿今晨六时离家，乘轮赴汉口转回保定，他这次回家九天，以后不知何时再回家来。

上午八时许，赴友谊馆看巴黎公社文物展览。展览品为某外人所藏，极为丰富。

十时许回来，睡一小时。

五时半下班，至瑞金路延安路口，等到母亲和芳姊。她们是到瑞金戏院看新华京剧团演的《红灯记》的。同至四如春点心店吃汤团及馄饨，吃后我回来看护霖孙。

五月廿日　星期五　阴小雨　（22℃—15℃）

上午，赴银行取款四十元，本月经济奇窘，因家中开支增大，而本月仑儿未补贴，福儿则春节后一直未寄来款项，稿费本月还未着落。

上下午写《记钱玄同》短稿，一千九百字，预备星期天再写一篇一并寄出。

五月廿一日　星期六　晴　（23℃—14℃）

上午七时半即赴文献，整天在机关。

霆霆母子赴虹口。

理发。

五月廿二日　星期日　晴　（25℃—16℃）

昨今两天，又写一短稿《蒋介石与张宗昌》，计一千六百字，今晚和钱玄同稿一并航空寄出。

上午，同霖孙乘三轮车至静安寺，见有二十路区间车，即乘坐至外滩，游黄浦公园，霖孙对看江看船比前大有兴趣，至十一时才乘48路回家。

下午午睡两小时许，小平小和四时许来，晚饭后回去，锡妹未来。

晚，写给福儿信。

看《解放日报》转载前《前线》工作人员揭露邓拓反党手法，其中有很多是和我一九五六年在《文汇》的做法相似。回忆起来，很多可能是邓暗示或明示的，因为我那时虽有复活资产阶级办报的一套，但未必敢拿出来，是得到邓的"启示"，才如此"理直气壮"拿出来的。

五月廿三日　星期一　晴转多云　（28℃—16℃）

上午赴政协，中午回家吃饭。

下午，文献讨论《舞台姐妹》、《抓壮丁》两部毒草电影。

五月廿四日　星期二　晴　（27℃—15℃）

昨天接愚园路转来龙华公墓交来的两封信，说所有公墓的坟都要搬迁，只能过几天再去问问新迁的地方。

上午，政协学习社会主义文化大革命问题。

下午，赴徐家汇藏书楼看《申报》，其中（一九一七年一月报）有湖北政学会筹备消息，可以说明政学系的来龙去脉，极为名贵的史料。

所有同志都在看巴黎公社图片展览，我看报至四时半，到徐家汇徘徊一周，了解去龙华公墓交通情况，并购饼干一袋。

晚，写稿。

五月廿五日　星期三　少云　（26℃—16℃）

上午，政协文史资料业务学习，研究孙中山纪念史料如何掌握政策问题，孙宗英同志约我谈文化大革命问题，并嘱了解一些情况。

下午，赴龙华公墓接洽父亲的坟搬迁事，决定由其改为火葬。

二时返藏书楼，续看《申报》。

归家，锡妹来，她也于午后赴龙华公墓。

陶陶来电话，约我们明天一定去虹口。

五月廿六日　星期四　晴　（26℃—16℃）

上午，同芳姊、霖孙乘48路转一路电车至虹口公园，游一小时许，公园布置一新，我看为上海各公园中所少见。

旋至恒丰里，霆孙已比前胖壮多了。我抱他睡觉，已能笑了。

今天，任家二姊也在。饭后，三时许乘55路至外滩，在黄浦公园坐半小时，即乘48路回家。

今天《解放日报》发表批判《海瑞上疏》为反党反社会主义大

毒草，并揭露出周信芳、陶雄[1]的反党罪行，牵到中央文化部一个副部长[2]为《海瑞上疏》提供材料，并加以肯定，看来，这位副部长大概是齐燕铭。

文化大革命步步深入，必须努力学习，坚决跟上去。加强改造。

五月廿七日　星期五　晴　（27℃—16℃）

上午，购月票。

政协学习，继续讨论对文化大革命的认识和态度问题，沈体兰依然坚持要揭露党内的"后台"等等。

中午，在淮海路吃云吞面及豆沙包，旋乘车至徐汇又折回文献。

戏剧学院游泳池已建成，已开始装灯及做围墙，大盖〈概〉要公开并开始夜间游泳。

各报集中火力揭斥污蔑劳动人民活学活用毛主席著作的资产阶级权威，上海报纸登载工农兵痛斥周信芳等的反党罪行。

机关同事纷纷推测，三家村的后台是谁，支持周信芳等的中宣部副部长是谁。

五月廿八日　星期六　多云转阴雨　（25℃—16℃）

上下午都在文献，下午下雨，幸归家时未下。

---

[1]　陶雄，戏剧评论家，时任上海京剧院副院长。
[2]　应为中宣部副部长周扬。

五月廿九日　星期日　阴雨　（25℃—17℃）

上午，母亲去万福坊。

午后，午睡一小时半，三时半，赴瑞金一路访傅东华，谈文化大革命，领导交的任务。

归途，在淮海路步行，在老大昌购点心六角四分，又购大肠三角。

五月卅日　星期一　多云转雨　（26℃—16℃）

上午赴政协，中午回家吃饭，榴杨夫妇来。

下午赴文献，开筹备小组会。

复复来信，已平安回保。福儿已一个多月未来信，去信几封未得复，全家系念。

五月卅一日　星期二　阴雨　（24℃—16℃）

上午，政协学习，中午回家吃饭，下午赴徐家汇藏书楼。

六月一日　星期三　多云转阴　（22℃—16℃）

今天为儿童节，上午八时半，抱霖孙至静安寺，先游静安公园，后至百乐门商场，为宝宝购玩具一，食品少些。旋乘21路车至中山公园，略游片刻，乘96路回家。

饭前睡一小时许，下午赴文献，各党派共同组织生活，谈文化大革命。

福儿久未寄款来，仑儿本月也未来款。而《大公》本月也未有稿费，因此经济奇窘，虽已透用四十元，还觉得捉襟见肘。

今天《人民日报》社论，要消灭一切反党黑帮，打倒资产阶级权威，把文化阵地紧紧掌握在工农兵手中，以巩固社会主义制度。

《光明日报》揭露翦伯赞四十年代即为蒋帮帮凶。

六月二日　星期四　晴　（26℃—16℃）

上午赴政协。

《人民日报》登载北大师生二十五日贴出大字报，揭露北大校长陆平、党委副书记彭珮云、北京市委大学部副部长宋硕为三家村黑帮分子，顽抗社会主义文化大革命。北京、上海积极声援，这是文化大革命在教育界揭开的第一炮，标志文化革命的进一步深入开展，又《人民日报》今天发表第二篇社论《触及人们灵魂的大革命》。

今天除《解放日报》外，又另购《光明日报》及《新民晚报》，学习这些材料。

下午，午睡一小时许，四时半，赴延安医院看视娄公的病。

六月三日　星期五　多云　（26℃—16℃）

上午，政协学习，下午，赴藏书楼看《申报》。

六月四日　星期六　少云　（30℃—16℃）

昨晚中央广播，中共中央决定，派李雪峰为北京市委第一书记，吴德为第二书记，由新市委领导文化大革命。新市委决定，撤销陆平的北大党委书记及一切职务，派以张承先为首的工作组进行整顿，工作组执行党委会职务。

今天《人民日报》社论，认为北京前市委是修正主义路线，北大等为反党反社会主义堡垒，并指出此次粉碎修正主义反革命集团，为毛泽东思想的伟大胜利。

上午，机关讨论，大家摆出事实，说明彭真是赫鲁晓夫式的野心家，多年来企图篡夺领导，和毛主席思想和中央领导进行斗争。正如赫鲁晓夫篡夺领导从而恶毒诽谤斯大林、实行修正主义复辟一样。这也可以体会，为什么这场斗争关系到保卫党中央、保卫毛主席、保卫无产阶级专政的重大问题。

机关今天开始贴大字报，参加斗争，我也参加了大字报的斗争。

看来斗争还要开展，这条黑线还要追根。大家关心中央宣传部副部长是谁，有人说是周扬，也有人说，陆定一已撤职。刘伯涵[1]说山东也出去一个副省长。

六月五日　星期日　晴　(33℃—18℃)

上午九时，抱霖霖至静安寺，购草帽一顶，二元二角。

下午，和锡妹、秀仁同至延安西路乘71路至永安公墓看父亲骨灰。车上遇陶陶，在公墓等些时候，榴杨夫妇也来，芳父骨灰也在此，三小姐又号啕大哭。

四时归，霖霖被阿妈抱至静安寺去玩了，五时半始回。

今天暴热，已入初夏矣。

---

〔1〕　刘伯涵(1927—1995)，河南西峡人。曾在上海人民出版社历史读物的编辑工作。

六月六日　星期一　晴　（32℃—18℃）

上午赴文献，中午，听电台广播《解放军报》所载无产阶级文化大革命宣传要点，历时七十分钟，二时，至政协参加业务学习。

文化革命形势日益开展，据同事中小广播，陆定一和罗瑞卿都牵涉在内，不知究竟如何。

看北大学生所写陆平黑帮对左派的压制、迫害，令人气愤。

六月七日　星期二　晴　（32℃—20℃）

上午，政协学习。

复儿寄来二十元。

下午，赴藏书楼，同人均未来，四时许即出。

六月八日　星期三　少云　（31℃—20℃）

上午赴政协，《解放日报》、《文汇报》登载上海音乐学院揭出贺绿汀为反党反社会主义分子。

中午吃水饺三角。

下午一时到机关，文化革命形势大开展，大字报贴出四百多张，主要揭发杨兆麟、许芯仁、尚丁等的反党罪行，人美也送来揭露杨兆麟的大字报。

二时许，赴上编看大字报，主要揭露李俊明为反党反社会主义分子，并揭出陈向平[1]、戚铭渠也和他朋比为恶。

---

〔1〕　陈向平（1909—1974），曾任上海新知识出版社副社长、上海古典文学出版社副社长。时任中华书局上海编辑所副主任、副总编辑。

六月九日　星期四　少云　（30℃—18℃）

上午九时前，偕霖孙至常熟路邮局，取复儿寄来之款三十五元（内十五元还祖母，十元霖孙牛奶费，十元为他们送我的寿礼），旋乘15路至静安寺，看鸿云斋没什么菜。乃乘20路至食品公司，购粽子六只（八角二分），鸡一元，排骨等一元。旋回静安寺，吃冰淇琳〈淋〉一块。十时半回家。

今天请瑞弟夫妇来，为霆孙双满月请酒，他们吃了晚饭才回去。

下午赴文献，今天大字报已贴出共七百余张。今天除继续揭杨兆麟外，又揭出王某，我也写了两张大字张，一揭尚丁，一揭王，并参加对杨兆麟的揭斥。

《光明日报》登出揭露杨述的材料，上海报继续刊登音乐学院揭斥贺绿汀的消息。

六月十日　星期五　多云　（30℃—10℃）

上午，政协学习，讨论文化大革命，我也结合出版界的斗争，发了言。

下午，赴文献，今天大字报到九百多号，主要还是揭杨兆麟黑帮，很多揭熊大缜[1]。尚丁揭我一张，说我和吴晗有关系，是根据我在小组的发言，这家伙真阴险，他一面表示自我揭露，实际尽在开脱自己，一面到处乱咬，好在群众眼睛雪亮，知道他耍的什么阴谋。

---

〔1〕　熊大缜,时任上海出版文献资料编辑所编辑。

六月十一日　星期六　少云　（29℃—19℃）

上午，全家同至楼下照相，霆霆已能半坐着照相了。

上海电台广播，昨天文化广场开万人大会，曹获秋同志做文化大革命的动员报告。又昨天中央电台广播《红旗》关于文化革命的社论，对文化大革命的意义和政策界线交代得很清楚。又今天《解放日报》社论，谈到上海的反党反社会主义黑帮分子，共点了贺绿汀、周信芳、李俊民、周谷城、瞿白音、李平心、周予同、王西彦等几个人的名字，还提到电影局的"三十年代"人物，摘了不少反党黑电影，其中当然包括柯灵、王林谷、于伶等人。

下午赴文献，洪嘉义同志找若干党外人士谈文化革命的意义。

今天大字报已达一千一百多张，集中于反党分子杨兆麟、尚丁、王鼎成[1]及许芯仁。昨天，尚丁还意图反扑乱咬人，正如《红旗》社论所指的搞混运动"大家有分"，以便混水摸鱼，趁机溜走。我被他揭了一张，当时就有些手软。今天看来，证明党和群众的眼睛是雪亮的。同时，也说明我还是以个人主义看待运动，觉悟不高。

六月十二日　星期日　阴　（24℃—18℃）

清晨七时起，八时许，早餐还没吃完，霖霖就吵着要上街玩，乃抱他下楼，乘48路至外滩，看看黄浦江，折至南京路中央商场，拟购塑料薄膜袋遍找没有，在商场吃豆浆、油条、大饼乘49路至常

---

〔1〕　王鼎成，1955 年任上海文化出版社社长兼总编辑，后因发表《我们需要感情》等文章受到批评，被撤职并开除党籍。1962 年到上海出版文献资料编辑所工作。1967 年自杀。

熟路，吃纸杯冰淇淋一个，乘三轮车回。

回家后倦极，饭前睡半小时。霖孙也未到吃饭即午睡了。

下午，看文件。

六月十三日　星期一　阴雨　(24℃—18℃)

上午赴政协，中午吃素浇面，至淮海路口沧浪亭购点心六块。

下午赴机关，文化大革命形势又变，党员同志揭露方学武为反党反社会主义分子。

晚，丁振邦[1]同志六七个同志谈对运动的意见，八时半归，霖霖在门口等我。

六月十四日　星期二　阴雨　(24℃—19℃)

上午，政协学习。

中午回家吃饭，陶陶在家为最后一天。下午，她同霆孙、奶妈都回虹口去了。

下午赴文献，今天大字报贴到一千五百多张，今天新的大字报，集中于方学武，也有贴洪嘉义及其他党员同志的，杨兆麟、尚丁等反党分子，反而显得轻松了，也有说有笑了。可见运动还未深透，还要在下一阶段穷追猛打。

中央电台广播，反革命分子杨国庆竟持刀入友谊商店刺伤马里和民主德国友人，昨天开万人公审大会，判处该反革命分子的死刑，立即执行。此案件可以说明阶级斗争的尖锐激烈。据闻本市学校中也有行凶事件发生。

---

〔1〕　丁振邦，不详。

六月十五日　星期三　阴雨　（24℃—18℃）

上午，赴锦江饭店送托带的东西给复复的朋友，才知锦江新造了两座四层楼，住一般旅客。别在茂名路159号出入。

下午，先赴文献看大字报，二时许，赴政协。与李、戚、蒋[1]诸同志商如此〈何〉加紧征求孙中山史料问题。

六月十六日　星期四　阴　（25℃—19℃）

今天是霖孙两周岁生日，家中吃面，近来鸭大批上市，今天买了一只三斤半，二元余。

今年未见枇杷上市，毛桃及洋莓昨天已上市。

今晨各报载，南京大学揭出校长兼党委第一书记匡亚明为反党反社会主义反革命分子，他在文化大革命中，压制和打击左派，阻挠运动的发展，已经江苏省委撤销其一切职务。又北京市委及团中央改组北京团市委，撤销反党的旧市委。

上海报纸发表丁学雷的文章，批判瞿白音以"创新独白"为反党纲领。

上午，赴冯少山家，继续谈孙中山史料。

下午赴文献，今天的大字报已达一千八百张，除继续揭露方学武等以外，人民出版社送来批大字报，揭露陈正炎[2]及刘伯涵，陈、刘都伪装左派。在这次运动中想迷惑人。又反党分子许芯仁疯

---

〔1〕　李、戚、蒋，李、戚指李子宽、戚叔玉；蒋，不详。

〔2〕　陈正炎（1918—1986），湖北安陆人。曾任《解放日报》编辑、记者，上海人民出版社任经济组副组长。1965年，调上海出版文献资料编辑所做资料工作。

狂反扑，整天叫喊，今天上午开会学习时，竟拍案三次，大骂党员及左派，实属疯狂已极，不仅为反扑，实在是破坏文化大革命，一二三四各组都贴出集体大字报，要求领导给以严厉处理。

我今天写了一张大字报，揭露方学武对毛选学习的态度。

六月十七日　星期五　多云　（28℃—20℃）

上午政协学习。

下午，赴文献，今天大字报已达一千九百多号，其中较集中的是揭发稽德华[1]。

陶陶今天回信，中午来电话辞行。

六月十八日　星期六　多云　（29℃—20℃）

上午，《大公报》寄来稿费十四元一角。

九时许，往交煤气费，为芳姊到九星去取裤子，又购白糖等。理发。

下午，赴文献，刚上班，我正在食堂看大字报，旬人声鼎沸，旋小包同志等抬洪嘉义出来，满面血痕，以为他肺病发作，后才知他从三楼小房间跳下，当场昏厥，跌去牙齿两个。当由小包、老严等雇三轮车送往广慈医院，老严回来说，很少希望。大家议论，这显然是对抗党、破坏文化大革命的可耻行为。三时许，大家贴出大字报，坚决向这种破坏行为开火，坚决把文化大革命进行到底。

中共中央和国务院发出通知，暂停今年高等学校招生，以便彻底进行教育改革。将文化大革命进行到底，各报并登载北京市一女

---

〔1〕　稽德华,时任上海出版文献资料编辑所编辑。

中高三班及市四中高三班致中共中央及毛主席的信，坚决反对为资产阶级服务的招考制度，主张高中毕业后即参加工农兵，取得"思想毕业证书"后，由党挑选入高等学校，于此，可见这次文化大革命的深远意义，《人民日报》为此发表评论。

周总理即将访问阿尔巴尼亚。

六月十九日　星期日　雨　（26℃—21℃）

农历五月初一日，昨晚和芳姊畅谈。

上午，写文史资料稿，为完成政协任务。

午睡两小时甚酣。

写寄大姊信及西安信，因两月余未接福福来信了。

六月廿日　星期一　晴　（30℃—22℃）

上午赴政协处理孙中山史料稿件，中午回家吃饭，榴杨夫妇来。

下午赴文献，旋政协来电话去参加业务学习。五时半，吃些点心，又去文献，六时半开全体会议，丁正邦同志报告文化大革命情况，市委决派工作组来工作，又报告洪嘉义当天已死。党组织对其叛党行为，决定开除其党籍，又反党分子许芯仁竟在会上当场一再向丁正邦同志反扑，实属狂妄已极，此人已不可救药矣。

六月廿一日　星期二　晴　（33℃—22℃）

今天大热，很多人穿香港衫了。

上午政协学习，回家吃饭。

下午赴文献，大字报集中揭露龚淡樵[1]。

六月廿二日　星期三　晴　夏至　(35℃—24℃)

今天夏至，中午吃馄饨。

下午赴文献，今天大字报达2300张，今天仍集中揭龚淡樵，我写了揭严长庆一张。因严为方的生活书店老同事，又为其在文献的骨干。方揭出后，他始终装傻，没有揭过方的实质性问题。

六时回家，闻同居的吴朴[2]已送医院，初以为是高血压，后经各方反映，为服安眠药自杀，闻有遗书两纸。人称，大概是单位文化大革命揭出问题，畏罪自杀的。闻其年仅四十多岁，术业有突破。

六月廿三日　星期四　多云转阴
今天端午　(34℃—24℃)

上午赴政协，今天大楼断电，所以未回家吃饭，在甜心食府吃荤素面三两，三角四分，又饮咖啡一杯一角二分。

下午赴文献。领导关照将业务材料全交出，把钥匙丢在里面了，遍找不着，明天当再补找。

连日回家，都同霖孙步行至武康路购棒冰。

据闻，吴朴今天上午已死去。

---

〔1〕　龚淡樵，时任上海出版文献资料编辑所编辑。
〔2〕　吴朴(1922—1966)，又名吴朴堂，号厚庵。浙江绍兴人。篆刻家，时任上海博物馆馆员。与作者同住枕流公寓。

六月廿四日　星期五　多云有小雨　（34℃—26℃）

上午政协学习。

回家吃饭，下午赴所。三时半，开全体会。工作组六位同志都参加，交代文化大革命的目的任务和政策界线，并派李同志到一组工作，旋各组开会，李同志谈得很亲切。

六月廿五日　星期六　晴,傍晚阵雨　（34℃—24℃）

上午，先至静安寺，后乘21路转3路至虹口，霆霆比前又大又有趣多了，会发笑了。瑞弟回家吃饭。

十二时离虹口，赴机关，今天整天开小组会，讨论报载李俊明反党罪行，联系方学武的罪行。

购白糖一斤。

六月廿六日　星期日　晴　（32℃—24℃）

上午，母亲去万福坊，我同霖孙同车前往，先赴复兴公园游动物园，旋赴锡妹家，饭后，与霖孙先回。

据平平说，她有一同学是平心邻居，听说平心最近用煤气自杀，被保姆发觉了，现不知生死如何。往事和今后事均不敢想矣。

六月廿七日　星期一　晴　（31℃—23℃）

上午赴政协。

归家时，在静安寺购风肉一斤四两多，一元七角五分。

下午赴文献，今天新贴大字报不多，市委又派来工作组同志三人。今天，一些党团员和积极分子都不在所，可能是在布置新的战斗。

闻蒋南翔及彭康等均受批判，可见文化大革命的深入。

六月廿八日　星期二　多云转阴　（27℃—22℃）

上午，政协学习，仅到十四人，因各民主党派机关、各方面都在进行文化大革命。赵祖康、武和轩、毕云程、严谔声、陶菊隐等都回原单位参加了。今天谈陈毅同志昨天在亚非作家紧急会议上的报告，联系反修斗争形势。

回家吃饭。

下午赴机关，今天大字报甚少，下一阶段大概将集中几个人深入揭发，并开展斗争。

闻方学武已调回机关，今天下午和杨兆麟、许芯仁同被召至局内开会。

张胖子今天来局看大字报。

回家后，又偕霖孙去长乐路口购棒冰。

六月廿九日　星期三　雨　（24℃—22℃）

今天竟日大雨如注。

下午赴文献，大字报深入揭发方学武，方揪回机关后，在下面别辟一房子，让其检查交代。

闻赵超构也被揭出为反党反社会主义。

接福福来信，知道他们很好。为之大慰，他现在参加文化大革命，思想有大提高。

瑞弟来电话，因明天也有雨，霆孙决定星期日同来。购月票。

六月卅日　星期四　雨　（26℃—22℃）

上午赴政协，中午在淮海路吃面，并为霖孙购馒头两个。

下午赴文献，今天大字报较多，集中揭方学武、赵景源[1]、钟志坚[2]等。

归途，购桃子四只，一角八分。

七月一日　党的四十五周年纪念　晴　（26℃—22℃）

上午，政协学习。

下午，文献依然看大字报，有人揭露方学武的上面有丁景唐。

又报载《红旗》社论，揭露周扬为文艺界反党黑帮的"祖师爷"，夏衍、田汉是吹鼓手，说十七年来文艺界的一切坏事都是他干的，一切牛鬼蛇神都在他的黑帮下纵容包蔽〈庇〉的。

接陶陶来信。

七月二日　农历五月十四日
六十初度　晴　星期六　（28℃—22℃）

上午未出门，吃面。下午赴机关，大字报有人揭影印《申报》是大毒草，我也写了一张。

---

〔1〕 赵景源，原商务印书馆著名编辑，作家。1963年到上海出版文献资料编辑所工作。

〔2〕 钟志坚，连环画作家，编辑，时任上海出版文献资料编辑所编辑。

归途，购白糖点心等，晚，喝酒二杯。

七月三日　星期日　晴　（28℃—22℃）

上午九时，同霖孙步行至常熟路，乘15路车至徐家汇，又乘42路至陕西路口，饮橘子水，乘48路归。

今天本拟只请锡妹、瑞弟等，乃亲戚大集，寄母及五姨母两家都来了。连自己人共达二十人。霆孙也回来了。瑞弟送二十元，礼甚重，五姨、寄母、榴杨各送香烟一条。

晚，中央电台播送《红旗》一文，揭露周扬如何篡夺文艺领导的阴谋，同时，揭出林默涵及"马凡陀"[1]为反党反社会主义分子。

七月四日　星期一　晴　（28℃—22℃）

上午，出版局在市人委大礼堂开会系统干部大会，马飞海局长做关于文化大革命的报告，谈到出版界斗争形势，已揭出一大批牛鬼蛇神，从报告中，隐约指出傅东华、陈伯吹等都为反党分子。

中午，在大世界吃冷面，下午，各组讨论马局长报告。

报纸揭露周予同的反党罪行。

七月五日　星期二　晴　（26℃—20℃）

上午，政协学习，原文艺新闻出版组大部回原单位参加文化大

---

[1]　马凡陀，即袁水拍。

革命了，只剩下周钟琦[1]、杨小仲[2]二人，今天起并入我组。

下午，赴机关，今天大字报不少。

写了一份材料约三千字，送交工作组，汇报我和北京、上海牛鬼蛇神的关系。

领工资。购桃子四个，荔枝半斤，共六角五分。

复儿来信，他们文化大革命还未全面开展。

七月六日　星期三　雨　（26℃—22℃）

上午赴政协。

下午赴机关，归途购席枕两个，五角六分。

七月七日　星期四　小暑　雨　（26℃—22℃）

上午，同霖孙至静安寺，给他买塑料冷〈凉〉鞋一双，1元9角。又为霆孙购小鞋，3.8角。又同至百乐商场购吃馄饨一碗。

写寄大姊一信，谢其贺礼。

霆孙近日日见有趣，而且见我就笑，真逗人喜欢。这孩子还100天了。

今天机关的大字报，集中揭孟世昌为假左派，真保皇派，说他和方学武、洪嘉义、稽德华等关系很深，但迄未揭露他们的罪行。

[1] 周钟琦，不详。
[2] 杨小仲（1899—1969），江苏常州人。电影导演。

七月八日　星期五　阴雨转晴　（25℃—22℃）

上午，政协学习。

下午，机关继续看大字报，已达两千八百张。从人民出版社的大字报看来，宋原放也被揭出为反党修正主义分子，人民贴他的大字报已逾三百张。

七月九日　星期六　多云　（26℃—22℃）

上午，赴中百公司修表，结果，只看了一看，就走了，没有坏。一钱未要。这也是新社会，如在过去，则至少要一两元，一星期取。

下午，赴机关，大字报揭孟世昌的仍多，从摆出的事实看，此人却〈确〉为方家村人，而一贯假装左派，抓权压众。

七月十日　星期日　雨　（27℃—21℃）

上午，写寄大三两儿信。

报载，昨天党和国家领导人接见亚非作家会议全体代表（该会昨天闭幕）。从这里可以看出中央新的变动，陈伯达为中央文化革命小组组长（原为彭真），陶铸为中央书记处书记兼宣传部长（原为陆定一），叶剑英为中央书记处书记（原为罗瑞卿）。可见，外传两陆也犯修正主义错误可以证实矣。

七月十一日　星期一　雨　（27℃—21℃）

竟日下雨，上午赴政协，看稿。

中午吃素浇面，饮咖啡。

今天大字报除继续揭孟世昌，又揭尚丁、范若由、曹予庭，大概工作组掌握材料，而这些人伪装左派不交代自己的问题。

七月十二日　星期二　雨　（27℃—21℃）

上午，赴邮局取仑仑寄来的八十元。

七月十三日　星期三　多云　（30℃—22℃）

上午赴政协，娄立斋兄已病愈，恢复半天工作。

购可可二两，糖精一小瓶，牙签一匣。

下午，工作组孟同志找我谈，希望我多写大字报，揭方洪黑帮。

今天吃西瓜，不够甜，每个九分。

七月十四日　星期四　多云　（32℃—23℃）

上午赴政协。

下午，组内开会讨论，大家对严长庆进行帮助。

购西瓜一个，五角六分，香蕉一斤多，七角。

七月十五日　星期五　晴　（35℃—26℃）

今天起进入盛暑，气象台报告，副热带高压控制华东南部地区，几天中温度将在33—35度。

上午，起草大字报稿，揭方学武在《申报》索引工作中的反党阴谋，共四千余字。

下午，机关开小组会，帮助吴其柔等放下包袱，揭〈彻〉底揭露杨兆麟。工作组孟同志同意我边抄大字报边听，五时半写好。（请戴光组同志抄了三四张）即交出。

又购西瓜一小个，三角八分，相当甜。

七月十六日　星期六　晴　（35℃—26℃）

下午赴机关，继续看大字报，大字报重新陈列，集中方学武、杨兆麟两黑帮。

七月十七日　星期日　晴　（35℃—26℃）

逾日京沪文章，集中揭发周扬反党罪行。

八时半，与母亲、霖孙同车至万福坊。十时至长城影院看《桃花扇》电影，为反党毒草。

十二时在万福坊吃饭。一时半，同霖霖乘5路电车至八仙桥，至大世界玩了一小时，霖霖也要买票，看了电影，此为霖孙生平第一次看游艺。

七月十八日　农历六月初一　星期一　晴　（35℃—26℃）
至廿一日 星期四 (36.5℃—26℃)

连日晴，大热，二十一日室内热度达36.5，为今年最热一天。

入小暑后，天即转晴热，对棉、稻大有好处，前两天太平洋刮风也未到沪。今年南方是风调雨顺，据仑儿来信，北方今年雨水很多，根本上消除了连年的旱情。

据《人民日报》载，北方皖、鲁、豫、冀及新疆等省区，今年小麦都大丰收，上海天津东北各地的工矿企业也有大幅度增。今年是我国第三个五年计划的第一年，工农业新的跃进形势已很显然。

从报上看，先后在各地揭出的反党分子有陈翰伯（京）、林淡秋（浙）、陶白（苏）、秦牧（粤）、李达（鄂）等等。闻《解放日报》问题，严重的有郑拾风及张乐平。至于出版系统，则宋原放等均有问题。

仑仑二十日来信，说他们都好，正积极投入运动，为之大慰。二十一日复信。

瑞弟夫妇来看霆霆，三小姐、榴杨也来一天。

七月廿二至廿六日　晴　（35℃—26℃）

连日大热，且无雨。

霆霆种牛痘后，发烧三天，经至儿童医院诊视配药，前三天又腹泻，今天已痊愈，为之大慰，这孩子已更有趣，看到我就笑，且能咿呀呀叫了。

近日机关大字报渐少，主要时间去学习文件，联系思想，边"亮"边议，目的在于提高认识，交代问题。而另外，组织有两个战斗小组，对方学武、杨兆麟进行说理批判。

八月二日　星期二　晴　（38℃—27℃）

连日大热，今天高达38度，下午，文献三楼办公室达38.5度，室外当在40度以外，是近几年少见的热天。

今年市上西瓜极少，幸阿妈先后买了几个，每天有一个，主要满足霖孙的需要，今天，又在食品公司买了一瓶橘子汁。

上午，政协学习，集中对肖纯锦揭发其反党罪行，孙宗英同志连次都参加。

文献连日大字报集中揭发田多野[1]、杨复冬、孙世谔[2]等，许芯仁还在疯狂外〈反〉扑。

今晨，叶以群[3]从六楼跳下自杀，从〈到〉延安医院即气绝，又说是大革命中的顽抗可耻行动。

晚间头昏，晚饭亦未吃。钢笔已断，今后不写日记矣。

八月四日　星期四　晴　(38℃—28℃)

昨一夜未眠，头昏。

连日依然酷热，文献室内温度常在39度左右。据《文汇报》载，上海历史记载，38度以上热度至多延续五天，此次从三十一日，即在38度以上，不知何日可以转头，今年的热，已破纪录了。

昨天政协开会，交换如何批判萧纯锦问题。又政协今天宣布，文史办公室因热放假，以后有工作再联系，大概因统战部正在开展文化大革命。

文献连日批判和声讨许芯仁的反扑。

八月五日　星期二　晴　立秋　(37℃—26℃)

从三十一日到昨天，每天最高温度在38度以上，直至今天立秋

---

〔1〕　田多野，是洪汛涛的笔名。洪汛涛(1928—2001)，浙江浦江人。儿童文学作家、理论家，曾创作《神笔马良传》，时在上海出版文献资料编辑所工作。

〔2〕　孙世谔，时任上海出版文献资料编辑所编辑。

〔3〕　叶以群(1911—1966)，原名叶元灿、叶华蒂，笔名以群。安徽歙县人。文艺理论家。时任上海市文学研究所副所长、《上海文学》和《收获》副主编。与作者同住枕流公寓。

转了东南风，才下降一度，晚上也比较凉爽，此次热潮持续了九整天，据说是上海80年来的最高纪录。

今天，中共中央发表了文化大革命的16条指示是纲领性文件，上下午在政协及文献分别学习。

前天晚上，曾去文化广场听了中央首长刘少奇、周恩来、邓小平、陈伯达、康生、江青等同志的录音报告，也谈此问题。

八月十七日　星期三　多云　（31℃—26℃）

近日天气略冷爽，太平洋12号台风，今晨在闽北登陆，上海有六级大风。

中共八届十一中全会公报发表，并公布文化大革命十六条，全国热烈庆祝。

前天为两孙照相，今天取回，张张照得很好。

连日群众向市委报喜，交通车已改变路途几天了。